中国社会科学院学部委员专题文集
ZHONGGUOSHEHUIKEXUEYUAN XUEBUWEIYUAN ZHUANTI WENJI

忧思录

社会主义市场经济从理念到实践的跨越

于祖尧◎著

中国社会科学出版社

图书在版编目（CIP）数据

忧思录：社会主义市场经济从理念到实践的跨越 / 于祖尧著 . —北京：
中国社会科学出版社，2015.2
（中国社会科学院学部委员专题文集）
ISBN 978 - 7 - 5161 - 5106 - 8

Ⅰ.①忧…　Ⅱ.①于…　Ⅲ.①中国经济—社会主义市场经济—文集
Ⅳ.①F123.9 - 53

中国版本图书馆 CIP 数据核字（2014）第 272569 号

出 版 人	赵剑英	
责任编辑	卢小生　金　泓	
责任校对	石春梅	
责任印制	戴　宽	

出　　版	中国社会科学出版社	
社　　址	北京鼓楼西大街甲 158 号（邮编100720）	
网　　址	http://www.csspw.cn	
	中文域名:中国社科网　　010 - 64070619	
发 行 部	010 - 84083685	
门 市 部	010 - 84029450	
经　　销	新华书店及其他书店	

印刷装订	环球印刷（北京）有限公司	
版　　次	2015 年 2 月第 1 版	
印　　次	2015 年 2 月第 1 次印刷	

开　　本	710 × 1000　1/16	
印　　张	26	
插　　页	2	
字　　数	418 千字	
定　　价	79.00 元	

凡购买中国社会科学出版社图书,如有质量问题请与本社联系调换
电话:010 - 84083683

前　言

　　哲学社会科学是人们认识世界、改造世界的重要工具，是推动历史发展和社会进步的重要力量。哲学社会科学的研究能力和成果是综合国力的重要组成部分。在全面建设小康社会、开创中国特色社会主义事业新局面、实现中华民族伟大复兴的历史进程中，哲学社会科学具有不可替代的作用。繁荣发展哲学社会科学事关党和国家事业发展的全局，对建设和形成有中国特色、中国风格、中国气派的哲学社会科学事业，具有重大的现实意义和深远的历史意义。

　　中国社会科学院在贯彻落实党中央《关于进一步繁荣发展哲学社会科学的意见》的进程中，根据党中央关于把中国社会科学院建设成为马克思主义的坚强阵地、中国哲学社会科学最高殿堂、党中央和国务院重要的思想库和智囊团的职能定位，努力推进学术研究制度、科研管理体制的改革和创新，2006 年建立的中国社会科学院学部即是践行"三个定位"、改革创新的产物。

　　中国社会科学院学部是一项学术制度，是在中国社会科学院党组领导下依据《中国社会科学院学部章程》运行的高端学术组织，常设领导机构为学部主席团，设立文哲、历史、经济、国际研究、社会政法、马克思主义研究学部。学部委员是中国社会科学院的最高学术称号，为终生荣誉。2010 年中国社会科学院学部主席团主持进行了学部委员增选、荣誉学部委员增补，现有学部委员 57 名（含已故）、荣誉学部委员 133 名（含已故），均为中国社会科学院学养深厚、贡献突出、成就卓著的学者。编辑出版《中国社会科学院学部委员专题文集》，即是从一个侧面展示这些学者治学之道的重要举措。

　　《中国社会科学院学部委员专题文集》（下称《专题文集》），是中国社会科学院学部主席团主持编辑的学术论著汇集，作者均为中国社会科学院学部委员、荣誉学部委员，内容集中反映学部委员、荣誉学部委员在相关学科、专业方向中的专题性研究成果。《专题文集》体现了著作者在科学研究实践中长期关注的某一专业方向或研究主题，历时动态地展现了著作者在这一专题中不断深化的研究路径和学术心得，从中不难体味治学道路之铢积寸累、循序渐进、与时俱进、未有穷期的孜孜以求，感知学问有道之修养理论、注重实证、坚持真理、服务社会的学者责任。

2011 年，中国社会科学院启动了哲学社会科学创新工程，中国社会科学院学部作为实施创新工程的重要学术平台，需要在聚集高端人才、发挥精英才智、推出优质成果、引领学术风尚等方面起到强化创新意识、激发创新动力、推进创新实践的作用。因此，中国社会科学院学部主席团编辑出版这套《专题文集》，不仅在于展示"过去"，更重要的是面对现实和展望未来。

这套《专题文集》列为中国社会科学院创新工程学术出版资助项目，体现了中国社会科学院对学部工作的高度重视和对这套《专题文集》给予的学术评价。在这套《专题文集》付梓之际，我们感谢各位学部委员、荣誉学部委员对《专题文集》征集给予的支持，感谢学部工作局及相关同志为此所做的组织协调工作，特别要感谢中国社会科学出版社为这套《专题文集》的面世做出的努力。

《中国社会科学院学部委员专题文集》编辑委员会

2012 年 8 月

目　录

自 序

自 1979 年 3 月，我撰写的学术论文《试论社会主义市场经济》发表以来，跟随我国改革和发展的实践，继续探索社会主义市场经济基本理论问题，是近三十年来我学习和研究的主要课题。这本文集收录了近三十年发表的部分文稿。它反映了我对社会主义市场经济的认识曲折、反复、逐步深化的历史过程。

一

《试论社会主义市场经济》这篇文章公开发表之后，我仍然坚持自己的基本观点、研究方法和思路，继续探索。在很长时间，"社会主义市场经济论"不被认同，遭到长期冷遇，甚至遭到批评，但我并不气馁。后续研究主要朝两个方向拓展。一方面，从社会经济发展史中寻找根据，探索商品、市场作为人类社会迄今为止共有的经济形式，有哪些固有的规律性；另方面，深入实际，趁经济结构调整和改革之机，重点研究市场在经济运行和发展中的调节作用，从而为市场、市场机制和市场经济定位，找到历史根据和理论根据。当时，我有幸被借调到中办研究室经济组工作。这对我这个长期生活在书斋里的人，是极难得的机遇和极有利的条件。我阅读了大量的来自各行各业的资料，又被分派到机械工业第一线进行实地调研。当时，国民经济正处于调整时期，这个行业面临的处境十分艰难，大量企业处于停产半停产状态，亟须从改革和调整中寻找生路。这个时期我研究成果，陆续发表了《机电产品进入市场之后》《论商品经济的一般规定性》《社会主义商品经济论》等。在当时的政治气候下，"商品经济"范畴与"市场经济"范畴相比，要幸运得多。它竟然获得了官方和学界广泛认同。而"市场经济"和"社会主义市场经济"范畴，直到 80 年代后期都没能取得"合法"的"身份证"。后续研究更坚定了我的信念和自信心。我在构思和起草这几篇论文时，并没有否定《试论社会主义市场经济》这篇论文的基本论点、论据、方法、思路。研究和写作完全是按照继续、充实、完善、发展的思路进行的。我始终把这些文稿看作是《试论》的续篇，它们互为补充、组成一体，较完整地体现了我的社会主义市场经济观。当时，有位朋友捅破了这层窗户纸，对我说："你是新瓶装陈酒。"坦率地说，在这个问题上，我的研究没有超越历史的局限性，依然打着时代的烙印。

二

《试论社会主义市场经济》是我从事学术研究的入门之作，也是我研究社会主义市场经济基本理论的奠基之作。经过三十余年的艰难探索，初步形成了我的反新自由主义的社会主义市场经济观。

——作为古典经济学的继承，经济自由主义经历了产生、发展、蜕变的长期历史过程。在经济运行对策的层次上，新自由主义的某些原理具有一定的可行性。但绝不能把它捧上国家发展和改革的指导思想的神坛。

我在起草《试论社会主义市场经济》过程中，曾经比较系统地研究了社会主义经济思想史，查阅了20世纪20年代初经济学界那场关于计划与市场的争论的资料。如果将米塞斯反对计划经济的一方划入经济自由主义学派的话，那么，对他的观念似应一分为二。他按照逻辑推导，而不是根据事实，作出计划经济有弊端的判断，应视为有某些合理成分，计划管理应引以为戒。到了70年代，英美政府把新自由主义抬上"国学"的神位。它虽然为西方国家走出"滞胀"立下了汗马功劳，但它逐步蜕变为美英政府对外推行新殖民主义、瓦解社会主义国家、维护美国经济霸权、转嫁经济财政金融危机的奴婢和武器。这已经是有目共睹的事实。美国政府及其御用智囊，把中国列入推销新自由主义的大市场，理当拒之门外，何过之有？

——和西方市场原教旨主义及其信徒相反，我研究社会主义市场经济问题，所采用的方法是马克思创立的历史唯物主义，而不是历史唯心主义。

历史唯物主义是研究社会经济问题的唯一科学方法。舍此，研究任何社会主义社会经济问题，不可能作出符合实际的结论。在市场原教旨主义的辞典里，市场是个超越历史的永恒的范畴，市场优化资源配置的功能是不依赖于生产力状况和社会生产关系的绝对观念；市场是医治"商业周期"的最佳良方。但是，好景不长，一场战后最严重的大危机撕破了新自由主义的华丽外衣。凯恩斯主义挽救不了资本主义的厄运，新自由主义帮凯恩斯主义走出困境，但大危机却宣告了新自由主义破产。从西方国家出台的对策来看，在资本主义有生之年，资本主义制度看来已黔驴技穷，似乎只能在这两个主义之间摇来摆去。

马克思指出"一切真正的危机的最根本原因，总不外乎群众的贫困和他们的有限消费，资本主义生产却不顾这种情况而力图发展生产力，好像只有社会的绝对消费力才是生产力发展的界限。"① 现在，西方国家的政府都在自掘陷阱，企图靠紧缩财政、向民众福利和社会保障开刀，为走出危机找寻生路。

——中国社会的发展，可以超越资本主义发展历史阶段，但无法超越商品生产大发展的长期过程。这是中国生产力现状和发展趋势决定的客观必然性。

中国社会主义制度脱胎于半封建半殖民地社会。在旧中国，近代工业在国民经济中所占比重仅有10%左右，在广阔的内陆地区，自给自足半自给自足的自然经济长期居统治地位。人民夺取政权之后，伴随工业化、现代化过程，必然带来商品经济大发展、大繁荣。马克思指出："人们能否自由选择某一社会形式呢？绝不能。在人们的生产力在发展的一定状况下，就会有一定的交换和消费形式。在生产、交换和消费发展的一定阶段上，就会有一定的社会制度。""人们不能自由选择自己的生产力——这是他们的全部历史基础，因为任何生产力都是一种既得的力量，以往的活动的产物"。"人们借以进行生产、消费和交换的经济形式是暂时的和历史性的形式"。② 在我国，把现阶段社会主义经济形式定性为社会主义市场经济，经济改革以建立社会主义市场经济体制为目标，是反映了生产关系一定要适应生产力性质的规律的要求的。社会主义制度有诞生以来正反两方面的经验和教训，证实了这个历史性抉择是可行的、可持续的。

---

① 《马克思恩格斯全集》第25卷，人民出版社1979年版，第548页
② 《马克思恩格斯〈资本论〉书信集》，人民出版社1976年版，第15—16页。

有人认为，市场经济只与私有制相容；既然要实行市场经济，就必须实行私有化；社会主义与市场经济是不兼容的。但是，事实恰恰证明，倒是资本主义私有制与现代市场经济存在着难以调和的矛盾。周而复始的经济危机，总是像疟疾一样死揪着资本主义制度不放手。危机就是用破坏生产力的办法，强制地恢复生产与有效需求的平衡，促使生产持续发展。

从历史上看，商品、货币、市场在原始社会末期就已产生，它们曾经为不同性质的社会制度服务。它是多种社会生产关系共有的经济形式，各类商品经济又因所有制和分配方式不同而互相区别。

社会主义生产方式与商品市场经济是兼容的。实现社会主义基本经济制度与市场运行机制有机结合，是经济改革历史性的必然抉择。这是中国国情和世界政治经济格局决定的。全盘私有化的市场经济，最终的结局必然导至贫富两极分化，必然使中国重新沦为任人宰割的经济殖民地。这是一条死路。社会主义基本经济制度和市场经济融为一体，不仅是必要的，而且是可能的。因为二者都通行同一规则：即等量劳动相交换的原则。社会主义市场经济体制正确地体现了二者的内在同一性。

所谓"产权明晰"，是公有制企业改革的误区。"产权明晰"是一个无论内涵或外延都含混不清的概念，它本身就不明晰。针对公有经济软预算约束的弊端，改革不应倒退到私有制，而是应当改革产权结构，在所有者、代理人、经营者之间建立起利益、权力、责任互相制约的关系，改变只享受利益，但不承担责任的状况。不考虑生产力性质，把产权明晰当作绝对标准，是行不通的。个体私有制的产权最明晰，但能搬到社会化大生产中吗？绝不能。

——价值规律是商品经济的"基本规律"（恩格斯语）。是价值规律而不是市场供求关系最终决定社会劳动即资源在各部门分配的比例。计划调节和市场调节的有机结合，是实现价值规律要求，促进国民经济持续、稳步、协调发展的可行抉择。

按社会需要合比例地分配社会劳动即资源，是人类生存和发展的物质前提。因而，这是人类社会的普遍的共有规律。在商品经济条件下，这个客观必然性是作为价值规律的内在要求表现出来的。计划和市场的内在统一性，就在于二者都必须实现价值规律的要求。由于市场主体多元化，市场主体行为的唯利性，价值规律只能作为客观必然性在无序的市场交易中强制地贯彻自己的要求。价格、利润、竞争等，便成为价值规律借以发生作用的必要机制。它们在市场中各司其职，但都必须受价值规律的制约。价值规律才是市场的主宰。所谓"市场对资源配置起基础性作用"，如果理解为"供求、价格起决定作用"，那就落入了庸俗的供求论的陷阱。

——世界经济体系形成，世界经济走向一体化，这是社会化生产力发展必然的历史趋势。我国把对外开放列为一项基本国策，正是适应了这个客观趋势的要求。

但当今世界经济格局的现状，却是美国称霸，西方强国主导，广大发展中国家依然处于贫困、无权状态。世界经济关系依旧是不平等的。在这种国际背景和国际环境下，中国作为一个发展中的社会主义大国，应当对人类有较大的贡献，应当有所作为。一方面，应当充分利用世界市场体系所提供的资源，大力发展和壮大自己的经济实力，加快建设独立、完整、先进的经济体系，防范来自外部的经济风险，保障国家经济安全和主权；另一方面，应当为争取建立平等互利、公平公正的国际经济新秩序，作出积极贡献，维护发展中国家利益。这也应视为对外开放政策的重要方面。有人谎称，计划经济实行闭关锁国。这是睁着眼睛说瞎话。新中国成立后，我国政府一直奉行积极发展对外经贸交流政策。朝鲜战争爆发后，西方国家对我国筑起了一道封锁禁运的铁幕。时至今日，尽管中国已是世贸组织成员，但美欧依然对我国实行歧视性贸易政策。正因为如此，对外开放决不可放弃自力更生为主的方针。西方不会恩赐我们实现强国富民的理想，用市场也换不来现代化强国。

——我国经济近三十年连续高速增长，当前面临着很多难以破解的问题和矛盾，成为实现经济协调、平衡、稳步、持续发展的障碍。眼下，工业生产能力严重过剩，经济增长对外贸、投资依存度过高，改革和高增长的成果没能按照共同富裕的原则让人民群众共享，社会贫富两极分化严重，广大民众有购买力的消费需求相对不足，这是不争的事实。这是否意味着，生产无限扩张的趋势和人民群众需求相对不足，这个资本主义的基本矛盾重新在社会主义市场经济中再现？产生这个矛盾的原因是什么？这是经济学亟待回答的难题。紧紧抓住这个矛盾，不仅可以破解中国经济持续发展的难题，而且可能推进社会主义市场经济理论研究有所前进、有所发展。

三

1979年4月，在无锡由中国社会科学院经济研究所主办的全国性的关于"价值规律在社会主义经济中作用"的研讨会。其时，我国经济改革开始逐步把重点转向城市。这次会议的宗旨，主要是为经济改革提供理论支持，创造舆论氛围。会前，经济研究所和其他经济研究与教学单位连续召开了不同规模的双周座谈会，作了较充分的准备。无锡会议是很有成效的，在经济思想史和改革史上，是抹不掉的。和后来会议比，这次研讨会颇有特色。可以说，它是关于经济改革的各种思想观点的展示平台。

——会议主持人坚决贯彻执行"实事求是、解放思想"和百家争鸣的方针，倡导学术研究自由，包容不同学术观念，从而为学术创新创造了必要的舆论环境和宽松的学术氛围。

薛暮桥同志担任会议主席。薛老在主持会议中自始至终强调百家争鸣，畅所欲言，自由讨论。"如果这次会议只有一种意见，一边倒，那我认为这次会议不是成功了，而是失败了。理论工作者应当敢于坚持真理，坚持自己的观点"。他号召大家学习孙冶方同志敢于坚持自己观点的风格。在会议进行过程中，有位远在北京的知名学者听说会上有人主张社会主义也可实行市场经济，立即给大会写了一封信，以列宁一句话为根据，批评了这个观点，并要求在会上宣读他的信。这封信并未在会上引起多大反响。会议的领导依然对"歧见"采取宽容的态度。在会后出版的文集中还收录了三篇有关市场经济问题的文稿。

薛老在会议闭幕词中说："这次会议开得很好，达到了开幕时预期的要求"。"会风和畅，百家争鸣"。

——会议将"社会主义商品生产和市场经济问题"列入议题，应视为"社会主义市场经济"问题研究具有开拓性的起始点，它揭开了理论经济学研究的新篇章。

在这次研讨会上，从与会者提交的有关"社会主义市场经济"的论文中，有两篇代表性的论文被挑选编入会议文集。这两篇文章的论点、论据、分析方法不仅有差别，对这个范畴的内涵和外延的看法也不完全相同。但是，在社会主义经济思想史上，却留下了抹不掉的印记。第一，创造性地提出了"社会主义市场经济"范畴。这个范畴在现代西方各种版本的经济学辞典里，是找不到的。它是中国马克思主义经济学家群体的创新，是集体智慧的结晶。把这个成果记在新自由主义二道贩子的名下，违背了历史事实真相，是不公正的、不公平的。第二，明确指出，建立社会主义市场经济体制，是中国社会经济发展的必然产物，是唯一可行的历史抉择，是不以人的意志为转移的。第三，中国国情是经济改革的立足点和出发点。照抄、照搬西方市场经济模式，是行不通的。从中国国情出发，继续"摸着石头过河"，深入探索，走自己的路，才能摆脱苏俄厄运的困扰。中国改革决不应成为新自由主义第二个试验场。

——研讨会成为展示各种经济观点的平台。与会学者对经济改革众口一词：赞成。但为何改、改什么、如何改，却众说纷纭。

这里有个涉及改革思想史研究的话题。研究思想史早已有《资本论》和《剩余价值学术史》的榜样。但是，现在有些人却别出心裁，舍弃考据方法，用是否赞同所谓"市场取向"为标准来划类站队。赞同"市场取向"，就属于改革派，否则就是保守派或反改革派，不管你说了什么写了什么做了什么。这分明是玩弄政治游戏，哪里是什么科学研究呢？

薛暮桥同志在会上作了一个长篇发言：《社会主义经济的计划管理》。还有会议开幕词和闭幕词。这三篇文章都收录在会议文集中。与会议主题相关的内容，可概述如下：（1）"社会主义国家必须有计划地发展国民经济，这一点是没有争论的。""国家必须制定科学的、严密的、统一的国民经济计划。有了这样的计划，才能动员和组织全国人民为一个共同目标而奋斗。但是这并不是说，计划要包罗万象，把各种指标硬性地下达到各基层单位去执行。这在实际上是做不到的"。（2）"我们要改革的，是那些不好的、不适应我国生产力发展的东西。""全盘肯定或全盘否定，都不恰当"。（3）"我国人民现在还有80%是农民，他们还在公有化程度很低的集体所有制经济中生活。对于他们，如果不借助于价值规律，能实行计划管理吗？""国家对国营企业的生产、销售等等计划，大多数应当是参考性计划，同企业进行协商，主要由企业自己决定。取消财政上的统收统支办法，让企业对自己的财务收支享受一定的权利，担负一定的责任。""要尽量少用行政命令来干涉企业的经济活动，多用经济手段来调节企业的经济活动。"(4)"国家的国民经济计划，首先应当正确处理积累和消费的比例关系"。(5)"调整和改革必须相辅而行"，"调整中进行改革，在改革中进行调整。"

总之，薛暮桥同志与会时的观点，与那帮新自由主义信徒所谓"市场取向改革"，完全不是一回事。

孙冶方同志在会上作了关于价值规律问题的发言。① 发言充分体现了他通晓马克思经济学经典的深厚造诣和长期从事经济实际工作积累的丰富经验，受到与会者高度重视。（1）他用简明精确的语言提炼出经济学要义：千规律，万规律，价值规律第一；最小—最大（以最小的消耗取得最大效果）。（2）他深刻揭示了不尊重价值规律造成的三大危害：不讲经济效果，不讲等价交换，取消综合平衡。

由于历史的局限，孙冶方的经济思想深深地打着时代的烙印：（1）他批判无交换无流通的"自然经济论"，但他否认全民所有制内部存在商品生产和商品交换；（2）他重视等价交换，但他否认价值是商品固有的内在属性或特性；（3）他重视交换和流通，但他把货币看作是纯粹计算劳动消耗的符号和工具，而非一般等价物的特殊商品；（4）他首倡价值规律在诸多经济规律中居第一的位置，但他定义的价值规律与商品、市场、市场机制无缘；（5）他号召应当理直气壮地抓利润，但在他笔下，利润的形成、分配、形式都与市场和市场机制无关。因此，冶方同志力主的经济体制改革目标，并不是建立社会主义市场经济体制。

骆耕漠、刘国光、何建章、孙尚清等同志，就计划和市场相结合的问题，分别提交了论文。这几篇文章的共同点，是突破了把计划与市场看作是互相对立、互相排斥的传统观念，主张把市场、市场机制引入计划经济体制，实现计划与市场的有机结合。他们的观点，当时在学界和政界引起了广泛反响，在党的十四大明确改革目标是"建立社会主义市场经济体制"之前，居主导地位。

---

① 孙冶方：《价值规律的内因论和外因论》，《孙冶方选集》，山西人民出版社 1984 年版，第 680 页。

30 年发展和改革取得了很大进展。但实现民富国强的宏伟目标还有很长的路。现在应当做的，不是争功请赏，而是对历史进行实事求是的反思。

本文集能如期问世，我要衷心感谢张兴胜同志和刘银同志给予我的帮助。

于祖尧

2012 年 9 月 15 日

试论社会主义市场经济

　　市场是商品生产和商品流通的产物。市场的作用和范围取决于社会分工和生产专业化发展的程度。商品生产是为市场需要进行的生产。商品交换是通过市场进行的。市场是联系生产和消费的桥梁，是联系产供销的纽带。价值规律对商品生产、分配、交换和消费的调节作用是通过市场机制实现的。列宁指出：商品生产，也就是通过市场而彼此联系起来的单独生产者的生产。① 所谓市场经济，广义地说，实质上就是与自然经济相对而言的发达的商品经济。

　　社会主义既然实行商品制度，那么，社会主义经济在本质上就不能不是一种特殊的市场经济，只不过它的性质和特征同资本主义市场经济有原则的区别。

　　当前，我国已进入了以实现四个现代化为中心的历史转折时期。我们在调整国民经济的同时，正在着手从生产关系和上层建筑方面进行一场深刻的经济改革。为了加快实现四个现代化，搞好经济改革，应当怎样正确地对待市场经济，这是我们经济学界需要认真研究的重大课题。

列宁给我们的启示

　　1917 年十月革命后，俄国无产阶级在以列宁为首的布尔什维克党的领导下，用不到半年的时间，粉碎了国内敌人的武装反抗，同德国签订了和约，赢得了暂时的喘息时间。这时，列宁就发出了"现在我们应当管理俄国"② 的号召，指出："当无产阶级夺取政权的任务解决以后，随着剥夺剥

---

　　① 《列宁全集》第 1 卷，人民出版社 1955 年版，第 385 页。
　　② 《列宁选集》第三卷，人民出版社 1972 年第 2 版，第 496 页。

夺者及镇压他们反抗的任务大体上和基本上解决，必然要把创造高于资本主义社会的社会经济制度的根本任务，提到首要地位；这个根本任务就是提高劳动生产率"。① 但不久爆发了 14 国武装干涉，经济建设被迫中断。战争一直进行到 1920 年年底，终于以苏维埃俄国的胜利而结束。

战争刚刚结束，列宁就明确指出：经济任务、经济战线现在又作为最主要的任务和基本的战线提到我们面前来了。② 如果我们不能恢复我国的经济，那末我们就落在而且将来还要落在资本主义列强的后面，我们就会挨打。③ 为了迅速恢复陷入崩溃的国民经济，巩固无产阶级同农民的联盟，俄共（布）党适时地调整了党的经济政策，在全国范围进行了经济改革，从战时共产主义转入新经济政策。

新经济政策的主要标志，是用粮食税代替余粮征集制。国家用税收的形式向农民征收一部分粮食，税额比余粮征集制低。交纳粮食税之后的余粮完全归农民支配，允许农民在市场上自由买卖。根据 1921 年 5 月 24 日的指令，自由买卖的范围扩大到手工业品和家庭工业品。实行粮食税，就是允许在苏维埃国家和全民所有制的国营经济的领导和控制下一定范围的自由贸易，开放粮食等自由市场。

利用商品货币关系改革国营经济的领导和管理体制，是新经济政策的又一重要内容。国家取消了战时共产主义时期的供给制，国营工业企业开始实行经济核算制。列宁指出：我们不应当规避独立会计，……只有在这个独立会计的基础上，才能建立经济。④ 各个托拉斯和企业建立在经济核算制基础上，正是为了要他们自己负责，而且是完全负责，使自己的企业不亏本。⑤ 列宁认为，国营企业实行所谓经济核算，同新经济政策有着必然的和密切的联系，在最近的将来，这种形式即使不是唯一的，也必定会是主要的。在容许和发展贸易自由的情况下，这实际上等于国营企业在相当程度上实行商业原则。⑥

---

① 《列宁选集》第三卷，人民出版社 1972 年第 2 版，第 509 页。
② 《列宁选集》第四卷，人民出版社 1972 年版，第 380 页。
③ 《列宁选集》第四卷，人民出版社 1955 年版，第 384 页。
④ 《列宁全集》第 33 卷，人民出版社 1956 年版，第 84 页。
⑤ 《列宁全集》第 35 卷，人民出版社 1956 年版，第 549 页。
⑥ 《列宁选集》第四卷，人民出版社 1972 年版，第 583 页。

此外，苏维埃政权还颁布了租让制法令，允许出租国营企业和组织合股公司。到 1921 年年底，私人租借的小企业有 3874 个。1921—1926 年，同外国资本签订的租让合同有 135 个。

列宁的新经济政策和根据这个政策进行的经济改革，很快就取得了预期的成果。一切经济命脉都牢牢地掌握在苏维埃政权手中，公有经济得到了巩固和发展，农业得到了迅速恢复，城乡人民生活有了改善，市场供应好转。1921—1925 年，粮食产量增加了 77%，粮食采购量 1925—1926 年度比 1921—1922 年度增长了 133%。棉花产量增长了 26 倍。甜菜增加了 20 倍。牲畜头数除马之外都超过了战前。苏维埃俄国的农业仅仅用五年的时间就走完了资本主义国家用十年时间走过的路程。工业总产值 1926 年超过战前 8.1%。五年内工业生产增长了 4.5 倍。零售商业流转额增长了 1.5 倍。在工业总产值中，私营工业的比重由 4.3% 下降到 3.6%。1925 年农业中各种形式的初级合作社有 54813 个，参加的农户占总农户的 28%。可以说，列宁的新经济政策挽救了经济上陷入崩溃的苏维埃俄国。

当前，我国所面临的任务，我们所处的国际和国内条件，我们准备进行的经济改革，同当年俄国是不一样的。机械地类比，或者照抄照搬，是行不通的，也是错误的。但是，列宁的新经济政策对我们是有启发的，新经济政策的原则和理论，其中有许多东西是值得我们学习和借鉴的。

历史赋予无产阶级专政的国家政权拥有管理经济的特殊职能。但是，国家管理经济不能单纯依靠行政办法、行政命令，应当按照客观经济规律的要求，充分利用市场、价格等经济杠杆来管理经济。

列宁指出：新经济政策是我们开始真正学习管理经济的一种形式。[①] 资本主义进入帝国主义阶段，在新的历史条件下，列宁创立了无产阶级可能在一国或少数国家首先取得政权的学说。但是，在十月革命前，由于没有社会主义建设的实践，列宁在当时还不可能全面地具体地提出在俄国这类国家中建成社会主义的完备理论。社会主义在一国胜利的学说，包括夺取政权的道路和如何建成社会主义两个方面。这后一方面只能在社会主义建设的实践中逐步解决。没有社会主义建设正反两方面的经验和教训，就不

---

① 《列宁全集》第 33 卷，人民出版社 1955 年版，第 143 页。

可能认识社会主义经济规律。正是在新经济政策的实践过程中，列宁规划了在俄国这个经济文化落后，小农经济小生产占优势的国家里建设社会主义的蓝图，提出了社会主义建设的许多光辉思想，在政治经济学宝库中增添了珍贵的财富。列宁的新经济政策，是按照经济规律办事，用经济办法管理经济，特别是利用市场经济的光辉典范。

列宁曾经认为，市场经济同社会主义是不相容的。他说：只要还存在着市场经济，只要还保持着货币权力和资本力量，世界上任何法律也无力消灭不平等和剥削。只有实行巨大的社会化的计划经济制度，同时把所有土地、工厂、工具的所有权转交给工人阶级，才可能消灭一切剥削。① 十月革命后，列宁曾设想直接用无产阶级国家的法令，按照共产主义原则来调整生产和产品的分配，把全体居民都组织到统一的消费公社网中，力求尽快地实行最激进的措施，准备消灭货币，取消贸易，直接过渡到社会主义。正如列宁所说的，"当时根本没有提出我们的经济同市场、同商业有何种关系的问题。"② 国内战争爆发后，迫于形势，苏维埃国家不得不按战时共产主义原则组织生产和分配，实行了以余粮征集制为主要内容的军事共产主义政策。大敌当前，这种政策是能够被农民所理解和接受的。但是，当战争结束，转入经济建设时，农民就不能容忍这种政策了。如果坚持过时的教条，不按照新情况决定党的政策，如果固执"长官意志"，坚持靠行政办法来管理经济，就不能挽救陷入崩溃的国民经济，就会导致工农联盟破裂。列宁指出："照顾到农民生活的特殊条件，向农民学习过渡到最好的制度的方法，决不可发号施令！这就是我们给自己定下的规则。"③

农业是国民经济的基础。恢复国民经济必须从农业着手。在农业集体化的条件不成熟的时候，要发展农业生产决不能无偿占有农民的劳动成果，而应当适应农民作为小商品生产者的特点，开放市场，发展商品生产和商品流通，才能使农民从物质利益上关心提高劳动生产率，调动农民的积极性。列宁说：小农只要还是小农，他就必须有同他的经济基础，即小规模

---

① 《列宁全集》第 10 卷，人民出版社 1955 年版，第 407 页。
② 《列宁全集》第 33 卷，人民出版社 1956 年版，第 66 页。
③ 《列宁选集》第三卷，人民出版社 1972 年版，第 804 页。

的个体经济相适应的刺激，推动和鼓励。这里是不能离开地方周转自由的。① 实行粮食税，就是要在经济上承认和尊重农民对产品的所有权，使农民的物质利益得到保证，这样就能调动农民的生产积极性，活跃全国商品流转，改善城市供应，巩固工农联盟。

新经济政策的实质，就是在苏维埃国家掌握经济命脉的条件下，利用商品货币关系，发展城乡贸易，允许小农和私人资本从事有利于国计民生的活动。商品经济的发展，要求加强各种经济杠杆在管理国民经济中的作用。俄共（布）十一次代表会议提出：从市场的存在出发并考虑市场的规律，掌握市场，通过有系统的、深思熟虑的、建立在对市场过程的精确估计之上的经济措施，来调节市场和货币流通。② 列宁号召"无产阶级国家必须成为一个谨慎、勤勉、能干的'商人'，成为一个精明的批发商"。③ 我们不需要那种旧的官僚主义的工作方法，我们需要考虑经商的条件，需要准确地了解商业的情况，善于很快地估计到一切变化。④

新经济政策允许贸易自由，开放自由市场，让社会主义经济同小农、私人资本"在通过市场来满足千百万农民需要的基础上实行经济竞赛"。⑤ 这样做，即使在当时俄国的条件下也并不可怕。"从理论上说来，能不能在一定的程度上给小农恢复贸易自由、资本主义自由，而不至于因此破坏无产阶级政权的根基呢？能不能这样呢？能够，因为问题只在于分寸。"⑥ 这种市场经济是在无产阶级专政的国家控制和监督之下，有社会主义全民所有制经济和合作社经济领导和参加的市场经济。新经济政策是无产阶级的政策。它的最终目的就是要通过市场，运用经济手段，同私人资本实行经济竞赛，把千百万小农引导到社会主义道路上，最终战胜资本主义。列宁指出："新经济政策并不改变工人国家的实质，然而却根本改变了社会主义

---

① 《列宁全集》第 32 卷，人民出版社 1956 年版，第 207 页。

② 《苏联共产党代表大会、代表会议和中央全会决议汇编》第 2 分册，人民出版社 1964 年版，第 137 页。

③ 《列宁选集》第 4 卷，人民出版社 1972 年版，第 572 页。

④ 《列宁全集》第 32 卷，人民出版社 1956 年版，第 438 页。

⑤ 《列宁选集》第 4 卷，人民出版社 1972 年版，第 582 页。

⑥ 《列宁全集》第 32 卷，人民出版社 1956 年版，第 207 页。

建设的方法和形式"。①

新经济政策实践的结果，不但没有造成资本主义复辟的经济条件，相反巩固和发展了社会主义阵地。既然在多种经济成分同时并存的情况下，市场经济并非洪水猛兽，那么，在社会主义公有经济无论在工业、农业、商业等各个部门都占据绝对统治地位的条件下，利用市场机制来调节生产和流通，又有什么可怕呢？

列宁指出："应当把商品交换提到首要地位，把它作为新经济政策的主要杠杆。如果不在工业和农业之间实行系统的商品交换或产品交换，无产阶级和农民在从资本主义到社会主义的过渡时期就不可能建立正确的关系，就不可能建立十分巩固的经济联盟。"② "决不能过早地给自己提出向农村推行共产主义的目标。"③ 列宁认为，"准备向共产主义过渡（要经过多年的准备工作），需要经过国家资本主义和社会主义一系列过渡阶段。不是直接依靠热情，而是借助于伟大革命所产生的热情，依靠个人兴趣、依靠从个人利益上的关心、依靠经济核算，在这个小农国家里先建立起牢固的桥梁"。④ "必须把国民经济的一切大部门建立在个人利益的关心上面。"

社会主义建设的实践证明了列宁的这些论断正确地反映了客观经济规律的要求。不大力发展社会主义商品生产，不充分地利用市场经济，不按照经济规律的要求改革经济管理体制，就不可能建成现代化的社会主义强国。

但是，托洛茨基分子和其他反对派竭力反对和破坏列宁的这一无产阶级政策。他们打着"左"的旗号，主张坚持战时共产主义的政策，经济上实行全面进攻，用剥夺农民的办法来建立和发展工业，诬蔑新经济政策是放弃十月革命的成果，回到资本主义。同时，自给自足的自然经济观和闭关锁国的封建主义在党内也有一定的影响，妨碍了新经济政策的实施。列宁一面同托派等进行了坚决斗争，同时又指出："我们决不受莫名其妙地轻视商业的'感情的社会主义'或旧俄国式、半贵族式、半农民式、宗法式

---

① 《列宁全集》第4卷，人民出版社1972年版，第582页。
② 《列宁全集》第32卷，人民出版社1956年版，第424页。
③ 《列宁选集》第4卷，人民出版社1972年版，第679页。
④ 同上书，第571—572页。

的情绪的支配。"①

我们的经验和教训

在农业合作化完成之后，在两种公有制并存的条件下，市场经济的命运如何呢？回顾我国社会主义建设的历史，1956 年以来，我们既有成功地运用市场经济的经验，也吃过否定市场经济的苦头。认真地总结这些经验和教训，对于我们正确地认识和运用市场经济，加快四个现代化建设，是很有教益的。

1956 年，继农业合作化实现之后又完成了对民族资本主义工商业的社会主义改造。由于我们对社会主义经济规律缺乏认识，经济管理缺少经验，不善于正确地处理集权与分权，计划性和非计划性，大集体与小自由的关系，在经济生活中出现管得过严、统得太死、集中过多的偏向。看不到合作化和资本主义工商业改造完成后形势的变化，继续采取了一些为限制资本主义而采取的措施。

一是对轻工业品，商业部门继续采用过去对资本主义工业实行的统购包销的办法，使一部分工厂不像原来那样适应市场的需要，关心产品的质量和品种，造成部分产品质量下降，品种减少。多种多样花色品种变得简单化，成了大路货。

二是国营商业采用自上而下的派货，定货工作集中于少数不和消费者见面的批发公司，基层商店不能根据消费者的需要，直接向工厂进货。因此，商业部门向工厂所定货物的品种减少了，国营批发公司发到各地的商品的品种和数量，往往不合当地市场需要，品种不对路，供应不及时，造成有的地方压积，有的地方脱销。

三是国营商业或供销社独家收购即垄断了农副产品的收购，而没有别的单位竞争。因而，当国营商店或供销社不收购或价格不合理时，就造成农副产品减产或减收。

四是忽视手工业生产多样化、分散性的特点，过多地实行了合并和统

---

① 《列宁选集》第四卷，人民出版社 1972 年版，第 580 页。

一计算盈亏，造成一部分手工业产品质量下降，品种减少。

五是在农村中，对社员家庭副业生产注意不够，甚至加以过多的限制，使一部分农副产品有所下降，社员收入减少。

六是价格政策方面，把稳定物价理解为"冻结物价"、"统一物价"；优质不优价，新旧产品一个价；农副产品收购价格偏低，使农业生产不能全面发展。

为了解决上述问题，周恩来同志从我国的实际出发，创造性地运用马克思主义政治经济学，提出了一整套行之有效的措施和政策。周总理指出："由于社会主义改造事业的胜利，社会主义经济已经在我国占据了绝对的统治地位，这就使我们有可能在适当的范围内，更好地运用价值规律……我们在商业方面，将采取许多重要措施。例如，在国家统一市场的领导下，将有计划地组织一部分自由市场；在一定范围内，将实行产品的自产自销；对某些日用工业品，将推行选购办法；对所有商品，将实行按质分等论价办法，等等。采取这些措施，不仅不会破坏国家的统一市场，相反地，将会对国家的统一市场起有益的补充作用。"[1]

根据周总理的意见，我们当时采取了以下措施。

在计划管理方面，对日用百货的生产，国家计划原来每年都下达产值、降低成本率、劳动生产率增长、利润上缴额等指标。尽管这些指标的根据并不确切，绝大多数都是估算，但国家却把它当作指令层层下达，产品不管优劣均由商业部门包销。因此，工厂往往不顾市场的需要，片面追求产值和利润。针对这种情况，国家便把计划中规定的这些指标改为参考指标下达，允许工厂按照市场情况自定指标进行生产，而不受国家下达的参考指标的束缚，并根据年终的实绩来缴纳利润。对于日用百货、手工业品、小土产，都只把个别品种列入国家计划，其他全部都不规定品种计划。

在购销关系方面，把商业部门对工厂实行的加工定货的办法，改为由工厂购进原料、销售产品的办法。除了关系国计民生的规格简单的产品，如棉纱、棉布、食糖、煤炭等，继续实行统购包销外，其他日用百货实行由商业部门选购的办法；没有选购或选剩的产品，可由工厂自销或委托商

---

[1] 《关于发展国民经济的第二个五年计划的建设的报告》，《中国共产党第八次全国代表大会文献》，人民出版社 1957 年版，第 139 页。

业部门代销。上级批发公司不准向下派货，下级商店可向全国任何批发机构自由选购，也可以直接向工厂选购。这个办法能促进工厂为扩大销路而提高产品质量，增加花色品种，以销定产。

商业部门供应原料不得采取好坏搭配的办法。除某些供不应求的重要原料由国家分配外，其他原料由工厂自由选购。

在城市或城郊组织若干蔬菜市场，允许农业社、社员到市场上自由出售新鲜蔬菜，自由购买，价格由买卖双方参照国家牌价自行议定。

除重要农产品外，部分农副产品如小土特产，允许国营商店、合作商店，合作小组和供销社一起自由收购、自由贩运，禁止互相封锁。

在经营方式方面，日用消费品多数实行分散生产，分散经营，以适应人民群众千变万化的多种多样的需要。

手工业合作社划小，由全社统一核算改为各合作小组或各户自负盈亏，自产自销。

小商小贩在合作商店或合作小组各自经营，自负盈亏。

支持和扶持社员发展家庭副业生产。在社员平均占地较多的地方，在不损害集体经济的条件下，给社员多分一点自留地，供社员种植猪禽饲料和其他农作物。

在价格政策方面，为了有利于生产，实行按质分等论价，优质优价，劣质低价。一部分土特产放松市场管理后，收价会暂时提高，因而就不能不相应地提高销价。价格提高会促进生产，等到供求平衡后，价格就会回到正常的水平上。

采取上述措施，是否会使我国市场倒退到资本主义自由市场了呢？没有。这是因为，自由采购自由贩运的小土特产价值不过40亿元，采取选购办法的日用百货仅有40亿元，手工业品的选购和自销部分也不过40亿元。这三项合计120亿元，占全国商品零售总额460亿元的四分之一略多一点。而且，我们在1954年即在农业合作化和资本主义工商业的社会主义改造完成前，就牢牢地掌握了市场的领导权，稳定了市场，制止了国民党反动统治遗留下来的通货膨胀，在所有制的改造基本完成后为什么反会倒退到资本主义自由市场呢？

实践证明，这些措施推动了工农业生产的发展，扩大了城乡物资交流，活跃了市场，改善了人民生活，这对第一个五年计划超额完成和第二个五年计划的实现起了有益的作用。1958年国营商业和供销社的工业品采购总额达到326亿元，农副产品采购总额达到188亿元，分别比1952年增长2.8倍和1.9倍。

实践证明，根据周恩来同志的意见所实行的这些政策和措施是完全正确的，是对马克思主义政治经济学的重大贡献。

陈云同志在党的八大会议上的发言中，对社会主义经济中市场的性质、特点和作用作了精辟的分析。他深刻地指出："

采取上述措拖的结果，在我国出现的决不会是资本主义的市场，而是一种适合于我国情况和人民需要的社会主义的市场。我们的社会主义经济的情况将是这样：在工商业生产经营方面，国家经营和集体经营是工商业的主体，但是附有一定数量的个体经营。这种个体经营是国家经营和集体经营的补充。在生产的计划性方面，工农业产品的主要部分是按照计划生产的，但是同时有一部分产品是按照市场变化而在国家计划许可范围内自由生产的，计划生产是工农业生产的主体，按照市场变化而在国家计划许可范围内的自由生产是计划生产的补充。因此，这种社会主义经济的市场，决不是资本主义的自由市场，而是社会主义统一市场。在社会主义统一市场里，国家市场是它的主体，但是附有一定范围内国家领导的自由市场。这种自由市场，是在国家领导之下，作为国家市场的补充，因此它是社会主义统一市场的组成部分。"[①]

但是，由于"左"倾思潮的干扰，特别是由于林彪、"四人帮"一伙的严重破坏，我们党的这套马克思主义的理论、路线和政策被中断。林彪、"四人帮"颠倒黑白，把这些经过实践检验的马列主义政策斥之为修正主义。他们推行极左的修正主义路线，既否定社会主义商品生产，又丑化价值规律；既诋毁社会主义计划经济，又否定作为计划调节补充的社会主义市场调节，给我国社会主义建设事业带来了空前的灾难。

当然，我们不能把经济管理中的问题都归罪于林彪、"四人帮"一伙。解放后，我们基本上是按照苏联50年代的中央集权的模式组织社会主义经

---

① 《中国共产党第八次全国代表大会文献》，人民出版社1957年版，第336页。

济的。同时，千百年来自给自足的小生产的家长制管理方法对我们也有一定的影响。这套管理体制的问题，主要表现在：生产方面，国家计划统得多，统得死；交换方面，生产资料统筹统配，消费品统购包销、统购统销；分配方面，统收统支。人们形象地把这种高度集中的管理体制叫作：一口锅，即吃大锅饭，甚至把农民的那口小锅砸碎；一只碗，即铁饭碗。在这种制度下，生产不能按照市场的需要安排，产销脱节；价格违背价值规律的要求，不能发挥经济杠杆的作用；银行、信贷、税收等经济机构往往成为执行"长官意志"的工具；地方和企业没有经营管理上的自主权，作为基层经济组织的企业的物质利益得不到尊重，它们只是附属于上级行政组织的只能从外部推动的算盘珠，缺少内在的经济动力。

产生这些问题的主要原因，是由于没有按照社会主义商品经济的原则来组织生产、管理经济。现阶段我国实行商品制度、货币交换。生产和流通的全过程，再生产过程的各个方面，都是商品和货币按照自身固有的规律运行的过程。在社会主义条件下，商品经济共有规律的作用，是受社会主义制度特有规律制约的。但是，既然现阶段社会主义实行商品制度，那么，社会主义特有规律的作用，只有通过商品的生产、分配、交换和消费过程才能表现出来，只有通过商品经济规律并在它的基础上借助于它来发生作用。在商品经济的条件下，价值规律是作为调节商品生产者相互关系的基本规律来发生作用的，现阶段我国商品生产的发展趋势不是缩小，而是要大力发展，价值规律大有英雄用武之地。经济管理体制问题，本质上是按照什么原则来调节中央、地方、企业和劳动者之间互相关系的问题。既然我国实行商品制度是不以人的意志为转移的，那么，我们就必须按照商品经济的特点和固有规律来管理经济，我们的管理体制就应当反映商品经济规律的要求。但是，多年来经济学界一直流行着一种错误观点：即认为无产阶级夺取政权后，即使在像中国和俄国这类不发达国家中，商品生产的范围便逐步缩小，商品生产便开始消亡；计划经济同商品经济是对立的，有计划发展规律同价值规律的作用是互相排斥的，有你无我，有我无你。而我们的经济管理体制和管理方法，正是建立在这种错误理论的基础上的。价值规律在我们这里只能扮演二等公民的角色，行动处处受到限制。但这样做的结果，恰恰捆住了我们自己的手脚。恩格斯指出，国家权力如果沿着经济发展相反的方向起作用，或者阻碍经济发展沿着某些方向走，而推动它沿着另一种方向走，其结果，政治权力能给经济发展造成巨大的损害，并能引起大量的人力和物力的浪费。[1] 我国管理体制中的弊病不正是这样吗？

社会主义市场经济的客观必然性

我国早就基本上完成了生产资料的社会主义改造，但是商品生产不可能短时期内消亡；社会主义商品生产取得了绝对统治地位，但价值规律对生产和流通的调节作用并未消失；社会主义计划经济代替了资本主义竞争和生产无政府状态，但不能排除市场与市场机制的作用。只要社会主义实行商品制度，社会主义经济在本质上就依然是市场经济。

首先，这是由生产力发展的状况决定的。

马克思说：人们能否自由选择某一社会形式呢？决不能。在人们的生产力发展的一定状况下，就会有一定的交换和消费形式。[2] "交换的深度、广度和方式都是由生产的发展和结构决定的。"[3] 我们可以跳过资本主义生产方式，但商品生产却不能超越。生产力的现状及其发展趋势，决定了我们不能从小生产占统治的半自给自足的经济直接过渡到马克思所设想的高度发达的社会主义阶段。列宁认为，在经济文化落后的国家，必须经过一系列中间的途径、方法、手段和补助办法，才能将资本主义以前的各种关系过渡到社会主义。资本主义愈不发达的社会，所需要的过渡时期就愈长，[4] 因而保存的资本主义经济结构的特点或特征也就较多。

列宁说："市场"这一概念和社会分工——即马克思所说的"任何商品生产［我们加上一句，因而也是资本主义生产］的共同基础"——这一概念是完全分不开的。哪里有社会分工和商品生产，哪里就有"市场"。市场

---

① 恩格斯：《致康拉德·施米特（1890年10月27日）》，《马克思恩格斯〈资本论〉书信集》，人民出版社1976年版，第505页。

② 马克思：《致巴维尔·瓦西里也维奇·安年柯夫（1846年12月28日）》，《马克思恩格斯〈资本论〉书信集》，人民出版社1976年版，第15页。

③ 《马克思恩格斯选集》第二卷，人民出版社1972年版，第102页。

④ 《列宁全集》第33卷，人民出版社1956年版，第43页。

量和社会劳动专业化的程度有不可分割的联系。① 社会化大生产是现代生产力发展的标志。专业化和协作是社会化大生产发展的必然趋势。社会主义只能建立在现代化技术装备的社会化大生产的基础上，决不能以半自给自足的小生产作为自己的物质基础。我国四个现代化事业的实现，将从根本上改变我国生产和技术的落后状态。列宁说：技术进步必然引起生产的各部分的专业化、社会化、因而使市场扩大，② 市场不过是商品经济中社会分工的表现，因而它也像分工一样能够无止境地发展。③ 生产的专业化、社会化引起市场的扩大，市场扩大又促进生产的发展。在现阶段，我国市场的扩大是生产发展的必然趋势，又是生产发展的"生活条件"。④ 拿农业来说，现在仍然基本上以手工劳动为基础，实行简单协作，劳动生产率和商品率很低，不能完全摆脱半自给自足的状态，实际上是扩大了的小农经济。但是，随着农业现代化的实现，随着农业专业化和区域化的发展，我国农业将成为高度发达的商品经济，一方面它将以丰裕的农副产品供应国内外市场，另一方面它将成为工业的广阔市场。我国工业生产正在着手按照专业化和协作的原则进行改组，"小而全"、"大而全"的万事不求人的万能厂将被各种专业化公司和联合公司所代替。不仅如此，随着工业生产技术的现代化，为生产服务的物资供应部门、维修部门、运输部门、生活服务部门等等，也将实现专业化、社会化。那时，我国社会主义商品经济将进入一个高度繁荣发达的阶段，市场将成为各企业、各部门经济联系的主要渠道，市场在再生产过程中的作用将更加重要。现行的物资供应、商品购销体制同生产力发展的需要是不相适应的。

社会分工和生产资料、产品属于不同的所有者，是商品生产的一般前提。但是，如果认为所有制的改造基本完成后，商品生产便开始消亡，国营企业之间的交换已经排除出商品流通的范围，那就轻率了。现阶段我国依然是多种所有制并存，这种状态不可能短时期内改变。我们的管理体制必须同这种所有制关系相适应。

① 《列宁全集》第1卷，人民出版社1956年版，第83页。
② 同上书，第85页。
③ 同上。
④ 《马克思恩格斯全集》第25卷，人民出版社1975年版，第376页。

　　社会主义全民所有制不仅同共产主义全民所有制不同，即使在社会主义时期，全民所有制也不能立即实行全国范围内统一核算。统收统支、统一分配。一定的所有制形式必须同生产力发展水平相适应。在社会主义条件下，判断一种所有制形式的优劣，不能以人的主观愿望为根据，也不能以抽象的"大"和"公"为标准，只能看它是促进生产力发展，还是阻碍生产力的发展。实践证明，国营企业的全民性质要经历一个随着生产力的发展而提高的过程，即由不完全的全民所有制变为完全的全民所有制。在我国这类不发达国家，整个社会生产还没有实现社会化，生产技术落后，各部门、各地区发展极不平衡。在剥夺资产阶级之后，如果国营企业立即在全国范围实行统一核算，那就只能造成"吃大锅饭"、实行平均主义，把劳动者的有限的劳动成果拿来大家均分。这就必然会侵犯先进企业劳动者的物质利益，挫伤他们的积极性。所以，在社会主义条件下，国营企业应当在国家的统一领导下，在生产、交换和分配方面享有一定的自主权，独立核算，自负盈亏，把企业和职工的物质利益同本企业的经营成果紧密联系在一起。社会主义全民所有制企业是有自身特殊物质利益的独立核算的自主的经济单位，它们享有独立的商品生产者的地位。不完全的社会主义全民所有制的这个特点，决定了市场经济存在的必要性，它要求允许企业根据市场需要安排生产，允许企业自产自销，允许企业在满足社会需要方面开展竞争，允许企业通过商业途径取得原材料，允许企业在完成国家积累的前提下多劳多得等等。国家对国营企业的领导应当从这一点出发，从经济上和法律上使企业的自主权和独立商品生产者的地位得到保障，充分调动企业的积极性，协调企业之间、企业和国家之间的关系，使国家、地方、企业和劳动者四方面的利益正确地结合起来。

　　集体所有制的存在是市场经济存在的一个重要客观原因。对集体经济，只能贸易，不能剥夺。经过市场的贸易，是工农间、两种公有制之间唯一可能的经济联系形式。在这种条件下，经济的计划性，国家计划的指令性，计划的作用范围和程度不能不受到限制。国家计划的指令性，实际上是对生产资料、产品和劳动力行使所有权、支配权的体现，归根到底，是由所有制决定的。所谓按国家计划生产，就是按照国家规定的指标和任务来调节生产资料和劳动力在各部门的分配。如果说国家对全民所有制企业都应保障企业的自主权和独立商品生产者的地位，那么，对待集体所有制企业，国家就无权对它发号施令，强迫生产队种什么，怎么分配。国家同社队是两个所有者之间的平等关系，而不是隶属关系。集体经济的所有权、经营管理权、交换权和分配权是不可分割的。国家计划对集体经济不具有法律上的效力，只能起指导作用。因为国家对它的经营成果不承担任何经济上的责任。所以，集体经济的所有权应当在经济上和法律上得到国家的切实保障和尊重。集体经济为了自己的利益，有权根据市场价格、供求、利润等情况安排自己的生产，可以同其他企业开展竞争，有权按自己决定的数量和价格出售产品，有权自由选购农用生产资料，有权开设农副产品加工厂和商店。国家和国营企业对集体经济的指导，主要是通过市场，运用价格等经济杠杆来实现。这就决定了市场调节的客观必然性。不承认这一点，必然会直接或间接地剥夺农民。片面地搞"以粮为纲"，对社队直接下达指令性计划，剥夺了生产队生产上的自主权；对农副产品的收购，实行各种强制性的征购、派购制度，剥夺了生产队在交换方面的自主权；工农业产品搞不等价交换，使农民的收益和生活受到损害，而且还把这套办法美其名曰"社会主义"。毛泽东同志曾经指出苏联搞义务交售制等项办法把农民搞得很苦，告诫我们："鉴于苏联在这个问题上犯了严重错误，我们必须更多地注意处理好国家同农民的关系。"① 但是多年来，毛泽东同志的这个意见并没有得到贯彻。

我国生产资料所有制方面的社会主义改造是在社会生产力还没有完全社会化的条件下实现的。最近二十年来生产力又遭到反复破坏，我们一方面要大力发展生产，另一方面则应根据生产力状况对生产关系进行适当调整。在农村，农民的自留地和正当的家庭副业应当受到保护，集市贸易应当活跃起来，那些在"堵资本主义路"的旗号下的清规戒律应当取消。同时，手工业、商业、服务行业凡是适宜分散个体经营，且这种经营方式能够适应群众和市场的需要，又能充分调动劳动者的积极性的，就应在国营经济的领导下允许各自经营，自负盈亏，自产自销。

其次，实行市场调节是价值规律的客观要求。

---

① 《毛泽东著作选读》下册，人民出版社 1986 年版，第 728 页。

　　价值规律是商品生产的基本规律。说它是基本规律，不仅是说它在各种商品制度下都起作用，而且在任何商品经济中，它对商品的生产、交换、分配、消费都起调节作用，商品经济中其他规律的作用都受它制约。社会主义既然实行商品制度，价值规律当然也是社会主义商品经济的基本规律。

　　在商品经济条件下，价值规律本质上就是调节社会劳动按比例分配的规律。它是制订计划的重要根据。马克思说："商品的价值规律决定社会在它所支配的全部劳动时间中能够用多少时间去生产每一种特殊商品。"① "价值规律所影响的不是个别商品或物品，而总是各个特殊的因分工而互相独立的社会生产领域的总产品；因此，不仅在每个商品上只使用必要的劳动时间，而且在社会总劳动时间中，也只把必要的比例量使用在不同类的商品上。"② 这是因为物质资料的生产是社会存在和发展的基础。商品生产者要实现商品的价值，首先必须生产一种使用价值满足社会的需要。使用价值是价值的物质承担者。使用价值生产是价值生产的前提。如果他生产的使用价值不能满足人们的某种需要，不管他花费多少劳动也不能形成价值。其次，社会分工是商品生产的一般前提。在社会分工的条件下，生产者互相联系、互相依存，每个生产者的劳动都是社会总劳动的一个有机的组成部分。他花费在某种商品上的劳动只能同社会分配给他的部分劳动相适应。如果投在该种商品上的劳动多了，就会供过于求，一部分商品就卖不出去，投在这部分商品上的劳动就白白浪费掉，不能形成价值。这时，价值规律就会迫使生产者减少产量，从而维持生产与需要的平衡。相反，如果某种商品供不应求，价格就会上涨。这种情况表明社会投在这种商品上的劳动少了，不能满足社会的需要。这时，价值规律就会通过价格机制推动生产者增加这种商品的生产。可见，在商品生产条件下，价值规律就要求社会劳动按比例分配。在资本主义制度下，由于利润规律和资本主义竞争的干扰，价值规律调节社会劳动按比例分配的作用，只能通过社会生产无政府状态，并且以社会劳动的浪费为代价来实现。只有在社会主义条件下，才有可能通过计划，自觉地利用价值规律，按照价值规律的要求调节社会劳动的分配。计划的任务就是要根据价值规律的要求，使各种商品生产上所

---

　　① 《马克思恩格斯全集》第 23 卷，人民出版社 1975 年版，第 394 页。
　　② 《马克思恩格斯全集》第 25 卷，人民出版社 1975 年版，第 716 页。

消耗的劳动量"同这种商品的社会需要的量相适应，即同有支付能力的社会需要的量相适应"，① 从而维持生产与需要之间的相对平衡。所以，把价值规律的作用同有计划发展规律的作用对立起来，在理论上是没有根据的，在实践上是有害的。

恩格斯指出，"价值规律的各个方面是借以发生作用的多种多样"的关系。② 社会分工和生产资料不同所有者的存在，是商品生产的一般条件。这个条件决定了在任何商品经济中都存在着下列矛盾：价值和使用价值的对立；个别劳动时间和社会必要劳动时间的差异；供给与需求的矛盾；价格与价值的背离等等。这些矛盾的存在不仅不是对价值规律作用的否定，相反地，恰恰是价值规律借以发生作用的唯一可能的方式。价值规律就是在这些矛盾的不断产生又不断克服的运动中为自己开辟道路，维持社会生产的必要比例。它们是价值规律发生作用的客观机制。这也是不以商品生产的所有制性质为转移的。

在社会主义商品经济中，社会劳动的分配是由人们按照价值规律的要求，通过计划来调节的。但是，计划调节不能排斥、也不能代替价值规律通过自身的机制来发挥调节作用。计划调节和价值规律机制的调节作用是互相补充、相辅相成的。计划是主观的、第二性的，商品经济的矛盾却是客观的，第一性的；计划一经制定就具有相对的稳定性，而商品经济的矛盾却始终处在不断运动、变化和发展中；计划是相对静止的因素，而价值规律却时刻处在运动状态之中。因此，价值规律就要通过自身的机制不断地打破旧的平衡，建立新的平衡，推动生产的发展。例如，当社会上对某种商品的需求急剧增长，或由于自然灾害造成某种商品减产时，价值规律就通过市场向我们发出供不应求的信息，促使价格上涨。价格上涨就能推动企业扩大生产。一旦产量增加，供求平衡时，价格就会回跌。但是，如果我们冻结物价，实行计划供应，这种办法从表面上看似乎解决了供求矛盾，但实际上既限制了消费，又窒息了价值规律机制对生产的促进作用，掩盖了生产与消费的矛盾。再如，当生产某种商品的劳动生产率提高时，市场发出供过于求的信息，这时价值规律就要求降低该种商品的价格以扩

① 《马克思恩格斯全集》第 25 卷，人民出版社 1975 年版，第 215 页。
② 同上书，第 1018 页。

大销路，或者缩减生产。如果我们既不降价，也不减产，结果必然是生产越多，积压就越多，企业亏损也就越大。如果国家对企业实行统购包销，或者财政补贴，那么这只不过把亏损转嫁到国家身上而已。

在社会主义条件下，资本主义利润规律不再发生作用，投机资本已经被取缔，因此，价值规律机制的作用不再受到干扰，不再像资本主义那样，时而调节社会生产的比例，时而又冲击社会生产的平衡。我们不能把价值规律机制的作用看成消极因素，处处用计划来限制它。列宁指出，现在对我们来说，"完整的、无所不包的，真正的计划＝官僚主义的空想"。不要追求这种空想。

要发挥价值规律机制的积极作用，在生产方面，就应当实行以销定产，允许企业根据市场的变化自由安排生产。这种自由生产是计划生产必要的补助。在销售方面，计划只应求得购买力和供应的总体平衡，其他则应由价值规律机制来调节。拿消费品来说，群众的需要和消费构成千变万化，千差万别。这是计划无法预计、无法规定的，也是不应当用计划去限制的。自由选购的办法之所以比配给制优越，不仅因为它能更好地满足群众的需要，而且能够刺激生产。在价格方面，不仅应当按质论价，优质优价，而且应当实行灵活的可在一定幅度内变动的价格，允许企业在价格上实行竞争。这样才能鼓励先进、鞭策落后。现行的稳定物价的方针，违反了价值规律的要求，起了保护落后，限制先进的作用。

最后，国内社会主义市场同国际资本主义市场同时并存，也决定了必须利用市场调节。

无产阶级在一国或少数国家取得政权后，社会主义国家与资本主义国家长期共存，国内市场和国际市场同时并存、互相影响，这是不可避免的。在平等互利的基础上发展对外贸易，互通有无，以他人之长补己之短，这是我们在自力更生的基础上争取外援、加快建设速度的重要途径。国际市场上资本主义市场占统治，它受资本主义规律支配。在这里，价值规律、竞争和无政府状态规律调节着市场行情和各国进出口贸易。社会主义国家的对外贸易对国际市场会发生一定的影响作用，但不能左右国际市场，相反地，我们的外贸要做大，就应当适应国际市场的变化，把生意做活。国际市场竞争性强，产品日新月异，行情多变。这就要求我们熟悉国际市场的规律，适应市场需要，力求出口商品优质、适销、对路，灵活地运用国际贸易中常用的方法，利用外资，引进先进技术。随着四个现代化的实现，我国的外贸将越做越大，我们在国际市场上的发言权也必然越来越大。

长期以来，在林彪、"四人帮"极"左"路线的影响下，我们对"国际分工"不作具体的历史的分析，一概把它斥之为修正主义谬论。我们知道，资本主义把全世界经济发展程度不同的国家都卷入了资本主义世界经济体系，形成了世界市场。在这个基础上形成了受资本主义规律支配的所谓"国际分工"：殖民地半殖民地沦为原料产地、商品销售市场，在经济上完全隶属于宗主国。帝国主义、修正主义把这种奴役和被奴役，剥削与被剥削的关系美化为"国际分工"，这是荒谬的。这种"分工"必须打破。但是，国家之间的经济技术交流还有不依赖于社会制度性质的一面。由于各国经济发展的差异，科学技术水平不同，自然和地理条件不同，市场容量不同，因此任何一个国家都不可能闭关锁国。现在即使最发达的资本主义国家之间也是互为市场，进行广泛的经济技术交流。世界市场的形成和各国间经济交往，归根结底是社会生产力高度社会化的标志。马克思说过："历史中的资产阶级时期负有为新世界创造物质基础的使命：一方面要造成以全人类互相依赖为基础的世界交往，以及进行这种交往的工具，另方面要发展人的生产力，把物质生产变成在科学的帮助下对自然力的统治。资产阶级的工业和商业正为新世界创造这些物质条件"。[①] 马克思还说：人们不能自由选择自己的生产力——这是他们的全部历史的基础，因为任何生产力都是一种既得的力量。取得政权的无产阶级拒绝利用资本主义为新世界创造的物质基础，断绝世界交往，就不能巩固和发展胜利的成果。列宁在《苏维埃政权的当前任务》一文的写作计划里，用了一个简单明确的公式来概括什么是社会主义。他指出："乐于吸取外国的好东西：苏维埃政权＋普鲁士的铁路秩序＋美国的技术和托拉斯组织＋美国的国民教育＝社会主义。"

总之，只要社会主义实行商品经济，社会主义经济在本质上必然是一种市场经济。

---

① 《马克思恩格斯选集》第二卷，人民出版社 1972 年版，第 75 页。

社会主义市场经济的作用

市场经济是发达的商品生产共有的经济范畴。社会主义市场经济既具有市场经济的一般特征，又具有同其他市场经济相区别的特殊本质。

社会主义市场经济是建立在生产资料公有制基础上的新型的市场经济。它消灭了资本主义市场经济所固有的生产社会性和资本主义私有制之间的矛盾，消灭了生产过剩的经济危机。

社会主义市场经济所体现的交换关系，是根本利益一致的劳动者集体之间，劳动者之间的互助合作关系。

社会主义市场经济是为活跃城乡物资交流，促进社会主义建设，满足人民不断增长的需要服务，而不是为私人资本谋利的。

社会主义市场经济消除了资本主义竞争和生产无政府状态，它是有计划的市场经济。在这里价值规律对生产和交换的调节作用，是通过计划实现的。计划调节和市场调节互相渗透，互相补充，相辅相成。

因此，决不能把社会主义市场经济同资本主义自由市场混为一谈。

既然市场经济的存在，归根到底是由生产力状况决定的，是适应生产力发展需要的，因此我们就应当充分地发挥市场调节的积极作用。

首先，市场调节能够充分调动企业改善经营管理的主动性和积极性。

企业是社会主义经济的基层单位。生产的发展，市场的繁荣，关键在于调动企业的积极性。多年来的实践证明，要推动企业改善经营管理，开展技术革命和技术革新，提高劳动生产率，提高产品质量，增加花色品种，单纯依靠行政办法不行；仅仅依靠思想教育也不能持久；用八项指标来考核企业，效果也不显著。因为这些办法都是用外力来推动企业，不能使企业完全摆脱附属于上级行政机关的"算盘珠"的地位。要根本改变这种状态，就必须开动企业内在的经济动力，这样才能使企业的经济活动"自动化"。要做到这一点，就要运用市场调节，发挥价值规律的权威。

市场调节之所以能使企业的积极性"自动化"，主要是因为它切实保障企业经济上的独立性和经营管理上的自主权，把经营管理自主权和收益分配权结合起来，把企业的经营成果同企业的物质利益紧密联系在一起，实行自负盈亏、供产销自主、资金自筹（折旧基金归己，流动资金和基建投资改由银行贷款）。

　　社会主义既然实行商品制度，既然无论国营企业或集体所有制企业都是作为具有各自特殊物质利益的独立的商品生产者活动，既然商品的价值只能由社会必要劳动量决定，部门内部各个企业的劳动消耗是有差别的，而这种差别直接影响到企业职工福利和扩大再生产，因此，在社会主义商品制度中，经济竞赛或竞争的存在就不可避免。恩格斯指出：在一个进行交换的商品生产者的社会里，如果谁想把劳动时间决定价值这一点确立起来，而又禁止竞争用加压力于价格的办法，即一般说来是唯一可行的办法来确立这种对价值的决定，那就不过是证明，至少在这方面，他采取了空想主义者惯有的轻视经济规律的态度。列宁说过："在政治方面实行竞赛，比在经济方面容易得多，可是，为了社会主义的胜利，重要的正是要在经济方面实行竞赛。"① 经济竞赛应当同企业的物质利益联系在一起，功过有别，赏罚分明。这种经济竞赛就是竞争。在竞争过程中，淘汰那些几十年一贯制的低劣产品，淘汰那些拖四个现代化后腿的企业，才能鼓励先进，鞭策落后。没有竞争，就会让那些落后企业寄生在九亿人民身上"吃大锅饭"，就会造成官厂化、官商化，整个经济机构就会变成死气沉沉的封建官僚衙门。社会主义建设正反两方面的经验证明，社会主义商品经济没有竞争是不行的。列宁曾经指出，资本主义竞争是兽与兽之间的斗争。但列宁同时又指出："竞争在相当广阔的范围内培植进取心、毅力和大胆首创精神。"② 竞争能够推动技术进步，提高劳动生产率，改进产品质量，增加花色品种，改善服务态度。竞争在促进生产力发展中的积极作用是不容抹杀的。我们为什么不可以取其长、补其短，取其利、避其害呢？社会主义必须做到这一点，而且能够做到这一点。社会主义经济竞赛代替了资本主义竞争，但它并不否定竞争，而应高于竞争，优越于竞争，应当在更加广阔的范围内，在广大劳动者集体之间培植进取心、毅力和大胆首创精神。

　　其次，市场调节能够把劳动者的个人物质利益同社会利益密切结合起来，充分调动劳动者的社会主义积极性。

---

① 《列宁选集》第三卷，人民出版社 1972 年版，第 512 页。
② 同上书，第 392 页。

　　社会主义个人物质利益规律主要是通过按劳分配实现的。在商品生产的条件下，按劳分配又是同价值规律相联系的。企业职工的劳动要支出在对社会有用的形态上，生产一种能够满足社会需要的使用价值，而且生产这种使用价值所花费的劳动量应当是社会必要劳动量。但是，是不是社会必要劳动，又只有交换才能证明。因此，按劳分配的"劳"同社会必要劳动的"劳"是有内在联系的。这就要求把职工的劳动报酬同企业的经营成果直接联系起来，使职工的工资全部或大部分直接取自本企业销售产品所得的收入。这样就能够充分调动劳动者的积极性，并且把劳动者的个人物质利益同集体利益密切结合起来。

　　我们现在在劳动就业上实行"大包干"的"铁饭碗"制度，在分配上实行"吃大锅饭"，不仅造成了人力的惊人浪费，而且任其发展下去，势必坐吃山空，搞光社会主义家底。现在是打破那种认为劳动力不是商品，因而不要核算，不讲效率，不追究经济责任的陈旧观点的时候了。改革劳动管理制度，必须有效地利用市场机制和各种经济杠杆，一方面给企业择优选用和精简多余职工的机动权，另一方面允许职工有选择职业的自由，在国家统一的劳动计划范围内，把计划分配和择优选用、自由择业结合起来。为了防止由此产生的劳动力无序流动，国家应当利用工龄津贴等经济办法进行控制。

　　再其次，利用市场机制能够活跃整个国民经济，做到"管而不死，活而不乱"。

　　社会主义现代化建设需要有集中统一的领导。但是集中统一必须建立在民主的基础上。没有民主，集中制就可能走到反面，变成专制主义。

　　我国现行的高度集中的管理体制，不适应商品经济的特点。商品生产是以社会分工和产品的不同所有者为前提的。生产者经济上的自主权是商品生产固有的特点。我们权力过于集中的管理体制同这个特点是有矛盾的。这不仅产生官僚主义，瞎指挥，而且束缚了地方和企业的积极性和主动性。要克服这个矛盾，就必须正确地运用市场调节，实行经济民主。

　　在商品经济中，不仅有从事商品生产的工农企业，有从事商品交换的商店，而且还有为商品经济服务的银行、信用、社会簿记等经济机构和经济立法、经济法庭等法律机构。在社会主义实行商品制度的条件下，不仅要正确处理中央、地方、企业和劳动者之间的关系，而且要充分发挥为生产和流通服务的各种机构的作用，使它们各尽其能、各显神通。但是，多年来在我们这里，有的机构没有设立，有的形同虚设，有的往往成为执行"长官意志"的工具。例如，国家银行应当是"全国性的簿记机关，全国性的产品的生产和分配的计算机关，这可以说是社会主义社会的一种骨干"。①但是我国的人民银行却不能发挥这种作用。"长官"画圈批条胜过银行的权威；财政上统收统支取代了信贷关系；银行贷款变成无偿占用；经营不善可以不受经济惩罚。银行自身也是手捧"铁饭碗"吃"大锅饭"。在这种情况下，银行往往成为按"长官意志"办事的行政机构，对国民经济不能起到监督和调节的作用。再如，税收机关是商品经济中的一个重要经济机构，它通过税收调节企业之间的收入的再分配，推动企业加强经济核算，为国家积累资金，还可以用增加或减免税收的办法来调节企业的生产。但是，现行的税收政策却往往起着保护后进，限制先进的作用。所以，我们应当适应市场经济的特点，改变那种单纯依靠行政组织，行政办法来管理经济的状况，充分发挥各种经济组织的作用。

要活跃市场，还必须按照经济区划合理地组织商品流转。各地区由于经济和自然条件的差别，形成不同的经济区划。这些经济区划互相联系、互相依存，形成统一的国内市场。这就要求应当按照经济区划组织商品生产和流通。但是，我们往往用行政区划代替经济区划，造成商品流向混乱，库存积压，甚至实行封建割据，互相封锁，荒谬地切断合理的经济联系，阻碍经济的正常发展，造成大量的浪费。

要活跃市场，还必须充分发挥市场机制的积极作用。市场是一切交换关系的总和。它能迅速地敏感地把整个国民经济和各部门的发展状况反映出来。因此它起着计划经济的"气象台"和"检验器"的作用。计划是否正确地反映客观规律的要求，要通过市场来检验；群众的需求的变化，要靠市场来反映；产品品种规格是否对路，质量是否合格，价格是否合理，销售是否适时，市场反映得最及时。

不仅如此，市场机制在调节社会劳动按比例分配方面的作用，还可补充计划的不足，克服计划的局限性和盲目性。例如，某种产品的生产由于

---

① 《列宁选集》第三卷，人民出版社 1972 年版，第 311 页。

计划安排不当，或价格不合理，或片面地追求产值，造成了滞销、积压，这种状态表示投在该商品上的劳动过多，不适应社会的需要，价值规律受到了侵犯。这时价值规律便通过市场机制来显示它的作用。为了消除社会劳动的浪费，我们就应当自觉地按照市场供求变化适时调整生产计划或者利用市场机制来调节供求的不平衡。

利用市场机制，还能够监督和保证企业完成计划任务，履行合同义务。

最后，利用市场调节在政治上还有助于克服官僚主义、瞎指挥、封建专制主义、思想僵化。

我们对中国长期的封建社会和半封建半殖民地社会遗留下来的官僚专制主义的遗毒绝不能低估。商品经济不发达，半自给自足经济的长期统治，这是产生封建专制主义、缺乏民主习惯的经济根源之一。发展社会主义商品生产，利用市场调节，有助于克服封建专制主义、"长官意志"等。商品、货币是天生的平等主义者，商品交换不承认任何特权和超经济的强制，人们都是作为平等的商品所有者互相对待，人人都得在市场这个考场上接受价值规律的检验。利用市场调节，就迫使领导机关和领导干部面向市场，面向基层，面向实际，及时研究市场动向，了解群众的需求。其次，在市场经济的条件下，企业和国家之间的关系，企业之间的关系都建立在经济核算的基础上，彼此承担法律和经济责任。最后，企业实行自负盈亏，职工个人的物质利益同企业的经营成果密切联系在一起，这就要求企业实行民主管理，企业有权抵制上级机关"瞎指挥"，企业领导人必须对企业职工负责任，接受群众的监督；群众对企业领导人的任用有选举权、罢免权。

当然，市场经济同计划经济也有矛盾的一面。比如竞争会造成无政府状态等等。这个矛盾本质上是中央、地方、企业和劳动者个人利益矛盾的表现。它可以在社会主义制度范围内得到解决。只要国家统一政策，统一财经纪律，统一经济立法，同时打击资本主义势力的破坏活动，市场调节的某些消极作用是可以克服的，社会生产的无政府状态也是能够避免的。

（原载《经济研究参考资料》1979 年第 50 期）

（本文提交 1979 年 4 月在无锡市召开的关于价值规律作用问题讨论会，编入会议文集《社会主义经济中计划与市场的关系》，中国社会科学出版社 1980 年版）

社会主义商品经济论

关于商品货币在社会主义制度中的地位和命运问题，自俄国十月革命以来，一直是社会主义建设的重大理论问题和实际问题。党的十二届三中全会通过的《中共中央关于经济体制改革的决定》明确指出，社会主义经济是"公有制基础上的有计划的商品经济"。这一科学论断正确地总结了社会主义建设的历史经验，回答了经济改革实践中提出的新问题，使我们明确了社会主义经济的基本性质和主要特点，给经济体制改革指明了方向。

我国社会主义经济制度的发展必然要经历从自给半自给经济向社会化的社会主义商品经济转化的过程

我国社会主义社会脱胎于半殖民地半封建社会，而不是脱胎于发达的资本主义社会。解放前，自给自足、半自给自足经济广泛存在，自然经济在许多地区居于统治地位，商品经济极不发达，这是我国的基本国情。

自然经济同社会主义是不相容的。自然经济的特征是，社会是由许许多多同类的经济单位（父权制的农民家庭、原始村社、封建领地）组成的，每个这样的单位从事各种经济工作，从采掘各种原料开始，直到最后把这些原料制作得可供消费。① "这种生产方式是以土地及其他生产资料的分散为前提的。它既排斥生产资料的积聚，也排斥协作，排斥同一生产过程内部的分工，排斥社会对自然的统治和支配，排斥社会生产力的自由发展。它只同生产和社会的狭隘的自然产生的界限相容。"②

自然经济把社会生产分割为无数小而全的自给自足单位，排斥生产过

---

① 《列宁全集》第 3 卷，人民出版社 1984 年版，第 17 页。
② 《资本论》第 1 卷，人民出版社 1975 年版，第 830 页。

程的社会分工和协作。社会主义借以建立的物质基础却是以发达的社会分工和广泛的协作为特点的社会化大生产。

自然经济墨守成规，故步自封，排斥技术进步，阻碍科学技术的推广运用和发展。社会主义则要求生产在现代科学技术基础上不断增长，并为科学技术进步开辟了广阔的前程。

自然经济排斥社会劳动在社会范围内按比例地分配，排斥各经济单位之间的交换和流通。社会主义则要求社会劳动在各部门和各种产品生产间按比例地分配，广泛发展部门间、行业间、地区间、企业间的交换和流通。

自然经济不计工本，不计消耗，不讲核算，排斥劳动的节约和经济效益的提高。社会主义则必须实行全面的经济核算，注重经济效益，提高劳动生产率。

自然经济只求自给自足，以各经济单位及其成员的极其低下的需求为满足。社会主义则是以满足每个社会成员的不断增长的物质和文化需要为动力，社会主义为生产持续稳步增长提供了取之不竭的源泉。

所以，自然经济与社会主义经济制度是不相容的。社会主义制度不能以自然经济这种生产方式作为自己的经济基础。

我国的基本国情，决定了我国社会主义制度的发展和完善，必须以彻底瓦解自然经济为前提。只有当生产和交换方式突破了自然经济的狭隘界限时，才能创造出更高的劳动生产率，才能提高宏观和微观的经济效益，才能保证人民不断增长的需求得到满足，才能促进生产力以比旧社会更快的速度发展。自然经济解体的过程愈迅速、愈彻底，社会主义制度就愈巩固、愈发达、愈完善。

但是，自然经济并不会随着半殖民地半封建社会的灭亡和生产资料公有制的建立而即刻彻底解体。自然经济是落后的生产力的产物，生产关系的变革虽是促使自然经济解体的客观条件，但生产力性质和发展水平才是瓦解自然经济的决定因素。唯有近代机器大生产才最终导致延续几千年的自给半自给经济逐个解体。机器的制造和广泛运用，加深了社会分工，发展了生产的全面社会性。分工和生产社会化，一方面把各种有用劳动联结成有机整体，使每个人的劳动都成为社会总劳动的组成部分，从而具有社会性，另一方面分工又把人们终身固定在某种职业上，劳动的片面性和差别性使每个人的劳动具有个别的局部的性质。当生产力的发展不足以消除个别的局部的劳动和社会劳动的矛盾时，商品经济必然成为适应社会化生产力的唯一可能的生产和交换方式。当社会化的商品经济一旦产生和发展，它便会以自己特有的经济和技术优势，并以简单商品经济无可比拟的强大攻势，迫使自然经济最终解体，把商品货币关系渗透到国民经济各个领域。所以，在我国，适应国民经济现代化事业的发展，必然经历一个自然经济最终解体，社会主义商品经济大发展的过程。

自然经济的彻底瓦解，并不是一个转瞬即逝的短暂过程。列宁说过，因为在商品经济以前的时代，加工工业同采掘工业结合在一起，而后者是以农业为主，所以，商品经济的发展就是一个个工业部门同农业分离。商品经济不大发达（或完全不发达）的国家的人口，几乎全是农业人口……从事农业的居民自己进行农产品的加工，几乎没有交换和分工。因此商品经济的发展也就意味着愈来愈多的人口同农业分离，就是说工业人口增加，农业人口减少。加工工业与采掘工业的分离，制造业与农业的分离，使农业本身也变成工业，即变成生产商品的经济部门。把产品的各种加工彼此分离开来，创立了愈来愈多的生产部门的那种专业化过程也出现在农业中，建立了日益专业化的种种农业区域（和农业系统），不仅引起农产品和工业品之间的交换，而且也引起各种农产品之间的交换。列宁的这些论述给我们指出了自然经济解体和商品经济发展的客观标志。没有人口构成的非农业化，不实现广泛的社会分工和专业化，不形成与生产、交换、消费社会化相适应的产业结构，不造成广大的统一市场，自然经济体系就不可能彻底解体，社会主义商品经济的发展就受到限制。在社会主义条件下，实现生产和交换方式的这一深刻变革，不需要重复资本主义所经历的那种痛苦的漫长的过程，但也绝非短时期就会实现的。在我国，随着私有制的社会主义改造的完成，随着社会主义工业化的发展，自给半自给经济便开始逐步向社会化的社会主义商品经济转化。然而，这一过程至今远未完成。

我国社会主义经济制度的发展，必然要经历两个互相联系、互相制约、互相促进的过程：首先在所有制方面实现从生产资料私有制到公有制的变革；进而在生产和交换方式方面实现从自给半自给经济向社会化的社会主义商品经济的转化。前一过程不能代替后一过程，后一过程不会随前一过程的完成而自发地实现。前一过程的顺利实现能够推动和加速后一过程的发展，但没有后一过程的实现，社会主义制度的巩固和完善是不可能的。党的十一届三中全会以来，这一转化过程已大大加速。

社会主义经济的商品性是社会主义生产关系内在的固有的属性，是社会主义生产关系体系的本质特征之一

我国社会主义商品经济是随着社会主义公有制的产生而产生，随着社会主义公有制统治地位的确立而居支配地位的。因此，社会主义经济的商品性质不是旧社会的遗留物，不是与社会主义生产关系不相容的、强加给社会主义的外部因素。

在旧中国，封建地主阶级对农民的超经济剥削，小农土地私有制，把农民世世代代束缚在一小块土地上，使自然经济延续几千年之久。近代资本主义商品经济虽有发展，但居统治地位的官僚资本主义，由于其封建性、买办性、垄断性以及同反动政权合为一体，具有极大的寄生性和腐朽性，商品经济的发展和市场的扩大受到了严重阻碍。因此，消灭封建主义和官僚资本主义，进而实现生产资料公有化，必然为商品经济在广度和深度上的发展扫清了道路。

社会主义公有制代替生产资料私有制，这一过程不能改变生产的商品性质，只能改变商品生产的私有性，使它具有新的质的规定性。所有权与劳动在个人私有和个体劳动基础上的直接结合，是简单商品经济的特点。简单商品经济转化为资本主义后，发生了所有权与劳动的分离，由此导致商品生产的所有权规律转化为自己的直接对立物，即以所有权和劳动的分离为内容的资本主义占有规律，等价交换成了一种和它的内容无关的并使它神秘化的形式，这便是资本主义商品生产区别于其他商品生产的最本质的特征，也是决定商品生产的资本主义性质的主要因素。社会主义公有制取代了资本主义私有制，消灭了所有权与劳动的分离，消除了等价交换的形式与内容的矛盾，在联合劳动的基础上，实现了所有权和劳动的结合。所以，这种结合不是简单商品生产关系的再现，而是在更高级的形态上即

在共同劳动、共同占有的基础上实现所有权和劳动的结合。但是，在社会主义条件下，所有权和劳动相结合的复归，不能同时实现劳动生产物由价值和使用价值二重物到使用价值一重物的转化，即由商品到产品的转化。原因在于，在现有生产力水平下，剥夺资产阶级和改造小私有制，远不能创造出全部物质生产领域都能在全社会规模上实现劳动和所有权相结合所必不可少的经济条件，不能在全社会范围内实行统一核算、统负盈亏、统一分配。如果无视生产力状况，追求劳动和所有权结合形式单一化，人为地扩大统一核算单位的规模，结果，只能使劳动者的物质利益和劳动成果疏远化，造成分配上的平均主义，最终导致所有权和劳动事实上的分离。所以，在社会主义制度下，适应生产力状况，劳动和所有权的结合不是单一的，而是在不同范围、不同程度、不同层次上，通过多样化形式实现的。在这种条件下，除了商品货币之外，其他的生产和交换方式都不能充分地体现劳动和所有权的结合，因而都不能为人们所共同接受。因此，商品交换便成为各个集合体之间互相交换劳动的基本形式；在不同层次、范围上实现了劳动和所有权结合的劳动者集体，便成为具有自身特殊权益的相对独立的商品生产者或商品经济组织。

　　这样，社会主义在实现了所有权和劳动相结合的复归的同时，又实现了商品生产发展的辩证法。经过否定之否定，社会主义在商品生产发展更高级的形态上实现了商品生产所有权规律的复归，这便是社会主义经济区别于它由以脱胎出来的资本主义经济和个体私有经济的本质特征，也是决定商品性是社会主义经济固有属性的主要因素。商品经济是社会生产发展一定阶段上的社会生产关系体系。马克思指出：产品作为商品的交换，是劳动的交换以及每个人的劳动对其他人的劳动的依存性的一定形式。[①] 他充分肯定了商品是被物的外壳掩盖着的人与人之间关系的论点。列宁更明确地指出：商品生产是一种社会关系体系[②]，一定的历史社会形态的社会生产关系体系。[③] 所谓社会生产关系体系，也就是说，首先它是社会发展一定阶段上的生产关系，不是别的社会现象。其次它不是社会生产关系的个别方

---

① 《马克思恩格斯全集》第 26 卷（Ⅲ），人民出版社 1975 年版，第 139 页。

② 《列宁全集》第 2 卷，人民出版社 1955 年版，第 589 页。

③ 同上。

面和个别过程，而是从生产和再生产全过程来把握的生产关系总和，是把商品生产当作一个周而复始的不间断的运动过程，包括商品的生产、分配、交换和消费的有机整体。商品生产和再生产过程诸方面以各自特殊的经济职能互相区别、互相对立，又互相联系、互相制约。当社会生产由为生产者自身消费转变为以交换为目的时，商品货币关系必然由生产渗透到分配、交换和消费诸方面，形成社会生产关系体系。只有商品生产而无商品交换、分配和消费，是不可思议的。马克思指出：一定的生产决定一定的消费、分配、交换和这些不同要素相互间的一定关系。[①] 生产具有商品性，消费、分配和交换必然采取商品形式，并受商品生产规律支配和制约。再其次，当商品生产和其他社会生产方式同时并存时，随着生产力的发展和社会分工的深化，与商品生产相对立的分配方式、交换方式、生产方式，必然或迟或早地被商品生产所取代。商品生产，特别是社会化的商品生产，由于其经济和技术优势而成为"普照的光"，促使自然经济和其他超经济的人身依附关系逐个解体，形成商品生产关系在社会经济形态中的统治。这就是作为社会生产关系体系的商品生产的含义。我们所说的"商品经济"，就是把商品生产当作社会生产关系的体系或总和来理解的。否定商品经济范畴，实际上就是否定商品生产是"一定的历史社会形态的社会生产关系体系"。只有这样来理解商品经济范畴，才能全面地正确地把握"社会主义商品经济"的全部含义。

在社会主义制度下，商品货币关系不是只有形式而无内容，也不是局限于生产和再生产过程的个别环节，而是居支配地位的基本的社会生产关系。无论是社会劳动的计划调节，消费资料的按劳分配，人们之间根本利益的一致性，都不能否定社会主义经济的这一基本属性。问题的关键在于，在不同层次上实现了与所有权相结合的劳动，不具有直接的社会性，因而客观存在的局部的个别劳动和社会劳动的矛盾，便成为制约社会主义经济性质的基本矛盾。

劳动的直接社会性，是与局部的个别劳动相对而言的范畴。根据马克思的论述，[②] 它具有以下的特点：（1）它是按照社会需要的比例，投在对社

---

① 《马克思恩格斯全集》第 46 卷（上），人民出版社 1979 年版，第 137 页。

② 同上书，第 118—120 页。

会有用的形态上，因此无论在质的方面和量的方面都具有社会必要劳动的性质。（2）它在生产过程中"一开始就不是特殊劳动，而是一般劳动"，"在交换以前就应成为一般劳动"。相反，间接的社会劳动"只有通过交换才能成为一般劳动"，"是交换最先赋予劳动以一般性质"，因此劳动的社会性质是"事后确立下来"的。（3）直接的社会劳动表现为时间，劳动生产物表现为单纯的使用价值。相反，间接的社会劳动必须经过迂回曲折的途径，通过交换表现为使用价值和价值二重物。（4）直接的社会劳动是按照人们的需要直接调节劳动时间在各部门的分配的。相反，在劳动的社会性必须通过交换才能表现出来的条件下，社会必须通过市场机制和经济杠杆来行使调节机能。（5）在劳动具有直接社会性质的条件下，"产品的交换决不应是促使单个人参与一般生产的媒介"，"个人分享产品界，参与消费，并不是以互相独立的劳动或劳动产品之间的交换为媒介"。在劳动的社会性通过交换才能表现出来的条件下，交换对人们参与生产、分配和消费具有不容忽视的制约作用。（6）生产者的劳动在生产过程一开始就具有一般劳动的性质，是以局部的个别的劳动和社会必要劳动的差别已经不复存在为前提的。"在这里，交换价值的交换中必然产生的分工不再存在了，代之而建立起来的是某种以单个人参与共同消费为结果的劳动组织"。可见，仅仅实现了生产资料的公有化，但只要社会分工以及由此引起的个别劳动和社会劳动的矛盾依然存在，无论劳动者个人的劳动或劳动者集体的劳动，都不具有直接的社会性。

　　如果把指令性计划调节，生产资料的统一调拨，消费资料的统购包销，看作是劳动具有直接社会性的证明，那么，这就否定了交换的必要性，否定了具体劳动必须经过交换还原为一般的抽象劳动，否定了价值和等价交换，否定了货币的一般等价物机能，从而生产物也无须经历"惊险跳跃"。结果，必然抹煞客观存在着的熟练劳动和非熟练劳动、复杂劳动和简单劳动、有效劳动和无效劳动的差别，使分配、消费同生产和流通的实际经济效益脱钩，个人躺在企业身上、企业躺在国家身上吃"大锅饭"。

　　社会主义实行计划经济是社会主义制度优越性的表现。但计划经济的优越性，并不意味着它消除了商品经济所固有的个别劳动和社会劳动的矛盾，而在于它能自觉地利用这个矛盾，协调矛盾诸方面的关系，趋利避害，促进科学技术进步和生产力发展。计划本身仅是调节社会主义商品经济矛盾的必要方式或手段。计划调节的对象，是社会主义商品经济中诸方面的关系。计划调节的机能，是通过统筹兼顾各个商品生产者的利益，使他们各司其职，各展其长，以推动社会主义经济机体高效率地运转。所以，任何计划调节方式都不能不按价值规律的要求办事，都不能排斥市场和市场机制。

市场和市场机制是商品经济共有的运行机制。在社会发展不同阶段的商品经济中，市场和市场机制的作用及其后果，不仅直接依赖于它所在的客观经济条件，而且市场和市场机制本身就有特殊的质的规定性。既然我们承认社会主义商品经济同资本主义商品经济的本质区别，那么我们就没有理由把社会主义商品经济中的市场和市场机制同资本主义画等号。所以，国家在行使经济调节职能时，不仅有必要而且完全可能有效地运用市场和市场机制。

社会主义商品经济适应社会化生产力性质，必然在质和量的方面趋向深化和发展

社会主义商品经济方兴未艾。和传统观念相反，社会主义商品经济不是开始消亡，而是日趋发展；不是质的方面消亡、量的方面发展，而是在量和质的方面均趋向发展和深化。这一客观必然的趋势，是由生产关系一定要适合生产力性质的规律决定的。

马克思指出：无论哪一个社会形态，在它们所能容纳的全部生产力发挥出来以前，是决不会灭亡的；而新的更高的生产关系，在它存在的物质条件在旧社会的胎胞里成熟以前，是决不会出现的。[①] 马克思阐明的历史唯物主义的这一基本原理，适用于所有制的变革，也适用于作为社会生产关系的商品货币关系。生产力决定生产关系的性质、形式和结构，人们不能自由选择生产力，因而也不能自由选择生产和交换方式。生产和交换方式既不能长期落后于生产力，也不可能超越生产力。

---

① 《马克思恩格斯全集》第 2 卷，人民出版社 1955 年版，第 83 页。

　　商品货币关系的性质虽然决定于所有制的性质，但在生产关系的变革过程中，它对一定形式的所有制保持着相当程度的相对独立性。在人类历史的长河中，任何一种所有制都只具有历史的暂时性，而商品货币关系迄今已延续数千年之久。商品货币关系具有相对稳定性、继承性和延续性的特点。

　　商品货币关系保持顽强生命力的源泉，在于它适应社会化生产力的性质和发展趋势。它实行等价交换原则，因而能适当调节人们之间利益上的矛盾，能适应社会化需要促进专业化协作，发展各种经济联合；它扫清了自然经济给生产力发展设置的障碍，开辟了广大的市场，给生产发展提供了巨大的刺激力和几乎无限增长的可能；它实行择优的原则，竞争给生产和经营造成强大的压力和活力，使人们不断地改善经营管理，重视智力开发，推动科学技术的进步；它创造了银行、托拉斯、股份公司等，为社会化经济提供了适当的组织形式；它有价格、利润、利息、股息、税金等市场机制和经济杠杆，为社会化大生产的有效运行提供了必不可少的经济机制，为按比例地分配社会劳动创造了灵活多样的调节手段。在当代，生产社会化程度之高已今非昔比，社会分工更加精细，部门和行业日益增多，产品种类之多不胜枚举，花色品种变化之快日新月异。在这种条件下，排除了商品货币关系及其固有的市场机制，仅仅靠一个指令性计划来囊括几十万个企业的产供销，要保证经济运行的效率、生机和活力，是难以想象的。

　　由自给半自给经济向发达的商品经济转化，和由商品经济向非商品经济转化（即商品消亡），是两个相互联系但又不容混淆的不同过程。不完成前一变革，便不能促进后一过程的实现；后一过程的实现，必须以前一过程的完成为前提。但是，前一过程完成之日，决非后一变革开始之时；自然经济彻底瓦解之时，并非商品消亡开始之日。这首先是因为商品经济一旦取代了自然经济，必然要经历一个发展和繁荣的时期。任何一种适应生产力性质的新生产关系一旦确立之后，都要经历相对稳定时期。稳定社会主义商品经济，正是生产力发展的需要。其次，商品经济消亡所需要的条件，远比自然经济解体所需要的条件复杂得多、艰巨得多。只要生产力发展还不能达到在全社会规模上实现劳动和所有权的结合，还不能在全社会范围内实行统一核算、统一分配，只要迫使人们奴隶般地服从的分工还存在，个别劳动和社会劳动的矛盾还不能消除，商品经济就不会消亡。显然，这些经济条件单靠自然经济瓦解是不能提供的。马克思在谈到商品消亡时指出："这需要有一定的社会物质基础或一系列物质生存条件，而这些条件本身又是长期的、痛苦的历史发展的自然产物。"①

社会主义商品经济发展的客观过程表明，所谓"产品性"或"产品经济"，并非社会主义经济固有的内在属性，而是传统观念和旧的经济体制强加给它的外部因素。党的十一届三中全会以来，由于实行对内搞活经济的政策，社会主义商品经济正在摆脱传统偏见和旧的经济体制的羁绊，按照自身固有的规律发展。这不仅表现在商品量增加和商品率提高，而且突出地表现在商品货币关系的范围正在进一步扩大：从两种公有制之间外部联系的形式，进一步延伸到各种公有制经济内部，国营经济内部诸方面关系趋向全面商品化，各种公有经济联合体如雨后春笋；从作为生产过程结果的产品商品化，发展到作为占有对象的生产资料商品化；从生产和交换领域进一步扩展到分配和消费领域；从消费资料生产发展到长期实行统配的生产资料生产；从物质资料生产部门延伸到科技、文教、信息、劳务、军工等部门。商品货币关系深化，又引起了商品货币关系形式的多样化，统购统销、统购包销、统购统配制度已经被突破。这一切标志着我国社会主义商品经济的发展开始跨入了一个新的发展阶段。这一客观进程表明，社会主义商品经济不是开始"消亡"、"褪色"，而是趋向繁荣发达。

按照社会主义商品经济及其规律办事，全面地改革经济体制

我国原有的经济体制已经不适应四化建设的需要，阻碍着生产力的发展。全面地系统地有步骤地改革经济体制，建立具有中国特色的社会主义经济体制，是我们面临的迫切任务。

建立什么样的经济体制，不能由人们按照自己的意愿自由地去选择。

---

① 《资本论》第一卷，人民出版社1975年版，第97页。

我们改革经济体制面临着两种抉择：或者按照所谓"产品经济"模式，"进一步完善"原有体制；或者顺应生产力发展趋势，按照社会主义商品经济及其规律的要求办事，全面改革经济体制。

所谓"产品经济"，按照持这一主张的人的看法，是共产主义因素的经济，其特点是商品生产已消亡，劳动生产物已失去商品的属性；生产按国家的指令性计划进行，价值规律不再起调节作用；产品实行统一调拨和统一分配，交换和流通已不再是再生产的必要过程。历史经验已经表明，按照"产品经济"模式来"完善"原有体制是不可取的。

首先，"产品经济论"和"社会主义商品消亡论"如出一辙，都认为生产和交换方式可以超越生产力。这种观点违背了生产关系一定要适应生产力性质的规律。在人们之间相互交换劳动的方式上，如果不顾生产力的状况，人为地用产品代替商品，生产关系的社会主义性质一定会受到损害和歪曲，劳动者集体和个人的物质利益一定会遭到侵犯，平均主义和"共产"之风就难以平息，自然经济就会以新的形式重现。这正是原有经济体制的弊端。可见，主张按"产品经济"模式来"完善"经济体制，同主张所有制搞"穷过渡"，并没有本质区别。

其次，按照所谓"产品经济"模式来"完善"，不仅不能消除原有体制的弊端，相反地只能强化和发展原有体制中的自然经济因素，把我国经济体制最终变成封闭的、僵化的自然经济型的体制。

"产品经济论"实质上是"自然经济论"的翻版。它把社会化大生产等同于小生产；把社会分工混同于企业内部的分工；把计划经济歪曲为封建家长制的自然经济，否认独立的交换过程，用配给和实物分配取代流通；不讲等价交换，否定统筹兼顾国家、集体、个人诸方面的关系；不重视经济效益，否定价值规律对生产的调节作用；注重行政命令和行政手段，排斥经济杠杆和市场机制。

我国原有的经济体制，正是以"产品经济论"作为理论根据建立起来的。这种模式的经济体制在基本方面留有深刻的自然经济烙印。它给社会分工的发展设置了重重障碍，各部门、各地区、各行业不能发挥各自的经济和技术优势，扬长避短，提高社会的经济效益，社会化的经济机体被分割为无数的"大而全"、"小而全"的经济单位，形成"一种产品多家生产，一家生产多种产品"。这种封闭式的组织体制造成了资源的巨大浪费。这种体制违背了社会化生产力的本性，把企业当作附属于各级政府机构的"算盘珠"，否定企业拥有相对独立的商品生产者的地位和权益，把靠交换联结起来的国民经济有机体混同为一座工厂，由国家直接经营企业的供产销，管理企业的人财物，经济的运行只能听从来自中央主管部门的指令。这种体制以分配代替交换，以调拨取代流通，把货币当作单纯计算工具，造成货不对路，产销脱节，供求失调，年复一年地重演"工业报喜，商业发愁，滞销积压，财政虚收"。这种体制否定社会主义市场机制在调节经济运行方面的机能，特别是价格体制僵化，造成产业结构畸形，市场供求长期失调，物资紧缺。这种体制在分配方面实行吃"大锅饭"的平均主义，个人物质利益同生产经营的效益脱节，责、权、利互相分离。所以，在这种体制下，生产和再生产过程诸方面，都不能没有浓厚的自然经济色彩。这正是我们要全面进行改革的原因。显然，如果按照"产品经济论"办事，不仅不需要对原有体制进行全面系统改革，相反地，应当强化这种导致经济生活缺乏活力和生机的体制。

所以，经济体制改革唯一可行的抉择，就是顺应生产力发展的要求，以社会主义经济是有计划的商品经济为基点，对原有体制进行全面改革，建立能够促进生产力发展的充满生机和活力的社会主义经济体制。

从这个基点出发，要把单一化的经济结构改为以全民所有制经济为主导、以公有制占优势的多种经济形式、多种经营方式并存的经济结构，按照自愿互利、等价交换的原则，广泛发展各种形式的经济联合。

从这个基点出发，改革过分集中的决策体系，正确划分国家的经济管理职能和企业经营管理权的界限，区分全民所有制经济的所有权和经营权的界限，给企业以相对独立的经济实体和自主经营、自负盈亏的商品生产者的地位，增强企业的活力，充分发挥劳动者的主动性、积极性和创造性。

从这个基点出发，改革指令性计划体制，自觉运用价值规律，缩小指令性计划范围，扩大指导性计划和市场调节的范围，建立既有统一性又有灵活性的计划体制，把大的方面管好管住，小的方面放开放活。

从这个基点出发，建立和健全完备的计划调节体系，改变单纯依靠行政手段和行政命令进行计划管理的办法，充分发挥价格、税收、信贷等市场机制和经济杠杆的积极作用。当前，不合理的价格体系，严重地妨碍计划、财政、商业和外贸体制的改革，阻碍经济责任制和经济核算的实施。改革不合理的价格体系和价格体制，已成为经济体制改革的关键。现在，不仅有必要，而且有可能全面改革价格体制，把价格放开搞活。

从这个基点出发，建立各种形式的经济责任制，实行责、权、利相结合，国家、集体和个人利益相结合，职工个人利益和劳动成果相结合。

从这个基点出发，实行政企职责分开，正确发挥国家管理经济的职能，充分发挥城市中心作用，逐步建立以城市特别是大、中城市为依托的，开放式、网络型的经济区。

这样，才能加快四化建设，促进社会主义商品经济的繁荣和发展。我国经济体制改革在党的三中全会所通过的关于经济体制改革的纲领性文件指引下，定将结出丰硕的经济之果。

（原载《经济研究》1984 年第 11 期）

中国市场化改革:摆脱了
困惑之后的艰难之路

中国的社会主义经济究竟应当选择什么样的模式？这个问题曾经长期困挠着党和国家的决策层和经济学界。现在，党的"十四大"终于明确地肯定，我国经济改革的目标是建立社会主义市场经济体制，发挥市场在政府调控下优化资源配置的基础性作用。在我们迈上经济市场化之路时，却遇到了许多难题。也许，解决这些难题恰恰正是创建具有中国特色的社会主义市场经济体制应有之义。

一

在资源配置中怎样兼顾效率和公平，这几乎是当今进行市场化改革的国家要着重解决的共同课题。然而，中国在推行市场化改革的历程中所遇到的难题却更多、更复杂。

——协调改革与发展的矛盾是体制转型过程中的一大难题。

我国是发展中的社会主义国家，面临着西方发达国家和周边国家经济上和政治上的严重挑战。这场关系着"红旗能打多久"的竞争迫使我国经济必须保持较高的增长速度。同时，由于传统的粗放经营的发展战略作用的惯性，在体制转型的过渡期无法摆脱速度效益型模式即以速度求效益的困挠。为了保证中央政府有必要的财力对宏观经济实施有效的调整并支持改革，在新体制尚未形成的条件下也只能靠高速增长来求得低微的效益。但是，改革又要求保持一个相对宽松的经济环境，即要求把经济增长速度控制在国力所能承受的范围和限度内，以期形成有限的买方市场，为市场机制的作用创造必不可少的前提：要求中央财政从有限的收入中划出足够的资金支持价格改革和工资改革等，以利于缓解由改革引起的利益矛盾，加快体制转型。因此，在改革起步后，特别是在决定体制转型的关键时刻，经济发展要为经济改革让路，经济增长速度必须控制在有利于经济市场化的限度内。经验证明，改革与发展的关系协调好了，改革就能顺利前进，发展也会因此获益。即使经济增长速度一时慢一点，最终还是会上去。相反，如果不能协调二者的矛盾，在改革起步后，企图二者都迈大步，结果，改革受阻，经济也会陷入恶性循环。1985—1988 年经济超高速增长，通货膨胀居高不下，市场秩序混乱，这段历史是不应当重演的。

——发挥市场和市场机制的基础性作用与强化国家经济职能的矛盾。

改革要求弱化政府对经济运行的直接干预，要求强化市场的调节功能。但是，我国是发展中的社会主义国家。面临着改也难、不改也难的两难抉择。第一，我国政府的身份与西方国家不同，它是国有资产的所有者。既是所有者，它就不能仅限于从企业取得收益，还必须通过对企业经营和管理活动的干预实现自己的所有权。第二，我国要在经济上赶上发达国家，经济要起飞，这就要求政府充分利用自己的政治优势和行政权力，集中有限的资源，加速发展重点行业和部门，以带动整个国民经济的高速增长。如果完全排斥国家在资源配置中的功能，单纯依靠市场自发导向，实现经济起飞的过程将是缓慢的，代价将是巨大的。第三，我国政府既是改革的对象，又是改革的领导者。我国改革过程不能排斥自发性，不能否定自下而上的群众创造和推动，但从主导方面和总体上说，改革是在政府领导下有计划有步骤地推进的。无论破旧还是立新，都要在政府领导下，并依靠政府权力，借助于政府行政机制来进行。因此，在改革过程中我们面临着既要发挥市场和市场机制的基础性作用，又要强化国家经济职能的两难抉择。面临着如何正确摆正政府—市场—企业之间关系的难题。

——社会主义国有经济的主导地位、公有制的主体地位与多种所有制经济平等竞争、长期并存的矛盾。

按照社会主义市场经济的要求，社会主义社会所有制结构应当多元化，各种经济成分不仅长期并存，共同发展，而且平等竞争，互相融合。但是，所有制改革又必须保持国有经济的主导地位和公有经济的主体地位。否则，我国社会主义制度的基础势必动摇。既要保证主导和主体地位，又要在平等的地位上开展经济竞赛；既要在市场竞争中发挥自己的经济优势，又不能凭借行政权力实现经济上的和非经济的垄断，这无疑是一大难题。在体制转型的过渡期，新生的非公有制经济对市场具有天然的适应性，从出生之日起就能够显示出生机和活力。而公有经济要完全摆脱旧体制的束缚，实现公有制与市场经济的对接，却是颇费周折的。在改革初期，公有制经济的主体地位是靠数量优势支撑的。随着所有制结构日趋多元化，非公有经济会以高于公有制经济几倍甚至数十倍高速度增长，从而向公有经济的数量优势提出挑战。公有经济只有加速从数量优势向经营优势转化，才能保持住自己的主体地位。在平等竞争的市场上，靠躺在政府的怀抱中"吃偏饭"是不可能取得经营优势的。只有全面提高企业的素质，强化企业自我积累的功能，才能在与非公有经济的竞争中立于不败之地，并实现其主导。另一方面，国家对非公有经济的发展要采取适当鼓励和扶持的政策，以发挥其有益的补充助手作用。国家对非公有经济既不能排斥、歧视、压制，也不能放任自流发展；既要保障它的合法地位，又不能让它喧宾夺主取代公有经济，这个"度"是很难把握的。在体制转型的过渡期，国有经济需要经过反复探索才能找到自己在市场中的生长点，非公有经济对竞争性市场却具有天然的适应性，因此，如果国有经济的市场化改革徘徊不前，它的主导地位势必削弱。

——贯彻等价交换原则，把市场机制引入分配制度和按劳分配、共同富裕的矛盾。

市场和市场机制对公有经济中分配方式的作用，进一步强化了形式上平等掩盖实际上不平等的"资产阶级权力"，增强了分配的约束功能和激励功能，但同时又会拉大贫富差距，引起体脑倒挂，多劳不多得，而非劳动多得又会转化为以食利为目的的金融资产。此外，非公有经济的发展和劳动力市场开放，还会给分配制度注入市场竞争机制，形成对公有经济的冲击波。这样，如何体现和贯彻按劳分配，便成了分配制度实际操作中的一大难题。

——开放劳动力市场，把市场机制引入就业体制与职工主人翁地位、社会安定的矛盾。

在就业体制转型过程中遇到了两大特殊问题：首先，中国农村存在着上亿潜在失业人口,一旦开放劳动力市场,农村乡镇企业虽然可以吸收一部分,其余部分却会形成一支庞大的自发的流动待业大军,影响经济的稳定和社会安定。其次,国有经济内部存在着一支逾千万人的在职失业人口。如果继续走"企业内部消化"的老路,搞好搞活企业就势必落空;但如果把这支大军推上社会,新建产业难以吸收如此众多的就业人口,社会保障体系也无法承受如此巨大的压力,这就不能不增加改革的阻力和障碍。

——理顺价格,改革价格形成机制与现行工资政策、消费政策的矛盾。

价格体系改革要求实现价格结构合理化,理顺比价关系。为此,必须改革工资结构和工资形成机制,把现行的所谓低工资即不完全工资制改为包括维持劳动力扩大再生产的全部费用的完全工资制。工资改革能否就位,关系到产品和其他要素价格改革、住房、社会保障制度等改革。但是,我国人口众多,国家财政拮据,现代化事业尚待时日,必须统筹兼顾经济建设和人民生活,正确处理消费和积累的关系。低工资和低消费的政策不足取,高工资和高消费的政策也不符合中国国情。市场经济在很大程度上是消费经济,但我国在相当长时期都必须提倡艰苦奋斗、勤劳节俭。这个难题不能不制约价格体系、工资制度等改革。

——经济协调稳步持续发展和通货膨胀的矛盾。

在体制转型时期,通货膨胀却难以避免。这主要是因为传统的外延粗放经营的发展战略的惯性作用,企业和地方政府行为的自我约束、自负盈亏的机制尚未形成,分权让利削弱了中央财政的调控实力,物价改革引起物价总水平上升,居民收入和消费快速增长,因此改革和发展面临着需求拉动型通货膨胀和成本推进型通货膨胀的双重压力。如何在加速体制转型时实现高速增长,同时又能把通货膨胀控制在经济所能承受的适度范围内,这是一大难题。

——农村市场化和稳定家庭承包责任制的矛盾。

农业的根本出路在现代化、市场化、商品化。改革初期,靠家庭承包制释放了被人民公社体制压抑的农民生产积极性,生产力已经获得解放。现在则是要在稳定和进一步完善家庭承包制的前提下解决一系列新问题:如个体经营和规模经济效益的矛盾,小生产和大市场的矛盾,农村非农产业调整发展和农业增长不稳定的矛盾,农村城镇发展、开放劳动力市场和相对稳定农业劳动力的矛盾，提高农民生活和增强农民自我积累、自我发展的约束机制的矛盾，国家对农业实施保护政策和农村市场化、农业商品化的矛盾，等等。

——我国对外开放基本国策和超级大国奉行的霸权主义、强权政治的矛盾。

我国开放了国内市场，让外商赚取合法利润，参与国际分工和合作。但前提是独立自主、平等互利。应当清醒地看到，外国政府和商人欢迎我国开放政策，是完全出于自身利益的需要，是大势所趋。因此，我们对外开放政策能否得到有效贯彻，并不仅仅决定于我们自己的意愿。我们应当区别对待，进行有利有理有节的斗争。重返关贸总协定，将为我们争得一个合法的斗争工具和斗争场所。

——经济市场化、人际关系商业化和社会主义精神文明建设的矛盾。

随着经济市场化，商品交换原则和金钱交易也会侵蚀到非经济关系领域，为权钱交易、贪污、收受贿赂、投机钻营、唯利是图等不正之风提供滋生土壤。市场经济发展所带来的负效应是不应当忽视的。

以上列举的种种难题，大致上可分为三类：一类是改革的环境和条件而产生的；一类属于改革的任务和目标；一类是改革措施引起的后果。这些都是我国市场化改革过程中无法回避的矛盾。当前，经济学界似应把注意力从论证市场经济的一般规定性和坚持市场化改革的必要性，转移到这些难题上。

二

我国由行政型计划经济体制向社会主义市场经济体制过渡，必须经历一段艰难的行程，称之为新时代的长征，究其原因，是由于我国改革的特殊环境所决定的。

我国改革的特殊起点。我国长期以来，对适应现代生产力性质和发展趋势的商品—市场关系实行排斥和限制政策，商品—货币关系处于扭曲和萎缩状态下生存。所谓产品经济实质上是变相的自然经济。在这个低起点上进行改革，任务就要艰巨得多、复杂得多。一方面要为发展商品—市场经济扫清障碍、创造条件，加速自然经济的彻底解体，最后完成由自然经济半自然经济向现代发达的商品经济过渡；另一方面要适应生产力发展和市场体系发育程度，建立社会主义市场经济管理体制，实现社会主义经济体制与现代市场经济对接。这两项任务二位一体，互相制约。前者是基础性的，是后者赖以建立和有效运行的基础；但体制对前者也非消极的被动的因素。

我国改革的特殊性质。我国改革事业的艰难性远非其他国家所能比拟的。首先，我国改革可谓前无古人、今无范例，既没有现成的经验可以搬用，又无成熟的完备的理论可以照抄，一切都只能靠我们自己在改革的实践中去探索。迄今为止，已经建立或正在转向市场经济的国家，都是在资本主义制度的框架内实现宏观管理体制与市场经济接轨。有些国家，在转向市场经济的同时，也把社会主义基本经济制度当作"污水"泼了出去，实行了全面私有化。现代市场经济和资本主义制度天然具有适应性；现代市场经济与社会主义制度接轨却是有待于长期实践的难题。其次，就市场经济和市场经济体制形成的历史过程来看，西方国家是自发的，他们所谓的"制度变革"，是在商品—市场经济已经发育成熟的条件下进行的；我国则是在"空地"上建造市场经济体制大厦，首先必须为这座大厦建筑基础工程，清扫旧体制的废墟。再其次，我国改革是在政府领导下，依靠原有的行政机构和官员进行的。政府机构既是改革的领导者和实施者，又同时是改革的对象。政府机构的这一矛盾地位使得它在体制转型过程中既可能充当改革的促进者，又可能设置障碍。前几年大量"官倒"滋生，近年来出现的大量"翻牌公司"，就证明了这一点。

我国改革方式的特殊性。当今由行政型计划经济体制向市场经济体制过渡，基本上有两种战略选择："休克疗法"和渐进式。我国改革从开始就从中国的国情出发，自觉地选择了渐进式的方式。渐进式改革有显著的优点：首先，经济改革不同于一个阶级推翻另一个阶级政治大革命，它是在基本制度的框架内调整生产关系与生产力、上层建筑与经济基础的矛盾，改革不适应生产力的管理体制。因此，改革本身必然表现为一个适应生产力发展的渐进过程，而不表现为爆发式的突变。选择渐进式的改革战略与改革本身的性质是相适应的。其次，渐进式有利于社会安定和稳定，能够为改革较顺利地推进创造必不可少的社会环境。改革是社会各阶级、阶层利益的大调整。任何一项重大措施出台都会在人们之间引起反响和震荡。采用渐进式改革方式，在推出各项举措时不仅要考虑到需要，而且要考虑到可能，照顾到人们经济上和心理上的承受力。这样就可避免恶性通货膨胀和大量失业引起的社会动乱，缓解各阶级、阶层之间的矛盾。再其次，渐进式可以在不打乱经济程序的条件下较平稳地实现体制转轨。体制变革是破旧立新的过程。如果轻率地打碎原有的经济机构，废止原有的法规，而新的运行机制和机构不能同时建立起来，不仅会造成宏观调控的缝隙，而且会引起经济生活混乱。经验表明，在体制过渡期，无论运行机制的转换，或者经济组织的调整，都应当遵循先立后破、有破有立的原则。但是，渐进式战略也不是没有弊病。首先，渐进式改革要经历由局部调整到整体转型的过渡时期。在这个阶段会出现两种对立的体制并存、两种对立的规则调节经济运行的状态，这就势必引起经济秩序混乱、市场规则多元化，给权钱交易、投机风潮提供沃土，使出台的改革措施难以产生预期正效应。其次，双轨运行所产生的矛盾和摩擦，有可能出现体制局部甚至整体复旧。计划体制借以运转的机制和培植起来的习惯势力是体制复旧的社会基础；双轨运行则是体制复旧或改革扭曲的客观条件。因此，渐进式改革不能久拖不决，让体制带病运转。绝不能把过渡期双重调节规则扩大化、凝固化。

　　改革目标的特殊性。我国经济改革的目标是建立社会主义市场经济体制。具体地说，在所有制形式方面要实现公有制与商品货币关系对接；在运行机制方面，实现计划与市场对接。社会主义经济市场化是生产力发展的不可抗拒的必然趋势。我们要建立的是没有资本主义所有制和资本家的"资本主义"市场经济。① 中国经济市场化决不能搞私有化、资本主义化。但是，能不能通过"企业法人所有制"来"模拟资本主义私有制"或"模拟资本产权"，从而保证新体制有效地运作，取得传统市场经济体制的效率，又可避免它固有的弊端呢？这至今依然是一个有待实践证实的理论上的假设。关键在于"模拟产权私有"能否硬化财务约束，能否形成企业自我约束、自我发展、自我积累的机制、能否保证公有资产持续增值，能否

---

① 列宁曾把无产阶级专政的国家称作"没有资产阶级的资产阶级国家"。

真正实现优胜劣汰。市场调节就是市场择优弃劣。对国有资产来说，不管企业是否法人所有者，市场选择的最终后果都要转嫁到国有资产的所有者——国家身上。股份制是国有企业改革可供选择的形式之一。现在我们由社会主义国有制回到了股份制，并不是否定剥夺者，走一条与历史发展相反的路，而是为了探寻一种与商品经济相适应的企业模式。再就产权界定来说，明确界定产权即产权明晰化，是我们主张实行股份制的论据。但是，股份制产生之初恰恰是通过所有权与经营权分离，来模糊产权关系，把纯粹私人资本转化为集体的社会的资本，从而使资本占有关系在一定程度上适应生产社会化的要求。社会主义国有制是全民所有制的形式。这种公共占有形式与股份制相比，无疑更适应社会化的生产力。而且它的产权关系是明确的，国有企业的经营管理权和所有权是不容置疑的，都属于政府。明显的例证，就是企业成为政府的附属物，在下放管理权后又出现"诸侯经济"。这不恰恰表明各级政府对所属企业的产权具有明确的毫不含糊的排他性的占有权和支配权吗？问题的症结在于，在国有经济中责、权、利分离，行使权力和享受利益、承担义务不对称；国有经济实行政企合一，企业成为政府的附属物。改革并不是改变所有制，而是要转换企业的经营机制。所以，用产权明晰化来论证股份制的必要性，在理论上似乎难以成立。不考虑基本经济制度和经济发展的差异，搞移花接木，很可能得到的不是市场经济的硕果，而是它的残枝枯叶。国有企业实行股份制之后，在实际操作中还会遇到一些难题。比如，国有股能否上市？如果允许上市，个人和非国有经济可否购买？有的学者认为，国有股买卖只不过改变国有资产的形态，即由实物形态转化为货币形态，国家并未因此受到损失。但是，在股票形式上存在的金融资产毕竟与企业资金是有区别的。股票一旦上市，便脱离生产过程按自身的特殊形态进行运动，并在流通中实现自我增值。由此形成与物质资料生产和流通相区别的经济，人们形象地把它称作投机性的"泡沫经济"，一旦市场出现险情，便难逃厄运。我们如果把股份制作为国有大中型企业改革的基本形式，有何良策防止"泡沫经济"的形成呢？这个难题靠《公司法》来规范股票交易秩序是无济于事的。看来，在积极进行股份制试点的同时，我们应当鼓励人们大胆探索，寻求新思路和新形式。

　　改革的特殊国情。从总体上说，我国至今依然是二元经济结构的不发达国家，城市现代大工业和农村手工劳动并存，城市发达的商品经济与农村半自给自足经济并存，城乡经济发展的不平衡性使得城乡改革不能同步推进，只能分步实施，但城乡市场是不容分割的整体。一体化市场与城乡二元经济结构的矛盾以及体制整体性与城乡分步改革的矛盾，往往使我们顾此失彼，不能统筹兼顾。我国幅员广阔，地区间经济发展极不平衡。各地改革与开放的起点高低不一，经济条件和自然条件有优有劣，因此，在一定时期地区间经济发展水平和收入水平的差距不仅不会缩小，相反可能加大，国家要承认差别，让条件好的地区先富起来，绝不能重开大锅饭，但又不能放任自流，否则势必引起地区间、民族间利益上的矛盾甚至冲突。

　　总之，我国市场化改革的道路之所以艰难，是由我国改革的特殊环境和背景决定的。舍此，别无他途。渡过这段崎岖之路，展现在我们面前的将是"柳暗花明"的新天地。

三

　　中国的市场化改革，可以说是在新时期中国共产党领导 11 亿中国人民进行的新长征。改革是艰难的，但不改革更难。我国在经济上原本比西方国家落后了几个世纪。新中国成立后，尽管我们实行了"赶超战略"、并取得了很大成就，但是，由于经济工作指导思想上"左"的错误长期统治，频繁的政治运动的干扰，在长达二十多年的时间里工作重点始终没有转到经济建设上。"左"的指导思想和集权的计划经济体制结为一体，使我们在经济上和科学技术方面与西方国家的差距进一步扩大。落后难免被别人宰割，落后要挨打。相反，如果抓住机遇，加快市场化改革步伐，把经济搞上去，我们就可以在两个社会制度的竞争中立于不败之地。所以，坚持改革就是要知难而上。两年前，我在一篇文章中曾经说过：中国的希望在深化改革，改革成功的希望在于坚持社会主义市场取向。

　　当前，我国改革已进入体制转型的关键时刻，虽然市场在资源配置中开始发挥基础性作用，但是，计划经济体制复归的可能性却现实存在着。首先，旧体制的主导地位尚未让位给市场。计划经济体制的主要特征是政企合一，经济运行完全依靠行政机制、行政系统，作为社会生产和经营的基本单位——工厂或商店都不具有现代企业的性质。改革以来，为了搞好企业，采取了诸如扩大企业自主权、利润分成等等一系列措施，但都没有触及政企合一这个核心问题，所以多数国营企业竞争乏力。其次，某些改革措施背离了市场化方向，起了变相地强化旧体制的负效应。例如，按行政系统实行分级财政包干，最初是为了调动各级政府增收节支的积极性，克服财政困难。但后来却作为一项改革措施加以普遍推行。结果，把各级政府和所管辖的企业在经济利益上更加紧密地捆在一起，强化了政企合一的体制，形成了互相割据的"诸侯经济"。再其次，旧体制培育起来的并作为它运行的社会支柱的习惯性势力还严重地存在。这股习惯势力是旧体制的既得利益者，既有掌印的官员，也包括吃惯了"大锅饭"的平民百姓。改革是为了造福于广大人民群众，使他们在改革中获得看得见的物质利益。因此，绝大多数人对改革是持积极拥护和支持态度的。但改革毕竟是利益的再分配。某些因改革而丧失既得利益的人，往往会自觉或不自觉地充当改革的阻力。给改革设置这样或那样的障碍。再其次，体制转型过程中，由于传统发展战略和旧体制的惯性作用，不得不靠强化行政手段加以抑制，使改革的进程被迫中断。如果继续沿着强化行政手段的路子走下去，旧体制的复归便可能成为现实。

从我国改革走过的路程来看，旧体制复归并不一定采取赤裸裸的形式，而是表现为一些新的特点：一是在改革的旗号下维持或恢复旧体制。例如，80年代后期出现的"公司热"中，政府主管部门纷纷改头换面组建公司，一身二任，既是经济实体，又继续行使政府职能。90年代初又出现了组建"企业集团热"，政府主管部门纷纷挂起了公司集团的招牌，取消企业法人资格，上收下放权力，强化政企合一体制。这类体制复旧都是在改革的旗号下出现的，因此它的危害性更大。二是旧体制局部复归。例如，农村实行家庭承包制，确立了农民家庭作为独立的商品生产者的市场主体地位，但是"打白条"、各种名目的摊派屡禁不止。这是对农民变相的剥夺，加重了农民的负担。这无疑是对市场化改革的反动。今后，市场化改革之势已不可逆转，但如果不重视解决深化改革过程中出现的局部的、在改革旗号下出现的复旧现象，改革的成果就可能丧失，深化改革便难以举步。

　　我国改革的进程表明，改革除了要防止计划体制复旧之外，还必须正视把改革推向邪路的危险。我国改革大业是在党领导之下，以社会主义基本制度自我完善、充分发挥社会主义制度的优越性为宗旨，因而，就避免了苏联和东欧国家把市场化改革引向全盘私有化所带来的灾难。但是，如果对体制转型时期潜藏的逆流视而不见，那也是十分有害的。首先，一些政府官员趁改革之机利用职权大搞权钱交易，受贿索贿，出卖经济情报、私售公文批件、敲诈勒索、贪赃枉法。他们与社会上的不法之徒相互勾结，侵吞公有资产，挥霍社会财富，破坏社会风气，扰乱经济秩序。这批人是寄生在社会主义公有经济机体上的蛀虫。他们力图把公有资产蜕变为谋取私利的官僚垄断资本，借改革营私。反腐败和推行廉政建设已经成为政府行政体制改革最紧迫的任务。否则，改革葬送在这批寄生阶层手中，不是不可能的。其次，改革中兴起的一批暴发户。这个新的富裕阶层并不是靠勤劳、节俭经营致富，而是靠钻双轨运行和体制缝隙的空子，用行贿、偷税漏税、坑蒙偷盗、走私贩私等违法手段大发不义之财。社会主义市场经济的发展将堵塞他们的生财之路。他们的利益与改革是对立的。他们力图把改革引上原始的自由竞争的商品经济道路上去。这个新生的富裕阶层具有强烈的寄生性，消费挥霍无度，几乎毫无自我积累的功能。因此他们不是促进生产力发展的积极力量。再其次，化公为私，国有资产潜行私有化。国有经济改革过程中，一些企业用不正当手段，例如偷漏税金、乱摊成本、少提折旧、囤积短缺物资、虚报盈利等，以便达到提高工资和奖金、增加职工福利的目的。其结果，造成大量国有企业虚盈实亏、国家财政虚收，大量国有资产流失，天长日久国有资产将被"吃"空，国有经济势必成为"空壳"。① 这种化公为私的危害性决不亚于公开的私有化。赤裸裸地鼓吹全面私有化，人们容易识破，但在"改革"的旗号下，用各种不正当手段侵吞国有资产却能滋生蔓延，直接威胁改革的前程。我国改革是社会主义制度的自我完善，但如果对破坏改革的黑势力听之任之，如果对侵蚀国有资产的行为视而不见，那么，自我毁灭的可能性是不能排除的。然而，避免自我毁灭，不能因噎废食，只有坚持社会主义市场化改革才是唯一出路。

---

　　① 据《经济日报》1992 年 1 月 22 日报道，我国机械工业每年少提折旧费达 50 亿元。照此推算，40 年后，现有 2260 亿元固定资产将被"吃"光。

当前深化改革的形势、环境与 14 年前比，已经有了很大变化。因此，改革必须寻求新的思路，才有可能有新的突破。以农业改革为例，我国现行的家庭承包经营保留着简单商品经济的基本特征。人们提出"把农民推进市场"、"建一方农村市场，活一方经济"，还提出"缩小工农业产品价格剪刀差"、"实行农产品保护价"等等，这无疑对推动农村商品经济发展是有益的。但是如果企图仅仅依靠这些办法实现现行家庭经营与市场经济对接，是无济于事的。近几年农村中出现的卖难、买难，主要农作物播种面积时而缩小，时而扩大；多种经营时而一哄而上，时而一哄而下，农民叫苦不迭，国家调控乏力。这种状况反映了现行家庭经营与现代市场经济的矛盾。现代市场经济是不能建立在以手工劳动为基础的分散经营的小生产基础之上的。没有生产的现代化、社会化、商品化，就不可能有发达的完善的市场体系；没有发育成熟的市场体系，市场就不可能对优化资源配置起到调节作用。如果不积极发展农业的现代化和社会化，不逐步扩大家庭经营的规模，不提高农业的组织程度，现行家庭经营与现代市场经济的矛盾是无法消除的。对过去"一大二公"的教训要记取，但不能因噎废食。社会化、合作化是生产力发展的必然趋势。

历史的经验和教训表明，推行市场化改革应当重视改革环境的建设，积极为重大措施出台创造条件。改革不仅要讲必要性，而且要讲可能条件。超越客观条件的许可盲目蛮干，就可能导致改革失败；消极等待条件成熟，就可能错失改革良机。讲改革的条件，最重要的是为改革创造和保持相对宽松的经济环境。所谓相对宽松的经济环境，是对短缺经济下紧运行相对而言的。它要求社会总供求基本平衡，经济增长速度保持在国力所能承受的范围，通货膨胀率控制在居民所能承受的限度内，财政收支大体平衡。只有这种经济环境才有利于体制整体转型，有利于发挥市场机制的调节功能，有利于社会安定。1985—1988 年经济超高速增长，通货膨胀居高不下，社会供求矛盾加剧，迫使我们不得不推迟价格改革措施出台，转而进行经济调整。实践证明，没有相对宽松的经济环境，任何重大改革措施都难推行。当前改革已到了决定体制整体转型的关键时刻。记取这个教训是十分必要的。1992 年我国经济出现了 12% 的高速增长势头。经济学界对此评价不一，有的说过热，有的说正常。我以为，评论去年的增长速度应当跳出冷热之争，应当看它是否有稳定的体制作为基础，是否靠优化资源配置实现的，是否有利于加快体制整体转型，是否能持续。根据这个标准，在保持社会总供求基本平衡的前提下适当地调低增长速度是必要的，也是有益的。当前压倒一切的紧迫任务是加快改革步伐，为今后持续高速高效发展创造稳固的长期起作用的体制。其次，加快经济立法，这是保证体制有秩序地转型所必不可少的条件。为了在实施渐进式改革战略过程中趋利避害，尽量减少双轨运行带来的矛盾和摩擦，防止市场秩序的混乱，堵塞宏观调控的空隙，应当坚持立法先行、先立后破的原则。只有这样，1985—1988年出现的经济秩序混乱、官倒私倒猖獗的黑幕，在今后深化改革中才能避免重演。

深化改革还要求重新调整改革的战略步骤。长期以来，学术界对价格改革和企业改革孰先孰后、一直有争论。两派观点各执一端，都失之偏颇。我国旧计划经济体制下经济运行靠行政组织、行政机制。政企合一是这个体制的根本特点。改革以来，为了搞活企业，先后实行过利润分成、利改税、下放管理权限、承包制……真可谓千方百计，但收效甚微。同样，现在消费品和服务价格多数均已放开，生产资料价格大部分也已实行市场定价，但由于市场体系发育严重滞后，广义价格（包括利率、汇率、地价、劳动力价格等）市场化举步艰难。究其原因，迄今为止我们在改革战略选择上忽视了旧体制政企合一这一根本点，企图绕开政企分治去推行各项改革，甚至有的改革措施强化了政企合一的体制，例如，财政分级包干。新形势下深化改革必须重新调整战略部署，首先，着重解决政企分治，分解政府职能，普遍推行企业"无婆婆"制度，为搞活企业和加快统一市场体系的发育创造制度前提，消除来自旧体制及其习惯势力的障碍和阻力。

实现体制顺利转型，降低改革成本，还必须在改革的决策和实施方面推行各级领导的责任制，即各级政府领导人对决策和实施的后果承担政治上和经济上的责任。改革关系到亿万人民的切身利益，关系到我们国家的前途和命运，既不能因循守旧、畏首畏尾，又不能盲目冒进、无人负责。这是旧体制的一种流行顽症，改革正是要从体制上根除它，但由于我国改革性质是制度的自我完善，改革的战略采取渐进式，在一个相当长的时期里我们要依靠原有的体制、机构和官员来完成体制的转型，因而旧体制存在的无人负责等积习会不时地顽强地出来阻挠改革，加深双重体制的摩擦，增加改革的成本。这类事例在过去14年改革中并不罕见。我们曾为此付出了不少的代价。今后深化改革不应当忘记历史教训，精心设计，精心施工。

中国改革已初战告捷，今后将会演出更加壮观绚丽的戏剧。21世纪是东方的世纪。

（原载《财贸经济》1993年第11期）

转型时期暴富群体的政治经济学分析

我国经济转型时期分配关系的重要变化之一，就是出现了一个特殊的社会群体——暴富群体。研究现阶段收入分配关系是不能回避这个问题的。要弄清转型时期的暴富群体问题，必须立足于我国的实际。

一　暴富群体——转型过程中新生的特殊社会群体

改革开放开创了一条民富国强的康庄大道。经过 18 年的艰难探索，在普遍实现了温饱之后正在满怀信心地奔小康。实践证明，离开建立社会主义市场经济体制，是无法走向共同富裕的。但是，毋庸讳言，当前，我国已经出现了一个特殊社会阶层——暴富群体。

暴富群体混杂于以下几部分富豪之中：部分不是靠诚实经营和劳动起家的私营企业主和个体户；少数公有企业的承包人和买主；收取非法高额出场费或投机钻营的文艺界明星、噱头；政界的贪官污吏；少数新生的洋买办；一些以文谋私的知识界暴发户，等等。暴富者的财产来源和财富规模具有很大的隐蔽性，无法进行精确的调查和统计。但可以从以下几个方面进行间接的推测和估算。

——金融资产拥有量。年收入 3 万—10 万元的富裕型家庭，拥有金融资产户均 8.7 万元；年收入 10 万元以上的富豪型家庭，户均金融资产 28 万元，占家庭总数的 1%。两者合计，占城乡居民家庭金融资产总额的 32%，按 10% 的年均收益率计算，一年收入约 1200 多亿元。[①]

——注册的私营企业规模。1995 年年底，注册资金 500 万元以上的私营企业有 2655 户，其中实有资产超过亿元的有 20 户，最高的达到 5.4 亿

元。据美国《福布斯》杂志报导，中国大陆 17 名富豪，资产超过 41 亿元人民币。有人认为，"富豪之数绝不仅止于此"。① 有人估计，中国约有 30 个亿万富翁。②

——偷漏税金额。我国每年税收流失至少达 1000 亿元，比全国县级财政一年的收入还要大。逃税面个体经济超过 60%，公民超过 80%。③ 个人所得税 1994 年实收 72 亿元，仅占应收数的 5%。④ 照此比例推算，从个人所得税开征以来至少流失千亿元。

——土地收益。全国每年发生划拨土地隐形交易约 50 万起，房地产面积上亿平方米，交易金额 400 亿—500 亿元，由此导致国家地产收益流失每年 200 亿元以上。⑤ 1991—1992 年，土地出让金应收未收的占 55%，收了未交财政的占 77.6%，上交中央财政的土地收益仅占全国总额的 1%。⑥

——走私规模。1995 年全国查获各类走私案件 17717 起，案值突破 100 亿元。按查获率 10%—15% 左右计算，全国走私货物总值约为 1000 多亿元。⑦

——富翁人数。百万富翁由五年前约 400 人增加到 100 万人。⑧ 有的作者认为，"这个数字乘以 3 还保守"。

这个社会群体混杂在改革以来靠诚实劳动而富裕起来的高收入阶层之中，但他们是一伙鱼目混珠靠发不义之财的暴发户，绝不能把他们与政府倡导和鼓励的"部分人先富起来"混为一谈。

他们的巨额财富不是靠积累而聚敛起来的。暴富者发迹多为"白手起家"，既不靠劳动积累，也未经历资本积累；其收入既非劳动报酬，也不是收益，而是利用各种非经济手段，⑨ 通过非常态的再分配途径来侵占或窃取

---

① 《文汇报》1995 年 2 月 23 日。

② 《上海经济研究》1996 年第 1、2 期合刊。

③ 《经济日报》1996 年 2 月 2 日。

④ 《人民日报》1995 年 4 月 20 日。

⑤ 《经济日报》1992 年 11 月 25 日。

⑥ 《光明日报》1996 年 4 月 15 日。

⑦ 《半月谈》1996 年第 8 期。

⑧ 《中国改革报》1996 年 11 月 26 日。

⑨ 深圳市顾少光等 3 名罪犯，1994 年 10 月开始合伙专做虚开增值税专用发票"生意"。不到半年时间，虚开增值税发票价税 1.24 亿元，获暴利 374.1 万元（《经济日报》1996 年 9 月 11 日）。

他人劳动成果。

　　暴富群体是由体制转型时期特殊条件和环境滋生的。这个社会群体具有过渡性、不稳定性的特点，尚未形成一个稳定的定型的阶级。这个群体成员分布极广，遍及各经济领域，触角深入政界、文艺界、文教科技界。尽管他们占总人口的比重少，分布散，但这是一个具有共同物质利益的共同体。

二　暴富群体聚敛资本的途径和方式

　　在西方资本主义国家，成就一个百万富翁决非轻而易举之事。除了靠赌博、买彩票偶尔暴富之外，即使有超群卓越的智慧和才能，要想成为百万富翁也必须经过艰难和长期拼搏。中国走上市场经济之路才刚刚迈步，为什么会在短时期内出现一个暴富群体呢？

　　我国社会经济结构已经发生了重大变化，形成了以国有经济为主导、公有经济为主体、多种经济成分并存的格局。但是，在转型时期的结构中还存在着非常态的黑色经济、灰色经济，它广泛地存在于工业、商业、外贸、交通、科技文教等领域，以牟取暴利为准则。它聚敛财富是怎样进行的呢？

　　（1）在合法经营外衣的掩盖下，以劣充优、以假充真，一些厂商以造假、贩假、卖假为业，有的甚至从商标印制、生产、贩运到销售诸领域配套成龙，形成网络。（2）走私、贩私。实行对外开放以后，走私贩私屡禁不止，而且愈演愈烈。走私成为沿海、沿边地区一些人暴富的重要门路，以至一些不法之徒内外勾结以此为业，一是逃避关税，将税金据为己有，二是利用价差，靠垄断价格盘剥消费者。[①]（3）利用同类商品的价差。转型过程中，价格市场化要经历一段时期，同种商品往往出现多元价格，例如，计划价和市场价、国家牌价和黑市价、进出口差价等。一些人或者利用行政权力，低价进高价出，或者专司黑市交易。有人估计，仅1987—1988年两年，差价总额高达上千亿元。其中如果1%的差价落入个人腰包，就可以

---

　　① 《经济参考报》1996年7月6日、10月11日。

使不少人成为暴发户。1996 年上半年全国查处价格违法案件，共查处非法所得 10.3 亿元；万元以上大案上升近 40%。（4）买卖票证和批文。由政府主管部门签署、发放的各种证件是业主进入市场的通行证、交易行为的媒介。它的本意旨在限制货币作为一般等价物的功能。但是它本身却成了买卖对象。诸如，基建列项批文，划拨土地批件，进出口许可证，工商登记营业许可证，各种资格和资历证书等等。有些人甚至以此为业。（5）靠造假贩假暴富。造假贩假的范围几乎无所不包，从名牌或畅销商品、进口洋货、各种证件到钞票、有价证券、发票、公章。（6）招工时收取高额报名费、培训费；上岗时再交高额风险抵押金；录用后通过苛扣工资，延长劳动时间，提高劳动强度，不提供劳动保护和必要的生活服务，雇佣童工等办法，进行原始积累。[①]（7）签订承包合同时，用各种办法压低承包基数，拼设备超负荷运转，或转手充当中间商，利用公有资产捞取巨额利润。（8）证券市场开放之初，乘供求失衡、法制不完善、监管不力之机，有些官员利用职权直接或间接从事股票投机，有些股民勾结政府主管部门官员，合谋操纵股市，散布谣言，传播假信息，扰乱市场，从中牟取暴利。[②]（9）房地产投机。房地产市场开放之初，有些房地产商乘机靠"关系"或行贿等办法，无偿取得土地租用权，然后或转手倒卖，或用银行贷款兴建楼宇及其他设施，以地牟取暴利。1991 年全国房地产开发公司有 3700 家，其中仅有半数进行了实际开发，其余均无开发业绩，主要从事炒买炒卖地皮。（10）文化、教育和科技部门的投机商。一些文化投机商利用政府授予的办学权力，以牟取暴利为宗旨，买卖文凭、学位；某些影视界人士，自以为奇货可居，漫天要价，偷税漏税；还有些文人墨客受雇于人，为其充当"广告"或推销员，或充当说家，捞取酬金。还有些技术人员在商战中"携宝跳槽"捞取巨额酬金。[③]（11）以高利率为诱饵，非法集资，骗取钱财，牟取暴利。在金融界和产业界，利用开放资金市场、拓展融资渠道、放开

---

① 据调查，珠江三角洲地区外来农民工 1994 年状况：私营企业平均工资低于最低工资的超过 1/3；劳动时间每天平均 12.4 小时，11.5—14 小时的占 2/3；多数人从事高温、粉尘严重、噪声大、有毒有害的工种（《中国社会科学》1995 年第 4 期）。

② 原中共鞍山市委副书记高文效利用职权倒卖股票认购证和内部职工股，获取 19.6 万元收入（《周末》1995 年 3 月 11 日）。

③ 《光明日报》1996 年 9 月 22 日。

利率之机，非法发行高额利率债券，将筹集到的巨额资金据为己有，用于投机和个人挥霍。[①]（12）在招商引资的旗帜下，收受外商贿赂，为外商非法行为大开绿灯；或者为不法外商坑蒙拐骗效力，损害国家利益，换取个人巨额酬劳。

从以上分析可以看到，在体制转型时期，暴富者广泛地活动在各个经济领域、各部门、各行业。他们主要是通过国民收入非常态再分配途径聚敛财富。

三　暴富群体滋生的特殊环境和条件

我国在社会主义公有制取得了主导地位之后，由行政型计划经济体制向社会主义市场经济体制过渡时期为什么会产生一个暴富群体呢？如果把这个特殊利益集团的崛起完全归罪于市场取向的改革，那是不恰当的。但是，如果忽视它与体制转型时期的特殊环境和条件的关联性，也难以对它的性质作出正确的判断，难以提出恰当的对策。

1. 体制改革是项庞大复杂的系统工程，破旧立新不可能一蹴而就，必须经历较长的过渡时期。在体制转型过程中，经济运行必然出现双轨、多轨甚至无轨运行的状态。这就给某些人提供了缝隙和机遇，他们可以不承担任何风险，甚至不必支付任何交易费用便可以成为暴发户。例如，生产资料流通分计划调拨和市场供销两个渠道，与之相应地同一产品分计划价和市场价；农副产品流通，统一收购，放开销售，使大量利润落入不法商贩的腰包；汇率双轨，使外汇贩子乘机倒买倒卖外汇从中牟利。

2. 行政体制改革滞后，政企合一给权钱交易提供了体制条件。我国原有体制的本质特征是实行政经合一、政企合一。经济运行是依靠行政机构、行政层次、行政机制、行政权力。从这个意义上说，在行政体制之外，并不存在一个独立的经济体制。改革起步以来，已经出台的改革措施都没有触动原有体制的这个根基，甚至有些措施还强化了经济运行对行政权力的依附。因此，行政权力依然作为凌驾于经济之上的绝对权威发生作用。例

---

① 轰动全国的沈太福金融诈骗案。沈为北京中城科技开发公司总裁，以高回报率为诱饵，半年内从全国 11 万多人手中非法集资 10 亿多元。

如，这些年打假为何越打越猖獗，就是由于受到当地政府的支持；① 企业和管理机构的领导人由上级政府任免，以至有人乘机靠卖官发财，② 有人靠行贿捞取一官半职；进出口必须凭政府主管部门颁发的许可证、配额等方可通行。颁发证件是政府机构的特权，取得证件便可以在市场上取得证件所赋予的垄断利润。因而，证件便成为交易的对象物。在"放活小企业"过程中，出售、租赁企业由于缺乏相应的法规，有些企业变成少数掌权人或其亲友的私人财产。

3. 稀缺资源转化为商品。像土地这类稀缺资源，在原有体制下不具有商品属性，国家禁止买卖土地。在向市场经济转型过程中，开放了土地市场，土地的使用权转为可以买卖的商品。由于固定资产投资周期性膨胀，炒买炒卖土地成为攫取暴利的捷径。一些政府官员利用职权划拨土地，获取巨额贿赂；不少投机商无偿得到批租土地，或转手高价出卖，或营造房屋牟取暴利。1992 年，全国房地产开发公司增达 124000 家，比上年增加两倍多；房地产投资 732 亿元，比上年增长 117%，开发土地 2.3 万公顷。其中，政府机构无偿划拨供地占 90%。有的地区土地投机达到疯狂的地步。据报刊披露，全国发生的土地黑市或灰市交易每年达 500 万起，交易金额达 400 亿—500 亿元，国家地产收益流失一年达 200 多亿元。③ 其中大部分落入房地产商的腰包。

4. 垄断性行业中靠垄断资源供给牟取暴利。一是由政府垄断经营的部门，如政府外贸部门控制内销和外销经营权能够给经营者带来垄断利润。因而这种权力也成为逐利者交易的对象。又如国有银行信贷部门拥有对企业发放贷款的权力，一些职员乘机向申请贷款的企业索取巨额"回扣"，或者企业向其"赠送"股票。

5. 资源短缺、商品供不应求所形成的卖方市场难以在短时期内改变，也为牟取暴利提供了条件。在计划体制下，由于供求缺口大，价格体制僵

---

① 《法制日报》1996 年 9 月 24 日报道，浙江省慈溪市天元镇天鸿电器公司，制造伪劣低压电器，五年产值累计 1000 多万元，一直受到当地政府庇护。

② 江西省广丰县县委书记郑元盛做"卖官"生意，三年内获暴利 60 多万元（《光明日报》1996 年 8 月 20 日）。

③ 《经济日报》1992 年 11 月 25 日；《光明日报》1993 年 7 月 28 日。

化，长期靠计划分配来调节供求矛盾。改革后，逐步放开物价，政府将物价决定权交还给了市场。但由于企业体制改革缓慢，特别是粗放外延增长方式转变滞后，生产要素和产品的买方市场的格局，与价格改革难以同步实现。基础产业的"瓶颈"制约，外汇紧缺，以及经营管理人才等紧缺，在相当长时期内还会存在。

6. 经济增长周期性地过热，高通货膨胀，与投机资本猖獗互为因果。我国经济周期的频率和强度与西方规范化的市场经济体制相比，具有很大的特殊性。在这一时期，由于传统体制和发展战略的惯性作用，分权让利又使地方和企业表现出强烈的扩张冲动，因此，超高速增长和由此引起的经济关系全面紧张，便成为这一时期难以遏制的倾向。经济过热又给价格改革引发的显型通货膨胀火上加油，使通货膨胀居高不下。这一切给投机资本肆虐提供了良机。投机资本猖獗造成了虚假繁荣，搞乱了市场秩序，进一步加剧经济过热。①

7. 经济市场化过程缓慢，市场体系发育不平衡，宏观调控体系不健全，市场秩序不规范，也是滋生暴利者的重要因素。我国进行市场化改革与战后的日本、西德相比，起点要低得多。经济市场化首要的决定因素是生产力。改革只能促进而不能代替生产力的作用；只能顺应生产力的要求而不能超越生产力的许可。如果改革措施操之过急，就可能事与愿违。在产品市场尚未完全开放、发育不良的情况下，急于开放股票市场、期货特别是外汇期货市场，造成前几年股市风潮迭起、外汇期货市场混乱，众多股民受损，国家巨额外汇资金外溢，而极少数人乘机捞取钱财成为暴发户。再如，各种中介机构的建立，是维护正常的市场秩序所必不可少的。近几年各种事务所、评估机构如雨后春笋般地出现。其中，许多机构把政府赋予的职能变成牟利的特权；有的与不法厂商狼狈为奸，直接参与非法集资、偷税漏税、走私等活动，从中牟取暴利。

---

① 近几年全国性的"公司热"势头很猛。1992 年年底，全国登记的公司达 48.7 万户，比上年增加 88.8%。1993 年又翻一番，达百万户之多（《经济日报》1994 年 8 月 16 日）。1995 年全国工商行政管理部门共查出无资金、无机构、无场地的"三无"企业 73210 户。（《经济日报》1995 年 9 月 7 日）。沈阳市 1995 年 4 月共查出"三无"企业近两万家，占全市登记注册企业总数的 1/5（《经济参考报》1995 年 7 月 30 日）。

从以上分析可以看到，当前我国经济生活中出现的暴富，不能仅仅看成是经济犯罪行为，而应当把它看作是特定经济发展时期即转型时期的体制现象。它是经济体制转型过程中伴生的怪胎。要完全避免它，几乎是不可能的。但我们可以通过深化改革，完善法制，规范市场秩序，把它的危害减少到最低程度，并进而消除它大量滋生和蔓延的土壤和环境。然而，这决不是说它是建立社会主义市场经济的必然产物，把它怪罪于市场化改革。体制转型为暴富层滋生提供了缝隙和土壤，但这种可能变为现实的决定性因素则是经济主体自身的行为。

四　暴富群体的社会属性分析

暴富者具有先富的特点。部分人先富是符合实现共同富裕的社会主义目标的。但是，能否说暴富群体是"新的社会生产力的代表"呢？能否说暴富群体是"改革的促进派"和"社会主义市场经济体制的体现者"呢？回答是否定的。

暴富群体并不是社会财富的创造者，而是寄生在社会经济机体上的毒瘤。社会财富是由从事物质资料生产和服务的劳动者创造的。暴富者并不是靠诚实劳动致富，而是靠不择手段地掠夺和侵吞他人劳动成果发家。[①] 他们从事黑色经济虽要冒风险，要消耗体力和精力，但他们付出的"劳动"不是社会必要劳动，而是有害的、破坏性劳动。现阶段存在着多种经济成分，在经济上和法律上允许在一定范围内存在剥削，但是，暴富者与从事法律许可的正当经营的剥削者是不能混为一谈的。后者虽然也属于无偿占有劳动者剩余劳动的剥削者，但他们的经营活动是有益于社会生产力发展的活动；他们的剥削所得控制在法律许可的范围内，占有剩余的方式和数量受到一定的限制。

暴富群体对资源优化配置和合理利用起破坏性作用。暴富者的经济行为是以最大限度地无偿侵吞和掠夺资源为宗旨的。他们挥霍无度，这种寄

---

① 上海市奉贤县轻工设备厂厂长唐某用虚开发票、伪造工资单、截留利润等手法，隐匿企业资产，将10万元公款变成他私人购买企业的第一期付款。他不费分文，把一家集体企业变成由他个人全额投资的私人企业（《劳动报》1996年7月17日）。

生性资本不具有积累和扩大再生产的机能；他们制造假冒伪劣，滥采滥挖矿藏，破坏和浪费自然资源；他们坑蒙拐骗，偷税漏税，走私贩私，搅乱市场秩序，破坏政府宏观调控。所以，暴利资本越猖獗，资源配置就越恶化，资源破坏和浪费就越严重。

暴富群体阻碍经济快速、持续、健康地增长。暴富群体的肆虐加剧了经济周期的频率和强度。80年代中期以来，几度经济过热，与暴富者寻利制造经济泡沫是分不开的。"全民经商"热潮，大量的"皮包公司"如雨后春笋般地滋生；开放证券市场，巨额的投机资本拥进有限的股市，掀起炒股热潮；启动房地产市场，炒卖土地批件，转包建筑工程，成为牟取暴利的捷径。这两次经济过热均与暴利资本的投机活动有密切的联系。

暴富群体是阻碍和破坏市场化改革深化的主要危险。暴富者虽然受益于改革，但他们的利益与社会主义市场化改革却是根本对立的。他们的寻利活动，严重地破坏市场秩序，损害法制和法治建设，扭曲市场信号，侵吞改革成果，挥霍和浪费社会财富，恶化分配关系，败坏改革声誉。暴富者的利益与深化改革是根本对立的。价格多轨制、无序的市场、卖方市场、政府放任自流、经济大起大落等等，这些都是暴富者生存的土壤和条件。因此，他们才是真正反对改革的主要危险。

暴富群体是侵吞公有资产、瓦解社会主义公有制的蛀虫。社会主义公有制及公共资产是社会主义市场经济的基础，是实现共同富裕的物质保证，也是政府实施宏观调控的重要的手段。暴富者聚富的首选目标恰恰就是公有资产。他们运用各种非法手段损公肥私、化公为私、侵吞公共财产，将人民创造的财富据为己有。他们横征暴敛严重侵犯了广大群众的切身利益，搅乱了社会分配关系，动摇了社会主义根基。

暴富群体的寻利活动毒化了社会风气，败坏了社会道德风尚。暴富群体的危害性还表现在它对人民政权有极大的腐蚀和瓦解作用。暴富者把他们的黑手首先伸向人民政权。他们用金钱收买、贿赂政府官员，充当他们的代理人，假官员手中的权力来牟取暴利；他们肆意践踏党纪国法，破坏社会主义法制建设；他们假公济私、徇私舞弊，挑拨党群、政群关系，败坏人民政权的声誉；他们把职权变为牟取私利的特权，盘剥百姓，称王霸道，横行乡里；他们与不法外商勾结，坑害国家，出卖民族利益。

由此可见，在体制转型时期的这个新生群体虽然受益于经济发展，但他们决不是"新生产力的代表"，而是生产力发展和经济繁荣的破坏因素；虽然他们得益于经济体制改革，但他们决不是"改革的促进派"，而是社会主义市场取向改革的障碍。

暴富群体的崛起是当前深化改革的主要危险。这是因为：第一，他们的利益与深化改革是根本对立的。他们不愿意恢复旧的集权的计划经济体制，但他们也不愿意建立规范化的社会主义市场经济体制。因为经济运行多轨制、市场无序，恰恰是他们赖以滋生的主要条件，是牟取暴利的主要途径。他们的切身利益决定了他们主张改革就此止步，长期维持多轨制。而改革每前进一步，就意味着他们生存条件进一步削弱；改革成功之时，暴富虽难绝迹，但不会形成群体。第二，与那些只动口不动手的守旧势力不同，他们反对和破坏改革是有实际行动的，而且手段卑劣，气焰嚣张，无孔不入，劣迹遍布各行各业，直指各级党政领导机构。如果任其发展，改革的成果必将被他们窃夺，最终他们将会把改革引入歧途。第三，转型时期，与暴富群体之间所进行的遏制与反遏制的斗争，关系到党和国家的前途与命运。改革的目的是促进生产力的发展，增强综合国力，实现共同富裕。暴富群体是体制转型时期的特殊产物。任其发展，它必然会进一步蜕变为新生的官僚、买办、封建性质的阶级。那时，他们就不会仅仅满足于通过非法途径牟取暴利，而要夺取政权来巩固、维护和发展他们的既得利益。

虽然体制转型时期产生部分人暴富乃至暴富群体难以完全避免，但这并不意味着它蜕变为新生剥削阶级是必然的。只要政府坚定地反对腐败，坚持市场化改革的社会主义方向，暴富群体绝种是完全可能的。

五　对若干不同观点的商榷

部分人暴富现象是有目共睹的事实。对此，学术界似乎没有人否认，但怎样看待和分析这一问题，却有不同观点。

有种看法，认为我国现在由于出现了部分人暴富，贫富差距已经扩大到两极分化的程度。我认为，改革以来，贫富差距没有趋向缩小，而是在进一步扩大。但是，第一，收入差距扩大之势是在居民收入普遍提高，绝大多数人的生活水平达到或接近小康的基础上出现的，而且随着社会保障体系的建立，贫困人口的基本生活有了保证，因而这种差距具有相对的性质。第二，贫富差距与两极分化这两个经济范畴虽有联系，但不能混为一谈。两极分化是资本主义制度下资本积累的特殊规律，而不是商品经济的普遍规律。它首先是指生产条件即生产资料分配的两极化，即资本积累和贫困积累两极化。改革以来，我国公有制主体地位并没有丧失，社会主义公有制依然是社会的经济基础。因此资本主义积累的规律除了在资本主义私有经济中占支配地位之外，不可能主宰我国社会主义扩大再生产和积累。近18年来广大人民群众从改革中普遍得到实惠，这个事实是有目共睹的。

有种观点认为，暴富者虽然人数不少，但不能说已经形成了一个新生的资产阶级或阶层。理由是：暴富属经济犯罪，不能把罪犯看成是一个阶级或阶层；他们所获得的所谓"暴利"数量有限，与发达国家工薪阶层相比，称不了富裕；他们还没有形成一个共同体。有人把暴富与"先富"混为一谈，以先富起来的人未形成一个资产阶级为理由，否认暴富群体的阶级属性，认为"目前已出现一些年收入达几万元、几十万元的高收入户，有的个人家庭资产达百万元、千万元。但这些高收入户尚未形成具有共同社会地位和共同利益的'利益群体'"。① 认为它们"不是一个具有共同社会地位和共同利益要求的'利益群体'或'压力集团'；他们实际上还只是一个分散在不同社会阶层中的泛化群体；他们还从未出现过带有一致的政治要求或利益要求倾向的集体行动"。② 笼统地说目前已形成了一个新资产阶级，这种观点值得商榷。但如果以此为由，否认暴富群体的阶级属性，却是站不住脚的。

关于什么是阶级的问题，列宁曾经作过精辟的论述。他指出："所谓阶级，就是这样一些大的集团，这些集团在历史上一定社会生产体系中所处的地位不同，对生产资料的关系（这种关系大部分是在法律上明文规定了的）不同，在社会劳动组织中所起的作用不同，因而领得自己所支配的那

---

① 王春正：《我国居民收入分配问题》，中国计划出版社1995年版，第13页。
② 李培林：《新时期阶级阶层结构和利益格局的变化》，《中国社会科学》1995年第3期。

份社会财富的方式和多寡也不同。"① 列宁的这个定义反映了阶级的共同的本质特征，因而它适用于已经成熟的、定型化的阶级。当前，我国正处在由公有制一统天下的计划经济体制向多种经济成分并存的市场经济体制过渡时期，阶级关系正处于急剧变化之中。因此，分析这一时期阶级关系切忌简单化，不能简单地生搬硬套列宁的定义。阶级问题是十分复杂的，有亦已成熟的完全的阶级，有正在形成中的阶级，有处于消亡过程中的没落阶级，还有死而复生的阶级。一定要具体问题具体分析。

　　但是，列宁的定义却对我们判明一个特殊的社会群体是否具有阶级的属性，是否形成为一个阶级，具有理论上的指导意义。首先，我们所面对的暴富户就数量而言，相对于 12 亿人口来说虽是少数，但它已经是一个分布面极广的具有相当规模的群体，可能超过旧中国以蒋宋孔陈为代表的官僚买办资产阶级。难道我们能因蒋家王朝只是亿万人中的一小撮而否认它的阶级属性吗？阶级或阶层是个社会群体，但不是人口统计学中的一个数量概念。它首先是个经济范畴。其次，暴富的方式或途径虽是违法的，但它同一般的盗窃、贪污是有区别的。因为暴富群体赖以生存的经济基础是地下经济、灰色经济，它的活动是与社会再生产过程联系在一起，并通过这个过程实现对劳动者劳动成果的占有。与典型的产业资本形态不同，它们一般并不直接占有生产资料，而是通过权力资本支配属于公众的财产。这样，它们既可以牟取暴利，又不必承担资本经营的风险。用他们的黑话说，就是"用共产党的钱做无本生意！"再其次，暴富者虽然是分散在不同社会阶层中的群体，他们在市场上也有争斗，但他们的利益却是共同的、一致的。他们化公为私、不劳而获、贪得无厌，竭力瓦解公有制，因为公有制是他们暴富的最大障碍；他们反对政府对市场实行调控，主张建立由他们主宰的市场经济，因为正是多轨运行和无序的市场为他们暴富提供了条件和机遇；他们反对治理整顿和深化改革，主张改革就此止步，因为市场体系发育成熟、宏观调控体系完善、法制健全意味着他们赖以生存的沃土将被铲除；他们敌视人民民主专政的政权，与贪官沆瀣一气，通过钱权交易，左右政府的政策，窃取权力，因为人民政权是他们从事非法牟利的

----

① 列宁：《伟大的创举》，《列宁选集》第四卷，人民出版社 1972 年版，第 10 页。

最大障碍。所以，暴富者虽然职业各不相同，牟取暴利的方式千差万别，彼此为分割暴利也明争暗斗，但他们的经济利益和政治利益却是共同的、一致的。正是基于这一点，才使他们区别于其他阶级、阶层，构成为一个特殊的利益共同体。

但是，目前这个社会群体还不能说已经形成为一个阶级。这主要是因为中国政府的政策和改革的目标不同于俄罗斯，对体制转型时期出现的暴富者不是通过全面私有化给予扶持和鼓励，而是针对不同情况采取遏制、惩治的政策。因此，这个群体处于时多时少、时生时灭、时而旺盛时而衰败的状态，具有不稳定性的特点，它的构成随着经济周期和改革的进展经常发生变化。但是，如果对他们牟取暴利的活动采取听之任之、庇护纵容的态度，他们便会迅速发展，进而演变成一个新生的资产阶级。所以，我们说中国的市场化改革是社会主义的自我完善，并不是自发完善、自然完善。

六　对策：反腐败和深化改革并举

有种时髦观点，即所谓"适度腐败有益论"。[①] 腐败是暴富赖以滋生的温床；暴富也是腐败的一种表现。两者互为因果。有人认为，"腐败对经济生活有其积极的一面"，"在某些经济环境中腐败有一定的价值"，"腐败是经济的润滑剂"；因此他们主张"腐败适度存在"，"既然现在无法达到'根除腐败与改革顺利推进'这一帕累托最优状态，那么从经济学角度看，只能追求'改革进一步推进，腐败适度存在'这一次优状态"，"反腐败要适度"。这种观点在理论上是站不住脚的，对实践也是有害的。

首先，暴富者是人格化的私人投机资本，它的行为以私人利益最大化为宗旨，具有贪得无厌的本性。任何一次获利都是它再次获得更大利益的起点；寻得任何数额的租金对他来说都是一个有限的数量。因此，暴富者对私利的追逐是无限的、没有止境的。所谓"有限腐败"完全是不切实际的幻想。"小富即安"的心态是小农经济的产物，对现代市场经济中贪得无

---

① 参见《经济学消息报》1996 年 3 月 15 日。

厌的投机资本是完全不适用的。

其次，主张"用适度腐败"换取"改革进一步推进"，这是不切实际的幻想。腐败和暴富固然是体制转型时期的社会产物，但腐败和暴富与我国改革的性质、方向、道路却是根本对立的。暴发户是靠改革的转型时机发迹，是投双轨运行的机，而不是靠改革本身致富。改革的目标是通过建立社会主义市场经济体制，实现共同富裕。社会主义市场经济并不消灭剥削，相反地还要允许剥削和非公有制经济长期存在，并且在公有制为主体、有利于国计民生的前提下还允许其发展。但暴富不在其列，暴富者的行为是反改革的。深化改革就是要加快体制整体转型，从而根除腐败和暴富赖以滋生的环境和土壤。因此，从改革自身的规律和趋势来说，两者成反比例、反方向进展。两者的关系不是互补、互促，相反地，改革的进展、改革的成效，在很大程度上取决于反腐败。反腐败越坚决、越彻底，改革就越有保证。如果对腐败采取容忍或纵容态度，改革最终就可能被腐蚀，以失败告终。所以，二者势不两立。

其次，所谓"适度腐败"换取"改革推进"，是得不偿失的。当前，腐败和暴富已经不是个别的、偶然的现象，早已大大超出了广大群众所能容忍的"适度"，远远超出了社会所能承受的改革成本和代价。现在摆在我们面前的问题是：要么坚定地持久地开展反腐败斗争，为深化改革创造必不可少的社会条件；要么对腐败听之任之，任其蔓延，让改革走上歧路。两者必居其一。改革18年来的事实表明，腐败是一种致命的癌细胞，具有极强的腐蚀性。一旦染上它就会扩散。如果说它是种社会成本和代价的话，决不是用多少金钱能衡量得了的。因为我们付出的将是政权和党的机体的蜕化，是社会资源配置恶化，是社会两极分化。那时，腐败这付"润滑剂"必将把社会拖向新的官僚买办统治的半殖民地社会。

开展反腐败是否会造成"政府官员个个岌岌可危，彻底失去了参与改革的动力"呢？把发不义之财作为参与改革的"动力"，这种以改谋私的人是十分危险的。真正献身于改革大业的仁人志士不仅不会因反腐败而"岌岌可危"对改革"失去动力"，相反地，他们是反腐败的坚定斗士。应当明确，如今反腐倡廉与过去的"反右倾"、"文革"是不能混为一谈的。现在是依法惩治腐败，不搞运动，不搞"一刀切"，也不下达百分比。完全不必担心扩大化，更不会出现"人人自危"的局面。整治暴富是个政策性很强的任务。因为暴发户是混杂在"先富起来"的那群人中间的。我们必须把勤劳致富、依法致富与非法暴富严格地区别开来。对前者要给予大力扶持、积极鼓励，对后者则要依法惩治；惩治后者正是为了保护前者。过去我们违背生产力决定生产关系规律，推行过"割资本主义尾巴"的左的政策。现在决不能因噎废食，对非法暴富也实行"私有财产神圣不可侵犯"。

实行市场经济并非注定腐败成风、暴富成群。我们对市场并不陌生。新中国成立初期实行国有经济为主导、多种经济成分并存的新民主主义经济，实质上也是种特殊形式的市场经济。那时，尽管出了刘青山、张子善之类的败类以及"五毒俱全"的不法奸商，但经过"三反"、"五反"，党风、民风大变，有效地遏制了腐败。可见，腐败、寻租并不是不治之症。所以，要根治暴富，必须坚持反腐败。

健全法制，严格执法，这是整治暴富的主要手段。目前存在的问题，一是经济法制不健全，一些应当尽快建立的法规尚未出台，例如遗产税；二是已经颁布的某些法规没有根据情况的变化及时加以修改，例如个人所得税起征点过低；三是执法不严，例如对偷漏税者，处罚过轻。

反腐败，整治暴富，防止两极分化，根本的出路在于深化改革，加快体制整体转型。更为紧迫的现实的步骤应当是加快政治—行政体制的改革。杜绝钱权交易，必须从源头抓起，建立权力的约束、监管、制衡机制，精兵简政，这是当前深化改革的关键。

（原载《经济研究》1998 年第 2 期）

理论经济学在中国改革中的命运

　　党的十六大报告指出："必须坚持按照客观规律和科学规律办事"。人类社会和自然界都是按自身固有的规律发展的。规律是不以人的意志为转移的，它具有客观性、必然性、强制性。在动物界，唯有人能够能动地改造世界，而不是消极地适应世界。但是，"自由是被认识的必然性"（黑格尔）。在客观世界面前，人们只有承认客观世界有自身固有的、不以人的意志为转移的规律，只有认识了客观规律，并在行动中自觉地按照客观规律的要求办事，才有自由。任何人，为所欲为，倒行逆施，必然会受到客观规律的惩罚。古今中外，无一例外。

　　坚持按客观规律办事，就是坚持实事求是。这是指导各项工作的思想路线。把这一原则提高到党的指导思想的高度，是总结了长期的历史经验和教训，甚至是付出了巨大的血的代价，才明确的。

　　经济改革的实质，并不是现代西方经济学所说的仅仅是经济运行机制的改革，而是社会生产关系和社会经济制度的变革；改革的缘由，也不能仅仅归结为资源配置方式的优劣，而是中国社会发展规律所决定的。人们是不能按照自己的意志自由地选择生产和交换方式的。生产力决定生产关系。有什么性质的生产力，就有什么样的生产关系。生产力是一种既得力量，不是人们自由选择的结果。改革所能够成就的事业，就是按照生产关系必须适合生产力性质的规律的要求，一方面，大力发展社会生产力，坚持以经济建设为中心，另一方面，从生产力的现状出发，根据生产力的性质，改革和调整不适应生产力发展的生产关系。中国社会主义制度脱胎于半封建半殖民地社会。这个基本国情决定了中国要实现民富国强，必须经历工业化、现代化、商品化、市场化的过程。这个历史阶段是不可逾越的。改革不可逆规律而动，但也不能拔苗助长。中国改革要取得预期的成效，必须按经济规律的要求办事。这不仅要求我们尊重经济规律的客观性质，承认经济规律的作用是不以人的意志为转移的，而且必须重视经济规律借以发生作用的环境和条件，认识经济规律在中国条件下作用的特殊性。邓小平同志告诫我们："我们的现代化建设，必须从中国的实际出发。无论是革命还是建设，都要注意学习和借鉴外国经验。但是，照抄照搬别国经验、别国模式，从来不能取得成功。这方面我们有过不少教训。把马克思主义的普遍真理同我国的具体实际结合起来，走自己的道路，建设有中国特色的社会主义，这就是我们总结长期历史经验得出的基本结论。"（《中国共产党第十二次代表大会开幕词》）回顾我国改革的艰难历程，反思俄罗斯改革的沉痛教训，重温邓小平这段教诲，是何等真切！

这些年在人们的意识中之所以淡忘了"按照客观规律办事"，事出有因。经济学界某些知名人士一再声称：经济学是研究稀缺资源配置的科学；传统观念把经济学研究对象定义为研究生产和分配、交换规律，这是苏联范式的教条主义观点。现在，这种看法似乎已经成为许多人的不容争辩的共识。然而，有些学者却对这个观点提出疑义。首先，这个定义混淆了经济学与其他专门研究资源配置的学科的区别。各门学科之所以相互区别，就因为各自都有自己特有的研究对象。研究对象不同，学科的功能和任务也就不一样。资源配置是生产力配置这一大类学科研究的领域，它的分支学科包括经济地理学、生产力经济学、产业结构学、生态经济学、可持续发展学等等。它们从不同的角度研究如何经济合理地利用资源。这些学科共同的特点是反映人与自然之间的关系。而经济学的研究对象则不同，它是研究物质资料生产、分配、交换过程中人们之间相互关系的科学，它要揭示支配生产、分配、交换的规律。恩格斯将经济学又称为政治经济学、理论经济学。他给这门独立学科下了一个精确的定义："政治经济学，从最广的意义上说，是研究人类社会中支配物质资料的生产和交换的规律的科学。"[1] 把经济学研究对象定义为资源配置，实际上就是用生产力组织学取代经济学，从而取消经济学这门独立的学科。其次，前述定义否认了人类社会的生产、分配、交换存在着自身固有的、不以人的意志为转移的客观规律，这些规律主宰和支配着人们的行为和意志，调节人们之间的利益关

---

[1]　恩格斯：《反杜林论》，《马克思恩格斯选集》第三卷，人民出版社 1972 年版，第 186 页。

系。经济学的研究并非与资源配置毫无关系。只是它并不直接把资源配置本身作为研究对象。它是研究人们相互之间的利益关系，研究这种关系对资源配置所产生的间接影响。恩格斯指出，经济学所研究的不是物，而是人和人之间的关系，这些关系是同物结合，并被物所掩盖。马克思第一次揭示出它对于整个经济学的意义。经济规律直接作用的对象和领域并不是自然界，而是人与人之间的关系即社会生产关系。否认经济规律的客观性质，必然误导人们的行为，把人们引向唯心主义和形而上学。这正是现代西方经济学的一大缺陷。再其次，前述观点抹煞了经济学规律的历史性质。经济学规律与自然规律不同，它们具有因地因事因时而宜的特点。恩格斯指出："人们在生产和交换时所处条件，各个国家各不相同，而在每一个国家里，各个世代又各不相同。因此，政治经济学不可能对一切国家和一切历史时代都是一样的。""政治经济学本质上是一门历史科学。它所涉及的是历史性的即经常变化的材料"。① 最后，上述定义并不是理论创新，而是倒退，不过是重复了原本就有争议的又一个洋教条。《资本论》和《〈政治经济学批判〉序言》出版，是近代经济思想史上的深刻革命。这个革命的标志，就是马克思和恩格斯将唯物主义历史观运用于研究经济学，明确提出了经济学研究的对象是社会生产关系。恩格斯指出，"当德国的资产阶级、学究和官僚把英法经济学的初步原理当做不可侵犯的教条拼命死记，力求多少有些了解的时候，德国无产阶级的政党出现了。它的全部理论内容是从研究政治经济学产生的，它一出现，科学的、独立的、德国的经济学也就产生了。这种德国的经济学本质上是建立在唯物主义历史观的基础上的"。"在这里我们立即得到一个贯穿着整个经济学并在资产阶级经济学家头脑中引起过可怕混乱的特殊事实的例子，这个事实就是：经济学研究的不是物，而是人和人之间的关系，归根到底是阶级和阶级之间的关系；可是这些关系总是同物结合着，并且作为物出现；诚然，这个或那个经济学家在个别场合也曾觉察到这种联系，而马克思第一次揭示出它对整个经济学的意义"。② 古典经济学在理论上没能实现这一突破，是因为他们没能

① 恩格斯：《反杜林论》，《马克思恩格斯选集》第三卷，人民出版社 1972 年版，第 186 页。
② 恩格斯：《卡尔·马克思〈政治经济学批判〉》，《马克思恩格斯选集》第二卷，人民出版社 1972 年版，第 116、123 页。

摆脱唯心史观的羁绊。"在他们看来，新的科学不是他们那个时代的关系和需要的表现，而是永恒的理性的表现，新的科学所发现的生产和交换的规律，不是历史地规定的经济活动形式的规律，而是永恒的自然规律：它们是从人的本性中引伸出来的。"① 19世纪70年代，新古典经济学的一位代表人物杰文斯明确地把经济学研究的对象和领域界定为"资源配置"。之后，这一观点在资产阶级经济学界逐步发展并居主导地位的观点。英国经济学家罗宾斯曾经做过一个经典的表述："经济学是一门研究作为目的和具有不同用途的稀缺手段之间关系的人类行为的科学。"但是，即使在西方，罗宾斯的观点也没有成为经济学界一致的共识。不少学者对它提出质疑和批判。布坎南尖锐地批评罗宾斯的定义"不是推动而是阻碍科学进步"；认为资源配置理论"不应当在经济学家的思考过程中占主导地位"。

时下，在西方经济学界早已遭到质疑和批评的陈旧观点，在我们这里却当作时髦传播，甚至被吹捧为指导我国改革的理论，实在令人困惑。苏联经济学教科书的作者把社会主义经济规律简单化、条条化，这是不可取的。但不能因此走到另一个极端，否认经济规律的存在，否认经济学应当把经济规律作为研究对象。

世界上没有生而知之的圣贤。人们对客观世界规律的真理性认识来自于实践。社会实践是认识的第一源泉。而且任何一个真理性认识都必须经历反复的实践才能取得。即使如此，人们只能逐步接近真理，而不能穷尽真理。如果从创建第一个革命根据地算起，我们党领导经济建设迄今已有七十余年。这七十余年是我们党对中国国情和中国经济规律不断探索、认识逐步深入的过程。对历史理应采取分析的态度，既不能全盘否定过去，也不能割断历史。近代中国的先哲为了寻求强国富民之道，提出过种种救国方略，进行过种种有益的探索和试验。这些都是我们宝贵的精神财富，是新时期理论创新不可弃之不用的素材。这里，不妨举几个事例。例一，关于新民主主义经济形态的理论和实践。中国共产党成立之后，在党纲和党章中规定了党的指导思想的理论基础是马克思主义，党的奋斗目标是在中国实现社会主义和共产主义。"走俄国人的路"，在党内虽然取得了共识，但是，

---

① 恩格斯：《反杜林论》，《马克思恩格斯选集》第三卷，人民出版社1972年版，第190—191页。

我们没有照抄俄国的理论，也没有照搬俄国的经济模式，而是基于对中国国情的深刻认识，以马克思主义历史唯物主义为指导，创造性地提出了新民主主义社会形态的学说，实行了新民主主义的经济纲领和经济政策。在战争年代，在极端艰难的条件下，根据地的经济建设与敌占区经济衰退、物价飞涨、苛捐杂税、民不聊生，形成鲜明的对比，经济发展支援了前线，又保障了人民温饱。新中国成立之初，百废待兴，但仅用了三年时间就将国民经济恢复到战前水平，遏制了恶性通货膨胀，消除了失业，城乡经济呈现一片繁荣。从新民主主义理论和政策的实践过程中，我们可以得到以下启示：新民主主义经济学是经过实践检验的、可行的、科学的经济理论，是揭示了中国经济规律的、独特的、不同于外国主流经济学的、中国版本的经济学，是在新时期创造性运用历史唯物主义和马克思经济学原理研究中国实际的、发展了的马克思主义经济学。1956年以后，由于指导思想左的错误，经济发展经历了曲折的道路，这一教训从反面证实了新民主主义经济学的科学性。同样，从党的十一届三中全会以来所实行的社会主义初级阶段的政策来看，也不难看出初级阶段理论与新民主主义理论之间历史的、逻辑的联系和理论渊源。

例如，从20世纪50年代中期到60年代初，在理论上和体制方面曾经作过一些有益的探索，在我国经济史和经济思想史上都留下了不可抹掉的重要篇章。例如，关于以经济建设为中心，保护和发展生产力的方针；关于社会主义市场及其结构的思想；关于以苏联为戒，从社会主义社会利益多元化的现状出发，按照平等互利、统筹兼顾的原则，正确处理各种经济关系的论述；关于价值规律是一个伟大的学校，必须大力发展商品生产和商品交换，实行等价交换的理论，等等。在当时的历史条件下，这些主张在理论上和体制上都向苏联的传统理论和传统体制提出了挑战，在历史上留下了闪光的一页。如果历史沿着这条路子发展，中国的面貌将大大改观。改革不能走改良主义道路，但也不是否定一切；改革包含肯定和继承，甚至对历史上的失误也应采取分析的态度，从中找出引以为戒的教训。

改革是一个伟大的实践学校，是我们在改革的实践中认识中国的经济规律的大课堂。改革也是在改革的实践中学习改革的最好教科书。我国改革是社会主义制度的自我完善，目标是要实现人民共同富裕，国力强盛。这是前无古人，今无先例的艰巨事业。外国的成功经验，应当学习借鉴，但外国的经济模式不能照搬；外国经济学的科学原理，应当吸取，但改革的指导思想绝不能让位给西方经济学。这是两个原则。无视这两个原则，改革就可能被引入歧途，俄罗斯"休克疗法"的悲剧就可能在我国重演，西方国家资本原始积累就可能在我国再现，这绝不是危言耸听。

说到我国经济学界对我国市场化改革取向的认识过程，不能不回顾一段历史。党的十 届二中全会后，经济学界在实事求是、解放思想的路线的鼓舞下，一方面批判"四人帮"的极左理论，另一方面积极探索经济体制改革。中国社会科学院经济研究所发起，邀集经济学界人士，连续召开了几十次"双周座谈会"，就经济改革问题进行了热烈的讨论。1974 年 4 月，经济所在无锡市召开了一次全国性学术讨论会，题目是《社会主义制度下价值规律的作用》，参加会议的有来自各地各界从事经济学研究和教学的人士，讨论的主题是我国经济体制改革。与会者在要不要改革这一点上都作出了肯定的回答，但对是否实行市场经济体制，主流观点则持否定和批判的态度。但是，有几位无名之辈明确主张实行"社会主义市场经济"。他们向会议提交的论文题目就是《试论社会主义市场经济》、《社会主义市场经济简析》等。他们认为，商品经济是比自然经济优越的生产和交换方式，是社会发展不可逾越的阶段，它能够适应不同层次的生产力，兼容不同性质的生产关系，商品经济就是市场经济，价值规律是生产、交换、分配的基本调节者，我国不能走资本主义道路，但绝不能越过市场经济。既然有社会主义商品生产、商品交换、市场范畴，那么，就应当承认社会主义市场经济范畴。这几篇文章收集在会议文集之中，有据可查。把我国社会主义市场经济改革和理论探索的成绩都记在新自由主义和制度学派的功劳簿上，是不符合事实的，也是不公正的。

当前，我国改革和发展正处在重要时刻。经济和社会生活中各种深层次的新的旧的矛盾都已显露。这些矛盾相互交织，相互影响，给我国社会发展埋下了深刻的隐患。在这个事关国家和民族前途和命运的问题上，需要的不只是应急的对策，更重要的是冷静思考，敢于正视矛盾，实事求是地分析矛盾产生的原因，寻求治本之策。

（原载《经济学动态》2004 年第 2 期）

改革开放开辟了中国特色社会主义道路

改革开放以来，我们党带领人民开辟了中国特色社会主义道路，形成了中国特色社会主义理论体系，这是 30 年来改革开放艰辛探索的重要历史结晶。改革开放是一场全面而深刻的革命，赋予了中国特色社会主义旺盛的生命力。实践证明，只有改革开放才能发展中国、发展社会主义、发展马克思主义。

一　改革开放：中华民族的伟大历史探索

改革开放之前，我们实行的是高度集中的计划经济。这种经济制度在建立的初期发挥了优势后，其僵化的特点逐步显现，严重抑制了经济活力和广大人民群众的积极性、主动性和创造性。1978 年，以党的十一届三中全会为标志开启的改革开放航程，实现了伟大的历史性转折。一是解放和发展生产力，开辟了拥有十几亿人口、生产力水平落后的大国摆脱贫困和实现工业化、现代化的人类发展新途径；二是调整生产关系和上层建筑各个环节，实现了经济体制的成功转轨，消除束缚生产力发展的制度障碍，走出更加符合中国国情的社会主义道路；三是应对风云变幻的国际大环境，积极融入经济全球化进程，逐步缩小了同世界先进水平的差距，赶上世界经济、科技和文化进步的时代潮流。通过 30 年的改革开放实践，当代中国已经发生了从传统社会到现代社会的深刻转型，站在了文明复兴与和平崛起的历史新起点。实现了经济起飞和产业结构升级，综合国力显著增强，人民生活明显改善，创造了举世瞩目的"中国奇迹"。

二　历史阶段：从脱离国情的赶超目标
到确立社会主义初级阶段

社会主义初级阶段就是社会主义的不发达阶段。从 1949 年到 1956 年，我国实现从新民主主义向社会主义转变，是在生产力非常落后的条件下进行的。在社会主义建设初期实践中，一方面，基于当时的国际国内环境，我们选择了高度集中的苏联计划经济体制模式，尽管这种模式在建国初期的特殊社会历史条件下，起到了一定的积极作用，但实践证明，它超越了我国生产力不发达的基本国情，最终束缚了生产力的发展。另一方面，由于我们对进入和平发展时期后的基本国情和经济发展规律认识不足，片面夸大了主观意志和主观努力的作用，一度认为可以跨越生产力不发达阶段而"跑步进入共产主义"。在随后的实践中提出了大跃进、人民公社等穷过渡方式，脱离了我国特定发展阶段的基本国情。

改革开放，是中国共产党对中国所处历史阶段的敏锐把握。邓小平同志站在改革开放的潮头，多次表达"贫穷不是社会主义"、平均主义不是社会主义，展示了一代伟人对中国社会主义历史阶段的深度认识。1984 年 6 月，邓小平同志会见中日民间人士会议的日本委员会代表时就明确阐述："社会主义是共产主义的初级阶段，共产主义的高级阶段要实行各尽所能、按需分配，这就要求社会生产力高度发展，社会物质财富极大丰富。所以社会主义阶段的最根本任务就是发展生产力，社会主义的优越性归根到底要体现在它的生产力比资本主义发展得更快一些、更高一些，并且在发展生产力的基础上不断改善人民的物质文化生活。如果说我们新中国成立以后有缺点，那就是对发展生产力有某种忽略"。显然，能否对中国国情和社会发展阶段进行全局性和总体性的准确判断，是决定改革过程中各项路线方针政策能否取得成功的根本基础。

1987 年，党的十三大系统地提出并阐述了社会主义初级阶段理论，并由此提出党在社会主义初级阶段的基本路线。社会主义初级阶段包括两层含义：第一，我国社会已经是社会主义社会，我们必须坚持而不能离开社会主义；第二，我国的社会主义社会还处在初级阶段，我们必须从这个实际出发,而不能超越这个阶段。这是我国在生产力落后、商品经济不发达的条件下建设社会主义必然要经历的特定阶段,至少需要上百年时间,都属于这个阶段。在社会主义初级阶段中,主要矛盾是人民日益增长的物质文化需要同落后的社会生产力之间的矛盾,党和国家的主要任务是发展生产力,推进社会主义现代化建设。

党的十四大、十五大、十六大和十七大在不断总结改革开放实践经验基础上,丰富和发展了关于社会主义初级阶段的理论。这个过程恰恰是提出并初步建立社会主义市场经济体制的过程。

三 目标探索:从计划经济体制 到社会主义市场经济体制

我国曾经将计划经济和社会主义、市场经济和资本主义等同起来,为此付出了沉重的历史代价。从计划经济体制到社会主义市场经济体制,我们走过了一条极其艰辛的"上下求索"之路。

我国经济理论界早在20世纪50年代就已经开始了对关于社会主义经济中价值规律和商品经济问题的讨论。孙冶方和薛暮桥等经济学家都认为价值规律是在社会主义经济中仍然发挥作用的客观经济规律,孙冶方同志就强调了"千规律、万规律,价值规律第一条"。1979年11月,邓小平会见美国和加拿大友人时说:"说市场经济只存在于资本主义社会,只有资本主义的市场经济,这肯定是不正确的。社会主义为什么不可以搞市场经济,这个不能说是资本主义。"尽管当时党内外关于社会主义商品经济的思想认识还不统一,但在实践中已经开始市场化取向的改革。在农村开始推行家庭承包经营制度,使农民成为自主经营的经济主体,逐步放开农村集贸市场和小商品市场;在城市,进行了扩大企业经营自主权、生产责任制等改革试点,开始减少国家指令性计划;设立经济特区和经济开发区等。改革开放的实践开始逐步突破传统计划经济体制的壁垒。

道路曲折,争论激烈。1982年9月,刘国光同志在《人民日报》发表文章,主张"逐步缩小指令性计划的范围,扩大指导性计划的范围",一度引来很多争议。1982年党的十二大在总结城乡改革经验的基础上提出了

"计划经济为主，市场调节为辅"的原则。尽管当时对"市场"本身的认识有很大的局限性，但是，已经开始不再排斥市场机制，明确肯定市场调节的作用。在计划管理上根据不同情况采取不同的形式，将计划分为指令性计划和指导性计划两种类型。无论是实行指令性计划还是指导性计划都要自觉利用价值规律，运用价格、税收、信贷等经济杠杆引导企业实现国家计划的要求，给企业以不同程度的自主权。企业可以根据市场供求的变化灵活地自行安排生产。这些认识都是对传统计划经济理论的突破，对打破计划经济的理论教条，推动改革开放实践继续沿着市场取向的轨道前行，发挥了积极的作用。

党的十二大后，非国有经济迅速发展，但受到了计划体制的较大束缚。国有企业尽管采取了多种改革措施，但在计划体制的束缚下，经营自主权难以落实，企业明显缺乏活力。改革开放的实践迫切要求突破"计划经济为主，市场调节为辅"的框架，进一步深化市场取向的改革。为适应经济体制改革重点由农村转向城市，明确经济发展实践中计划和市场关系的变化，1984年党的十二届三中全会通过的《中共中央关于经济体制改革的决定》（以下简称《决定》），提出了社会主义经济是在公有制基础上的有计划的商品经济。尽管商品经济并不等于市场经济，《决定》仍然强调了中国现阶段的经济是计划经济，但是，历史地看，《决定》中关于"有计划的商品经济"的论述，结合中国的具体国情，第一次肯定了我国的社会主义经济是商品经济，对我国经济体制改革向着市场化方向推进有着重要的指导意义。

随着改革开放实践的推进，我们对计划和市场关系的理解逐步加深。党的十三大提出了社会主义有计划商品经济的体制应该是计划和市场内在统一的体制，并提出新的经济运行机制总体上说应当是"国家调节市场，市场引导企业"的机制；十三届四中全会后，提出建立适应有计划商品经济发展的体制应该是计划经济与市场调节相结合的经济体制和运行机制。但是，计划和市场究竟是不是社会主义与资本主义的本质区别这个问题，全党并没有达成一致的意见。

在改革开放的紧要关头，邓小平1992年年初视察南方并发表重要谈话，对什么是社会主义、社会主义的本质以及计划和市场的关系等长期争论不已、阻碍改革开放事业推向前进的若干重大问题进行了深刻而清晰的阐述。从根本上解除了把计划经济和市场经济看作属于社会制度范畴的思想束缚，使我们在计划与市场关系问题上的认识有了新的重大突破，对统一全党的思想认识产生了重大影响。之后，党的十四大明确提出："我国经济体制改革的目标是建立社会主义市场经济体制"。1993 年 11 月，党的十四届三中全会通过了《关于建立社会主义市场经济体制若干问题的决定》，进一步勾画了社会主义市场经济体制的总体框架，提出了建立新体制的基本任务。社会主义市场经济体制目标模式的确立，解决了一个关系改革开放全局性、方向性的重大问题，实现了我国改革开放新的历史性突破，开创了中国特色社会主义建设全面推进的崭新局面。

四　基本经济制度:从单一公有制到
公有制为主体的混合所有制

所有制问题是基本经济制度问题，是社会主义理论与实践史中最重要的支点理论问题，因此注定是改革开放实践和理论探索中最为重大的前沿问题之一。新中国成立以后，受苏联模式和优先发展重工业赶超战略等因素的影响，我们单纯追求所有制形式的"先进性"，搞"一大二公三纯"，并将非公有制经济视为"资本主义的尾巴"进行排斥和限制打击，超越阶段地将单一的全民所有制作为经济模式目标，把国营企业作为生产组织形式。实践证明，这种所有制形式脱离了我国现阶段生产力总体水平较低、生产社会化程度不高和具有多层次性和不平衡性的现实，束缚了生产力的发展。

改革开放首先从体制外非国有经济的恢复和发展开始，进而推动了国有企业改革的逐步深入，在实践中丰富了我们对社会主义初级阶段所有制结构的认识，最终确立了"公有制为主体、多种所有制经济共同发展"的社会主义初级阶段的基本经济制度。

一是对公有制主体地位内涵的认识不断深化。在改革的实践中，我们逐步认识到：国有经济起主导作用，主要体现在控制力上。只要国家控制经济命脉、国有经济的控制力和竞争力得到增强，国有经济的比重减少一些，不会影响我国的社会主义性质。

二是对公有制实现形式的认识不断深化。公有制实现形式可以而且应当多样化，不仅包括国家所有制、集体所有制、合作制、股份合作制，还包括多种形式混合所有制经济中的公有制成分，一切反映社会化生产规律的经营方式和组织形式都可以大胆利用。随着改革实践的发展，我们越来越认识到股份制作为现代企业制度的主要财产组织形式，具有有利于所有权与经营权的分离和健全企业治理机制、拓宽投融资渠道、提高企业和资本运作效率等许多制度优势，是国有企业制度创新的重要方向，也是公有制经济与市场经济在微观基础上有效结合的一种重要形式，股份制应当成为公有制的主要实现形式。

三是对非公有制经济的认识实现了从"资本主义尾巴"到"社会主义市场经济的重要组成部分"的转变。对非公有制经济在社会主义经济制度中的性质、地位和作用的认识，经历了从"补充论"、"有益成分论"到"重要组成部分论"及"共同发展论"的发展过程。我们认识到，鼓励、支持和引导非公有制经济发展，绝不是权宜之计。非公有制经济对促进国民经济快速增长、扩大社会就业、优化产业结构、创造多元主体互相竞争、充满活力的体制环境、促进公有制经济的改革等作出了重大贡献，是中国特色社会主义建设的重要力量。

五　发展模式:从以阶级斗争为纲到科学发展之路

我国是一个社会主义国家，是世界最大的发展中国家，长期面临着摆脱贫困、改善人民生活和增强综合国力的艰巨任务，发展问题尤为重要。实现什么样的发展、怎样发展，是中国特色社会主义建设过程中始终不断探索的重大命题。

新中国成立以后，随着民主革命任务的完成，从1953年开始我国即进入大规模经济建设阶段，选择什么样的发展模式就成为迫切需要解决的问题。我们党提出了过渡时期总路线、社会主义改造、逐步实现国家的社会主义工业化、建设社会主义现代化强国等一系列关于发展的重要思想，努力探索符合中国国情的发展道路。但是，由于社会主义建设的经验不足，也由于特定历史背景、国际政治环境、薄弱的经济基础等客观条件的制约，我国没有正确认识基本国情和正确判断社会主要矛盾，长期执行了"以阶级斗争为纲"的指导方针，推行"无产阶级专政下继续革命"，试图通过某种革命化形式以及"一大二公三纯"的生产关系变革促进生产发展，提出并实行了"十五年超英赶美"等一些不符合经济发展规律的战略目标，以及大跃进、人民公社等超越生产力水平的发展模式和经济体制，在发展问题上走过很大的弯路，人民生活水平提高缓慢，贫穷落后的状况并没有以我们的主观意志而改变。

十一届三中全会后，党和国家的工作重心转移到了经济建设上来，制定了分"三步走"基本实现社会主义现代化的发展战略，制定了"一个中心、两个基本点"的基本路线，提出了社会主义的根本任务是解放和发展生产力、"发展才是硬道理"、"三个有利于标准"等一系列关于发展的重要思想，使我们党对社会主义建设发展规律的认识发生了飞跃，也推动了现代化建设的迅速发展。改革开放开辟了中国发展的新道路，改革开放的实践推动着中国特色社会主义发展观的不断丰富和完善。

进入21世纪后，发展环境、条件和基础都发生了深刻的变化，发展的质量要求更高。我们党进一步丰富了"三步走"战略，提出了本世纪头20年全面建设小康社会的新的发展目标，立足新世纪新阶段"两个没有变"的阶段性特征，深刻总结国内外发展经验和教训，针对当前我国经济社会发展中存在的突出矛盾和问题，提出了树立和落实以人为本、全面协调可持续的科学发展观，进一步回答了什么是发展、为什么发展、怎样发展，发展为了谁、发展依靠谁、发展成果由谁享有等重大问题，这是我们党对社会主义建设规律乃至人类发展规律的新探索，开拓了中国特色社会主义理论发展的新境界。

从"以阶级斗争为纲"到"发展是硬道理"再到"科学发展观"，我们对社会主义的发展目的、发展道路、发展阶段、发展战略、发展动力等认识随着实践不断深化。科学发展之路是改革开放以来实践经验的总结与升华，是基于我国国情和国际环境的必然选择，是促进科学发展与社会和谐、不同于发达国家传统模式的新型工业化、现代化道路。

六　对外开放：从封闭半封闭状态到开放型经济体系

近代以来，闭关锁国是中国积贫积弱和落后挨打的重要原因。新中国成立初期，我们党在总结历史教训的基础上，提出了在坚持独立自主和自力更生基础上的对外开放思想，主张"一切国家好的经验我们都要学，不管是社会主义国家的还是资本主义国家的"。但是，由于当时特殊的冷战国际形势以及随后国内"左"的思想的干扰，这些对外开放思想并没有得到很好的贯彻与实践，我国又陷入了"关起门来搞社会主义"的封闭半封闭状态。

改革开放初期，对外开放主要通过局部试点或者制定特殊政策的方式，以突破封闭型经济的桎梏。1980 年，开始设立深圳、珠海、汕头、厦门 4 个经济特区，实行优惠政策吸引外资，为随后对外开放扩大和深化以及实行市场经济起到了极大的示范效应。20 世纪 80 年代末 90 年代初，国际国内形势发生巨大变化，有关吸引外资、开放市场的争议也开始出现，但是，我们党始终坚持了对外开放的基本国策，始终将中国特色社会主义道路与经济全球化进程紧密相连。尤其是 1992 年春天邓小平南方视察谈话后，对外开放步伐大大加快，逐步形成了"经济特区—沿海开放城市—沿海经济开放区—沿江沿边开放区—内地开放城市"的全方位、宽领域、多层次的对外开放格局。

30 年的对外开放历程，顺应了经济全球化的时代潮流，抓住了历史机遇，既坚定不移地打开国门，吸收一切人类社会的优秀文明成果；同时，又坚持独立自主、自力更生的方针，有效地抵御了各种国际政治风波和经济冲击，走出了一条具有中国特色的对外开放道路。对外开放，不仅带来了国外的资金、先进的科学技术和管理经验，引进和培养了一大批熟悉国际商务规则的人才，更重要的是促进了人们思想观念的转变，推动了国内改革和经济发展。经济特区的设立、外资的引进、对外贸易的发展、对外投资规模逐步扩大、加入世界贸易组织和对外开放的制度保障不断完善，加速了国内市场的发育和社会主义市场经济体制的建设步伐，也促进了我国经济更加充分地融入全球化过程，参与并推动着国际政治经济新秩序的形成。坚定不移地推进对外开放，既是我们总结社会主义建设经验教训的重要历史结论，也是拓宽中国特色社会主义道路的强大动力。

七　指导理论：中国特色社会主义理论体系

30 年来，我们党以改革开放的实践为理论创新的源泉，在建设和发展社会主义的理论原则和实践经验中不断创新，不断总结完善，形成了包括邓小平理论、"三个代表"重要思想以及科学发展观等重大战略思想在内的不断发展中的科学理论体系，即中国特色社会主义理论体系。

创立中国特色社会主义理论，是以冲破个人崇拜和"两个凡是"开始的，这是推动改革开放实践的先声，也是创建中国特色社会主义理论的起点。1978 年召开的党的十一届三中全会，毅然把党和国家的工作重心转移到经济建设上来，作出了实行改革开放的伟大决策，"一个中心、两个基本点"的社会主义初级阶段基本路线的思想开始萌芽。党的十二大，邓小平正式提出"把马克思主义的普遍真理同我国的具体实际结合起来，走自己的道路，建设有中国特色的社会主义"的思想，举起了中国特色社会主义的伟大旗帜。这是在启动改革开放历史航程后，在中国如何建设社会主义的一次极其重要的思想升华，促进了改革开放启程阶段的思想解放，推动了理论创新。在改革开放实践与思想解放的浪潮中，党的十二届三中全会作出《关于经济体制改革的决定》，突破计划经济的传统理论，提出我国社会主义经济是公有制基础上有计划的商品经济，市场取向的改革渐趋鲜明，为改革开放深入推进提供了理论指导，中国特色社会主义理论开始初见雏形。

中国特色社会主义理论旗帜一经举起，就与改革开放的实践推进过程联为一体，互相促进。随着改革开放的深入，党的第二代领导集体不断丰富中国特色社会主义的理论内涵，先后创立了社会主义初级阶段理论、党在社会主义初级阶段的基本路线、"三个有利于"标准、社会主义市场经济等理论，形成了以邓小平理论为标志的中国特色社会主义理论，成为全党全社会的指导思想。

实践永无止境，理论创新必然与时俱进。随着经济体制变革，多种经济成分发展，社会关系深刻变化，以江泽民同志为核心的党的第三代中央领导集体，在深刻认识改革开放趋势和国内、国际政治经济发展变化的基础上，创立了"三个代表"重要思想，为加强和改善党在改革开放历史时期的建设、更好地带领全国人民走中国特色社会主义道路提供了理论武器。党的十六大以后，面对改革开放进入新的历史阶段后面临的城乡关系、区域关系、经济社会发展关系等重大关系出现的新情况、新矛盾，面对资源、环境、民生等领域显露的某些问题，以胡锦涛同志为总书记的党中央，顺应国内外形势发展变化，继续推进改革发展和理论创新，提出了科学发展观的重大战略思想，进一步发展了中国特色社会主义理论。

中国特色社会主义理论的形成和发展，是中国共产党继民主革命胜利以来，在改革开放中把马克思主义同中国实际相结合实现的第二次历史性飞跃。中国特色社会主义理论"坚持和发展了马克思列宁主义、毛泽东思想、凝结了几代中国共产党人带领人民不懈探索实践的智慧和心血，是马克思主义中国化最新成果，是党最可宝贵的政治和精神财富，是全国各族人民团结奋斗的共同思想基础"。

（本文摘编于国家发展改革委经济体制综合改革司和经济体制与管理研究所合作研究报告《改革开放三十年：从历史走向未来》第五部分，该研究报告负责人：孔泾源、聂高民）

当前经济学界争议的若干问题

十年前那场关于"实践是检验真理的唯一标准"的讨论，揭开了中国近代思想史上又一次伟大革命的序幕，迎来了中国哲学社会科学百花争艳的春天。改革开放和以经济建设为中心，又为中国经济学者施展才智提供了广阔的舞台。这十年是中国经济学界思想大解放的十年，是大争鸣、大繁荣、大发展的十年。它确立了"实事求是，解放思想"的思想路线的指导地位，把广大经济学者从长期禁锢人们思想的"凡是"束缚中解放了出来；推动了有中国特色的社会主义经济理论的创立和发展，冲破了僵化的教条主义统治；造就了一批有作为的经济学者的成长。

近十年来，中国经济学界空前活跃，讨论的问题之多、范围之广、程度之深，都是前所未有的。这里只能就一些热点、难点问题，作一概要的介绍，仅供参考。

一　关于"经济学"与"政治经济学"是否两门不同学科？

在批判传统政治经济学理论观点中，提出了理论体系整体创新问题。有的学者认为，首先应该把经济学与政治经济学区分开来，这是两门不同的学科；经济学是最基本的基础性理论学科，它的原理具有普遍适用性、无阶级性；政治经济学则是既讲政治，又讲经济，既讲生产，又讲革命的政治性学科，是经济学中派生出的一个学派或学科，即马克思主义经济学。

另有些学者则认为，上述看法是常识性的错误。政治经济学和经济学原本是同一学科不同称谓。政治经济学作为一门独立的学科，是近代资本主义发展的产物。"政治经济学"这个名称的发明权并不属于马克思。早在1615年法国重商主义者蒙克来田发表了一本题为《献给国王和王太后的政治经济学》著作。1817年出版了李嘉图的《政治经济学及赋税原理》。

1819 年出版了西斯蒙第的《政治经济学新原理》。可见，西方经济学的创始人和奠基人都把这门学科称之为"政治经济学"。

西方流行的教科书，政治经济学与经济学也是通用的。1848 年出版的约翰·穆勒的教科书书名为《政治经济学原理》，1890 年出版的马歇尔的教科书书名为《经济学原理》，称"政治经济学或经济学是一门研究生活事务的学问"。西方权威的《新帕尔格雷夫经济学大辞典》，初版原名为《政治经济学辞典》。

马克思的经济学巨著《资本论》，副标题是"政治经济学批判"，正是批判资产阶级古典经济学和庸俗经济学的。

可见，政治经济学或经济学仅仅是称谓之别。把政治经济学排斥在理论经济学基础学科之外，认为它具有政治性、非科学性；认为经济学属于基本理论，并由此作出结论：用现代西方经济学取代马克思主义政治经济学。这是关乎争论的要害问题。

二　关于经济学研究对象

由于自然界和人类社会的复杂性、多样性，而人类认识客观世界的能力却具有局限性。人类为了自身的生存和发展，在认识和改造世界过程中都只能把客观世界的某一方面作为研究的对象，由此产生了种类繁多的学科。每门学科都以客观世界的特定领域作为自己的研究对象而相互区别。

关于经济学研究对象，近十多年随着西方经济学的传播，有不少人把它界定为"研究资源配置优化的科学"。理由是资源是人类赖以生存和发展的基础，而资源并非取之不竭，资源具有稀缺性。经济学就是研究如何优化稀缺资源的配置；生产关系是政治学研究的对象。有人不同意这种观点，认为没有必要放弃恩格斯在《反杜林论》中给政治经济学研究对象所下的定义，即政治经济学是研究物质资料生产、交换、分配规律的科学。它不是研究人与自然的关系，而是研究生产和再生产过程中人与人之间的关系。把资源配置划入经济学的研究对象是不恰当的。首先，从广义上讲，认识自然，利用和改造自然，是人类赖以生存和发展的基础。归根结底，任何学科都是直接或间接为这个根本目的服务的。从这个意义上说，资源的利用、配置、保护、开发，是各个学科研究的共同课题。区别在于各个学科研究的角度、领域、具体的对象不同，关联度有直接和间接之别。把资源配置界定为经济学的研究对象忽视了经济学这个学科的特殊性，任何学科如果失去了自己的个性，也就失去了存在的价值。其次，上述看法混淆了经济学与资源配置学、经济地理学、生产力经济学的区别。后三种学科都是具体研究资源配置的学科，探索人与自然的关系。经济学则是研究资源配置过程中人们之间的相互关系，分析社会生产关系对资源配置的作用，探索如何通过人们之间的相互关系促进资源配置优化。因为任何个人都不可能离群索居。人们的经济活动在任何条件下都具有社会性质。社会分工把人们联结成相互联系、相互依存的有机整体。人们之间除了共同利益之外，还有各自的特殊利益。这种利益的差别和对立导致人们之间的矛盾、冲突、对抗。研究资源配置不能见物不见人，不能只讲人与自然的关系，经济学正是研究生产关系规律的科学。再其次，把经济学研究对象界定为研究资源配置，这不是理论进步，而是倒退。亚当·斯密、李嘉图创立了劳动创造价值的学说，标志着经济学作为一门科学的诞生。在古典经济学之后，出现了所谓庸俗经济学，他们放弃了古典经济学的科学成分，把经济学研究领域从社会生产关系转移到人与自然关系，以资源配置为研究对象，导致经济学走上歧路。但是，若干年来，由于理论上的教条主义和政治上左的错误，我们在理解和运用马克思主义经济学上走到了另一个极端：一方面把研究社会生产关系等同于以阶级斗争为纲，另一方面又把优化资源配置完全排斥在经济学研究视野之外。这同样窒息了经济学的生命力。

三　关于如何恰当地评价马克思主义经济学在当代的地位和作用？

马克思主义经济学自《资本论》问世以来，在当代遇到了前所未有的挑战：一是发达的资本主义国家，战后尽管经历了多次衰退、滞胀的困扰，但由于经济体制不断调整和改革，经济结构不断升级，经济以前所未有的速度和规模发展，显示了资本主义作为一种社会经济制度的顽强生命力。马克思一百多年前就宣称：资本主义制度的丧钟已经敲响！剥夺者被剥夺！

但是，纵观当今西方国家没有一国出现革命的形势和情势。第二，战后，社会主义制度越出苏联一国范围，形成世界社会主义体系。社会主义国家的经济建设有过光辉的成就，但近几十年它在经济、科学、文教等方面的发展与西方国家的差距却在拉大，特别是 80 年代末期开始，苏联东欧国家相继解体，恢复了资本主义制度。剩下的几个国家面临着"红旗还能打多久"的严峻挑战。第三，新技术革命的兴起，把科学、技术在经济发展中的作用提到前所未有的高度，推动了产业结构的深刻变革，把时代引入信息化、知识化的新时代。马克思经济学说的一些基本原理，例如劳动创造价值的原理是否还适用？

在这种形势下，马克思主义经济学说是否还能继续充当我们的指导思想的理论基础？它的基本原理和理论体系是否已经过时？有些人持否定观点。他们认为，苏东解体和中国放弃计划经济都表明马克思主义陷入了空前危机，我们不应当抱残守缺。有人甚至说，学习马列是错误，浪费时光。有的人则间接地否定马列主义。

有的人则持相反观念。他们认为，马克思主义作为一门科学并没有过时，它的基本原理经受了历史的考验；当今西方国家学术界依然把马克思看作是一位伟大学者，把他创立的经济学看作是一个重要学派，不少高校开设《资本论》课程；当然，马克思主义作为一门科学，它也应随着时代发展和变化而不断地发展、充实、修正，它的某些原理也有不完善甚至过时的；至于社会主义建设中出现的失误，只能归罪于"歪嘴和尚念经"，说到苏东解体则是内部和外部复杂的原因造成的，并不能证明马克思主义过时；西方发达国家的战后发展，并不表明资本主义制度的基本矛盾已经消除，而是这些国家的政党不断地调整政策，缓解了社会经济中的矛盾。

当前，我国是仅存的几个坚守社会主义的国家之一，我们要勇敢地迎接挑战，抛弃僵化的苏联教条，创立和完善有中国特色的社会主义经济理论。

四　如何评价现代西方经济学？

过去，我们对自凯恩斯主义以来的西方现代经济学采取全盘否定态度，把它斥之为庸俗经济学，是为垄断资产阶级服务的工具。这是非科学的简单化的。正确的态度应当是一分为二，一方面既要看清它的政治背景，认识到它为巩固资本主义服务、为资本主义辩护的一面，另一方面也要承认它有科学的成分，它的某些原理揭示了社会化大生产的普遍规律，对我们搞市场经济有一定的借鉴意义。但是，不能全盘照搬，不能作为改革和建设的指导思想。

学术界出现一种倾向：盲目推崇，全盘照搬。有人认为，西方现代经济学是人类智慧的结晶，对人类社会发展作了重要贡献；认为既然我们搞市场经济，就只能学习西方经济学。有人信奉新自由主义，神化市场，鼓吹市场万能说，认为市场本身就可以实现资源配置优化。他们忘记了西方国家经济发展的历史和现状，避而不谈经济学讲到市场功能时所强调的前提条件。又如，有人贩卖科斯理论，用科斯产权理论指导国有企业改革。科斯认为，只要交易成本为零，只要产权明晰，以私有制为基础的市场会自动地实现资源配置最优。科斯理论在西方经济学界和法学界都是有争论的，他不过是个幸运儿。再如，关于"休克疗法"，这是哈佛大学一位年轻教授萨克斯为苏东国家改革开的药方。这剂药方在理论上是违反经济学常识的，在实践上是行不通的，事实上已破产，俄国休克至今还没有苏醒过来。

出路何在？立足于中国国情，继承马克思主义经济学基本原理，借鉴西方经济学的科学成分，创立中国的经济学。

五　如何恰当地评价原有的计划经济体制？

原有的经济体制是改革的对象。为什么要改？为什么要大改？就因为它有弊端，不改，死路一条。但究竟如何评价旧的经济体制？

一种看法，认为应当全盘否定，计划经济本身就是乌托邦，造成普遍贫困，生产力停滞，有百害无一利。

另一种看法，认为对原体制不能不作历史的全面分析，采取全盘否定的态度。不能把计划经济当作筐，什么脏物都往里头装。计划经济体制是特殊历史条件的产物，它有过巨大功绩、辉煌成就；西方国家的宏观调控政策并未完全排斥计划；中国改革前除恢复时期和"一五"前期外，并未实行计划经济；改革原体制的原因主要有四个：所有制单一，排斥市场，政经合一，分配上平均主义。全盘否定的态度不利于改革，动摇民心。

六　关于市场经济姓氏之争

社会主义与市场关系的争论由来已久。经典作家早期对市场持否定态度。在社会主义由理论变为实践后，经历了否定—肯定的变化。到斯大林时代，他实际上是半计划半市场派。毛泽东的观点也经历肯定—半否定—全盘否定的变化过程。

改革以来，学术界的认识是随着改革实践的发展逐步深化、提高，其间有过反复。主张实行社会主义市场经济的观点在十四届三中全会前并非主流派。主流派观点是主张实行计划经济与市场调节相结合，计划经济为主，市场调节为辅。

在明确了社会主义市场经济体制后，学术界仍有争议。一种认为，市场本身不可能实现优化资源配置。西方经济学家提出市场实现资源配置优化，是有条件的，即完全充分的自由竞争。但这个假设前提从来就不存在。现实的市场都是由政府实行宏观调控的。即使如此，经济运行仍不能摆脱周期性衰退、危机，甚至战争。

还有一个分歧，就是"社会主义市场经济"这一范畴能否成立。有人认为，市场经济既然没有姓资姓社问题，就不存在什么"社会主义市场经济"，否则又回到原来的争论。另一种看法，认为市场经济是理论上的抽象，在现实生活中它总是依附于、存在于特定的社会制度之中，如同"人"这个抽象概念一样。

七　关于什么是社会主义（社会主义本质特征）

社会主义作为一种取代资本主义的社会制度，它的基本经济特征是公共占有生产资料，按劳分配，计划调节，其中公有制是基础，马克思在创立科学社会主义理论时，是依据社会化生产力和资本主义发展趋势作出上述推论的。马克思强调，实现社会主义要讲条件。

但是，新中国成立后由于受"左"的思想支配，提出"晚过渡不如早过渡，富过渡不如穷过渡"的谬论，放弃了适合国情的新民主主义理论，过早过快地宣布"基本上建成社会主义制度"，形成一大二公的一统天下。结果，走到了反面，引起一平二穷的恶果。邓小平总结了历史教训，提出："社会主义本质，是解放生产力，发展生产力，消灭剥削，消除两极分化，最终达到共同富裕。"① 这是对社会主义最全面、最准确、最科学的概括。

经济学界对邓小平的这一论断有不同的看法：

"发展生产力是社会主义本质特征"。

"所有制是手段，发展生产力才是目的"。

"公有制、国有制不是社会主义"。

"公平就是社会主义"，"社会主义是'八宝饭'"。

"人类社会发展趋同，没有什么社会主义与资本主义的区别"。甚至认为"西方国家的股份制就是社会主义"。

八　关于中国改革能否走全盘私有化的道路？

中国经济改革的方向和目标是什么？是坚持走有中国特色的社会主义道路，还是实行全面私有化？学术界公开鼓吹全面私有化的人不多，但作为一种思潮，影响是很广泛的。间接地变相地鼓吹私有化，大有人在。有人在"明晰产权"、"硬化财务约束"的旗号下，主张将全部国有资产"量化到个人"；有人主张国有经济从一切经营性竞争性领域中退出去；有人认为，国有经济与市场经济不相容，要搞市场经济就得取消国有经济。

中国处在社会主义初级阶段，生产力状况决定了现阶段必须实行多种所有制长期并存、共同发展的所有制结构。但是，必须坚持公有制为主体，国有经济为主导。作出这种选择，并不单纯是处于意识形态的考虑，而是由客观条件决定的。从国内条件看，全面私有化绝不能将广大劳动群众引上共同富裕之路，最终只能培育出一个官僚、买办、资产阶级；这个新生资产阶级具有腐朽、寄生的特性，不可能承担实现国强民富的重任。从国际条件看，西方列强绝不允许中国走独立发展资本主义的道路，中国一旦搞全面私

---

① 《邓小平文选》第三卷，人民出版社 1993 年版，第 373 页。

有化，经济上必然沦为西方的销售市场、原料产地和廉价劳动力的供应地，政治上必然沦为"二等公民"！决不能让苏联解体的悲剧在中国重演！

九　关于国有企业改革

国有企业改革是决定体制改革事业成败的关键。二十多年来，国有企业改革至今没有取得实质性的进展。学术界争议较多。

什么是国有企业改革的关键？一种看法，认为产权明晰是国有企业改革的关键。理由是全民所有制产权模糊，所有者权益不到位，无人负责。至于如何明晰？有的主张量化到个人，有的主张资产人格化，经营者有产权，有的主张二者合一。另一种看法，认为产权市场化是关键。原来的产权关系与市场经济是对立的。既然实行市场经济，国有经济的产权形式、结构就应当按照市场经济的要求进行改革。"产权明晰"是个模糊的不确定的概念。还有种看法，认为政企分治是国有企业改革的关键，认为政企合一是旧体制产生诸多弊端的根源。还有一种看法，为企业创造一个平等、公平的竞争市场环境，才是国有企业改革的关键。理由是国有企业没有活力就因为没有这样的竞争环境。此外，认为收缩战线是国有经济改革的关键。国有企业战线过长，摊子过大，包袱太重，应当给非国有经济让出阵地，退出竞争性行业。

怎样改？相当多的学者主张大中型国有企业实行现代企业制度，企业制度是社会化大生产的产物。早期企业是独资、家族管理的组织形式。随着市场化、现代化的发展，出现了股份有限公司和有限责任公司的组织形式。这种称之为现代企业制度，主要特点：产权多元化；所有权与经营权分离；管理制度化。这种企业制度与现代社会化生产力、与现代市场经济相适应，具有普遍意义。但是，有的学者认为，不能照搬。中国国情和文化传统与西方不同，中国社会制度不同。目前不具备实行现代企业制度的条件。

改革步骤，有的主张从改制入手，一切问题就迎刃而解。有的主张先解困、剥离，同时创造必要的外部环境，即先挖渠放水，后投放鱼苗。

十　关于分配问题

收入分配是与人们切身利益息息相关的大问题。公平与效率关系，一种主张效率优先，兼顾公平。另一种主张二者兼顾。

要素参与分配。有人认为要素创造价值，理应有所得。有的认为，要素参与分配是基于资源的稀缺性，并非创造价值。这个问题涉及一百多年来争论不休的价值创造的老话题。

十一　关于社会主义制度下劳动力是否是商品

在资本主义经济中，劳动力与其他生产要素一样都是商品。在社会主义公有经济中，劳动者是生产资料的共同占有者，劳动力不具有商品属性。实行市场经济，既然劳动力也是一种资源，应当也是商品。否则，优化资源配置便成空话，市场体系便残缺不全。

不同意这种观点的，两种看法，一种认为承认劳动力是商品，就否定了社会主义公有制。另一种观点认为，应当把劳动者与劳动力区别开来，劳动力作为生产要素具有商品属性。劳动者的主人翁地位不应否定。

十二　关于通货膨胀对经济增长的影响

所谓通货膨胀，是指由于货币超经济发行引起物价上涨这种现象。现在人们一般把它与物价涨幅看作一回事。通货膨胀可分为温和的低通胀；适度的、可承受的通胀；严重的、恶性通货膨胀。

改革物价体制，隐型通胀必然转化为显性通胀，物价总水平随之提高。但也有人认为只会出现结构性调整，总水平不会提高。

通货膨胀对经济究竟有害还是有益？"有益无害论"者认为，有利于经济快速增长，不怕快只怕慢。反对者则认为，有百害无一利。一是造成市场信号扭曲，投机资本猖獗，引起经济泡沫；二是对群众变相增税，降低实际收入；三是不利于经济稳定发展；四是不利于深化改革；五是一旦失控，会演变成恶性通胀。

（本文是作者在中国社会科学院 1989 年 12 月召开的学术研讨会上的发言提纲）

1978—2020 年中国经济发展的回顾和展望

从 1978 年以来，中国经济运行的机制、经济发展的态势、格局，发生了深刻的重大变化，中国社会主义现代化建设取得了巨大的成就。回顾这段路程，我们十分喜悦展望未来，充满了胜利的信心。

一 改革以来中国经济发展态势的变化

（一）由长期停滞状态经过不稳定的高速增长期，进入实现持续、稳步、高速增长的新阶段，中国经济增长和发展日渐成熟

1949 年新中国建立后，我们用三年时间恢复了遭到长期战争破坏的国民经济，"一五"的实施为中国工业化奠定了初步基础。但是，从 50 年代后期开始，由于放弃了"以经济建设为中心"的正确方针，现代化建设受到"以阶级斗争为纲"的冲击，以致"十年动乱"把国民经济推到崩溃的边缘。"文化大革命"十年人口增加近两亿，人均国民收入年递增 1.9%，1976 年比 1966 年增加 45 元；年国民生产总值三次负增长，1976 年下降6.3%；人均粮食产量低于 1957 年，其他农副产品减产；城镇失业人口达两千多万人；国库空虚，国民经济比例关系严重失调。粉碎"四人帮"后，当务之急本应进行国民经济恢复和调整，但却提出了不切实际的"组织新的跃进，加快实现四个现代化"：一是 1980 年基本实现全国农业机械化和每个农业人口一亩稳产高产田；二是拟定《1976—1985 年发展国民经济十年规划纲要》，提出建设 120 个大型项目，其中有：十大钢铁基地、九大有色金属基地、八大煤炭基地、十大油气田、三十个大电站、六条铁路新干线、五个港口。这样的规模和速度，当时无论在财力、物力、人力等方面都是难以承受的。这次"洋跃进"加剧了经济危机。

1978 年 12 月中共十一届三中全会确立了"实事求是，解放思想"的路线，开始清理经济建设指导思想上左的错误，提出了今后中国建设要走一条速度不那么快、效益比较好、人民能得到较多实惠的新路。1979 年 4 月又提出了用三年时间恢复和调整国民经济，首先集中力量促进农业生产的发展，加快轻工业和基础产业的增长，提高城乡人民的生活水平；同时提出了以调整促改革、在改革中实现调整的方针。从此，中国经济步入了快车道。

1979—1994 年，这一时期经济增长的年均递增速度达到 9.5%。在中国经济史上是前所未有的，在世界上不多见。但是，这一时期并未实现相对均衡增长。最高的年份达到 13.4%（1992 年），最低年份仅为 4.1%（1990年）。其间，出现过三次经济过热，不得不被迫进行调整。1983 年增长10.4%，1984 年增长 14.7%，1985 年增长 12.8%。连续三年两位数的超高速增长超过了经济承受力，引起通货膨胀上升，1985 年膨胀率达到 8.8%，这是改革以来第一个高峰值。1986 年提出"压缩空气"、"软着陆"，当年GDP 增长降到 8.1%。但是，调整尚未完成，随后两年又出现高速扩张势头。1987 年为 10.9%，1988 年为 11.3%，结果引发高通货膨胀，1988 年膨胀率为18.5%，1989 年为 17.8%，不得不进行大调整，实行全面紧缩。1989—1991年再次调整，物价涨幅 1990 年为 2.1%，1991 年为 2.9%，1992 年为 5.4%，但 GDP 增长大幅下降，1989 年为 4.4%，1990 年为 4.1%，1991 年为 8.2%。这是一次不成功的"硬着陆"，表明中国经济还没有步入良性循环。

1992 年下半年，中国经济再度过热，出现了"四热"：房地产热、开发区热、集资热、股票热；"四高"：高投资、工业高增长、货币发行和信贷高投放、高物价；"四紧"：交通运输紧、能源紧、重要原材料紧、资金紧；"一乱"：经济秩序特别是金融秩序混乱。面对如此严峻的经济形势，如果任其发展，将导致大起大落；如果采取全面紧缩的措施，也将导致再次"硬着陆"。中国政府吸取历史的经验和教训，及时地果断地采取了一系列强化宏观调控的措施，排除干扰，顶住压力，经过三年努力，终于实现了"软着陆"，即在控制通货膨胀率，降低物价涨幅的同时，使经济增长速度保持在适度的区间。从 1993 年下半年以来，经济增长平均每年回落一个百分点，1996 年为 9.7%；物价回落了 15.7 个百分点，1996 年为 6.2%。

多年来我们孜孜以求的良性循环将可能成为现实。"软着陆"能够实现，究其原因，中国政府及时果断地出台了宏观调控措施，有效地控制了扩张和膨胀的势头；实行适度从紧的财政和货币政策，控制总需求膨胀，抑制通货膨胀；把握调控力度，适时微调；把加强宏观调控与深化改革结合起来。中国经济成功地实现了"软着陆"，表明中国政府驾驭市场的本领大大增强，中国经济运行日渐成熟。

（二）产业结构经过调整和变革，逐步趋向合理化

1979—1982年，在经济恢复和调整时期，着重对产业结构进行了全面调整，初步改变了在"以钢为纲"和"以粮为纲"的发展模式下形成的扭曲的产业结构。首先集中力量促进农业和农村经济的恢复和发展，努力保证轻工业增产，调整重工业服务方向，稳定能源生产，压缩基本建设投资规模，农业总产值年均递增7.5%，农业的比重由24.8%上升到29.9%；轻工业年均递增11.8%，轻工业的比重超过了重工业，达到35.2%。农、轻、重的比例形成"三三制"的格局。积累率由36.5%下降到29%。基建规模与国力大体适应。

农业的基础地位增强。农业的发展保证了人民生活水平和经济发展对农产品不断增长的需要。农业总产值由1978年的1397亿元增加到1996年的2.34万亿元；主要农副产品的产量大幅度增长，其中粮食产量由1978年30477万吨增加到1996年的49000万吨，增长了60.7%；油料由512.8万吨增加到2200万吨，增长了3.29倍；棉花由216.7万吨增加到420万吨，增长了近1倍；水果由657万吨增加到4750万吨，增长了近6倍；肉类产量由856.3万吨增加到5800万吨，增加了5.7倍；水产品由466万吨增加到2800万吨，增长了5倍。农业的技术装备水平提高，农业现代化进一步发展。农业机械总动力由11750万千瓦增加到38810万千瓦，增长了2.3倍；大中型农用拖拉机由557358台增加到68万台；农村用电量253.1亿千瓦时上升到1834亿千瓦时，增长了6.2倍；农田有效灌溉面积4.4千万公顷增加到5000万公顷。在计划经济体制下长期实行的农副产品统购统销制度已经取消，城镇定量配给制度已被自由选购所代替。

基础产业发展加快，"瓶颈"制约缓解。国家增加了能源、交通运输、

原材料、通信等基础产业的投资，加快了这些行业的发展。铁路营业里程
1978 年 4.86 万公里，1996 年增加到 6.4 万公里，其中电气化铁路突破 1 万
公里；公路里程由 89.02 万公里增加到 118.6 万公里，其中，高速公路实现
了零的突破，1996 年年底达到 3422 公里；民用航空航线里程由 14.89 万公
里增加到 112.8961 万公里。能源生产总量从 6.2770 亿吨标准煤增加到 12.6
亿吨，其中：原煤 13.8 亿吨，原油 1.58 亿吨；发电量由 2566 亿千瓦时增
加到 10750 亿千瓦时；邮电业务总量由 11.65 亿元增加到 1335 亿元，全国
城乡电话交换机容量由 410.88 万门增加到 10864 万门，实现了所有的乡镇
通电话，移动电话和计算机互联网等业务迅速开展。长期制约国民经济发
展的"瓶颈"已经缓解，国民经济持续快速发展的后劲大大增强。

　　乡镇企业的兴起为我国农村工业化和现代化开辟了一条新路，总产值
由 1978 年的 493.1 亿元增加到 1995 年的 68915.2 亿元，增长 139.75 倍，已
经成为国民经济重要生力军。其中，乡镇工业总产值占全部工业总产值的
42.37%，增加值占全部工业增加值的 45.51%，实现利润占全部工业实现
利润的 44.3%。目前，乡镇企业已占据国民经济的半壁江山。

　　形成了支柱产业，扶持了新经济增长点。随着市场化改革的进展，市
场体系的发育和市场全面开放，建筑业、房地产业、科技产业、军事工业
等纷纷进入市场，不再靠财政"吃大锅饭"。有的正在成长为国民经济的支
柱，有的成为推动国民经济持续快速发展的新增长点。

　　技术构成进一步提高，与发达国家的差距有所缩小。机电工业是为国
民经济各部门提供技术装备的产业部门。目前主要机电产品有 1/3 达到国
际 80 年代初水平，5% 达到国际先进水平。钢铁工业连铸已达到 53%。大
中型企业的关键设备已有 15% 达到国际先进水平，中国产业的国际竞争力
显著提高。目前工业制成品出口额的比重已提高到 85.6%。

　　中国经济正进入全面工业化和现代化的阶段，以加快重化工业和高新
技术发展为标志的结构升级过程已开始，结构变化呈现一次产业比重下降、
二次产业继续上升、第三产业逐步提高的趋势。目前，三者的比例大致为
20.5∶48.3∶31.2。

（三）综合国力增强，主要工农业产品产量跃居世界前列

　　1996 年国内生产总值 67795 亿元，1978 年为 3588.1 亿元，1995 年就提

前五年实现了翻两番。按当年汇率折算为 8180 亿美元，经济总量居世界第七位，仅次于美国、日本、德国、法国、意大利、英国。主要工农业产品产量名列前茅：煤 13.8 亿吨，居世界第一位；水泥 4.9 亿吨，居第一位；钢 1.01 亿吨，居第二位；发电量 10750 亿千瓦时，居第二位；原油 1.58 亿吨，居第五位；谷物 49000 万吨，居第一位；肉类 5800 万吨，居第一位。中国已成为彩电、电冰箱等家用电器最多生产国，生产能力和产量均居世界之首。

（四）经济市场化程度大大提高，市场机制的作用日趋强化

中国改革一直坚持实现社会主义与市场经济的结合，发挥市场在宏观调控下配置资源的基础作用。目前商品市场价格已实现了由双轨制到单轨制的过渡，计划定价已基本上被市场价所取代。由市场供求形成的价格，在社会消费零售总额中已占 92.8%，生产资料占 85.3%，农副产品占 83.4%。

在计划经济中形成的卖方市场已成历史，买方市场开始形成并有序地发展。尽管社会消费品零售总额每年均以 10% 以上的速度增长，但凭证供应制度还是取消了。据统计，今年上半年，在 609 种重要商品中，供不应求的只有 32 种，占 5.3%，其余商品为供过于求和供求平衡。一个稳定的繁荣的买方市场已展现在我们面前。这是市场化改革取得重大进展的一个标志。

在产品市场发育日渐成熟的同时，金融、技术、信息、劳动力、土地等要素市场发育加快，国债、股票和期货交易市场逐步走向规范。政府陆续制定和颁布了公司法、破产法、预算法、银行法、反不正当竞争法、合同法、票据法、外贸法、消费者权益保护法等法律法规。这标志着社会主义市场经济的法律体系建设取得了重大进展。

宏观管理体制的改革取得了重大进展，和市场经济相适应的宏观调控体系正在逐步建立和完善。财政包干体制已被分税制取代；中央银行的功能进一步加强，专业银行走上了商业化的轨道；成功地实现了汇率并轨，实现了人民币经常项目可兑换等。

（五）全方位对外开放的格局已经形成，中国经济正在逐步融入世界经济体系

1978 年以来，中国政府彻底打破了经济封闭状态，把对外开放列为基本国策。迄今为止全方位、多层次、多渠道、多形式的对外开放格局已基本形成。

对外贸易以高于国民生产增长的速度迅猛发展，成为推动现代化建设的重要因素。1978 年进出口总额 206 亿美元，1996 年增加到 2890 亿美元，增长了 14 倍，占国内生产总值的 40%，在世界贸易中排名由第 32 位上升到第 11 位；国家外汇储备突破千亿美元，国家的国际支付能力大大增强；实际利用外商直接投资累计近 2000 亿美元，引进外资数量连续四年稳居世界第二位。

经政府批准设立的外资企业已逾 29 万家，吸收就业人员 1700 多万人，上交税金占全部工商税收的 1/10。

近 20 年来我国外贸经济体制改革取得了重大进展：顺利完成了汇率并轨，实现了经常项目下人民币可兑换；政府取消了对外贸企业的财政补贴，外贸全行业实行自负盈亏；进出口配额和许可证的范围大大缩小，进口关税已降到 23%；统一了内外资企业所得税税率、流转税税率；开放领域进一步拓宽，零售商业、金融保险业已逐步对外商开放。

（六）人民生活普遍提高，实现了由温饱向小康的飞跃

改革十几年给全国人民带来了巨大的实惠。尽管其间出现过高通货膨胀，但从总体上说，这十几年是新中国成立以来人民收入增加最多、生活水平提高最快的年份。城镇居民人均生活费收入 1978 年 316 元，1996 年增加到 4377 元，增长 13.8 倍；农民人均纯收入由 133.6 元增加到 1926 元，增长 14.4 倍；职工平均工资由 615 元上升到 6210 元，增长 10 倍。城乡居民储蓄余额由 210.6 亿元猛增到 38521 亿元，净增 38310.4 亿元，人均储蓄存款余额由 22 元增加到 3200 元。人民生活质量普遍提高，恩格尔系数已降至 48.6%，社会商品零售总额由 1158.6 亿元增加到 24614 亿元，增加 21.2 倍。人均居住面积，农村由 8.1 平方米增加到 21.7 平方米，城市由 3.6 平方米增加到 8.94 平方米。教育、文化事业取得很大进展。社会福利和社会保障事业稳步前进。1978 年年收入 100 元以下的人所占的比重为 35.37%。全国贫困人口现在已减少到 6500 万人，占总人口 8.4%。国家力争在本世纪末使这 6500 万人口彻底脱贫。

中国经济近 19 年快速增长为实施第三步战略目标即下世纪中期赶上中等发达国家水平奠定了坚实的基础。

二　未来 20 年中国经济发展展望

（一）中国经济继续保持快速平稳地增长

根据中国政府 2010 年远景目标纲要，我们预测，到 2020 年国民生产总值按 1990 年不变价格计算，将达到 198000 亿元，比 1995 年增长 6.07 倍，年均增长 7.5%。居世界第三位，仅次于美国、日本。如果按国际货币基金组织 1990 年的购买力平价（1 美元 = 1.2 人民币元）折算，中国 GDP 将为 165000 亿美元，中国经济总量可能超过美国，居世界第一位。但人均 GDP 仍较低。按 1990 年汇率（1 美元 = 5.2 人民币元）折算，2020 年人均 GDP 为 2600 美元，仍未超过中下等水平。如果按购买力平价计算，则可能超过 1 万美元。但我们认为，按购买力平价计算不尽合理。

（二）较高投资率仍将是推动经济快速增长的重要因素

改革以来，中国经济高速增长受益于资本投入。过去 18 年，资本投入对增长的贡献率约 46.86%。中国一直保持着世界上罕见的高投资率。根据国家统计局的资料，1978 年投资率为 38%，1984 年为 34.4%，1985 年为 37.8%，1993 年为 43.4%，1995 年为 40.5%。据世界银行的资料，1993 年世界投资率平均仅为 21.6%。中国高投资率这一态势仍将继续保持，今后可能在 30%—34% 区间波动。中国能够在不压低消费的条件下保持高投资率，主要是政府坚持放开所有制，实行多种经济成分并存，投资主体多元化。其次是受益于居民高储蓄率。1996 年，全社会固定资产投资总额为 23660 亿元，其中国有经济占 52.2%，集体经济占 14.7%，居民个人投资占 14%，其他经济成分占 18.9%。今后非公有经济投资将会以更快的速度增长。城乡居民储蓄存款余额一直以两位数的速度增加。1992 年比上年增长 26.7%，1993 年增长 31.6%，1994 年增长 41.5%，1995 年增长 37.8%，1996 年增长 29.6%。这种高增长态势今后还会持续若干年，特别要强调的是随着投资体制改革深化投资效率将会逐步提高。

（三）居民消费水平提高和消费结构升级，为市场扩容，从而为生产持续快速发展提供了强大的动力

改革 19 年以来，城乡居民消费以前所未有的速度提高，中国国内市场的潜能开始得到发挥。这是中国经济快速增长的巨大源泉。1978 年全国居民人均年消费水平仅为 184 元，1995 年为 2311 元。按可比价格计算，1995 年为 1978 年的 3.38 倍。预计，未来 20 年，中国居民的消费水平将会进一步提高，消费结构和消费模式将日趋现代化、市场化，特别是巨大的农村市场的容量将会显著扩大。据预测，到 2020 年，按 1990 年不变价格计算，全国居民消费水平提高到 8000 元，其中农民为 6000 元，非农居民 12000 元。恩格尔系数将下降到 30% 左右。居民对住房、交通、通信、信息、教育、文化、休闲旅游、卫生保健、养老保险、体育运动等多方面的消费将大大增加。

（四）产业结构不断升级将为经济持续快速发展创造新的增长点

中国经济正处在全面工业化和现代化的阶段，产业结构将逐步升级并发生深刻变化：一次产业的比重将下降，二次产业的比重将继续提高，三次产业的比重逐步上升；消费品工业结构进一步优化，但优势地位将让位于重化工业。国民经济各部门技术装备水平普遍提高，高新技术将以强劲的势头发展。产业结构的变革和升级是推动中国经济上新台阶的根本保证。今后，基础产业和基础设施仍将是投资的重点；各部门的技术改造仍将占投资较大比重；支柱产业和高新技术产业将会加快。预计，到 21 世纪初，工业的总体技术水平、产品性能将达到 20 世纪 90 年代初的国际水平，部分领域将赶上国际先进水平；三次产业的比重将超过二次产业。到 2020 年，三次产业的比例，按不变价格计算，将为 9.9∶52.2∶27.4；按当年价格计算，将为 14∶40∶46。

（五）进一步扩大对外开放，提高引资质量，继续以开放支撑经济快速发展

对外开放是中国的一项基本国策。这项政策取得了令人瞩目的成效，

开放领域不断拓宽，对外经济技术交流不断发展，利用外资规模不断扩大。目前，实际使用外资额按当年汇率折算，占国内生产总值 7.1%，吸收外资数量在不发达国家中居首位。今后中国的投资环境将进一步改善，中国政府已承诺，到 2000 年中国进口关税平均水平将下降到 15% 左右。中国巨大的潜在市场，稳定的社会环境，高速发展的经济，使中国仍将成为全球较有吸引力的投资市场。

三　制约中国经济可持续发展的因素

根据中国经济第三步发展战略目标，到 21 世纪中期，中国将达到中等发达国家的水平，基本上实现现代化，人民生活比较富裕。2020 年目标的实现对第三步战略目标至关重要，未来 20 年中国经济继续保持快速稳步增长的势头，是完全可能的。

1. 政策的稳定性、连续性，将为可持续发展创造重要的政治前提

新中国成立以来的历史表明，政府宏观政策正确与否是决定经济发展走势的首要因素。1978 年以来中国经济发展取得了举世公认的巨大成就，提前五年实现了国民生产总值翻两番的目标，首先就是受益于"一个中心，两个基本点"的政策，即坚持以经济建设为中心不动摇，坚持改革开放不动摇，坚持物质文明和精神文明两手抓。这项大政策得来不易，至少管一百年。它顺乎潮流，合乎民意。政府一再明确表示，坚持这项政策绝不动摇。

2. 社会主义市场经济体制的建立和完善，将为中国经济可持续发展创造长期起作用的体制基础

经过 19 年改革，社会主义市场经济体制的基本框架已经初步建立，市场机制在资源配置中的基础性作用开始发挥，新的宏观调控体系已有效地运作。最终建立完善的社会主义市场经济体制虽然还要走一段艰难的路程，但社会主义市场化取向不可逆转，倒退是死路一条。坚持走中国自己的路，坚持社会主义市场经济的方向，中国经济定能走向更加繁荣，应能避免苏东国家的灾难。

3. 近 20 年中国经济快速发展为今后可持续发展奠定了较好的物质基础

基础设施和基础产业显著改善，农业地位日渐稳固，支柱产业和新经

济增长点的发展有了政策和财政上的保证，一大批重点建设工程相继投产。

过去的 20 年只是拉开了中国走向富强、民主、文明的序幕，更加壮丽的剧目还在后面，我们对中国的未来充满了信心。但是，必须清醒地看到，中国经济发展面临着不少难题。

1. 人口多，就业压力大

中国现有人口 12 亿人，就业人口为 6.1 亿人。改革以来总共安置了 2.2 亿人就业。预计，2020 年人口将达 14 亿—15 亿，就业压力很大。近期每年新增劳动力将达 1500 万—2000 万，其中城镇新增劳动力 600 万；产业结构的升级将会有 1.2 亿—1.5 亿农村剩余劳动力向城镇和非农产业转移；国有企业改革将把 1500 万冗员推进市场。2016 年进入劳动年龄的人口将达到最高峰 8.7 亿人。我国人力资源的总体素质不高，劳动者平均受教育的程度和职工技术水平偏低，各类专业技术人员紧缺。现有职工中，初中文化程度占 48.4%，小学文化程度占 21.7%。劳动力总量过剩和结构性短缺并存，是我国劳动力市场长期存在的突出矛盾。

2. 资源短缺和环境恶化

我国人均资源短缺，低于世界平均水平。据世界银行资料，按"自然资本"、"人力资本"和"创造资产"综合资料分析，中国人均资源和资本仅 6600 美元，在 192 个国家和地区中居 161 位。据对 45 种重要矿产资源的供求预测，已有 10 种难以满足"九五"计划的要求。因此，中国经济增长的资源约束越来越强。用高投入、高消耗支撑高速度已难以为继。

中国经济可持续发展遇到了环境恶化的严重挑战。尽管近 20 年政府为扭转生态环境恶化的趋势，为改善环境作了很大努力，取得了一定成效。例如，森林覆盖率由 12% 提高到 13.4%。但是，保护和改善生态环境的任务仍很艰巨。我国水土流失严重，38% 的国土遭受水蚀和风蚀之害，每年流失的土壤至少 50 亿吨以上，损失的土地 100 万亩以上，每年新产生废弃土石量 30 亿吨，其中 20% 流入江河湖泊。荒漠化土地达 262.2 万平方公里，占国土面积 27.3%，每年因荒漠化危害造成的经济损失达数万亿元。黄河这条"中国的母亲河"今年已断流八次。工业和城市排放的垃圾、废渣、污水的处理和利用率极低。1995 年，废水排放量 372.8508 亿吨，其中废水处理达标率仅为 12.9%。全国七大水系和内陆河流水质评价的 123 个重点河段中，符合质量标准的仅占 25%。淮河、松花江、辽河以及昆明滇池、安徽巢湖、湖南湘江、江苏太湖等水系污染已到了相当严重的地步。全国五百多座大中城市大气环境质量符合国家标准的极少。由于我国是以煤炭为主要能源的国家，如果在煤的利用、转移技术上没有大的突破，大气污染还可能加重。据估计，1999—1995 年因环境污染造成的经济损失每年达 1350 亿元，约占国内生产总值的 2.5%。

3. 产业结构调整和升级的难度大

中国产业结构存在的问题主要是：一是技术构成低。工业的技术装备总体水平比发达国家落后 25—30 年。农业还没有摆脱靠天吃饭的局面。二是地区、行业间结构趋同，低水平重复建设，企业布局"散、小、全"。例如，汽车年产量 150 万辆，但有总装厂 122 家，改装厂 838 家，零部件厂 1900 多家。冰箱厂最多时有 109 家，现在剩下 30 家，生产能力为 1500 万台，但市场需求仅为 900 万台，生产能力闲置 40%。产业结构调整和升级的难度极大。一是技术结构改造将排挤出上亿剩余劳动力需要重新安置就业，据测算，到 2020 年以前，农村每年需转移的剩余劳动力约 1000 万左右。城镇国有企业现在冗员职工人数约 1500 万人。二是优化结构所需要的投资额巨大，每年以万亿元计。尽管我国居民的储蓄率较高，吸收外资较多，但与经济发展需要相比，我国依然是资金紧缺的国家。三是利益刚性。随着市场化改革深入，形成利益主体多元化。按照全国"一盘棋"的布局调整产业结构，将遇到部门利益、地区利益的矛盾。四是现有工业生产能力闲置量过大。据第三次工业普查，94 种主要工业品 1995 年有近 2/3 的产品生产能力利用不足。其中：26 种生产能力闲置 20%—30%，占 27.7%；35 种闲置达 50% 以上，占 37.2%，二者合计占 64.9%。所以，产业结构调整是实现中国经济持续快速增长的关键，而结构调整的难度又极大。

4. 国有企业改革尚未取得突破性进展

国有企业在国民经济中占据重要地位。国有企业的资产总额占全部国民经济企业资产总额的 65%。改革以来，国有企业资产总额年均递增 15.5%；国有企业上交税利占国家财政收入 60% 以上。目前国有企业亏损面达到 37.7%。国有工商企业的资产有 2/3 是由负债形成的。18 年来国有企业改革至今没有取得实质性进展，深化改革十分艰难。一是冗员量大。

大量裁减职工，导致失业率急剧上升将达到 20% 以上。二是企业拖欠的死账呆账过高，达几千亿元。化解企业债务负担的难度大。三是企业办社会的包袱沉重，难以转嫁给政府和社会。国有企业身负着历史遗留下来的沉重包袱。不解决这些问题，改革难以取得实质性进展。国有企业改制是当前深化改革的关键。所以，从现在到 2020 年还有一段艰难的路程。

四　中韩经济贸易关系发展前景

中韩建交五年以来，两国经贸往来发展的规模和速度是空前的。中韩建交之际正逢中国改革开放和现代化建设进入一个新阶段。在邓小平南巡谈话发表之后，中共十四大确立了建立社会主义市场经济体制的改革目标，加快加大了改革开放的步伐，为中韩发展经贸关系提供了良好的机遇。五年来，两国贸易额以年均 40.6% 的速度递增，1996 年达到 200 亿美元；韩国对华实际投资 41.38 亿元。现在，韩国已是中国第四位贸易伙伴，中国是韩国第三位进出口对象国，韩国投资额在各国对华投资中居第七位，中国是韩国对外投资最大的国家。这说明两国经贸往来起步、开局是令人鼓舞的。

进一步发展中韩经贸往来的潜力是很大的，一大批工程的建设，以及科学、教育和文化事业需要巨额投资。中国今后仍将可能保持 32%—34% 的投资率，中国今后仍为外国资本敞开大门。韩国是一个人均 GDP 超过 1 万美元的富国。目前对华投资额并不算多，潜力远未充分发挥；投资地域主要在环渤海地区，地域广阔、资源丰富的中西部地区还未涉足；中国对韩国贸易还有巨额逆差（1996 年为 49.7 亿美元），对中国商品进口征税偏高，这显然是不利于两国经贸发展的。中国对外开放是不可逆转的，中国法制建设将日趋健全，外商投资环境不断改善，对华投资的制度性障碍已不存在。

（本文是作者应邀于 1997 年 9 月 20 日访问韩国江川大学所作的学术报告）

我国市场体系发育和建设的历史进程

市场作为经济范畴,是商品交换关系的总和。市场的功能是通过调节生产和交换当事人之间的利益关系,实现资源的合理配置。由单一的产品市场发展到包括生产诸要素的市场体系,在历史上经历了漫长的过程。社会化生产力的性质及其发展趋势,决定了我国社会主义经济体制的改革必须实现由传统的计划经济向市场经济的过渡。社会主义市场体系的形成是这一客观过程的必然产物。

一   我国市场和市场体系发育的历史起点

自60年代社会主义国家掀起经济改革的浪潮以来,各国几乎都把开放市场和引入市场机制列为改革的基本内容。中国改革起步时也不例外。但是,我们并没有照抄照搬外国的改革理论和改革目标,而是从中国的实际出发,从理论与实践两个方面进行了开创性的探索。首先,在理论上提出了社会主义经济是建立在公有制基础上的有计划的商品经济,破除了社会主义与商品经济不相容的观念;其次,在改革的内容和步骤上提出了建立和完善市场体系,选择了社会主义的市场改革取向,破除了把市场等同于资本主义的传统观念。

中国原有的经济体制与前苏联东欧国家属于同一模式,但是中国的国情不同于这些国家。因此,改革之初中国市场和市场体系发育的起点,与其他国家是有所区别的,在生产资料私有制的社会主义改造基本完成后,我国市场和市场体系发育的正常的历史过程中断,甚至倒退了。

我国社会主义制度脱胎于半殖民地半封建社会。旧中国的商品经济极不发达,极不平衡。在广大农村和边远地区,自然经济在很大程度上居统治地位,而沿海地区的大城市,例如上海市场化的程度同当时的西方国家比较，并不逊色。解放前的上海，是我国近代工业生产的主要基地（1933年，工业产值占全国51%，资本额占全国的40%，产业工人占全国的43%），全国最大的贸易中心和国际贸易口岸（批发商业占全国的1/3，进出口额占全国的28.5%），全国的金融中心（解放前夕，有各类金融机构662家，外国银行的分行多达40家）和水陆运输枢纽。[①]上海还是远东国际贸易中心和金融中心。诚然，旧中国市场发育是畸形的，但它本可以成为培育社会主义市场的起点。在社会主义改造过程中，我们本应根据现代社会化生产力的性质及其发展趋势，利用社会化生产共有的市场组织形式和市场机制，培育社会主义市场和市场体系，促进社会主义现代化事业的发展。但是，由于市场和市场体系发育的客观过程被人为地中断甚至倒退，改革前的近30年当中，我国在市场方面呈现出如下一些严重的缺陷。

（一）市场主体缺位

市场形成和市场发育，以确立生产和交换的当事人的主体地位为前提，只有当生产和交换的当事人因社会分工深化，转化为产权有别、利益相异、地位平等的商品生产者和经营者时，才会出现市场。互相独立又互相依存的商品生产者和经营者是市场主体。没有多元的市场主体，就没有市场。

我国在资本主义工商业的社会主义改造基本完成后，市场的所有制结构发生了根本变化，确立了社会主义国有制的主导地位。但是，新建立的经济体制却不适应社会主义商品经济发展的需要，国有经济实行了国有国营的体制，个体经济在完成合作化之后又实行了政社合一的公社化体制，城乡市场形成了"一个半"国营经济主宰的格局，无论国营企业或者人民公社生产队都不具有相对独立的商品生产者的地位，都是隶属于各级政府的"算盘珠"。同时，消费市场上不少商品由于实行凭票定量供应，消费者的自主权也受到极大的限制。市场主体缺位窒息了社会主义经济的生机和活力，阻碍了社会主义市场的发育。

---

① 参见孙怀仁主编《上海社会主义经济建设发展简史（1949—1985年）》，上海人民出版社1990年版。

（二）市场功能扭曲

交换是社会再生产过程的有机组成部分。它是联结国民经济各部门、各行业、各企业的纽带和桥梁。在商品生产条件下，交换是通过市场来实现的。市场是交换的载体。自从商品经济发展起来以后，市场还取得了调节社会资源配置的重要功能。但是，在传统体制下，由于资源按行政命令配置，产品和生产要素实行统包统配，交换实际上被分配所取代。[1] 以生产资料为例，计划调拨物资（包括统配物资和部管物资）的品种，1952 年 55 种，1953 年 227 种，1965 年 592 种，1978 年 689 种，1982 年 837 种；又如农产品，1953 年粮食实行统购统销，1954 年接着对油料和食油、棉花实行统购统销，从 1956 年起其他重要农产品也一律禁止上市，各种农副产品在完成国家收购任务后，才准许进入集市。农村集市在"文化大革命"期间都被当作"资本主义尾巴"割光。再如消费品，1953 年对城镇居民的基本生活资料实行定量供应，随后定量供应和凭票供应的商品范围进一步扩大。1961 年，北京市凭票供应的消费品多达 69 种，1962 年上半年又猛增到 102 种。[2] 企图用定量分配办法解决供求矛盾，结果反而加剧了短缺。

（三）市场范围狭窄，结构单一

随着社会分工的深化，市场范围会逐步扩展，以至于形成包括产品和生产要素在内的完整的统一的市场体系。市场体系的形成是生产社会化的必然产物。但是，在传统体制下，不仅没有要素市场，而且产品市场也受到人为的限制。中国市场范围之窄，即使在社会主义国家中也首屈一指。其主要表现：一是取缔城乡集市贸易，形成行政型计划市场大一统的局面。1956 年首先关闭了城市集市贸易，接着 1958 年农村集市贸易也被公社化"化掉"了。二是国家对作为生产要素的劳动力实行统包统配政策，阻塞了劳动力的合理流动。新中国成立初期，国家对收归国有的企业的职工和原国民党政府的公职人员采取了包下来的政策；户籍制度和粮食定量供应，限制了劳动力在城乡间、地区间的流动；1956 年，规定就业人员由政府统

---

① 参见《孙冶方选集》，山西人民出版社 1984 年版，第 711 页。
② 商业部商业经济研究所：《新中国商业史稿》，中国财政经济出版社 1984 年版，第 238 页。

一分配，次年又规定企业不得裁减多余职工，最终形成了国家统包统配就业的体制。"文化大革命"期间，全国城镇 600 多万临时工转为正式工。实行了多年的双重就业制度转变为单一的固定工制度。三是资金市场发育中断。新中国成立后，我们建立了中国人民银行，集中央银行和专业银行于一身，垄断金融业务；打击投机资本，取缔金融投机，先于工商业完成了对私人银行和钱庄的社会主义改造；资金融通方式由金融型融资转变为财政拨款，国有资金实行无偿使用；国家对亏损企业用财政补贴和关停并转方式包下来，产权市场随着社会主义改造的完成而绝迹。

（四）市场的割据性和封闭性

我国市场在改革前具有对内割据性和对外封闭性的特点。所谓市场的割据性，就是各行政区互相割据，互相封锁，形成封闭性的地区市场。新中国成立后，由于实行政经合一、政企合一的体制，形成"条""块"分割的经济运行格局。特别是 60 年代以后推行"以战备为纲"的建设方针，各级政府按照"自成体系，各自为阵"的目标规划产业布局。结果，全国统一市场被分割为分散的地区市场。所谓对外的封闭性，并不是说我国完全与世隔绝，而是指我国国内市场并非作为国际市场的组成部分参与国际经济合作与分工。新中国成立后，我们曾力图在平等互利的基础上广泛发展同各国的经济交往，但是，帝国主义国家对我国实行经济封锁，妄图把新生的人民共和国困死在摇篮里。为此，我们不得不实行"一边倒"的方针，但在同苏联和其他社会主义国家的交往中后来也发生了问题，在霸权主义和强权政治的威胁面前被迫走上"闭关锁国"的道路。当然，这种情况同我们过去执行"独立自主，自力更生"方针中的某些片面性也不是没有关系的。我们曾经把对外经济交往仅仅看成"互通有无、调剂余缺"的手段；"文化大革命"时甚至加上"崇洋媚外""卖国主义"的罪名，几乎完全中断了同外国的经济交往。[①]

---

① 我国出口额占世界总出口额的比重：50 年代平均为 1%—1.4%，70 年代降到 0.8%。参见刘国光主编《中国经济发展战略问题研究》上海人民出版社 1984 年版，第 532 页。

（五）市场机制的调节作用被窒息

市场对资源配置的调节作用，主要是通过价格实现的。我国工农业产品和劳务长期实行政府定价，60 年代后期处于冻结状态，致使价格体系严重扭曲，工农业产品价格剪刀差日趋扩大。据孙冶方同志估算，农民对国家的贡献占财政收入的比重，不是百分之十几，最低要占百分之三十几。[①]这就是说，国家通过工农业产品不等价交换，每年要从农民手中"暗拿"走 300 多亿元。在工业内部，能源、原材料价格过低和加工工业产品价格过高的不合理的比价长期得不到纠正。

在商品经济中，广义的价格包括利率、工资等。它们同产品价格一样，都是作为市场参数起作用的。解放初期，我国全民所有制单位曾实行过收入与物价挂钩的折实工资制。1956 年改为统一的等级工资制，这种工资制度，除了安置就业和保证各类劳动者的基本生活需要外，对劳动资源的合理配置并无多少作用。即使如此，在"文化大革命"中我国工资基本处于冻结状态。至于利率和利息，对资金的供求和流向也毫无调节作用，这不仅因为利率和利息太低，近乎无偿使用，还因为银行贷款的数额都是由上级主管部门按指令"戴帽"下达的。行政命令和"长官意志"成了资源配置的全面调节者。

（六）市场供给短缺和周期并存

新中国成立 30 年，市场运行状态处于全面的长期短缺的总体格局，存在着时而高涨时而下跌的周期性（见图 1）。短缺与周期并存，正是市场病态发育的产物，它严重阻滞了市场和市场体系的正常发育，这也正是违背价值规律作用而引起的负效应的表现。资源稀缺同资源配置与利用效率低下，形成了巨大的反差，究其原因，同市场与市场体系发育受阻有着密切关系。

---

① 参见《孙冶方选集》，山西人民出版社 1984 年版，第 695 页。

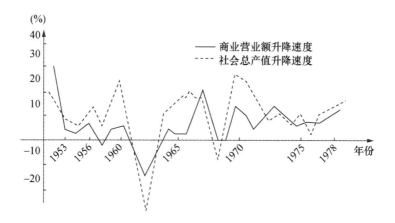

二 加速农村市场的发育——我国市场体系发育的基础和突破口

改革开放以来，我国市场和市场体系的发育过程，是从加速农村市场的发育起步的。

农业是国民经济的基础。我国又是一个农民占人口绝对多数的大国。"无农不稳""无商不活"。商活必须以农稳为前提。毛泽东同志曾经正确地指出：我国是一个大农业国，农村人口占全国人口的百分之八十以上，发展工业必须和发展农业同时并举，工业才有原料和市场，才有可能为建立强大的重工业积累较多的资金。纵观世界近代经济史，由二元经济结构向现代经济结构过渡，都经历了农业和农村商品化、市场化的历史过程。当然，这个过程通过何种途径，何种方式来完成，不同社会制度和不同经济体制的国家是不一样的。

改革开放以来，我国农村市场的发育，大体上经历了以下几个阶段：

（一）1978—1980 年

这一时期的特点是放宽政策，减轻农民负担，让农民休养生息，局部调整原有体制内的矛盾，改变农村市场长期凋敝状态，促进农业的恢复和发展。

粉碎"四人帮"后的一段时间内，我国在经济工作中继续推行"左"

的政策，搞"洋跃进"，提出在 1980 年全国基本上实现农业机械化，粮食产量达到 3500 亿公斤；"六五"期间要求钢产量达到 6000 万吨，原油 2.5 亿吨，新建和续建 120 个大型项目等等。"洋跃进"使国民经济重大比例关系的失衡进一步加剧。1978 年，重工业投资在基建投资总额中的比重上升到 48.57%，积累率高达 36.5%。商业和服务业萎缩，1978 年比 1957 年全国人口增长 48%，社会商品零售总额增长 2.3 倍，但零售商业人数却减少 20%，网点减少 54%。

继具有划时代意义的党的十一届三中全会之后，1979 年 3 月中共中央政治局会议和 4 月中央工作会议，根据全会精神决定实行"调整、改革、整顿、提高"的新八字方针，用几年时间对国民经济进行调整，首先要集中力量把农业搞上去。同年 9 月，党的十一届四中全会作出《关于加快农业发展若干问题的决定》，采取了以下有利于促进农村市场发育的措施：

（1）纠正指导思想上"左"的错误，稳定以生产队为基础的人民公社体制，指出"三级所有、队为基础"的制度适合于我国目前农业生产力的发展水平，绝不允许任意改变，搞所谓"穷过渡"。"尤其必须首先分清究竟什么是社会主义，什么是资本主义。社队多种经营是社会主义经营，社员自留地、自留畜、家庭副业和农村集市贸易是社会主义经济的附属和补充，绝不允许把它们当作资本主义经济来批判和取缔。按劳分配、多劳多得是社会主义的分配原则，绝不允许把它当作资本主义原则来反对。"文件仍然规定"不许分田单干"，"也不要包产到户"。[①] 可见，这一时期农村改革的方向尚不明确。

（2）减轻农民负担，放宽和调整农副产品购销政策，使农民得到休养生息。在以后较长时期，全国粮食征购指标稳定在 1971—1975 年一定五年不变的基础上，绝对不许购"过头粮"。允许三类农副产品上市，一、二类农副产品完成统派购任务后也允许上市。粮食征购基数三次共调减约 75 亿公斤，水稻和杂粮产区口粮分别在 200 公斤和 150 公斤以下的一律免购；国家统购和派购的农产品由 130 种减为 70 种；对棉花和二类农副产品的统购、派购部分也确定基数，超购部分实行加价或浮动价。

---

① 《三中全会以来重要文献选编》，（上），人民出版社 1982 年版，第 168、172 页。

（3）大幅度提高农副产品收购价格，缩小剪刀差。1979年，18种主要农副产品收购价格提高24.8%，粮食统购价提高20%，超额部分加价由30%提高到50%。允许进入集市的农副产品价格随行就市。

上述措施促进了农业生产的恢复，为农村市场发育创造了物质前提。1979年农民因提价得到的收入，比上年增加108亿元。农业总产值的年均增长率从1966—1978年的4%上升到1979—1981年的5.6%。国营商业收购的农副产品产值年均增长率由1966—1978年的4.1%上升到1979—1981年的18.5%。在社会商品零售总额中，农村所占的比重由1965年的49.4%上升到1979年的54.7%和1980年的56.3%。然而，这些措施并未消除旧体制给市场正常发育设置的障碍。例如一物多价，一物多轨流通，使经济运行难以正常进行；农产品价格购销倒挂，加重了国家财政负担；确定统购基数，造成各地苦乐不均；议价和超购加价，给落实国家收购计划造成了困难。因此，只有全面改革农村生产、流通、分配体制，才能使农村从根本上摆脱贫困和落后状态，才能推进农村市场的发育。

（二）1981—1984年

这个时期的特点是逐步地、全面地推行家庭联产承包责任制，构造农村市场主体的基础。

1980年9月，中共中央批准全国农村人民公社经营管理会议纪要《关于进一步加强和完善农业生产责任制的几个问题》，准许边远山区和贫困落后地区"可以包产到户，也可以包干到户"。同年底，全国实行"两包"的生产队上升到14.9%。1982年6月上升到86.7%。1983年1月，中央肯定了联产承包制是社会主义集体经济的经营形式。当年实行"双包"的生产队上升到93%。1984年年底恢复乡人民政府的建制，人民公社体制随之解体。农业家庭联产承包制取代人民公社体制，根本改变了农业劳动者及其家庭在农村经济运行中的地位和职能，对加速农业商品化、农村市场化起了巨大的促进作用。

1. 实行家庭联产承包制，确立了农民家庭作为农村市场主体的地位，使农村市场主体缺位问题得到了初步解决

在人民公社政社合一的体制下，生产队虽是基本核算单位，但并不具

有独立的商品生产者的地位，不享有生产和经营的自主权。当土地等农业基本生产资料承包给农户后，1.7 亿个农户便成为自负盈亏的独立的商品生产者和经营者，并且构成农村市场的主体。当然，在主要农副产品的统派购制度尚未废止的条件下，农户的经营自主权还受到限制，但农民手中没有国家发给的"铁饭碗"，他们不会"一只眼盯着市场，一只眼盯着政府"，而是"两眼瞄准市场"，以收入最大化作为准则，利大大干，利小小干，无利不干。这样，国家的行政命令在限制农民的自主权时，自身不能不受到制约；指令性计划在限制市场机制调节作用时，不能不尊重价值规律的作用。

2. 普遍推行家庭联产承包制，使农业商品化和农村市场化不仅有可能，而且有必要

首先，农业生产的发展和农民收入的提高，加速了产品市场的发育。农业总产值增长率，由 1980 年的 3.9% 上升到 1984 年的 17.4%，四年增长 82.5%。农民人均纯收入由 1980 年的 191 元上升到 1985 年的 398 元，增长两倍。农民出售的农副产品，由 1980 年的 797.7 亿元上升到 1984 年的 1371 亿元，增长 71.8%。农业生产资料销售额，1980 年为 346 亿元，1984 年为 477.2 亿元，增长 37.9%。城乡集市贸易成交额，由 1980 年的 235 亿元上升到 470.6 亿元，增长 1 倍多。为适应农村商品经济发展的需要，中央作出了恢复农村供销社合作商业性质的指示。1982 年 1 月，中央批转《全国农村工作会议纪要》，指出，农村供销社是城乡经济交流的一条主要渠道，同时也是促进农村经济联合的纽带。要恢复和加强供销社组织上的群众性、管理上的民主性和经营上的灵活性；必须多方设法疏通和开辟流通渠道。国营商业和供销合作社要充分利用现有经营机构，打破地区封锁，按照经济规律组织商品流通。同年 6 月，国务院作出《关于疏通城乡商品流通渠道，扩大工业品下乡的决定》，提出改变过去工业品流通按城乡分工的体制为按商品分工，城乡开通的新体制。其次，家庭联产承包制普遍化促进了农村要素市场的发育。最先萌芽的要素市场，是大批劳动力自发地流向非农产业和城镇，包产到户、家庭经营提高了劳动生产率，突出了人多地少的矛盾，也给解决这个矛盾提供了可能。1983 年年底，农村涌现出 1560 万个专业户，约占农户总数的 10%，其中种植业专业户约

占76%。① 同时，出现了转包土地和耕地向种田能手集中的自发趋势。1984
年1月，中央发出《关于1984年农村工作的通知》，准许农民转包土地和
不超过八人的雇工。据天津市调查，1984年年底，约有8.3%的耕地实行了
转包。由于不存在土地市场，土地转包具有短期性、不稳定性，市场机制
对地租也无调节作用，有的农户将土地转包给亲友，甚至不收取任何土地
报酬。家庭承包制还推动了农村资金市场的发育。1981年国务院79号文件
准许民间借贷，不再把私人借贷视为高利贷。这一时期约有70%的生产队
参与民间借贷活动。1979年恢复中国农业银行和农村信用社。1983年年
底，农村信用社发放的贷款中，约有46%是贷给农户的。

　3. 家庭联产承包制有力地推动了乡镇企业的发展，为我国农村工业化
和市场化开辟了一条新路

　　乡镇企业的前身是社队企业，即社办和队办的非农产业。党的十一届
三中全会前，特别是在"文化大革命"中，由于政策多变和人民公社体制
的缺陷，社队企业得不到正常发展，时起时落。党的十一届四中全会提出
社队企业要有一个大发展，并且指出，实现农业现代化，大量劳动力不可
能也不必要都进入大中城市，一定要十分注意小城镇的工业、交通、商业
等项建设。国务院在1979年7月和1981年5月，先后作出发展和调整社队
企业的决定，这样便消除了社队企业发展的政策障碍。导致社队企业大发
展的最有力的因素还是农业家庭承包制。1984年中央同意将社队企业改称
乡镇企业，指出乡镇企业是多种经营的重要组成部分，是农业生产的重要
支柱，是广大农民群众走向共同富裕的重要途径。这时，原来社队办的企
业比重下降，代之而起的是农民集资，合股经营、按股分红的民营乡镇企
业。与乡镇企业所有制形式和结构多元化相适应，乡镇企业用工制度也是
多种多样的，报酬形式千差万别。这里通行的是市场调节。除了少数乡镇
企业发达的地区外，各地的用工制度和报酬形式都具有灵活性和随意性的
特点。

　　(三) 1985—1988年
　　这个时期的特点是农业徘徊不前和乡镇企业超高速增长并存，农村市

---

① 参见《人民日报》1983年12月12日。

场相对萎缩和通货膨胀并存，农村市场发育受阻。

1984 年是农业超高速增长的一年，是全面大丰收的一年。农业总产值比上年增长 12.3%；粮食 40731 万吨，棉花 625.8 万吨，油料 1191 万吨，均创历史最高纪录。乡镇企业总产值 1709.89 亿元，比上年增长 68.1%。农村社会商品零售额比上年增长 19.7%，为历年最高水平。农副产品收购额比上年增长 13.8%。但是，这一时期农业发展形势也存在着不容忽视的问题。实行家庭承包制后，农业连年增产丰收，农民非生产性投资大幅度增长；从 1979—1984 年共建房 35 亿平方米，超过前 30 年建房总和，而农田灌溉面积 1984 年却比 1981 年净减少 731 万亩。农村非农产业超常增长，诱使农民弃农抛荒。1984 年粮食播种面积比 1978 年减少 11555 万亩。在国家的基本建设投资中，农业所占的比重由 1979 年的 11.1% 下降为 1985 年的 3.3%。

1984 年获得空前大丰收之后，许多地方出现"卖粮难""储粮难""运粮难"。主管部门据此对农业形势作出了过分乐观的估计。同年 7 月，体改委、商业部、农牧渔业部发出《关于进一步做好农村商品流通工作的报告》，认为要从过去那种"少"字出发、"管"字当头，管得过死的框框里解放出来，迅速转变为从"多"字出发、"放"字入手，把农村商品流通搞活。报告提出要继续减少统购、派购品种，将一、二类农副产品由 21 种减为 12 种；派购由 18 种减为 9 种；淡水鱼和竹木制品全部放开；完成统派购后的产品价格实行随行就市。

1984 年第四季度，金融体制改革引发信贷急剧膨胀。由于实行"实存实贷"，各专业银行争相敞开口子放贷。年底，银行的各项贷款余额达到 5905.51 亿元，比上年增长 33.6%，超过吸收存款和自有资金的差额达 854.66 亿元，农业银行和信用社发放给乡镇企业的贷款达 290 亿元，比上年翻了一番多。

1984 年年底，中央召开全国农村工作会议，提出改革农产品流通体制和加快农村产业结构的变革；在国家计划指导下扩大市场调节。会议认为，农产品统购派购制度目前已影响农村商品生产的发展和经济效益的提高，必须改革。次年 1 月，中央和国务院发出《关于进一步活跃农村经济的十项政策》。

1985 年 9 月，党的十二届四中全会指出，粮棉等主要农副产品现在已可以自给或自给有余；国民经济开始出现持续、稳定、协调发展的新局面；今后将开始由温饱型逐步转向小康型。"七五"期间要把改革放在首位，在今后五年或更长一些时间内，基本上奠定新经济体制的基础。同时，继续促进农业的全面稳定发展，在国家计划指导下扩大农业生产的市场调节范围，进一步放开和调整农副产品价格，鼓励农民兴办乡镇企业。同年，国务院决定陆续放开肉禽蛋水产和蔬菜价格，农村销粮改为购销同价。年底，中央和国务院召开全国农村工作会议，肯定了改革农产品统派购制度和调整农村产业结构，认为对粮棉进行有计划的调节是合理的，看农村形势不能只看粮食，现在国家库存充裕，农民都有余粮，市场粮价平稳。会议通过《关于 1986 年农村工作的部署》，提出不能因粮食出现波动就动摇改革的方向，决定适当减少合同定购数量，扩大市场议价收购。

1986 年，国务院决定将粮食合同定购任务由 790 亿公斤减为 615 亿公斤；提高北方部分粮油收购价格，大豆每 50 公斤由 30 元提到 34.5 元，食油每 50 公斤由 130 元提到 165 元，玉米每 50 公斤提高 1 元；北方棉花加价比例由"倒三七"改为"倒四六"。

1987 年 1 月，中央发布的《把农村改革引向深入》的文件中指出，从我国粮食供需的现状和发展趋势看，在今后一个较长的时期内，还必须继续实行合同定购与市场收购并行的"双轨制"，合同定购部分作为农民向国家的交售任务，要保证完成。同时，国家将根据粮食生产的发展和财政的状况，逐步减少定购，完善合同，扩大自由购销。为此，采取了下列措施：稳定定购，压缩统销，平价供应化肥和柴油与合同定购挂钩，调高部分粮油收购价格，中央对各地粮食购销、调拨实行包干，等等。

由于粮棉从 1985 年起连续几年减产，加剧了供需矛盾，1988 年国家继续就农产品和农用生产资料购销政策进行了调整。1 月，国务院决定继续实行"三挂钩"政策；9 月，国务院发出《加强粮食管理稳定粮食市场的决定》，重申国家粮食储备和周转库存，粮权属中央，绝不允许以任何借口有粮不调；禁止非粮食部门经营大米；逐步建立粮食批发市场；严格按国家定价收购。10 月，国务院作出实行化肥、农药、农膜专营的决定。这些措施又重新强化了政府对农业的直接行政干预。

1988 年 4 月，国家决定调整猪肉、大路菜、鲜蛋，白糖的销价，零售价由暗补改为明补，给职工适当的补贴。8 月，中央作出价格改革实施方案，由于自 4 月开始的部分地区抢购风潮蔓延全国，致使这个方案未能出台。回顾 1985—1988 年改革的历程，上述改革步骤和措施对农村市场的发育并未取得"七五"计划预期的效应。首先，削弱了农村市场发育的基础——农业生产。1984 年农业大丰收，政府对粮食供求状况作了盲目乐观的估计，在正常粮食供应之外，又平价抛售 250 亿公斤粮食，市场粮价被压得低于原国家统购价，造成买方市场的假象，农民增产粮食的积极性受挫。就在改行合同定购的第一年，粮食播种面积减少 600 万亩，粮食减产 250 亿公斤。直到 1989 年，粮棉的单位面积产量和总产量均未恢复到 1984 年水平。农民收入的增长速度，由 1978—1984 年的 17.7% 降为 1985—1989 年的 10.8%，1989 年为负增长。

其次，农产品流通实行全面的双轨制，加剧了价格扭曲，强化了行政机制。这一时期价格改革继续实行先调后放、调放结合，按照通过双轨制逐步过渡的思路进行，但事与愿违，双轨制对市场发育所起的负效应远远大于它的有限的积极作用。统派购改为合同定购，本意是发挥市场机制在实现计划方面的作用，用经济合同取代行政命令。但由于供求矛盾加剧，获得了经营自主权的农民因比较利益受损而弃农抛荒，合同定购制名存实亡。政府不得不重新动用行政手段强制征购，用国家财政补贴来缓解生产者、经营者和消费者之间的利益矛盾，加重了国家的财政负担，从而堵塞了通过双轨制理顺价格的道路。双轨制和通货膨胀交织在一起，互相推波助澜，使农民的利益受到三重损害：农民按国家规定的平价出售大部分农产品，按已放开的市价购买日用工业品，农用生产资料则按急剧上升的高价购置。这对于农业生产的发展无疑是非常不利的。

最后，农村社会化服务体系发展滞后，市场服务设施严重不足，也是影响农业生产稳定发展的重要因素。

农村市场是全国统一市场的组成部分。农村市场的发育不仅受农村体制和农村经济发展的制约，而且也受城市改革进展的影响。

三 居民消费市场迅速发展

改革开放以来，城乡居民消费市场的变化在我国市场体系发育过程中显得尤为突出。无论同历史上的消费品市场比，或者同其他市场发育状况比，这一时期消费市场发育的规模和深度都是空前的。

(一) 消费市场经营主体多元化

消费市场经营主体多元化，既是消费市场发育的发端，又是推动消费市场结构和规模发展的重要因素。

粉碎"四人帮"后，迫于安置大量城镇待业青年的压力，政府作出了广开就业门路，大力发展第三产业的决定。对商业和服务业中的集体经济、个体经济给予必要的扶持，开始打破了国营商业和服务业一统天下的局面。但是，消费市场经营主体多元化的决定性因素，还是我国经济体制改革的实施。在农村，由于推行家庭承包制，开放集贸市场，允许农民长途贩运，恢复供销社和合作商业，不仅增加了农业消费资料的供应量，而且直接推动了消费品市场所有制结构多元化；在城市，政府实行了鼓励集体和个人发展商业与服务业的政策，对小型国营商业和服务机构采取出租、承包和出售的政策，还向外商开放某些城市服务业（如饭店、旅馆等），这样，以公有经济为主体，国营、集体、个体、中外合资、外商独资并存的经营结构便初步形成。经营主体多元化为竞争性市场的形成创造了前提条件。消费品市场供给全面短缺的状态显著缓解，供给由分配型向市场化转轨，消费者享有的自主权日益扩大。改革起步的同时，为了迅速恢复遭到破坏的国民经济，改善人民的生活和给改革创造必要的经济环境，政府对国民经济实施了调整的方针，大力调整产业结构，对农业、轻工业，商业服务业、原材料工业等在能源、原材料供应、信贷和财政方面实行优先的倾斜政策。农村推行家庭联产承包制，农业生产连年丰收，为市场提供了较为充裕的货源。城乡人民收入逐年增长。1978—1989 年，社会商品零售总额由1558.6 亿元增加到8101 亿元，增长了4.2 倍，年均增长9.1%。居民消费品供应，除粮、油之外，自50 年代中期以来实行的凭票定量分配制度陆续取消。消费品市场呈现空前繁荣的景象。

但是，这一时期市场供求总体格局仍未根本摆脱短缺状态，需求过旺，供给增长不稳定。1978—1989 年，社会商品零售总额年均增长 9.1%。最低年份 1979 年为 5.5%，最高年份 1988 年为 27.8%。1984 年后呈现超高速增长势头，究其原因：一是居民消费需求增长超过生产增长。二是固定资产投资连年膨胀。1979—1986 年，国民收入年均递增 8.7%，职工工资总额年均递增 14.3%，全社会固定资产投资总额，1985 年为 961 亿元，1988 年则增加到 4496.54 亿元，增长了 4.67 倍。固定资产投资大约有 60% 要最终转化为消费。三是农业生产在 1984 年取得空前大丰收之后，连续几年徘徊，影响了消费品市场的稳定。1985 年城市又恢复肉、蛋凭票定量供应。

（二）消费品流通渠道和经营形式多样化

随着流通体制改革，政府取消了工业消费品统购包销制度，将农副产品统派购改为合同订购，消费品流通渠道和经营形式趋向多样化。

政府根据消费品市场供求状况，对物价采取了调放结合、逐步放开的方针，增强了价格这一重要经济参数的调节功能。1990 年，在消费品零售总额中，国家定价占 30%，国家指导价占 25%，市场价占 45%。国营零售商业和服务业的经营方式日益多样化。但是，在消费市场趋向活跃和繁荣的同时，通货膨胀的压力加大。1985 年以来，货币连年超经济发行，1988 年全年投放 680 亿元，是 1979—1984 年平均投放量的 7 倍。全年市场商品缺口达 850 亿元，库存商品与货币发行量的比例，由 1978 年的 4.54:1 降为 0.6:1。1988 年物价逐月上升，1 月增幅为 9.5%，8 月为 23.2%，12 月为 26.7%，出现全国性的挤兑和抢购潮。全年物价涨幅达 18.5%，零售物价上涨面达到 90%，为新中国成立以来少有，经济和社会稳定受到严重危害。

（三）消费市场内涵和外延的进一步扩大

近十余年来，我国消费市场剧变的又一表现，就是消费市场的内涵和外延进一步扩大，自给性消费日趋商品化，配给性消费市场化，文化消费商业化，高档消费品普及率增高，出现了住宅市场、文化消费市场、旅游市场等。城乡居民用于吃穿的消费支出，由 1978 年的 80% 降为 1985 年的

65%；农民商品性消费支出由 30% 上升到 60%。这些变化为发挥市场的导向作用创造了有利条件。

四　生产资料商品化及其流通市场化的发端
——市场体系发育的重点

生产资料是生产的物的要素。培育生产资料市场，是实现资源优化配置的必要途径。我国市场体系的发育，是以生产资料进入市场作为重点的。

（一）70 年代末到 80 年代初调整时期，生产资料被逼进市场

党的十一届三中全会后，为了消除"洋跃进"造成的后果，中央提出了"调整、改革、整顿、提高"的方针，并根据这一方针修订了 1979 年的国民经济计划，基建投资由 457 亿元减为 360 亿元，工业增长速度由 10%—12% 调整为 8%。由于压缩基建规模，加工工业生产能力过剩。这种情况逼迫企业走进市场，面向农村、地方小工业承揽订货，召开各种形式的交易会、展览会，实行来料加工、补偿贸易，设立维修服务网点等等。这样，在生产资料的统一调拨体制之外，出现了一个带有一定自发性的生产资料市场。1979 年年底，国家计委、经委批转一机部《关于初步改革机电产品供销体制的报告》，提出当前迫切需要解决的问题是按市场需要组织生产，把计划调节与市场调节结合起来，调整价格，改革订货会议形式等等。自发的生产资料市场的出现，冲击了原有的物资统配体制。

（二）推行生产资料计划分配为主，市场流通为辅的体制

1980—1984 年，在扩大企业产销自主权的基础上，实行生产资料计划分配为主、市场流通为辅的体制。

生产资料市场正式起步是随着扩大国营工业企业的自主权开始的。1979 年 7 月，国务院发出《关于扩大工业企业经营管理自主权的若干规定》，要求各部委和各省市选择少数企业进行试点，规定在完成国家计划的前提下，允许企业根据燃料、动力、原料、材料的条件，按照生产建设和市场的需要，制订补充计划，产品可按国家规定的价格自行销售，可承接进料加工；企业对闲置的固定资产，有权有偿转让出租。根据财政部的规定，自 1979 年 7 月 1 日起，国营企业试行固定资产有偿调拨的办法。1980年 9 月，国务院批转国家经委《关于扩大企业自主权试点工作情况和今后意见的报告》，规定企业在完成国家计划任务的前提下，有权销售超产的产品和自进原材料生产的产品，以及试制的新产品；国家统配产品允许企业按一定比例自销一部分；企业有权本着择优、竞争、联合的原则，打破地区和行业的限制，销售自销品和选购材料设备；企业自销品实行国家统一价、浮动价、自定价。1984 年 5 月，国务院发出《关于进一步扩大国营工业企业自主权的暂行规定》，根据不同类别的统配产品的供需状况，对企业自销比例作了具体规定，自销品价格可在国拨价 20% 的幅度内浮动。

为了推进生产资料市场的发育，这一时期采取了以下措施：

（1）物资部门开始转变职能，进行商业化经营的试验。从 1980 年开始，物资部门用多种供应方式取代单一的调拨制，包括定点直达供应，通过物资部门网点中转供应，凭票择优选购，配套承包供应，敞开销售，租赁，代销代购，售后服务，等等。

（2）打破条块分割，以城市为中心组织物资流通。1982 年，五届人大五次会议的政府工作报告提出，要发挥城市的作用，以经济比较发达的城市为中心，统一组织生产和流通。具体做法是：城市物资部门对当地企业不分条块统一组织供应；依托城市合理调整物资流向，消除相向、迂回运输；在交通要道口设置中转站；城市间建立物资调度调剂网，等等。

（3）建立生产资料市场管理暂行法规。1981 年 8 月，国务院批转计委、经委等《关于工业品生产资料市场管理暂行规定》，规定了进入市场的生产资料范围，划清了非法经营的界限。1980 年 7 月，国务院发布《关于推动经济联合暂行规定》，要求根据"发挥优势，保护竞争，推动联合"的方针，打破地区封锁、部门分割，避免以小挤大，盲目生产，重复建厂。同年 10 月，国务院通过《关于开展和保护社会主义竞争的暂行规定》，指出竞争已经在我国经济生活中显示了活力，要求在公有制经济占优势的条件下，允许和提倡各种经济成分之间、企业之间，发挥所长，开展竞争，反对用行政手段保护落后，抑制先进。1981 年 12 月，五届人大四次会议通过《经济合同法》。

上述改革步骤打破了物资统配的一统天下的局面，在统配体制之外，形成了一个受其制约的、局部的生产资料市场。1984年年底统配物资由原来的256种减为65种。全国重点钢铁企业自销的钢材占总产量的9.6%，大中型水泥厂水泥自销量占总产量的8.8%。全国物资贸易中心达到110个。同时，统配物资也改变了单纯用行政命令、按行政系统分配的做法，引入了市场机制。这一时期，政府针对生产资料市场开放后出现的问题，颁布了一些法规，但是管理远未达到规范化，间接调控的市场尚未形成。

（三）生产资料市场内涵的深化和量的扩展

1985—1988年，为搞活物资流通，进一步缩小指令性计划调节范围，重要物资的价格实行了双轨制，调整计划内价格，逐步放开计划外价格。1988年与1978年相比，采掘工业品价格上升近1倍，原材料工业品价格上升72%。工业生产资料价格扭曲状况得到初步好转。

1984年下半年物资部门进行企业化经营的试点和推广。当年8月，石家庄市试办生产资料市场，组建物资贸易中心，将分散的物资交易纳入统一的有管理的公开市场交易。次年2月，该市为克服价格双轨制的弊端，对计划内外物资实行"同一销价，价差返还，放补结合，扩大市场"的办法。1986年又进一步扩大了计划内外物资实行同一销价的范围：把市场价和计划价的差额划为补偿基金，返还企业，同时从差价总额中提取10%作为资源开发基金；对部、省属企业，按划转到市的物资分配指标实行差价全额返还。试行这一办法的目的，在于为计划内物资进入市场流通探索一条新路，同时消除一物多价的弊端。但是，由于当时各地流通秩序混乱，石家庄市的经验未能普遍推广。

随着物资部门推广商业化经营和进入流通的物资比重的增加，物资贸易中心如雨后春笋般地发展起来。全国地市以上城市经营计划外物资的贸易中心，1984年为96家，1989年增加到395家，经营网点达4000个。交易额以几倍于生产增长的速度增长，1986年比上年增长47.7%，1987年比上年增长69.6%。同时，物贸中心的服务范围扩大，服务功能增强，经营多样化。1987年物资系统的销售额达1567亿元，其中物资企业自行组织的计划外物资为897.1亿元。

（1）专业市场的出现，是这一时期生产资料市场发育的成果。1987年国家计委、经委、财政部、物资局、人民银行共同制定了《关于吸引钢材进入市场销售有关财税问题的规定》。为鼓励企业自销的钢材和用户库存多余的钢材进入市场，国家在税收、贷款等方面给予优惠。全国144个城市建立了不同规模钢材专业市场，1989年年末，全国钢材市场达294个。1987年统配钢材的比重由上年的53.1%下降为46.8%。1988年11月，国务院发出《关于加强钢材管理的决定》，规定钢铁企业必须保证完成国家下达的指令性计划；对供应极短缺的钢材实行由物资部门专营；部分计划外钢材实行定点定量限价供应；整顿钢材市场，划定经营钢材的企业，界定合法和非法的交易行为，加强价格管理和进出口管理。

物资部门按照计划调节和市场调节相结合的原则，对物资实行分类管理。其要点：一是关系国计民生的产品，继续实行指令性计划配给，1989年约72种；二是对重要机电产品实行国家合同订购，1989年为93种；三是专业性强需协作配套的物资，引导企业建立相对稳定的协作关系；四是供求平衡的一般物资，放开经营。

（2）产权市场的萌芽，是这一时期生产资料市场发育的重大突破。产权市场和生产资料市场都是生产要素市场的组成部分，区别在于前者以企业资产整体或部分为交易对象，后者仅以作为产品的生产资料为交易对象。产权市场是要素市场发展的必然产物，是要素市场的高级形态。产权交易是具有法人资格的企业之间，按照等价交换的原则，一方对另一方拥有的全部或部分资产通过控股、拍卖、兼并等方式取得产权。我国早期的产权市场萌发于企业扩权。1984年5月，国务院发出《关于进一步扩大国营工业企业自主权的暂行规定》，文件规定企业可将留利中结余的生产发展基金用于对外投资；闲置的固定资产可有偿转让；在所有制、隶属关系和财税体制不变的条件下，参与跨地区、跨部门的联合。1986年年底，国务院在《关于深化企业改革，增强企业活力的若干规定》中又进一步规定，有些全民所有制的小型商业、服务企业，可由主管部门进行拍卖或折股出售。1987年产权市场首先在轻工行业试行，轻工部提出对那些长期亏损、经营不善、资不抵债的小型集体企业和地处偏僻、严重亏损、无人承包与租赁的小型国营企业，可由工厂职代会或管委会讨论通过，经主管部门征得地方政府同意后，实行公开拍卖，转让给集体或个人经营。随后，在机电行业和部分省市也局部推广了这种做法。截止到 1988 年第一季度，全国约有100 多家企业实行整体有偿转让。党的十三大报告中重申，小型国营企业的产权可有偿转让给集体或个人；发展各地区、部门、企业间互相参股的公有制企业；继续推行股份制试点。这一时期出现的企业整体有偿转让，主要靠行政机制运作，还未完全摆脱传统体制中实行过的关停并转的做法，仅具有商品交易的形式，远未达到市场化和规范化的程度。但它毕竟是要素市场发育的一个重大突破，为探索全面推进产权市场的发育积累了经验。

（3）房地产市场起步。我国城镇职工住房长期实行低租金供给制，土地实行无偿划拨制度，造成资源浪费，国家财政无法承受，房地产不能形成支柱产业。农村推行土地有偿承包或转包，拉开了土地市场的序幕。接着 1983 年城市房地产改革开始试点，首先在经济特区和沿海开放城市出售土地使用权，然后在部分城市进行房改试点。为加强土地市场管理，成立了国家土地管理局，颁布了《土地法》。房地产企业在各地兴起，1988 年年末达到 2400 家。

（四）市场发育正常过程的被迫中断

由于市场发育的环境和条件出现逆转，1989 年市场发育的正常过程被迫中断。

（1）全民经商，各种名目的商业性公司如雨后春笋般出现，流通恶性膨胀。1984 年经济改革的重点转入城市后，提出从"敞开城门，开放市场，搞活流通"的方针和组建贸易中心入手，改革流通体制，随之出现全民经商的热潮。80 年代初，为安置待业青年建立的各种劳动服务公司，到 1985年年初增至 21 万个；1988 年国家机关进行所谓机构改革，一些原有机构挂上了公司招牌，新组建了一批为安置精简人员的公司；物资部门和商业部门建立了大批贸易中心、供应点，1987 年物资供应网点为 10790 个，物资贸易中心 100 多个，工贸、农贸中心 2000 多个。这样，便形成了全国性的"公司热"，由于计划外物资放开经营，这些公司都插足短缺物资的买卖。1988 年，物资系统销售的各种生产资料达 2362 亿元，比上年猛增 51%。

2. 经济超高速增长，市场供求矛盾加剧。1985 年农业生产的增长速度由上年的 12.3% 降为 3.4%，但工业和基建却超高速增长，1985 年工业增长 21.4%，1988 年工业增长 20.8%。固定资产投资，1985 年增长 38.8%，1988 年增长 23.5%。国民收入分配连年失衡，社会总供给与总需求严重失调，1985 年总需求大于总供给 16.56%；1986 年为 13.45%；1987 年为 13.6%；1988 年为 16.2%。尽管这些年国家把原材料和能源列为投资重点，但 1988 年原材料工业只增长 10.25%，而加工工业却增长了 23%，钢材产量只能满足需要量的 2/3。每年进口钢材量达到国内生产能力的一半。

（3）生产资料价格双轨制普遍化，价格体系陷入了极度混乱状态。1984 年 5 月，国务院《关于进一步扩大工业企业自主权的暂行规定》中，规定计划外生产资料浮动价上限不得超过固定价 20%。1985 年 1 月，国家物价局和物资部《关于放开工业生产资料超产自销产品价格的通知》，取消了 20% 的限制，实行随行就市，致使二者差别日益扩大，1985 年市场价高于固定价 30%—50%。至 1988 年年底，二者相差 1—4 倍。1988 年 15 种主要生产资料价格总指数上升 21.5%。

（4）普遍实行各级财政包干制度，形成"诸侯经济"，统一市场被分割。1979 年财政体制实行"收支挂钩、全额分成、比例包干、三年不变"；1980 年改行"划分收支、分级包干"；1982 年实行"固定比例、总额分成"；1985 年实行"划分税种、核定收支、分级包干"；1988 年 7 月改行"地方财政包干"，目的是为了稳定从中央到地方各级政府的财政关系。这种财政体制把各级地方政府的收益与企业的兴衰紧紧地捆在一起，从经济上进一步强化了政企合一的体制，全国统一的市场被大小"诸侯经济"所分割，原料大战此起彼伏，关卡林立，互相封锁，重复建设、重复引进屡禁不止。

面对混乱的市场秩序、扭曲的市场信号和畸型的市场结构，国家不得不转而实行治理整顿的方针，运用强有力的行政手段，紧缩银根，整顿秩序，强化行政干预。到 1989 年，市场的正常发育过程便暂时中断了。

五 金融业由供给型向市场化转轨

在现代社会化商品经济中，金融市场在市场体系中占据重要地位。要优化资源配置，必须以金融市场的完善为前提。

我国传统的金融业是依附于财政的供给型金融业。改革的目标是实现由供给型金融体制向市场化金融体制转轨。因此，改革旧的金融体制的过程，同时也就是金融市场发育的过程。

（一）中央银行制度的建立

金融市场的发育，发端于建立中央银行制度。1982 年 7 月，国务院批转中国人民银行《关于人民银行的中央银行职能及其与专业银行的关系问题的请示》，提出人民银行同时行使中央银行与专业银行两种职能的体制；确立人民银行中央银行地位，负责金融政策、印发人民币、统一调度信贷、审核金融机构的设立和撤并、协调各金融机构业务、统一管理外汇和金银等；农业银行、中国银行、建设银行在上述业务活动方面接受人民银行的领导；人民银行继续担负工商信贷和城乡储蓄。1983 年 9 月，国务院发布的《关于中国人民银行专门行使中央银行职能的决定》指出，为了充分发挥银行的经济杠杆作用，集中社会资金，支援经济建设，改变目前资金管理多头、使用分散的状况，必须强化中央银行的职能。为此，决定人行不再兼办工商信贷和储蓄业务，成立中国工商银行；各专业银行、保险公司作为经济实体直属国务院。

中央银行制度的建立，为发挥银行在宏观经济的间接调控方面的重要作用创造了必要的前提。但是，中央银行能否有效地发挥间接调控作用，又必须以自身在体制上的独立性和存在完善的市场体系为条件。文件虽然明确规定了人民银行作为中央银行的地位，划清了人民银行与专业银行的职责，但在实践中并未完全落实，尤其是银行依然隶属于各级政府，财政赤字依然主要靠银行超经济发行来弥补。1979 年以来，财政向银行透支累计达 379 亿元。这表明不实行政企分开，不转变政府职能，不改革财政体制，是难以实行中央银行制度的。

中央银行成立之初，与专业银行的资金未分开，加上大联行结算制，中央银行对专业银行的信贷差额只能事后认账，被动放款。为改变这种状况，使人民银行能主动地运用自己的资金调控信贷规模，1984 年 10 月人民银行改革资金管理办法，实行"实贷实存"，即中央银行对专业银行的贷款，按计划贷给各专业银行，并存入各地人民银行分行的账户上。各地专业银行只有在人民银行账户上有存款，才能得到人民银行的贷款。当时采取以 1984 年年底的贷款额为基数，确定第二年的增加额，结果各专业银行为扩大基数争相放款，导致年底信贷失控。1985 年中央银行不得不恢复对各专业银行贷款规模的直接控制。

(二)"拨改贷"的实行

实行"拨改贷"，改资金无偿供给为有偿借贷，转变银行的职能，改变银行与工商企业之间的关系，推进了金融市场的发育。1979 年 8 月，国务院批转的计委、建委、财政部《关于基本建设投资试行银行贷款办法的报告》指出，基本建设投资实行银行贷款，扩大经济手段和经济组织的作用；银行和贷款单位都是经济组织，它们之间的业务往来要按合同办事，互相承担经济责任和法律责任；贷款单位要保证还本付息，银行发放贷款，要按规定进行严格审查，实行择优发放的原则，有借有还，谁借谁还。拨改贷试行一年，全国除西藏外 28 个省，直辖市、自治区，十多个行业，有619 个项目签订了贷款合同，总金额 32 亿元。此外，建设银行还对 900 多个单位发放基建贷款 8.4 亿元。1980 年 11 月，国务院批转计委等单位《关于实行基本建设拨款改贷款的报告》，规定从 1981 年起，凡是实行经济核算有偿还能力的企业，都应当实行基本建设拨款改贷款的制度。建设银行要切实把拨改贷的任务承担起来，努力学会用银行办法办银行。该报告针对试点中出现的问题，提出财政预算安排的基本建设资金，拨给建设银行作为贷款基金，根据国家确定的基本建设计划，按照贷款条件发放。因价格不合理等原因无力偿还贷款的企业仍由财政拨款；行政、事业单位要实行投资包干；有条件的地方，实行建筑产品商品化的试点。贷款利率一般为年率 3%，煤矿、建材、邮电为 2.4%，机械、轻纺、石化为 3.6%。1984 年 12 月，计委、财政部、建行下达《关于国家预算内基本建设投资全部由拨款改为贷款的暂行规定》，决定自 1985 年起实行。拨改贷对不同行业实行差别利率（2.4%—12%），还款由企业自有资金和交纳所得税前的收入支付。

基建投资实行拨改贷，方向是正确的。但由于它是在宏观经济体制的总体格局没有根本改变的条件下出台的，银行依然隶属于各级政府，企业税前还贷，因此，拨改贷实际上是银行变相地为企业开"大锅饭"。1984—1986 年，全国拨改贷项目 8600 个，落实贷款项目的仅占 8%，贷款回收率不到 5%，建成的大中型项目有 3/4 的生产能力未能充分利用，1/4 项目的投资没有发挥效益。

（三）拓展银行和其他金融机构的业务，启动各种金融工具，推动金融市场体系的发育

（1）短期资金市场的发育是以同业拆借市场为始点的。1985 年，银行打破统收统支的体制，试行各行之间互相调剂多余资金。次年，银行间同业拆借全面铺开。1988 年全国同业拆借额达 262 亿元，对缓解资金供求矛盾、促进资金横向融通、提高资金利用效率起了积极作用。但是，由于条块分割的体制未变，跨行业、跨地区拆借阻力重重；专业银行企业化进展缓慢，也影响了拆借市场的发育。

（2）票据承兑，贴现市场。1981 年 2 月，上海市人民银行首次办理同城和跨地区的商业汇票承兑贴现业务。随后，这一做法被推广到天津、沈阳等市。1984 年 12 月，人民银行下达《商业汇票承兑、贴现暂行办法》。1986 年 4 月，人民银行和工商银行为解决企业间相互拖欠贷款、占用资金，决定在京、沪等十城市实行商业汇票承兑、贴现办法，清理拖欠。随后在全国各城市推广，人民银行开始试办再贴现业务，贴现市场在我国初步形成。1988 年全国商业票据贴现、再贴现总额达 179 亿元。这个时期的贴现市场是在"大锅饭"的体制继续运转的环境中诞生的，银行统包流动资金的供应，商业信用不发达，企业借款缺乏经济上和法律上的约束，有的企业甚至利用商业信用从事非法活动。

（3）债券市场的发育。其主要内容：一是开放国库券市场。1985 年准许向个人出售的国库券上市，同时准许存满两年后到银行贴现（贴现率年息为 12.93%）。1986 年继续实行上述办法。二是开放短期金融债券市场。1985 年，工商银行和农业银行率先发行了 20 亿元期限 1 年的金融债券。1987 年建设银行、中国银行以及其他金融机构也先后发行金融债券。1987 年年底，全国共发行债券 85 亿元。1986 年 8 月，沈阳市信托投资公司开办债券转让业务，批准六家企业的 13 种债券上市，交易方式有公司买卖，委托代卖、抵押贴现、债券签证。1987 年年底，地方和企业债券发行额为 130 亿元。债券市场是在金融市场体系发育不健全的环境中诞生的。它的流通市场远远滞后于发行市场，上市量极低（国库券仅占发行量的 1.5%），且以柜台交易为主，交易价格限制过死。

（4）股票市场试点。1980 年 8 月，人民银行抚顺市支行新抚办事处首次代理企业发行股票。1984 年 7 月和 12 月，北京天桥股份有限公司和上海飞乐股份有限公司先后发行股票。1986 年 9 月，工商银行上海信托投资公司静安证券业务部正式挂牌买卖股票，开创了股票交易的先例。1988 年 5 月，沈阳市金杯汽车股份有限公司成立，首次发行规范化的股票。到 1988 年年底，全国发行各类股票 35.7 亿元，其中向社会公开发行 12.7 亿元，占 35.6%，股票交易额约 1400 万元。

总地说来，我国现代金融市场发育仍处于初始阶段，供给型金融体制的转轨远未完成。作为金融市场的"神经脉络"的运行机制尚未形成。在这种情况下，中央银行通过货币政策和三大杠杆对宏观经济运行实施有效的间接调控，在很大程度上还停留在纸面。

金融市场机制发育受阻的原因，主要是市场参与的主体，无论是企业或专业银行，都不是相对独立的商品生产者和经营者，都未摆脱对政府的依附地位；市场远未实行规范化，政企合一造成条块分割和普遍的垄断；价格体系严重扭曲，负利率产生误导；"大锅饭"体制窒息了竞争和风险机制的作用。当然，金融市场发育受阻的原因，不单纯是体制问题，同时还由于我国是发展中国家，还处在向现代商品经济即市场经济发展的过程之中。

六　科技成果由"象牙之塔"步入市场

技术市场是市场体系的重要组成部分。它是联结科技与经济的桥梁，是引导科技成果进入生产领域的传送带。在传统体制下，科技与生产是两张皮，各自在封闭的体制中运行；科技部门靠国家财政拨款生存，科技成果按政府指令无偿转让。这种把科技封闭在象牙塔中的体制，既阻碍了经济发展，也不利于科学事业的繁荣。科技成果商品化和市场化，是现代社会化生产力发展的必然趋势。我国经济体制改革直接推动了科技体制的改革。科技成果商品化和科技市场的初步形成，是科技体制改革起步最重要的成果。

科技市场的发育，十年来，大体上经历了以下几个阶段：

（一）自发的无组织的科技市场公开化阶段

农村普遍推行家庭承包制和乡镇企业的大发展，促使农村自发形成的科技市场公开化，并推动了科技市场的形成和开放。1982 年 1 月，中央批转《全国农村工作会议纪要》，指出过去对科学的作用认识不够，忽视智力投资和现有人力的使用，必须及时纠正。1983 年 1 月召开第一次全国农村科技工作者会议。为鼓励科技人员去农村，有关部门规定在社会地位和物质待遇等方面给予优待。这一时期农村科技市场的特点：一是自发交易和有组织的交易相结合。地方政府部门有计划地组织城市企事业单位对乡镇企业进行对口支援，但乡镇发展所需要的科技主要靠乡镇企业自身通过市场去寻求。二是有偿转让与无偿支援相结合。三是打破了地区、所有制的界限。

（二）地方科技市场兴起

如果说农村科技市场是全国科技市场发育的直接推动力，那么，地方按现代商品经济模式兴办的科技市场则是我国现代科技市场发育的起点。1980 年沈阳市率先办了一个面向市场的技术服务公司，实行企业化经营，通过有偿转让科技成果和提供技术服务，沟通科研单位和企业的联系，推动科技成果转化为现实的生产力。该公司成立一年先后为 40 多个城市的企业举办了洽谈会。1981 年武汉市等除兴办技术服务公司外，还举办了技术交易会，供需双方直接见面。同年，天津市创办了《技术市场报》，为各行各业提供科技信息服务。此外，有的城市为了增强企业发展后劲，实行企业与科研单位联姻，后者以技术入股，建立生产—科研联合体，开发新产品和新技术。

（三）国家开放技术市场

1982 年 10 月，中央提出经济建设必须依靠科学技术，科学技术工作必须面向经济建设的方针，要求科学技术实现四个转移：由实验室向工厂转移，由军事工业向民用工业转移，沿海向内地转移，国内向国外转移。1985年1月，国务院颁发《关于技术转让的暂行规定》。同年3月，中央颁布《关于科学技术体制改革的决定》，明确指出技术市场是我国社会主义商品市场的重要组成部分。同年4月，《中华人民共和国专利法》出台，首次为科技成果的产权和技术贸易提供了法律保障。1986年5月，国务院发布《关于扩大科学技术研究机构自主权的暂行规定》，允许研究所面向社会承接任务，取得合法收入。1986年年底，国务院颁布《技术市场管理暂行办法》，就技术市场的政策方针，业务范围，协调机构，市场管理、服务机构、交易、税收等问题作了原则规定。1987年11月，我国开始实施《技术合同法》，各地区还制定了管理当地技术市场的具体规章。

由于国家政策和法律上的保障和指导，技术市场进入了快速成长阶段。首先，专业化的技术贸易企业大量建立，1989年各类技术交易机构1.9万个，从业人员36万人。1985年技术贸易成交额达23亿元，1987年上升到33.5亿元，1988年为72.4亿元，1989年为81.5亿元。其次，技术市场上产供需三方面的主体地位初步确立，生产企业、科研单位和技贸机构拥有一定的自主权。进入市场的不仅有科研单位，还有大专院校、军工和军科部门，实现了市场主体多元化。目前民办科技开发机构已有1万多家，从业人员20多万，为市场机制发挥作用创造了必要的前提。再次，技术贸易的形式多样化。各地的技术交易形式有：常设交易市场，不定期的交易会、招标会，服务队、咨询公司、信息市场和协调网。此外，还有建立生产—科研联合体，工技贸一体化，举办科技产业等。最后，政府开始重视技术市场管理的法规建设，陆续出台了一些法律规章。有组织地开放科技市场取得了显著的经济效益。科技成果推广应用率，由1981年的10%上升到1986年的40%。技术出口出现良好势头，1988年出口二十多个国家和地区，创汇2.4亿美元。

目前，技术市场的发育依然受经济体制和发展模式的困扰。技术市场开放之初，由于企业扩权和科技部门长期的储备，市场曾一度繁荣，但不久便出现市场需求不足。原因在于供需双方的体制都未转型，对新技术的渴求既缺乏内在动力和外部压力，又缺乏必要的经济实力。1988年，全国专利实施率不足 30% 。我国经济增长至今未摆脱外延型数量扩张模式，科技在经济增长中的作用很小。在经济高速增长时，并不能相应地带动技术交易同步增长，相反地，在经济进入调整时，刚刚起步的技术市场却会同时陷入萎缩状态。1986 年实行紧缩政策，全国技术市场交易额由上年的 23 亿元降为 20 亿元。此外，科技市场缺少完善的宏观调控，价格扭曲，市场分割，秩序较为混乱。科技市场的发育迫切要求加快经济体制改革。

七 统包统配的就业体制向市场化迈步
——市场体系发育的难点

在商品经济中，劳动力作为一种资源，它的流动和合理配置，是要通过市场来实现的。劳动力市场是市场体系的组成部分。在社会主义制度下，由于存在着商品货币关系和所有制结构多元化，由于劳动者身份二重性（即公有生产资料所有者和劳动力承担者），劳动力不能不具有商品属性，市场不能把劳动力排斥在外。改革十多年来，尽管劳动力市场尚未成型，但统包统配的就业体制已经开始被突破。

（一）劳动力市场的出现

粉碎"四人帮"后，全国亟待安置就业人数高达 800 多万人，此外还有当年进入劳动年龄的城镇人口 300 多万人。如果继续坚持全部由国家包下的办法，即使把当年的全部财政收入用于安置就业，也无法实现充分就业的目标，统包就业的体制已经难以为继。1979 年 7 月，党中央和国务院批转北京市《关于安排城市青年就业问题的报告》，要求各地广开就业门路。同年 10 月，吉林市首创劳动服务公司安置待业青年，并在全国推广。1980 年 8 月，党中央召开全国劳动就业工作会议，要求打破由国家统包就业的老框框，实行在国家统筹规划和指导下，劳动部门介绍就业，自愿组织起来就业和自谋职业相结合的方针；要有步骤地建立劳动服务公司；劳动服务公司担负介绍就业、输送临时工、职业培训等职能，逐步发展成为市场调节就业的组织形式。1980 年年底，全国城镇新安置就业人员 800 余万，其中个体开业 49.8 万人，集体所有单位 278 万人。1981 年 10 月，党中央和国务院颁发《关于广开门路，搞活经济，解决城镇就业问题的若干决定》，指出解决就业门路，应当结合调整产业结构和所有制结构进行；适当发展城镇劳动者个体经济，增加自谋职业的渠道，并从经济上给予扶持。这样，在其他市场尚未迈步的时候，在国家统包统配的就业体制之外，出现了一个有限的劳动力市场。

（二）农村劳动力向非农产业的转移

以农村普遍实行家庭联产承包为推动力，农村劳动力自发地向非农产业转移，并组成一支数量庞大的流动的劳动力大军，为城市经济发展提供人力资源。80 年代初，党中央发布《当前农村经济政策的若干问题》，指出必须改革农业经济结构，利用有限的耕地，实行集约经营，并把大量的剩余劳动力，转移到多种经营的广阔天地中去；我们现在正进入城乡社会主义商品生产大发展的时期，要打破城乡分割的地区封锁，广辟流通渠道，允许农民长途贩运，等等。虽然政策规定了"离土不离乡"，但由于人民公社解体，加之农业连年丰收，户籍制度和口粮配给制已经无法限制农村人口的转移。1984 年 1 月，党中央发表《关于 1984 年农村工作的通知》，指出允许农民和集体的资金自由地或有组织地流动，鼓励农民向各种企业投资入股；越来越多的人转向非农产业是一种历史性的进步；乡镇企业从业人数由 1984 年的 5208 万人增加到 1988 年的 9545 万人，每年以 1000 多万人的规模转移。此外，这个时期全国城市企业和事业单位每年直接从市场招用计划外临时工约 1500 余万人，其中多数来自农村。这个时期还有一支人数众多的"盲流"在城市和边疆地区流动，庞大的无组织的劳动力市场在迅速成长。但是，农村人口向城镇转移，远远超出了社会的承受力。由于劳动力市场发育不健全，市场自我调节的功能欠缺，政府不得不几度运用行政手段控制"农转非"的规模和速度。

在促进劳动力市场的形成和推动劳动力市场结构多元化方面，所有制结构的多元化和非公有制经济成分的增长是一个重要的因素。首先，随着农村非农产业中个体企业和私营企业发展，出现了雇工。1983 年中央 1 号文件虽然肯定了社队企业可以采取多种所有制形式，但文件规定对雇工不宜提倡，不要公开宣传，也不要急于取缔。1984 年中央 1 号文件则提出，对雇工超过规定人数的乡镇企业,可以采取不按资本主义的雇工经济看待。同年 2 月,国务院发布《关于农村个体工商业的若干规定》,允许雇请最多不超过五个学徒和一二个帮工。但各地实际上远远突破了这个限制。1985年年底,在农村非农产业"联合体"中,雇工的企业由上年的 19.8% 增加到 28%。① 同时,特区和各地三资企业所需要的劳动力一般不采取政府劳动部门统配的办法,而是实行企业招聘,在劳动力市场上择优录用。早在1980 年 7 月,国务院就公布了《中外合资经营企业劳动管理规定》,从法律上保障企业用工的自主权。由于特区和三资企业实行高工资、高福利,对就业者有很大的吸引力。尤其是特区经济发展迅速,通过劳动力市场就业的人数增长很快。深圳市区 1984 年年底职工人数为 154.4 万人,1989 年年底增加到 412 万人,五年间增长了 166.8%。

(三) 国营经济劳动制度的改革

国营经济的劳动制度是改革的重点,也是最大的难点。但这项改革进展缓慢,成效不大。采取的改革步骤主要有:1986 年 10 月,国务院发布关于国营企业实行劳动合同制的暂行规定,对新增工人实行劳动合同制。这项改革使企业和待业者有了一定的互相选择权利,促进了就业竞争和人才的合理流动。1988 年年底,全国实行合同工人数达 1008 万人,合同工占职工总数的 10.1%,这样便形成"老人老办法"和"新人新办法"的双轨劳动制。1984 年 10 月,国务院批准劳动人事部,城乡建设部制定的《国营建筑企业招用农民合同制工人和用人暂行办法》,规定企业所需的劳动力,除少数专业技术工种和技术骨干外,聘用农民合同制工人,逐步降低固定工的比例。此外,有些行业例如采煤、纺织和城市环保部门,由于城市待业人员就业观念的变化,在城市招工困难,被迫大量招用农民合同工。1987年国营企业推行"优化劳动组合",试图为解决在职待业的难题寻找一条出路。但由于缺乏相应的配套措施,未能收到预期的效果。此外,有的地区开设了人才流动中心,促进专业人员的流动;组织劳务市场,供需直接见面,双向选择。1989 年全国有各类劳务市场 3000 个。

---

① 参见《人民日报》1986 年 12 月 12 日。

为建立社会保障体系，确保社会安定，1984年实行职工养老金社会统筹，1989年在93%的市、县推开。全国2700多个县设立了社会保险机构，为10万多待业职工提供了待业救济金。

劳动制度改革涉及亿万人民的切身利益，加上我国面临着人口总量大，在职待业人数多的双重压力，因此推进劳动力市场化改革的难度是相当大的。

八 整顿市场秩序，治理市场发育的环境，推进市场体系的建设

1988年9月，中央针对经济生活中出现的严重问题，提出了"治理经济环境，整顿经济秩序"的方针，我国国民经济进入了新一轮的调整时期。在此期间，为制止通货膨胀，恢复社会总需求与总供给的基本平衡，政府在平抑物价、压缩固定资产投资、紧缩财政和信贷等方面，在可能的范围内采用了一些经济手段，但主要还是借助于强制性的行政措施。这自然会使市场的发育进程受到影响。然而重要的是，通过治理、整顿，使国民经济的宏观状况得到改善，为经济改革的加速发展，为市场体系的建设创造了良好的条件。而且，就在治理、整顿的过程当中，市场的发育也没有完全停顿，甚至在某些方面还有所进展。

（一）有限的买方市场的出现

由卖方市场向有限的买方市场的转变，是这一时期的一个突出的成果。

我国市场供求的总体格局，长期以来一直是供不应求。1985—1988年，社会总需求超过社会总供给的平均差率为11.8%。无论生产资料市场或消费品市场（特别是耐用消费品市场）基本上都是卖方市场。由于治理、整顿的实施，1989年差率缩小为8.7%，1990年继续缩小到7.6%，1991年与上年持平。这三年社会商品零售总额比上年的增长幅度分别为8.9%、2.5%和12%。其间，1989年下半年到1990年全年曾经发生市场疲软的现象，到1991年年初才逐步恢复而趋于正常。物价涨势回落，货源供应充足，库存大幅上升。据商业部1991年下半年调查，705种商品供求持平的

占 60.4%，供过于求的占 27.4%，供不应求的只占 12.9%，零售物价比上年涨幅 1989 年为 17.8%，1990 年为 2.1%，1991 年为 3%。这样，深化改革所必需的相对宽松的经济环境便开始形成。

（二）强化市场管理，建立良好的市场秩序

由于政府进一步强化对市场的管理，市场秩序明显好转，这是市场发育过程中由乱到治的又一大变化。

前几年，在流通领域中成立了一大批公司，对搞活流通起到了一定的作用。但其中有相当一部分公司政企不分，官商不分，转手倒卖，买空卖空，巧取豪夺，扰乱市场秩序，败坏社会风气，造成分配不公。为此，1988 年国务院颁布了《关于治理整顿公司的决定》。经过清理整顿，1989 年以来，全国共撤并公司 10.5 万个，占原有公司总数的 35.2%，其中撤并流通领域公司 7.3 万个，占撤并公司总数的 73%。大多数公司已同国家行政机关脱钩，一大批兼职的党政干部退出了公司。同时，在全国范围开展了打击经济犯罪，严惩贪污、行贿受贿，以及查处假冒伪劣商品的活动，经济案件的发案率逐年下降，1990 年比上年下降 38.3%，1991 年比上年下降 32.9%。政府强化了对市场的行政管理，建立正常交易秩序，目前正式发布的购销等经济合同范文本有 6 大类 22 种，有效注册商标 32 万件，加强了广告管理。但市场管理尚未达到法治化、规范化。

（三）治理整顿与市场发育互相推动

在治理整顿过程中推进市场发育，同时又靠市场体系发育促进治理整顿任务的完成。

1. 深化金融体制改革，积极稳妥地推进证券市场的发育。1991 年年底，城乡居民金融资产已高达 1.3 万亿元。管好、用好这笔巨额资金，不仅可以缓解建设资金紧缺的矛盾，而且可以稳定市场。近几年为推进证券市场的发育，政府采取了下列积极步骤：开办上海证券交易所和深圳证券交易所；建立全国证券交易自动报价系统，会员公司已增加到 40 家，联网城市 13 个，成交额达 11.5 亿元；在 70 个城市开办证券交易网点 500 多个；1991 年国库券发行由按行政系统摊派改为银行承销。目前，已发行各种有

价证券 2700 亿元，品种由单一的国库券发展到债券，股票等多种形式，其中，国家债券 1000 多亿元，金融债券 285 亿元，股票 46 亿元，但上市量仅为 200 亿元，占发行额的 7.4%。目前，证券业正处于萌发时期，证券市场还缺少规范化的管理，居民的金融意识比较淡薄。

2. 期货市场的试点，发展大宗农产品期货市场是改革我国农产品购销体制的重要步骤。1990 年 10 月，经政府批准郑州粮食批发市场开业，随后武汉、芜湖、成都等城市也相继开办了粮、棉、油期货市场。由于现行的农产品现货市场极不发达，运行规则双重化，市场基础设施落后，还不能发挥期货贸易的积极作用。

3. 技术市场发育加快。治理整顿期间，我国技术市场继续健康发展。其表现：一是市场管理逐步法治化、规范化，《技术合同法》实施之后，主管部门又颁布技术市场统计，技术合同认定登记、技术交易会管理、科技开发企业登记管理等规章，建立了各级技术市场管理机构，仲裁机构；二是面向农村和国营大中型企业，开拓科技新市场等。近四年技术市场成交额大幅度上升，1991 年上升 25.36%，全年成交合同金额达 94 亿元，比成交额最高的 1989 年增长 15%。

4. 外汇调剂市场继续完善。近几年，我国外汇调剂市场在管好，用活有限的外汇资金中起了有益的作用：一是成交额逐年增长。1988 年为 62.5 亿美元，1989 年增至 85 亿美元，1990 年升至 131 亿美元。外汇调剂价格已被人们作为"市场汇率"接受。二是调剂价格趋向市场化。1988 年取消了外汇调剂的限价，允许按供求情况浮动。中央银行在 1991 年动用了部分资金参与市场买卖，开始运用经济手段对外汇调剂市场进行宏观调控。但目前全国统一的外汇调剂市场尚未形成。

5. 确立企业的市场主体地位，使消费者能够充分行使自主权，是市场机制得以发挥积极作用的必要条件之一，也是市场体系发育成熟的标志之一。近年来，随着改革的份量加大和市场供求格局的变化，在这两方面都取得了进展：一是在国营零售商业中推行以"四放开"（即放开经营、价格、用工、工资等）为内容的改革，使商店成为相对独立的经营主体，摆脱对各级政府的依附。同时工业部门也开始进行把企业推向市场。二是各地建立消费者协会，维护消费者的合法权益，接受消费者的投诉。1991 年开展"质量，效益年"活动，加强了对上市商品质量的检验，严肃查处假冒伪劣商品和损害消费者的不法行为。各地消费者协会接受消费者投诉约百万件，仅 1991 年就达 27 万多件。

6. 产权市场萌芽是要素市场发育的重要突破。推动产权市场发育的因素：一是治理整顿的重点由控制总量转向结构调整。这一时期，企业结构的调整虽然主要是政府用行政办法实行关停并转，但在若干城市进行了破产和兼并的试点，有的公开拍卖破产企业，有的实行跨行业、跨所有制的兼并。二是组建企业集团，为了实现规模效益，在行业内部按照互利原则组建股份公司型的大型企业集团，其中约半数以资产作为联结的纽带。但由于条块分割的体制，已经挂牌的企业集团多数没有形成独立的经营实体。

（四）经济生活中深层次的矛盾及其根源

三年治理整顿为推进市场体系的发育创造了可能条件，但经济生活中深层次的矛盾并未解决。这主要表现在：

1. 信贷投放增长过快，通货膨胀的压力继续加大。1991 年新增贷款 2895 亿元，年末广义货币供应量比年初增长 26.8%，仍然大大高于经济增长的实际需要。城乡居民储蓄存款年末达到 9110 亿元，比年初增加 2076 亿元，增长 29.5%。企业成本继续上升，在上年上升 7% 的基础上又提高 5.2%。大中城市物价上涨幅度高于全国平均水平，达到 8%。

2. 企业经济效益下滑趋势没有扭转。预算内国营工业企业亏损面高达 29.7%，亏损额在前两年成倍上升的基础上又上升 10.6%，实现利润比上年下降 14.2%。

3. 国家财政赤字继续增长，1989 年为 92 亿元，1990 年上升到 140 亿元。

4. 产业结构不合理，存量调整少，要素配置不当，资源利用效率低。彩电、冰箱、洗衣机、汽车、吸尘器、录音机、啤酒、卷烟等 19 种产品的生产能力严重过剩，许多企业处于停产半停产状态。但是，重复引进、重复建设仍然屡禁不止，在建规模偏大，新开工项目增加过多，1990 年全社会固定资产投资完成额比上年增长 18.6%。

5. 收入分配不公。一方面，国营企业事业单位收入分配平均主义没有消除；另一方面，社会各阶层收入分配又出现严重不公。1990 年城镇低收入的困难户约占 14.8%。

6. 价格体系扭曲没有消除。在整顿市场秩序的同时，对价格作了几次调整，原油、成品油、钢材、铁路货运、粮食等价格上调，缓解了基础产品价格偏低的状况，减少了财政补贴，促进了基础产业的发展。但价格双轨制仍未消除，工农业产品价格剪刀差和粮、油等购销价格倒挂依然存在，加工工业产品价格偏高和基础产品价格偏低的矛盾仍未解决。1990 年国家财政用于价格补贴的金额达 380.8 亿元。

产生上述问题的根源在于，现行体制或经济运行机制与社会主义商品经济自身发展规律的矛盾，市场和市场体系难以顺利地按照自身的成长规律发育。当前市场体系发育存在的问题，主要表现在：条块的行政隶属关系损害了市场的统一性；政企合一，国营企业在承包制下无法取得市场主体的地位；价格体系未理顺，市场信号失真；改革措施互不配套，甚至互相掣肘；市场设施建设落后，等等。因此，市场发育的广度和深度同整个经济商品化的发展程度相比严重滞后。

九 深化改革，加速推进市场体系的全面发育

当前，我国的改革已进入体制转型的关键时刻，改革的难度和风险比过去更大。如何处理好深化改革与社会安定，经济稳定的关系，似乎成了难以两全的问题，使人们举棋不定。由于苏东蜕变和国内资产阶级自由化思潮泛起，世人提出一个十分尖锐的问题：中国红旗究竟能打多久？面对这个问题，我们必须作出抉择：走回头路，对旧体制进行修修补补；或坚持改革开放，创立社会主义市场经济体制。二者必居其一。持"左"的观点的人把改革开放与坚持社会主义道路对立起来，他们坚持传统的僵化的社会主义模式，认为"和平演变"的危险主要来自经济领域，主张恢复指令性计划经济体制。这种"左"的观点已经成为深化改革的主要思想障碍。正是在治理整顿阶段基本结束，我国改革开放面临何去何从的关键时刻，邓小平同志适时发表了南方视察谈话，接着党的十四大把建立社会主义市场经济体制正式确定为我国经济改革的目标，并对深化改革作出部署，市

场体系的发育过程大大加快。

（一）随着价格全面放开，市场机制的作用进一步强化

1992 年以来，价格改革的步伐加快。首先，国家物价局加大价格结构性调整力度，统一出台了粮、煤、油（天然气）、运输四大类商品和服务调价措施，价格结构性调整的幅度之大是改革 13 年来所未有的。接着，国家物价局重新修订生产资料和运输价格管理目录，规定由政府管理价格的商品由 1991 年年底的 737 种减少到 89 种，其中，放给企业定价的有 571 种。同年 9 月 1 日起，取消原油、成品油、钢材、生铁、铜、铝、锌、锚、镍、纯碱、烧碱等计划外生产资料全国统一最高出厂价或销售限价。同年 10 月，国家物价局又修订了农产品价格管理目录，规定实行国家定价的农产品有 6 种，即计划购销的粮食、棉花、烟叶、桑蚕茧、紧压茶、统配木材；实行国家指导价的有 13 种，包括部分中药材、绵羊毛、松脂（松香）。这样，绝大部分农产品购销价格均已放开让市场调节。

目前，放开的主要是产品和服务价格。广义价格还包括利息、工资、租金等。要素价格扭曲要比产品价格扭曲严重得多。由于要素市场发育滞后，实现广义价格市场化还需要较长的过程。放开价格只是为价格形成机制的转换创造了前提。除此之外，政府还必须制定相应的市场管理法规，建立正常的市场秩序，制止不正当的竞争和垄断。没有这些条件，市场机制对价格形成是难以发挥正效应的。

（二）企业作为市场主体的法律地位开始得到确认

1992 年 6 月，国务院发布《全民所有制工业企业转换经营机制条例》，明确规定企业是依法自主经营、自负盈亏、自我发展、自我约束的商品生产和经营单位；按照政企职责分开的原则，政府依法对企业进行协调、监督和管理，为企业提供服务。该条例具体地规定了企业、政府各自承担的责、权、利。这是继《企业法》之后进一步明确了企业的市场主体地位。但是，如果没有相应的配套措施，没有充分发育的市场体系，不转换价格形成的机制，企业还是不可能靠这一纸法规成为名副其实的市场主体的。现在讲把企业推向市场，而现存的市场却是扭曲的、残缺不全的市场。企

业进入这样的市场不可能开展平等的、公平的竞争，因而不可能有生机和
活力。

（三）各类市场发育极不平衡

市场的发育和市场体系的形成有其自身的规律，我们在改革进程中不
可能为各类市场的发育制订出一个时间表。从经济发展史上看，各类市场
发育有先有后，大体上说，先是产品市场，后是要素市场；其次，各类市
场发育互相制约，互相促进，任何市场都不可能单项突进。只有完善的市
场体系整体才能对资源配置起到优化作用。

目前，我国各类市场的发育很不平衡，有些市场呈畸型状态。

1. 土地和房产市场空前活跃。我国对国有土地长期实行由政府无偿划
拨制度。随着商品经济的发展，这种制度的弊端日益显露出来，改革势在
必行。1987 年 9 月，深圳市出让我国第一块国有土地使用权，期限为 50
年。接着福州、海口、广州、珠海、厦门、上海、宁波等城市也先后出让
和转让国有土地。1988 年 4 月，七届人大一次会议对宪法有关条款作了修
改，规定土地使用权可以依照法律的规定转让。随后，《土地管理法》也作
了相应的修改。全国土地出让试点的省、区、市由 1990 年的 10 个增加到
1991 年的 17 个，五个经济特区已全面实行土地出租，中国土地市场开始建
立。截至 1992 年 4 月，出让 1500 宗土地使用权，面积 3000 公顷。除国有
土地使用权经政府批准有偿出让外，划拨土地使用权自发进入市场获取收
益的现象普遍存在，大多以房屋买卖、出租、抵押、以地易房易物，以地
为资本进行投资等形式出现。这一过程中也出现一些问题，如开发区层层
攀比，占用土地过多，土地审批失控；地价过低，炒卖地皮，甚至大量囤
积土地。各地房地产开发公司增加到 40000 家，交易混乱，市场不规范，造
成了国有土地资产收益大量流失，土地权属混乱，冲击了土地使用制度改
革。清理整顿土地市场已刻不容缓。

2. 股票市场超前崛起。1983 年，我国着手进行股份制试点。治理整顿
期间，对试点提出了继续完善和提高的要求，不再铺新点。1990 年 12 月党
的十三届七中全会提出，逐步扩大债券和股票的发行，并严格加强管理，
在有条件的大城市建立和完善证券交易所。1990 年 12 月和 1991 年 4 月，

上海、深圳两市先后开办了证券交易所，揭开了中国股票交易二级市场的序幕。到 1991 年年底，全国各类股份制试点企业有 3220 家，其中法人持股的企业 380 家，占 12%；内部职工持股的企业有 2751 家，占 86%；向社会公开发行股票的企业 89 家，占 2%。在试点企业中全民所有制企业占 22%。沪、深两市有 69 家股份公司向社会发行股票，总额 84.05 亿元，其中可上市交易的部分达 30.2 亿元。近几年各地颁布了一些管理股份企业的地方性法规，但一直没有全国性统一法规；相当多的股份制企业很不规范。为使股份制试点健康发展并使之规范化，国家体改委等先后颁布了《股份有限公司规范意见》《有限责任公司规范意见》《股份制试点企业宏观管理暂行规定》等。1991 年 10 月经中国人民银行批准，首家全国性的证券评估机构——中国诚信证券评估有限公司成立。

3. 各种类型的产品市场蓬勃兴起。首先，中心城市兴办综合性交易市场，特点是打破了条块、行业的界限，一业为主多种经营。这种综合贸易市场的出现为探索组织社会化大流通，改革现行流通体制提供了一条新路。其次，中心城市兴办专业批发市场。郑州市利用地理和交通优势，兴办了建材、纺织纱布、蔬菜果品等九个大中型批发交易市场，面向全国，内外贸结合。这种开放型流通体制，具有环节少、流程长、集散快、效益高的优点。但在这股"批发市场热"中，有些地方不考虑本地的客观条件，没有总体布局规划，用小商品经济的观点组织现代市场，结果一些批发市场办成了放大了的集市贸易，表面上轰轰烈烈，实际上大大增加了流通费用支出。再次，按照现代市场经济的规范继续进行期货市场的试点。深圳市有色金属交易所在开展自营业务的同时，积极开展期货经纪代理业务，截至 1992 年 8 月，交易总额达 22.45 亿元，成交量 13.759 万吨，80% 以上的会员单位开展了代理业务。目前正在筹办成立经纪公司，计划在其他中心城市设立经纪代理机构，并制定出有关管理法规。1992 年 5 月，全国第一家国家级期货交易市场——上海金属交易所开张，仅 42 个交易日就成交有色金属 40 万吨，总金额 72 亿元。交易所已建立起一套与国际标准吻合，得到国内市场公认的权威性价格标准，成为指导企业调节生产的"晴雨表"。

4. 要素市场有新的突破。首先，地方性产权市场迈出较大步子。四川省 1988 年开始进行产权转让的改革，至 1992 年已有 2288 个企业发生产权转让行为，占全国总数的 1/4，全省已有 320 多个产权交易市场，通过产权转让消化亏损企业 1000 多家，搞活呆滞资产达 20 多亿元。该省首次将国营大中型企业租赁给外商独资经营，四川客车厂与香港泰和行实业有限公司签订为期 15 年的租赁合同，实行"投资租赁，独资经营"的模式。此外，在农村还出现了用拍卖方式出让土地使用权。山西省岚县为治理开发荒山，公开向农民拍卖荒山使用权，规定买主可转让，或中途作价买卖，收益五年内免税。1992 年全县有 500 户买了 5 万亩荒山，其中两万亩已栽上树木，成活率达 87%。这种拍卖方式对农业发展规模经营有一定的启示作用。其次，劳动力市场发育加快。随着对外开放的扩大和第三产业的加速发展，劳动力市场呈现前所未有的活跃态势，各地"人才之战"此起彼伏。1992 年 3 月，国家教委在杭州召开应届大学毕业生分配会，邀请 438 家国营大中型企业代表参加，竟有 5000 多人涌进会场，65 万毕业生几天内被争抢一空。国家统配统包的分配体制被打破。北京人才交流中心 1992 年 1—8 月登记要求更换工作单位的达 3000 人，一场春季交流会吸引了两万多人，多数是专业技术人员，80% 来自国家企事业单位。据统计，目前专业人才的流动率大约仅占要求流动的人员 10%。1992 年年初，各地出现"破三铁"（铁饭碗、铁工资、铁交椅）热。由于社会保障体系没能相应地建立，没有着眼于造成"三铁"体制本身的改革而出现了一些偏差，各地为稳妥地推进劳动制度改革，积极探索建立社会劳动保障体系。湖南省株洲市实行全方位统筹的社会劳动保险；建立富余职工和待业职工培训网络；建立多种形式的劳动力市场；发展劳动服务企业，扩大吞吐社会劳动力的能力。在我国农业现代化和市场化过程中，来自农村的庞大的流动待业人口的存在是不可避免的，用户籍管理和凭票供应口粮等行政办法已难以为继。目前有些地区之间试行劳务输出合同，按计划定向输送劳动力。再次，科技市场方兴未艾，继北京中关村、武汉东湖之后许多地区先后设立了新技术开发区，政府鼓励和支持从事应用技术研究的部门和个人实行商业化经营，或开办民营经济实体。1992 年上半年技术市场盛况空前。全国签署的技术合同约 9.84 万份，金额 57.8 亿元，比 1991 年分别增长 18% 和 54%。国有大中型企业已成为最大的买主，约占买方的 2/3。技术成果的转让形式多样化，如四川省 1992 年 9 月 5 日举办了"优秀技术成果现场拍卖会"。

（四）市场体系发育的环境和条件进一步改善，然而 1992 年上半年又出现了经济过热势头

1985 年以后经济超高速增长；通货膨胀居高不下，迫使我国市场发育中断；1989 年开始的治理整顿为继续推进市场体系的发展创造了良好的条件，出现了前所未有的相对宽松的环境，使我们有可能在价格改革等方面迈出较大的步伐。但是，值得注意的是，1992 年上半年以来，工业生产上升过快，基本建设新上项目过多，投资增长过猛，信贷投放过多。这股势头如不及时刹住，再次引发经济过热和再次被迫调整的可能性，是不能排除的。

当前，加快市场体系发育不仅必要，而且也有可能，关键在于我们应当吸取前一时期的经验和教训，作好总体规划和分步实施的计划。

（原载马家驹主编《中国经济改革的历史考察》，浙江人民出版社 1994 年版）

中国经济内忧

　　"人无远虑，必有近忧"，这是一句耳熟能详的警世之言。回忆新中国成立之时，毛泽东采纳了以《义勇军进行曲》代国歌的建议，其意在唤起取得了胜利的人们的觉醒：夺取全国政权这只是走完了万里长征的第一步。改革开放在这个征途上迈出了新的一步，其成就令世人瞩目，在共和国的历史上谱写出了璀璨的篇章。

　　然而，距离"富民强国"的远大目标还有很长的路要走。当前，国家的发展正处在重要时刻。社会经济生活中各种深层次的矛盾和问题已经显露。能否妥善地处理和解决这些矛盾和问题，不仅关系到社会稳定，而且事关改革的成果能否保住，事关改革深化能否逐步接近"共同富裕"的目标。

　　共产党人以全心全意为人民服务为宗旨，以人民的利益为第一要旨。勇于正视工作中的失误和问题，而不是文过饰非；认真地解决工作中的困难和矛盾，而不是敷衍塞责；虚心地听取来自各方面的批评和建议，而不是堵塞言路，这是衡量党的领导干部是否全心全意为人民服务的标志。在历史上，我们有因胜利而骄傲，招致失败的沉痛教训；也有因失误又缺乏自责，导致付出惨重代价的先例。忘记历史的教训，悲剧重演是可能的。

　　改革是前无古人，今无先例的艰巨事业。我们选择了"摸着石头过河"的战略方针。要求改革万无一失，不允许犯错误，是不切实际的。我们只能要求不犯大的失误，要求有了失误之后能够改正。这才是我们应取的严肃的科学态度。

　　早在1978年我曾经写过一篇文章：《艰难的抉择：中国市场化改革》。文章从理论上探讨了我国市场化取向改革可能遇到的矛盾和难题。现在看来，经过十余年的探索，实践远远超出了人们的预言。现在这篇文章算是它的继续和深化。可以说两篇文章是姊妹篇。不过，本文主要列数当前改革与发展中存在的若干重要问题。文章侧重实证分析，较少理论剖析。写这篇文章的用意在于引起人们对我们前进道路上种种险阻的关注。

一　奢靡之风——工业化和现代化建设的又一公害

腐败现在已经是"过街老鼠"，人们都把它看作是威胁国家和执政党命运与前途的一大公害。腐败未除，时下又多了一害，这就是势头愈演愈烈的奢靡之风。奢靡是寄生性、腐朽性的表现。腐朽和腐败是一对孪生子，仅一字之差，岂可熟视无睹。

经济学常识告诉我们，生产决定消费，但没有消费也就没有生产。人们不是为生产而生产，生产归根到底是为了消费、依赖消费。近代工业革命快速提高了社会生产力，导致消费资料极大丰富。第二次世界大战后，西方发达国家兴起了一种新的消费模式和生活方式，其特征表现为：以富裕者无节制的物欲满足为宗旨，奉行物质消费至上主义，超越生产和消费的能力，以牺牲环境和浪费资源为代价。社会学家把这种消费模式和生活方式主导的社会称之为"现代消费社会"。"消费社会"已经成为当代世界的一大公害，它不仅直接危及经济与生态平衡，而且威胁现代人类文明和进步。现在它正像传染病一样向发展中国家蔓延和扩散。

回过头来看看咱们中国吧！今日中国 GDP 已跃居世界第六位，进出口总额已雄踞世界第七位。总而言之，中国虽说不上经济强国，但近 20 年凭着年均 9% 的增速进入了经济大国的行列。于是，在"与国际接轨"的一片叫嚷声中，奢靡之风吹遍九洲大地，什么"勤俭建国"、"艰苦奋斗"等都被当作不合时宜的陈规陋习抛进了历史垃圾堆。

办公楼越建越豪华，南方一个中等城市的办公大楼建筑面积大到 17 万平方米，气魄之大，可与人民大会堂、故宫媲美。办公室越修越华丽，水晶吊灯、实木地板、大理石贴面、老板桌、太师椅、空调机、饮水器等等，一应俱全。原本为办理公务提供便利的办公场所发生了异化，成为权势和富贵的象征。

内部招待所纷纷升级为星级宾馆，越修档次越高，住宿、餐饮、健身、娱乐设施样样齐全，甚至县城宾馆都专设豪华套间、总统套房。近四年全国星级饭店已陷入了全行业亏损困境。被称为"贵族娱乐"的高尔夫球场，遍及大中城市。仅北京就有15座，还有17座在建。一个高尔夫球场的投资能建多少座希望小学！

人工景点，景观，街心花园，城市广场兴建成风，从大城市一直到小城镇，一地赛一地，一城盖过一城。外国有的，我们要有；外国没有的，我们要创。

在招商引资的旗号下，写字楼越建越气派，越建越高，热中于建摩天大楼。纽约世贸大厦被毁之后，我国某市已决定耗巨资兴建世界第一高楼。不少城市在积极筹建自己的标志性大厦。

步行街、购物城、金街银街、仿古街、娱乐城、美食城、休闲街等，花样翻新，名目繁多。有的街道装修之豪华甚至连巴黎的香舍里榭大街也自叹不如。某市花巨资兴建的步行商业街，堪称"中华第一街"，最近又计划用100亿元进行二次改造。不少中小城市大量挤占农田，耗巨资兴建大马路，有的县城马路宽达五六十米。

城市建设许多市政当局都选定了以世界名城为目标，什么"东方威尼斯"、"亚洲芝加哥"、"北方香港"、"东方巴黎"、"中国维也纳"等，中国几乎将成为世界名城的汇聚地。

公款吃喝成风，送往迎来设宴，逢会必吃，美味佳馔中外名酒应有尽有。去年仅餐饮业的营业额就达4000亿元之多，还不包括内部招待所开销。法国"XO"酒在中国销量之大，令法国老板自叹："法国人太穷！"

一些外国友人在中国城市走马观花，深为这些年中国的变化惊叹不已，甚至不相信中国人均GDP仅不到800—900美元，还是一个工业化尚未实现的穷国。

然而，再看看现实中国的另一面，反差之大，令每个爱国志士无不为之忧虑。

中国GDP总量突破万亿美元大关，居世界第六位，但仅占世界GDP总量的3.6%，美国占32.6%；中国人均GDP不到900美元，不到全球人均GDP的1/5。据世界经济论坛的报告，在世界75个国家和地区的经济增长竞争力排名中，中国居第39名，美国居第二名。

中国进出口总额达5098亿美元，为世界第七贸易大国。但在世界贸易总额中出口占 5.4% ，进口占 3.2% 。

中国靠占世界耕地总面积 7% 的土地养活了占世界 1/6 的人口，解决了 13 亿人民的温饱。但是，现在农村还有三千多万人处于绝对贫困状态。如果按照联合国的人均每天消费 1 美元的贫困标准，农村贫困人口则要多得多。在城镇，已经出现了一个相对稳定的人数众多的贫困阶层，包括六百多万下岗职工、六百多万失业人口，还有不能按时足额领到退休金和工资的退休职工和乡村教师。城乡居民缺医少药。

中国是五千年的文明古国，它曾以辉煌文化和科学成就在人类历史上谱写了光辉的篇章。然而，现在文化教育事业的发展状况却不能不令人担忧。我国公共教育经费支出占 GDP 的比重是世界上最低国家之一，甚至低于最不发达国家。国家虽然实行了九年义务教育制度，农村教育却还要靠"希望工程"支撑，政府财政用于教育事业的拨款仍未达到《教育法》规定的标准。高中毕业生的升学率仅为 50% 。25 岁以上人口中，受过高等教育的人数比重仅为 2.1% ，文盲高达 8507 万人。用于研究与开发的经费严重不足，占 GDP 的比重不到 1% ，日本为 2.88% ，美国为 2.44% ，韩国为 2.29% 。中国人力资源丰富，但劳动力的总体素质低下。

我国是农民占人口绝对多数的农业大国。农业至今没有摆脱靠天吃饭的被动局面，劳动生产率低下，我国农业劳动生产率只相当于印度的 75% ，美国和法国的 5% 。2/3 的劳动力困在人均 1.5 亩耕地上，由于农业现代化步履艰难，抵御自然灾害能力低，每年造成的损失达数千亿元，仅蔬菜水果因缺少保鲜设备一年就损失八百多亿元。

现代工业的建立和发展是国家工业化水平的重要标志。经过 50 年建设，我国基本上已经建成了较完备的现代工业体系，工业化已进入到中期阶段。但是，工业总体的技术装备水平仍然落后。用于研究和开放的经费在 GDP 中所占的比重，不仅低于发达国家，而且低于新兴工业化国家。据全国工业普查资料，1180 种专业生产设备达到国际水平的仅占 26.2% 。机械产品中达到 90 年代国际先进水平的不到 5% ，我国单位 GDP 的能耗高于世界平均水平 3.8 倍。劳动生产率低下，如煤矿全员劳动生产率仅为美国的 2.8% 。每年固定资产投资所需购置的设备 60%—70% 依靠进口。许多行业的装备如石化、数控机床、大型工程机械、轿车等都被外国占领。设备制造业丢掉了国内市场 2/3 的份额。我国钢产量破亿吨大关，但优质板材仍依赖进口。信息产业的关键技术和部件的研究开发相当落后。

离开灯红酒绿繁华喧嚣的街区，人们看到的是另一个中国，一个真实的中国，一个脱去华丽外衣的贫瘠瘦弱的中国。如此强烈的反差不能不引人深思、发人深省：我们究竟是追随发达国家，在"现代化潮流"、"国际接轨"的旗号下，仿效他们的生活方式，赶超"消费社会"，把人民的血汗投入到富丽堂皇的楼堂馆所、庭台阁楼的建设上，还是坚持"延安精神"，艰苦奋斗，把有限的资源投入到工业化和现代化建设事业上。靠那些"形象工程"、"面子工程"，能够增强我们的综合国力吗？能够增强我国民族产业的竞争实力吗？能够实现民富国强、达到共同富裕的目标吗？有人说："中国已经进入休闲时代！"错了，现在依然要高唱《义勇军进行曲》。北京的颐和园这座皇家林园现在成了大众的休闲地，人们不会忘记这正是老佛爷的劣迹：兴建颐和园是以牺牲国防和近代工业为代价的！当我们在观赏颐和园秀丽景色时，千万警惕慈禧遗风的毒害！

奢靡之风大行其道，成了滋生腐败的温床。它不仅为腐败分子骄奢淫逸的生活提供了物质条件，而且成为他们侵吞公共财富、巧取豪夺人民血汗的重要途径。这正是奢靡之风愈演愈烈的重要原因。

二 失业剧增，就业压力空前严重，已经危及社会稳定和经济持续发展

"民以食为天"，这是一条不可抗拒的永恒法则。当今世界各国历届政府无不把降低失业率、实现充分就业，作为施政的重要目标。我国是社会主义国家，"共同富裕"是社会主义制度的本质特征，是我们为之奋斗的目标。因此，尽可能减少失业，为失业者提供必要的社会保障，是政府应尽的职责。

我国是拥有 13 亿人口的发展中国家。劳动力供大于求的矛盾，是长期制约我国社会经济发展和影响社会稳定的突出难题。据估算，农村至少有 1.5 亿剩余劳动力需要向城镇和非农产业转移。城镇和农村每年进入劳动年龄的人口 1200 多万人。安置待业人口，除了开辟就业门路，提供就业岗位

之外，还需要相应的投资和配套设施的建设。

当前，我国正处在经济体制转型时期，一方面，国有企事业单位改革，将有约 3000 万冗员下岗进入再就业大军。近两年国有企业改革步伐加快，为实现三年扭亏脱困的目标，推行"减员增效"，约 1750 万员工下岗。另一方面，随着技术革新和技术改造，产业结构提升，单位资本吸纳劳动力的数量相对下降，从而加大就业的压力。2001 年年末，城镇职工为 13005 万人，比上年减少 462.5 万人。2001 年年初，国有企业下岗职工 657.3 万人，当年新增下岗职工 234.3 万人。年末，实有下岗职工 515.4 万人。城镇登记失业者为 681 万人，比上年末增加 86 万人，登记失业率为 3.6%，比上年提高 0.5 个百分点。特别是我国加入世界贸易组织后，近期由于外来竞争的冲击，今年城镇失业人口将可能增加 200 万人。2002 年，下岗职工未再就业和失业人员，将达到 1500 万人。

近几年，在扩张性财政政策的推动下，实现了 GDP 高增长。但经济高增长却没能带动高就业。相反的，二者比例呈下降趋势："八五"时期为 1:120；"九五"时期为 1:80；"十五"前几年降为 1:40。如果仅看下岗职工的再就业率，下降的趋势更严峻：1998—2001 年，再就业率分别为 50%、42%、35%、30.6%。今年 3 月末，下岗再就业的职工为 22.2 万人，再就业率仅 4.3%。按常规，高增长应当带动高就业，扩张性政策通过刺激需求应取得高就业的效应。但我国近几年却出现高增长与高失业并存，目前城镇失业和不充分就业人口达到 8% 以上。这是应当认真对待的。

就业形势的严峻还表现在农村潜在失业和流动性失业上升。一是进城打工的农民工就业难。据估算，现在进城务工的农民大体稳定在七千多万人的规模上。农民工就业的特点，一是流动性强，稳定性低；二是失业率高；三是社会保障覆盖面极小。近几年由于城镇下岗职工大量增加，农民工就业面临严峻的挑战。有些地方政府对使用农民工作出种种限制，某些工种或行业甚至禁止雇佣农民工。其次，关闭"五小工厂"，整顿乡镇企业，导致农村非农产业中大量农民工返回田间，处于潜在失业状态。再其次，入世后外国农产品大量进口将可能导致农村减少 1000 万个就业机会。

社会保障制度滞后加剧了就业形势的严峻性。完善的社会保障制度是缓解和减轻就业压力的重要支柱。但是，我国社保现状是：一是劳动就业制度改革没有采取"先挖渠放水"的步骤，以致推行"减员增效"大量职工下岗后，社保才匆匆起步；二是社保覆盖面过窄，主要限于城镇国有企业，除两三个省市，广大农民则被排斥在外，绝大多数农民工和部分外资企业员工均未参保；三是社保资金缺口大，去年的缺口约400亿元。

三　扩张性财政政策遏制了经济增幅下滑的势头，却加深了潜伏的财政危机

90年代初期，我国出现了改革开放以来前所未有的经济全面"过热"。持续数年的两位数超高速增长，导致严重的通货膨胀，物价节节攀高。为了遏制通货膨胀，给经济"降温"，政府不得不全面紧缩银根。但当时同时潜伏着由于经济"过热"酿成的财政和金融危机。"房地产热"、"开发区热"、"特区热"、"市场热"、"公司热"……一浪高过一浪，再加上"反保守"的政治风潮，迫使银行敞开口子放贷，财政敞开国库花钱，终于酿成了苦果，政府不得不紧缩银根。尽管在执行紧缩政策过程中采取了"软着陆"措施，避免了经济衰退，但1995年以后还是出现了GDP增幅逐年下降的态势。在这一背景下，"适度从紧"的政策便被"积极财政政策"所代替，银根由紧转松。

1998年开始，我国政府财政政策由紧缩政策转而实行扩张政策。所谓积极财政政策，就其基本特征而言，因为它是以增加赤字和增发国债为主要内容，所以属扩张型财政。实行持续五年的扩张性财政政策，取得了遏制经济逐年下滑的效应，使GDP年增幅在7%—8%之间高速平台上运行。但是，目前扩张性财政政策已经陷入了进退两难的境地。

一方面，此项政策的效应已经在递减，负面影响在扩大。近四年GDP年增幅均不低于7%的速度，但扩张性财政政策的力度不仅没有减弱，相反继续强化。此项政策出现由反周期的短期对策蜕变为长期经济政策的趋势。它在支撑经济高速增长的同时，也给财政乃至经济危机埋下了隐患。一是财政赤字成倍增长，财政收入对债务的依存度居高不下。2001年度财政赤字为1997年的4.24倍，财政对债务的依存度为31.1%，中央财政则高达50.2%。扩张性财政政策按照现在的强度继续下去，财政赤字和国债规模

就可能像滚雪球一样越滚越大，最终使财政陷入借新债还旧债的困境，导致整体财政崩溃。二是近几年税收以超出 GDP 年增幅一倍以上的速度增长，使扩张性财政政策得以继续。但用自上而下地下达税收指标的办法强化税收征管增加中央财政收入，并不能增加财源，只不过改变了国民收入的再分配。这一政策引起征过头税，加重了企业和地方的财政负担，不是养育税源，而是竭泽而渔。这不仅使"积极财政政策"作茧自缚，而且为其日后淡出设置了障碍。在国民收入分配过分向中央政府倾斜的情况下，企业怎么能有经济实力取代中央政府充当投资主体呢？三是基层政府财力枯竭。县、乡两级政府的经济和财政近几年已陷入了入不敷出的困境，财源匮乏，赤字和债务剧增。2001 年，全国 534 个县本级（占 18.7%）、11811 个乡镇（占 27.1%）不能按时足额发放国家统一规定的工资，拖欠 65.41 亿元。此外，还有拖欠地方自行出台的当年津贴、补贴 65 亿元。基层政府的巨额债务已经转化为财政的沉重债务负担。而这笔债务现在并未列入预算。四是随着改革深化，政府各种名目的隐性债务居高不下。许多本应由政府财政负担的项目却没有列入预算，例如，国有商业银行和国有企业的不良资产、社会保障资金欠账、农村义务教育经费缺口等等。据世界银行估计，中国政府的隐性债务积累已经达到 GDP 的 100%。另据国务院体改办研究所和美国安泰保险公司对我国养老保险隐性债务进行测算，在未来 30 年约达 7.6 万亿元。这些债务迟早要偿付，而且各类债务交织在一起，必然形成对政府财政的巨大支付压力，迅速提高财政的实际债务负担率，引发财政支付危机。五是国债投资的效益低。近几年在全社会固定资产投资中国债和配套资金一直充当主角。但投资的效益低下。2001 年与"六五"时期比，固定资产投资增长 4.6 倍，但每元固定资产投资创造的财政收入下降 54.2%，财政政策在不能兼顾推动经济增长和化解经济风险时，应当适时地把重点转向后者，绝不能为保暂时增长而牺牲长远发展。

当前，扩张型财政政策和货币政策已经出现边际效应递减的势头，但经济增长对它的依赖性并未减弱，经济自身的增长机制依然乏力。因而，扩张性财政政策和货币政策出现了长期化的危险。国内外的历史教训表明，一旦把扩张性政策长期化，后患无穷。防患于未然，一要防止和化解财政和金融危机，二要预防陷入"滞胀"泥潭的可能。

四　中央银行面临两难的选择：既要与财政政策相配合，实行扩张的货币政策，又要化解和防范自身的金融风险，实行适度从紧的货币政策

财政政策和货币政策是政府实施宏观调控的两个不可或缺的重要手段。二者在反周期中的作用是不可互相替代的。1998年以来，基于遏制经济增幅下滑的需要，央行的货币政策由适度从紧转向适度放松，连续八次降低存贷款利息。这是改革以来前所未有的举措。但与财政政策相比，货币政策却显得力度不够。货币当局防范风险有余，刺激景气不足。以致2002年1—2月无论广义货币或者狭义货币的供应量增幅均出现下降，企业普遍反映资金供应偏紧。今年2月末，M2余额同比增长13%，增幅比年初下降1.4个百分点；狭义货币同比增长10.9%，增幅同比下降4.4个百分点；1—2月份，金融机构贷款增加769亿元，同比少增加1166亿元。其中，国有独资银行贷款仅增加35亿元，同比少增加1034亿元。据有关部门测算，金融机构贷款在全部资金运用中的比重，由去年底的73.2%降为今年2月底的65.5%，下降7.7个百分点，1—2月金融机构的资金运用中，贷款1.28万亿元左右。货币供应量偏紧的趋向不利于遏制经济增长下滑，不利于刺激需求增长。实行适度宽松的货币政策，与扩张的财政政策相匹配，是当前经济发展的需要。

但是，潜伏的金融危机却限制了银根放松的空间。经过近几年的努力，银行的不良贷款率已有所下降。据央行的资料，2001年年底国有独资商业银行的不良贷款率为25.4%，比年初下降了3.81个百分点。其中，工商银行不良贷款为25.7%。但是，如果把剥离给资产管理公司的1.4万亿元不良资产计算在内，银行的不良贷款率则要高得多，距离央行的15%目标相差甚远。我国商业银行赢利能力和水平过低，因而化解风险的能力十分弱。在这种情况下，如果强制推行扩张的货币政策，势必火上浇油。这对货币当局来说，是两难的抉择。

我国加入WTO后，国有商业银行面临着十分严峻的挑战。在经过三至五年过渡期之后，外资银行将进入国有商业银行经营领域，国有银行的垄

断地位将面对跨国银行的挑战，市场份额将逐步被蚕食，高素质人才将大量流向外资金融机构，优质客户将转向外资银行，银行新业务将被外资银行垄断。

近几年我国经济增长一直受物价低迷的困挠。即使全面放松银根，投资和消费保持了高速度增长的势头，物价水平也不为所动。真像是"死猪不怕开水烫"。去年物价刚稍有回升，今年一季度又再次回落，根据当前国际和国内经济发展况状分析，"通货紧缩"的阴影还难以摆脱。首先，市场供给相对过剩的格局依然如故。经过连续五年扩张性经济政策，过剩生产能力和存货依然过高，加工工业严重开工不足，库存商品多达三万亿元之巨，据调查，今年600种主要商品中，供过于求的商品占86.3%，供求平衡的商品占13.7%，没有供不应求的商品。其次，加入WTO后，我们承诺下调关税、取消部分商品进口限制，外国质优价低商品的竞争，必然会加大国内市场商品价格下降的压力。再其次，从需求方面看，无论投资或者消费都难有更大的增长。目前，我国投资率已经偏高，消费率偏低。二者比例为38.5∶61.5，发达国家约为20∶80，发展中国家约为22∶78。当前我国就业的压力大、经济效益低，不能不维持较高的投资率，但消费率长期偏低，投资增长便失去了赖以支撑的基础，最终速度还是会掉下来。所以，目前企图通过调整投资与消费的比例，扩大最终需求，进而推动物价回升，回旋的余地很小。真可谓进退两难。

应当清醒地看到，我们在被"通货紧缩"阴影困挠的同时，还面临着潜在的通货膨胀的压力。这个压力之所以没有被释放出来，主要是由于现在出台的各项改革措施"锁住"了这只"笼中虎"。居民非自愿性的储蓄阻拦了十几万亿元购买力变现。一旦财政或金融爆发危机，人民币贬值，挤兑风潮就很难避免。

五　收入分配不公，贫富分化加剧，已经把是否合理分担改革的成本和代价、公平分享改革成果的问题尖锐地提了出来

劳动是生存之本，收入是衣食之源。实现所有社会成员共同富裕，是

社会主义的本质和目标，改革的目的就是为了最终实现这一目标。这是检验市场化改革是否坚持社会主义的标准，也是衡量改革成效的标志。但是，市场化并不能自发地实现共同富裕。市场通行的法则是优胜劣汰、适者生存。改革过程是人们之间利益大调整、大改组、大分化的过程。为了让这个利益调整过程按照有利于实现共同富裕的目的进行，政府作为改革的领导者决不应当听任市场摆布，而应当运用法律、行政、经济手段实施调节。邓小平告诫我们："社会主义最大的优越性就是共同富裕，这是体现社会主义本质的一个东西。如果搞两极分化，情况就不同了，民族矛盾、区域间矛盾、阶级矛盾都会发展，相应地中央和地方的矛盾也会发展，就可能出乱子。"①

　　二十余年来，我们经济改革和经济同步高增长，人民生活水平普遍提高，城乡人民收入普遍增加，由平均主义分配制度造成的普遍贫困已经不复存在。1978—2001 年，城镇居民人均可支配收入从 316 元增加到 6859.6 元，增长 21.7 倍；农村居民人均现金收入从 133.6 元增加到 2534.7 元，增长 18.97 倍。

　　但是，收入分配的差距不断扩大，贫富分化加剧。主要表现在：一是以基尼系数反映的居民收入总体差距逐年扩大，已经超过国际公认的承受线。1991 年为 0.282，1995 年为 0.388，1996 年为 0.424，1998 年为 0.456，1999 年 0.457，2000 年 0.458，十年上升 1.62 倍。1999 年调查，最富有的 20% 家庭占全部社会收入的 42%，20% 的贫困家庭仅占 6.5%。二是地区间差距扩大。2000 年，东部地区人均收入是西部的 2.26 倍，最高的与最低的差距超过三倍。平均数掩盖了实际差距。据 2000 年统计，全国尚有 22.8% 的县未上温饱线，86% 的县未达小康线，5% 的贫困县与 5% 的富裕县人均 GDP 相差 16.4 倍。三是行业间的收入差距进一步扩大。改革进入 80 年代中期，行业间收入差距开始显现。由于各行业收入增幅和工资收入标准拉开档次，到 90 年代中期最高行业人均收入与最低行业之比为 2.23:1，2000 年又上升到 2.63:1。与 1990 年相比，2000 年房地产业收入增长 470%，金融保险业收入增长 542%，采掘业收入增长 206%。四是出现了一个人数众

---

① 《邓小平文选》第三卷，人民出版社 1993 年版，第 364 页。

多的相对稳定的贫困群体。这个群体由失业者、无保障的离退休员工（包括不能按时足额领取退休金、退休金低于温饱线）、"老少边"地区和农村未脱贫和返贫的农民、伤残者等组成。据统计，目前全国城镇低保应保人数约 1655 万人。这个数字显然低估了城镇贫困问题的严峻形势。因为我国的现行低保标准低于联合国定的人均每天消费 1 美元的贫困人口标准。如果按照这个标准，贫困人口将成倍增加，估计不低于三千余万人。五是出现了一个靠发不义之财起家的暴富群体。他们利用社会转型时期的特殊环境和条件，钻体制和法律规章的空子，进行权钱交易，坑蒙拐骗，制贩假冒伪劣，大搞"圈地"运动，走私贩私偷税漏税，高息揽储，非法集资等手段，聚敛财富。这个暴富群体与合法经营、勤劳致富的有产者不同，具有极大的寄生性、腐朽性。他们靠改革而暴富，但他们的利益与改革方向却是根本对立的。

当前收入分配不公，贫富分化加剧，已经或正在演化成深化改革的方向和道路的问题。改革的前期，无论是公众或者政府都不需要支付多少有形的代价和成本，人人都得到了看得见的物质利益，可谓皆大欢喜。用一句经济学语言来说，实现了"帕累托最优"。但是，随着改革深入，几乎没有一项改革措施付诸实施不需要付出巨大的成本和代价。无论政府、企业和居民都需要付出。我曾经把现阶段改革称之为"付费改革"。广大居民要为改革付费。因此，政府作为改革的领导者面临着一个极其尖锐的问题：如何在社会各阶层、各群体之间合理地分摊改革成本和代价，要不要在改革成果的分配上坚持公平、公正的原则，应不应当在推出改革措施、处理改革和增长关系时充分考虑广大群众的承受力。如果不妥善地处理这些问题，如果把改革的代价和成本一股脑都强加到广大工农群众身上，与此同时竭力维护少数既得利益者的权益，那么，改革就可能误入歧途，重蹈俄罗斯覆辙，改革就可能失去广大基本群众的支持。

经济转型时期收入分配差距拉大，实属难免。但出现收入分配不公，贫富分化，则另当别论。西方国家的政府和学界深知收入分配问题对经济发展与社会稳定的极端重要性，早已放弃了"效率优先"的原则，实行"效率和公平兼顾"，并且充分有效地利用税收杠杆调节收入再分配，重视运用转移支付手段缓解贫富差距。解决我国当前收入分配中的问题，不能就事论事，不能头痛医头、脚痛医脚，不能用"水多了掺泥，泥多了加水"的办法，而应当总结经验教训，端正指导思想，完善税法，规范分配制度。

六　农村深化改革和发展举步维艰，农民近期增收苦于无门，已成为扩大内需和实现经济持续快速发展的障碍

我国是有94000万农村人口的农业大国。"三农"状况如何，是制约社会经济全局的头等大事。80年代初，改革从农村起步，并且正确地按照生产力性质选择了家庭承包制取代人民公社，不仅避免了社会震荡，而且实现了繁荣农村经济和增加农民收入的双重效果。但是，进入90年代，农村改革陷入了举步维艰的困境，粮食供给短缺的问题虽然解决了，但农民收入徘徊不前，甚至纯农户的收入出现下降。改革和发展的目标，是为了增加农民收入，提高农民的生活水平。改革和发展应当围绕这个主题做文章。增加农民收入，不仅是解决"三农"问题的关键，而且是关系经济发展全局的首要问题。

改革初期，1978—1984年农民人均纯收入年均增长达到创纪录的17.7%水平。但后来却出现了始料不及的递减颓势。1985—1988年降为4.9%；1989—1991年又下降为1.9%；随后又出现徘徊和持续下降，1992—2000年年增幅为4.6%，1997—2000年年增幅分别比上年下降4.4、0.3、0.5、1.7个百分点，从1996年的9%降为2000年的2.1%。尤其是纯农户和兼业农户收入出现绝对数下降。前者从1998年的2034元降为2000年1933元，后者从2031元降为1980元。2001年，全国50%的农村家庭收入不到2000元。2001年湖南省有近半数的县市未达到小康标准。

由于农民收入徘徊不前，对农民消费增长和农业生产发展已经产生了负面影响。1997—2000年，农村人均消费支出年均递增仅为1.08%，同期城镇人均消费年递增为6.09%。城乡消费差距从1996年2.49∶1扩大到2000年的2.99∶1。农户的生产投入也相应地减少。1996—1999年，农民户均经营支出年均递减5.45%，2000年比上年略有增加，但仍低于1996年的水平。农村人口占64%，但农村在市场中所占的份额从"六五"的

58.8%，下降到 2000 年 38.2%，比 80 年代初最高水平下降了近 26 个百分点。农村储蓄余额所占的比重不到 1/4。农村与城镇的消费水平相距大约 15 年左右。

充分发挥农村市场的巨大潜能，是推动我国经济持续快速发展的希望所在。但是，近期增加农民收入从而扩大农村需求，却难以找到有效的办法。

——农村人口城镇化：远水不解近渴。发展小城镇，推动农村过剩人口转移，这是增加农民收入，开拓农村市场的根本出路，但是，农村人口城镇化并不是农村人口大搬家。城镇化是非农产业发展和产业结构升级的自发产物。这实际上是农村工业化和现代化的过程，不是短期就可成就的事业。而且推进这项艰巨事业需要巨额投资。农村人口降低到 50% 以下，需经历十余年。所以，对于农民增收和扩大农村市场来说，这一办法远水不解近渴。

——提价增收：此路不通。80 年代前期，依靠农产品提价，农民收入每年以两位数的速度增长。现在，再用这个办法已经行不通了。一是农产品供不应求的短缺状态已不复存在，主要农产品的供应有的相对过剩、有的结构性过剩；二是主要农产品的价格已高于国际市场价格：小麦高 25.1%，大米高 17.6%，玉米高 36.8%，大豆高 38%。入世后，农产品市场面临着外国优质、廉价农产品的竞争，而且，政府对外国所作的承诺中许多条款均超过了 WTO 规则对发展中国家所作的特殊规定。例如，对美国关注的 86 项农产品的关税，到 2004 年我国将下降到 14.5%；农产品关税平均税率由 46.6% 降低到 1999 年的 21.2%。在 WTO 所有成员中，我国的关税降幅是最大的。又如，发达国家对出口农产品都由政府给予巨额补贴，我国政府却承诺取消农产品出口补贴。所以，农产品价格不仅不会提高，相反可能下降。这对农民无异于雪上加霜。

——优化农业生产结构：力不从心。提升农业生产结构，优化品种，发展无污染农业，拓展农产品加工深度和广度，提高农产品附加值，这是增加农民收入的必由之路，也是农业走出困境的根本出路。但是，提升农业生产结构实际上是传统农业通过技术革新和技术改造，转变为现代农业的过程，即实现农业现代化的过程。成就此项事业，必须以资本积累、增加投入为前提。在当前的条件下显然力不从心。

——进城务工：遭遇挑战。目前有一支人数约 7500 万—8000 万人的流动性农民工队伍，在各地城镇从事非农产业。近几年进城务工是农民收入的重要来源之一，大约有 1/3 的现金收入来自外出务工。为了增加农民收入，减少市场风险，有些地区的政府已经着手有计划地组织农民工的输出，为进城择业的农民提供从培训到安置一条龙服务，实行定点、定向派出。这项举措既有利于减少人力资源流动的盲目性，降低就业成本，又有利于社会秩序的安定。

但是，目前由于有上千万的下岗职工待业，而城镇就业岗位又有限。因此，农民进城务工遇到了严峻挑战和竞争。有些城市政府为了优先安置当地下岗职工，甚至对使用农民工作出种种限制。所以，眼下这条路越走越窄。

——振兴乡镇企业：陷入困境。乡镇企业是我国经济转型时期的特殊产物。80 年代前期农民收入每年以两位数的速度递增，主要受益于乡镇企业的大发展。但早期乡镇企业从整体上看基本上属于手工业工场形态，效益低下，浪费资源，污染环境。经过多年发展之后，本应普遍进行技术改造和结构调整，以提升乡镇企业层次，却陷入停滞不前状态，以致政府不得不下令强制关闭"五小"工厂，使许多地区乡镇企业遭遇"全军覆灭"，大批农民工重新回到田间，农村出现了返贫群体。但是，关闭"五小"工厂并不意味着乡镇企业已完成了历史使命，应当寿终正寝。采取关闭"五小"这一极端强制措施，如同城市纺织业"限产压锭"一样，是要以此为契机加快乡镇企业产权制度改革和生产技术结构的升级。然而，当前资金和市场却成了制约乡镇企业发展的难以突破的"瓶颈"。

——减轻负担：突不破的"瓶颈"。

农民负担重是个"老大难"的问题。在收入总量一定的条件下，通过调节分配和再分配，减轻农民负担，这是增加农民收入、拓展农村市场的一剂"速效救心丸"。但是目前普遍推广安徽等地农民减负的经验却十分艰难。原因在于"吃皇粮"的人过多，财政包不了，也包不起。减负遇到了减人这道迈不过的坎。这道坎就是政治行政体制改革。

可见，近期农民增收要走出徘徊的困境，依然看不到光明的前景。

七　我国经济持续稳定发展，面临着依附性低效的外向型经济结构和加入世界贸易组织后来自跨国公司的双重挑战

实行扩大内需，是确保我国经济实现持续稳定快速发展的重要战略方针。我国是有 13 亿人口的发展中国家，拥有当今世界上潜力最大的消费市场。把经济工作的基点放在扩大内需上，不仅是必要的，而且是完全可行的。在对外开放的条件下，实行扩大内需的方针，有利于我们有效地利用国际市场促进我国经济稳定发展，避免或缓解来自外部的冲击。

今年以来，世界三大经济强体的经济趋暖，开始走出衰退的阴影。这对我国扩大向这些国家的出口是有利的。同时，由于我国加入世界贸易组织，出口遭遇的歧视和关税壁垒将减少，出口将有可能有较大的增长。因而，出口对 GDP 的贡献率将可能相应地提高。

但是，世界贸易组织对我国经济的发展也许是柄双刃剑。原因在于，首先世界市场的性质及其通行规律并不因世界贸易组织的存在而改变。"商场如战场"，国家间的经贸关系实质上是利益对立的、为争夺有限市场、追求自身利益最大化的经济主体之间的博弈关系。这里通行的是适者生存、优胜劣汰、赢家通吃的法则。世界贸易组织及其规划，不过是竞争诸方实力较量、互相妥协的产物，它没有也不可能取消或代替市场竞争规则。其次，当今世界市场的格局是几个发达国家居主导和支配地位，众多的发展中国家却是处于受欺压地位的弱者。协议的形式上的平等掩盖了事实上的不平等。何况现行规则是在发达国家主导下按照有利于发达国家的原则制定的。再其次，在双边和多边谈判中，我国所作出的承诺有些超出了世界贸易组织的规定。例如，关税减免，我国的农产品关税平均税率，2004 年要由 1999 年的 21.2% 降到 15.8%。其中，对美国 86 种农产品的关税下降到 14.5%。在世界贸易组织所有成员中，我国关税降幅最大。又如，出口补贴，我国承诺取消农产品出口补贴，包括价格补贴，以及发展中国家可享有的对出口产品加工、仓储、运输的补贴。但几乎所有发达国家对出口大宗农产品都给予大量补贴。美国国会最近通过新农业法，规定在未来十

年给农业提供1900亿美元的巨额补贴。再如，进口配额，根据世界贸易组织《农业协议》，初始的配额量为国内消费量的3%，最终配额为5%。我国承诺粮食配额占国内消费量的5.7%—8.8%，占世界粮食贸易量的比重超过了10%；棉花、糖、油料的配额数量为国内产量的20%以上。兑现这些承诺，将导致大量农产品进口直接冲击国内农产品市场，损害农民利益和农业生产。虽然所有世界贸易组织成员国都是处于同一起跑线上的竞争对手，但各国的经济技术实力却是不可同日而语的。2001年，我国大豆市场因受进口大豆冲击，东北产的大豆有七成积压在农户家中。我国入世后受到冲击的，绝不仅仅限于农业。

我国现行的出口结构对进一步增加出口，提高出口收益，是十分不利的。目前，我国出口贸易中加工贸易的比重超过50%，外资企业出口的比重近50%，经济增长对外贸依存度达50%。这三个50%的负面影响是不容忽视的。一是肥水流进外人田。我们所得的仅是低廉的加工费，利润都落入外商钱袋。二是无益于增强我国综合国力和国际竞争力。我们在国际市场中只不过充当打工仔角色，专为他人作嫁衣。三是受制于人，依附于人，不利于经济持续稳定发展。所以，这种依附型的低效外贸结构常此以往，是会损害国家和民族的根本利益、长远利益的。

八　环境污染和生态破坏，严重地威胁可持续发展

我国是发展中大国，面临着巨大的人口生存压力，已探明的资源储量贫乏，生态环境污染严重。近20年来，经济以年均9.7%的速度增长。但环境治理却未能同步。由于增长方式的转变滞后，付出了恶化生态环境的沉重代价，未能避免"先增长后治理"的弯路。

——自然资源匮乏，破坏和浪费严重。我国国土面积虽然广阔，但资源拥有量贫乏，特别是人均资源占有量更少。但资源的消耗量大，对自然资源的浪费和破坏严重。45种矿产储量中有10种已探明的储量不能满足需要。石油是种重要战略物资，自1993年开始进口，现在进口量已增至6500万吨，占消费量的28%。铁矿石只能满足冶炼能力74%的需要。10种有色金属只能满足65%的需要。木材依靠进口，年进口原木已达1000多万吨。

由于技术装备水平低，资源不能得到充分利用。吨钢能耗比发达国家高1—1.5倍。乙烯每吨消耗原料比世界先进水平高0.4吨。小矿山、小煤窑遍地开花，滥采、滥挖，使矿产资源遭到严重破坏。

——水资源紧缺，水质污染，浪费严重，引起了水资源危机。全国有三百多座城市缺水，日缺水量达1600多万立方米；农业每年缺水量达300亿立方米；农村有6500万人口饮水困难。工业和生活废污水排放量达360亿吨，其中80%的污水未经处理直接排入江河湖泊等水域中，造成全国1/3以上河段被污染；90%以上的城市水域污染严重；40%的水源已不能饮用；50%的地下水被污染。城乡地下水过量开采，造成地下水位持续下降，地面沉降，沿海城市海水入侵。水资源浪费十分严重。农田灌溉水利用系数仅0.4左右；工矿企业水的重复利用率约为50%，我国是贫水国，人均水资源量只有2500立方米，约为世界人均水量的1/4。水资源污染和浪费加剧了水荒，并引发水旱虫病等自然灾害。

——土壤严重退化，人均耕地面积缩减。我国耕地总面积仅占世界耕地的7%，人均耕地面积为1.5亩。随着城市化和工业化的发展，耕地面积呈现进一步缩减的趋势，而且土壤严重退化。全国有1/3的耕地受到水土流失的侵害，每年流失的土壤约50亿吨。荒漠化面积占国土面积的8%，1.7亿人口受到荒漠化的危害，2100万公顷农田受到侵袭，393万公顷草场受到威胁，严重退化的草场面积达九千多万公顷。全国受污染的农田面积达一千多万公顷。

——城镇环境质量堪忧。由于我国能源消耗以煤炭为主，城镇大气污染呈上升的趋势。大量的二氧化硫、二氧化碳和氧化物等排放到空中，导致严重的酸雨污染，受害地区遍及长江以南、四川盆地及青藏高原以东，约六十多个城市出现过酸雨。全国五百多座城市中只有少数几座城市大气环境质量达到国家一级标准，所有城市的降尘、颗粒物和二氧化硫浓度均超标。城市生活垃圾无害化处理率极低。工业固体废物每年堆集约6亿吨，历年累计堆放的未处理量约64.4亿吨，占用土地5万多公顷。

——农畜产品污染严重，使人民健康受到直接损害。生态环境对人们生活的影响，现在已经不仅仅局限于粉尘、噪声、大气等污染，它还通过农畜禽产品污染，直接影响到人体的健康。由于大量使用化肥、农药，使用未经处理的污水灌溉，使致癌、致畸、致突变等污染物通过蔬菜、粮食、肉、蛋、奶、水产品等大量地进入人体，成为威胁人的健康的慢性杀手。

近几年，当局采取了不少措施，加大了对环境治理的力度，开始显示出效益。但是，应当清醒地看到，按照经济自身的发展趋势，我国环境污染还有发展的可能。一是城镇化的步伐将加快，原有城镇的环境未根本改善，又面临着新城镇防污治污的任务。二是居民消费结构升级，轿车进入家庭，将造成新的污染源。三是工业化和现代化的进展，传统产业发展，经济快速增长，将进一步增加资源和能源消耗，增加废弃物的排放量。四是用于生态建设和治理环境的资金难以大量增加，使环境治理的力度难以赶上污染程度的增加。可见，治理环境，将经济快速增长纳入可持续发展轨道，任重道远。

九　社会信用危机蔓延

现代市场经济是建立在以使用法规和诚信商业道德双重约束为基础的信用经济。完善的行之有效的信用制度是包括信用法律、规章、司法、信用中介、信用信息、诚信道德等在内的完整体系。它是规范市场秩序、约束市场主体行为、降低交易成本、提高市场运作效益、防范市场经营风险必不可少的重要机制。

由计划经济向市场经济过渡，建立现代市场经济体制，包含二位一体的任务：一是制度建设，可称之为硬件；二是环境建设，可称之为软件。二者相辅相成、互相配合、相互促进，而不可互相替代。改革二十多年来，我们进行了价格体系改革和产权制度的变革，开放了要素市场，建立了证交所，改革了财政和金融体制等。这些硬件方面的改革已经取得了突破性进展。相比之下，软件建设却严重滞后，突出的表现就是信用制度缺位，社会出现了全面的信用危机。

——政府信用下降。一些党政领导干部热衷于"政绩工程"、"形象工程"、虚报浮夸，报喜不报忧，弄虚作假，欺上瞒下，暗箱操作，改革专做表面文章。更有甚者，少数官员头戴"人民公仆"桂冠，滥用手中权力，徇私舞弊，大搞权钱交易，贪污受贿，花天酒地，欺压百姓。这些害群之马损害了政府形象，降低了政府信用。一些地方政府或主管部门为制造和贩卖假冒伪劣商品的厂商充当保护伞。

　　——改革造假，是我国转型时期社会失信的一大特色。在我国市场化改革过程中，政策走样、机制变味、功能异化等现象屡见不鲜、屡禁不止，致使改革也面临着信用危机。例如，企业改制新瓶装陈醋、搞翻牌公司；打着上市旗号，干的是圈钱把戏；名义上兼并重组、摘牌，实际上逃废债务；会计账目弄虚作假，欺骗股东。又如，实行招投标制，形式上公平竞争，实际上暗箱操作，内定中投人。

　　——在商品交易中，不法厂商制造和贩卖假冒伪劣商品，坑蒙拐骗，搅乱市场秩序；偷税漏税；虚开增值税发票。

　　——在金融领域中，"三角债"累清累欠，累结不清。借企业改制大量逃废银行债务，使银行不良资产居高不下。据人行统计，2000 年年末，在四大商业银行开立户头的改制企业 62656 户，欠贷款本息 5792 亿元，其中经查证被认定逃废债的企业 32140 户，占 51.29%，逃废贷款本息 1851 亿元占 31.96%。财政部抽查了 320 户企事业单位，其中，利润不实比例在 10% 以上的占 57%，资产不实比例在 1% 以上的占 50%。

　　——中介服务机构造假，健全的信用服务机构是完善的社会信用体系的重要组成部分，它们专门从事征信、信用评级、商账追收、信用管理等中介服务。改革以来，各地建立这些中介服务机构之初，就定位不准，功能扭曲。许多中介组织不是以提供客观、公正服务为己任，而是以利润最大化为宗旨。所以，与客户串通一气编造假账、假评估报告，欺骗公众。

　　——伪造学历，买卖文凭，雇人代笔，骗取学位，权学交易，牟取职称。造假之风已殃及高校，祸及科研院所。

　　社会信用缺失泛滥成灾，搅乱了社会秩序，破坏了市场经济正常运行，加大了经营风险，已酿成又一社会公害。据估计，仅经济领域中信用失缺所造成的损失高达 6000 亿元。

十　文化沙漠正在侵蚀现代物质文明和精神文明

　　建设文明的、科学的、先进的、民族的文化，是我国社会主义现代化建设的重要方面，也是文化事业改革的方向。文化建设和经济建设相辅相成、相互依存。邓小平同志一贯强调物质文明和精神文明要两手抓，两手都要硬，强调绝不能以削弱甚至牺牲精神文明为代价，追求经济的一时发展，指出要防止和克服一手硬、一手软的现象。

然而，令人忧虑的是，在我国社会中涌动着一股暗流浊浪正在逐步地侵蚀和冲击社会主义精神文明建设。

——大兴土木修建庙宇，不惜重金塑造神像。在一些经济发达地区，人们小富起来之后求神拜佛成风，不惜巨资大兴土木建造或修复庙宇，塑造巨型佛像，与当地破旧校舍、民居形成鲜明反差。迷信活动广泛蔓延，每逢"黄道吉日"，庙宇香火旺盛。升官、求学、出国、婚嫁诸事均要求神拜佛。

——改善企业经营，增加企业盈利，不是从加强科学管理中寻求出路，而是乞求神灵保佑。许多商店和工厂供奉神龛，香火不断。有的企业开张时举行参拜天神仪式。更荒唐的是有家名牌公司不惜重金从全国各地招聘"算命大师"出任企业的智囊团。从人事任免、投资决策、厂门朝向、领导公差，都要由"大师"看吉凶观风水。但最终还是没能使公司摆脱资不抵债的困境。

——农村教育事业发展受阻，适龄学生辍学率居高不下，一受义务教育经费不足所困，二是"读书无用论"抬头。某个经济发达的省，农村辍学率竟高达三成。至于校舍破旧，教学设备残缺不全，教师素质低，在广大农村更为普遍。农村"普九"教育落后状态已经对农村劳动力素质提高产生负面影响。我国现有文盲高达8500万人，大部分是农民。

——城市居民重物质消费，轻文化教育。现代家庭都注重装潢，各种陈设一应俱全，但不重视文化教育，不愿购置藏书。某个大市对1300多学生家庭进行调查，没有藏书的占9.1%，10册以下的占9.7%，10—50册的占32.1%。这种状况表明，家庭的教育功能正在被淡化。

——职业技术教育发展严重落后，技校毕业生远不能满足经济发展的需要。我国现有技工队伍素质低，高级技工仅占7000万，技工总数的5%，而发达国家高达40%。高级技工已出现大龄化趋势，人才断档。有的城市出月薪6000元高价招聘高级技工，竟难如愿。

——制造假冒伪劣在一些地区已经出现专业化甚至产业化的态势。例如，有以拼装旧汽车为业的汽车城，有与"一汽"、"二汽"齐名的所谓"第三汽车制造厂"。有些制造名牌烟酒的黑窝点，从制造商标包装材料，供应原材料，加工制造，运输到销售，分工协作，形成一条龙体系。更有甚者，造假已经扩散到文化、教育、科技领域，有个城市竟公然出现"枪手公司"，公开营业，四处散发广告，专门代写论文，提供从写作到发表一条龙服务。有些人还打着"高科技"的旗号，利用计算机网络替人测字算命、占卜吉凶。至于在高新技术领域，明明从事进口散件组装、进料加工，却贴上"高新技术企业"、"高新技术产业"标识，享受优惠政策待遇。对这种假冒行为人们似乎习以为常，没充分看到它的危害性。现代国际市场上的竞争，决定的因素是科技实力，是否具有科技实力，不是看你生产什么、生产多少，而是看你是否拥有关键技术、核心技术的知识产权。衡量是否拥有高新技术和高新技术发展水平的标准，不应当是产品类别和产值，而应当是产值中所含的自主知识产权的份额。一个没有自主知识产权的高新技术企业，它的产值再大，充其量不过是"为他人作嫁衣"的打工仔，是别人的"装备车间"。

—— 一些地方政府，在利润动机的驱使下，打着发展旅游业的旗号，置国家法律不顾，公然出卖历史古迹和风景名胜的经营权，有的则让私商承包经营。

以上对我国当前经济生活中存在的若干问题和矛盾进行了粗浅的分析。其中，有些问题是历史积存已久的问题，有些是基于我国国情产生的特殊问题，有些是经济转型过程中的问题，有的是当今世界外部影响下出现的问题，也有些是由于改革和发展的指导工作失误引起的。认真地剖析这些问题，采取切实的措施加以解决，实是保住改革成果、保持经济持续稳步发展的需要。

我们的前进道路是不平坦的，但是我们完全有能力和条件克服一切艰难险阻，把有中国特色的社会主义事业进行到底。

（原载《战略与管理》2002 年第 4 期）

求解难题:中国经济忧患之成因

　　"人无远虑，必有近忧"。在当今世界，一个没有忧患意识和紧迫感的民族和国家，是没有希望的；一个沉醉于成就和所谓政绩的政府和政党，是对人民不负责的；一个经济学者掩过饰非，粉饰太平，是缺乏良知的。不讳疾忌医，勇于正视工作中的问题，分析产生问题的原因，探索解决的办法和途径，这才是实事求是的科学态度。当然，人的认识能力是有限的。对客观事物的真理性认识，都只有相对的真理性。因此，只有通过不同观点的争论和比较，并经过实践，才能达到真理性认识。《中国经济的内忧》一文剖析了我国当前经济发展和改革在取得举世瞩目的成就的同时出现的隐忧。本文作为续篇，试图对其成因作探索性分析。

一剂不对症的药方:反通货紧缩

　　对一国经济运行状态的评估，按照现代经济学的流行观点，只能在通货膨胀或通货紧缩这两种判断中作出选择，再没有其他。然而，对于正处在经济转型过程之中，市场体系尚不健全，市场秩序尚不规范，政府和市场关系尚未理顺，经济市场化程度低的国家来说，问题就不那么简单了。

　　这里又碰到一个老生常谈的话题：是照搬照抄洋教条呢，还是从中国当前的实际出发。通货膨胀和通货紧缩是指经济总量出现失衡的状态：当总需求超过总供给，供不应求便引发物价普遍上扬，这种由有购买力的需求大于总供给而引起物价上涨的现象，称之为通货膨胀；当总需求不足，总供给相对过剩，供过于求便引发物价走低直至普遍下降，称之为通货紧缩。针对前一状态，通常采取紧缩银根的对策，以抑制需求；针对后一状态，则采取放松银根的对策，以刺激需求。但是，这种需求管理办法的局限性是显而易见的：首先，它只管总量，顾不上结构。如果经济失衡是由结构矛盾引起的，或者总量矛盾与结构矛盾相互交织，它便无能为力了。其次，中国是一个工业化尚未完成的发展中国家，总量矛盾的解决取决于结构升级和结构优化。结构矛盾是制约我国工业化和现代化长过程的主导矛盾。靠刺激或抑制需求总量的办法是不能有效解决结构问题的。再其次，20世纪90年代中后期我国经济面临的主要问题是消化过剩生产能力，增加有效供给，改善供求结构。90年代初，由于各地各部门竞相追求超高速增长，固定资产投资急速膨胀，1993年上半年国有单位固定资产投资比上年同期增长70.7%。尽管当年中央政府实行了紧缩银根，但全年投资仍增长50.6%，工业生产增长高达21.1%，盲目上项目，重复建设，重复引进，形成了过剩生产能力。纺织品和服装类产品约1/3供过于求，家电行业生产能力过剩1/2—1/3，机械行业开工率不到50%。在这种条件下，如果无视供给结构状况，无视迅速膨胀的生产能力，把启动经济的希望都寄托在扩大总需求上，那势必事半功倍。尤其有害的是，把在盲目扩张中形成的过剩生产能力视为高速增长的潜在因素。如果按这种观点行事，我国经济恐怕难以走出"扩张—紧缩—再扩张—再紧缩"的怪圈。

"有效需求不足"，这是"通货紧缩论"的重要论据。投资和消费是构成内需的两大要素。需求总量足与不足，不能根据人们的主观愿望来判断。经验数据，例如上一周期年需求增长平均值可以参考，但应考虑当年需求生成的新因素和条件，以及经济的实际承受力。1997年，全社会固定资产投资比上年增长10.1%，基本建设投资增长14.5%，社会消费品零售额增长11.1%，居民消费水平增长7.7%，国内生产总值增长8.8%。这样的增长规模和速度，与历史上正常年份比，或者与其他国家同期比，都难作出"有效需求不足"的判断。20世纪80年代末曾出现所谓"市场疲软"。1989年全社会固定资投资为-7.2，1990年增长2.4%，国内生产总值分别增长均为4.1%，3.8%。两相比较，1997年经济怎么能作出"需求不足"的判断呢？如果说需求持续增长乏力，似乎更确切些。但是，需求总量增长并不意味结构各部分同步增长。相反，总量增长恰恰掩盖了各组成部分增长的不平衡。自20世纪80年代后期以来，农产品的供给逐步增加，最终告别了短缺，但农民收入却徘徊不前，特别是纯农户的收入出现下降。1990—1997年农村人均纯收入增长分别为1.8%、2.0%、5.9%、3.2%、

5.0%、9.0%、4.6%；农村消费品零售额增长，分别为 -2.11%、7.39%、7.34%、-14.35%、4.07%、6.12%、12.1%、9.7%，县和县以下在社会消费品零售总额中所占的比重由 1990 年 53% 下降为 1997 年 39%。因此，真正"有效需求不足"的是占人口总数的 70% 的农民。究其原因，主要是农村第二步改革陷入停滞状态，农民税费负担沉重，增收致富门路堵塞。农村深化改革成为农村经济进一步发展和农民增收的瓶颈，靠放松银根是无济于事的。1989 年以来实行扩张型财政政策，靠增加财政赤字和增发国债来扩大需求总量，投资每年以两位数的速度增长，但并没有改变农民收入徘徊不前的状态。1998—2001 年，农村消费品零售总额增幅分别为 6.3%、6.3%、8.2%、7.0%，均低于城市 1—2 个百分点。农民人均纯收入 2001 年比上年增长 5%，2000 年增长 1.9%。而且在农民收入平均数下还掩盖着一个庞大的贫困群体，其中，除了至今仍生活在贫困线以下的 3000 万农民之外，还有几千万失业和半失业的农民工。农村市场是我国至今尚未充分开发、潜力巨大的市场。近几年我国内需持续增长乏力的主要原因，就在于农村市场的拓展有限。

投资持续增长乏力，并不是市场主体投资需求不足，也不是找不到有利可图的投资场所。我国是发展中的大国，投资领域之广，待开发的领域之多，是世界上任何一个国家都无可比拟的。问题出在作为市场主体的企业，历史包袱沉重，不良资产比例过高，税费负担过重；加之企业改制步履艰难，改制的成本和代价巨大。在这种条件下，相当多的企业维持简单再生产都很困难，怎么有实力顾得上发展呢？改变企业在转型时期的艰难处境，依靠扩张的财政政策和货币政策，用输血的办法是于事无补的。银行连续八次降息，对降低企业的利息负担是有作用的，但对激励企业投资却未起到预期的作用。用政府取代企业充当投资主体是否可行呢？显然，这是喧宾夺主，背离了改革的方向，不能长久。

价格常年下降，这是"通货紧缩论"的又一论据。近几年，我国经济发展出现反常态的走势：即经济高增长的同时，市场物价却常年处于低迷状态。在经济运行正常情况下，如果物价走势常年低迷，全面下降，这就意味着经济周期进入了衰退或危机阶段。现代经济学把衰退的原因归结为有效需求不足，而需求不足又归结为银根紧缩所致。所以，这种现象称之为通货紧缩，认为它是货币现象，主张转而实行扩张的货币政策和财政政策。用流行的"通货紧缩论"能解释清楚我国当前的经济态势吗？从现象上看，除了物价低迷之外，其他方面都无法与"通货紧缩论"对上号。首先，从1997年以来经济年增幅一直保持在7%以上的速度运行，表明并不存在总需求不足的难题。历史的经验反复证明，经济年增幅保持在这个区间是恰当的。一旦达到两位数，就会超越经济和社会的承受力，引发通货膨胀，造成市场秩序混乱。按照"紧缩论"的主张，只有总需求再翻一番，速度再增加一位数，物价才能转降为升。但是，这样做的后果势必重蹈1992年经济过热的覆辙。其次，现行物价指数不能充分反映转型时期的特点，不能全面反映市场物价的动态。当前，价外价，灰色价格和黑市价格依然是市场管理中的一大突出的难题。例如，幼儿园和学校以"赞助"名义收取的高额费用，聘用家庭教师支付的报酬，保姆或小时工的工资，住宅区物业管理名目繁多的收费，医疗服务方面的灰色费用等。这些付费项目已经在居民消费中占据仅次于基本生活需要的位置，而且金额和种类还有上升与发展的趋势。反映在居民消费需求结构中，随着恩格尔系数下降，用于购买基本生活资料的支出相对下降，用于服务方面的支出却绝对上升。特别是商品房价格居高不下，超过了居民的经济承受力，却未列入物价指数统计之内。一方面官方的价格指数下降，另一方面价外价和未列入统计指数的价格却呈现上涨的势头。所以仅仅用现行物价指数判断经济形势，是有局限性的。再其次，考虑到20世纪90年代初发生的严重通货膨胀，近几年物价走势在度过全面紧缩之后正处在缓慢调整过程之中。如果用基期年1990年为基数进行比较，这几年物价依然呈缓慢上升之势。据统计局资料，消费物价指数1995年为183.3，1996年为198.6，1999年为199.6，2000年为200.4，2001年为201.8。但是，用环比方法计算的指数，却呈现下降的态势。因此，把两种指数联系起来分析，才能对物价走势作出恰当的判断。

所谓"通货紧缩"是否由于货币政策偏紧引起的呢？根据经验数据，只要广义货币增长高于经济增长一倍再加几个百分点，就能够适应经济发展的需要，不会发生偏紧或偏松的问题。自20世纪90年代后期以来，货币供应一直保持适度的增幅。1997年比上年增长19.5%，1998年比上年增长

14.8%，1999 年为 14.7%，2000 年为 12.2%，2001 年 17.6%。问题不在于货币总量，而在于货币投向。农业是基础产业，但农业技术改造和农村经济的发展至今仍然为资金短缺所困。而农村金融却出现存大于贷的反常现象，农村金融机构把在农村吸收的大量存款约 4000 亿—5000 亿元上调城市。在这种情况下，不改变货币投向，即使再增加货币供应量，也不能解决农村经济发展燃眉之急。金融体制的弊端用总量政策是无济于事的。所以，离开我国经济体制转型和产业结构升级与调整的大背景，对经济形势是难以作出恰当的判断的。

支撑速度与化解风险:孰轻孰重

20 世纪 90 年代后期，宏观调节面临着两难抉择：即一方面要消除 1993 年紧缩引起的负面影响，遏制经济增幅下滑的态势，另一方面又要正视 1992 年非经济因素诱发经济超高速增长造成的后果，采取有效措施消除潜伏的隐患，化解风险。

1992 年，全国各地各行各业掀起了一股争速度、"上台阶"的热潮，不考虑客观条件的许可，上项目铺摊子，建市场热，招商引资热，办开发区热，工业园区热，高新技术区热，房地产热，硅谷光谷热，楼堂馆所热，一浪高过一浪，形成前所未有的投资热潮。有人形容，那时期银行敞开口袋放贷，财政敞开国库花钱。货币（广义）供应量超常增长，1991 年为 26.5%，1992 年为 31.2%，1993 年为 37.3%，1994 年为 34.5%，1995 年为 29.4%，1996 年为 25.4%。货币多年超经济发行，给金融业埋下了风险隐患。当时就有人指出，按照最保守的估算，四大国有商业银行的不良贷款比例不低于 24%。从理论上说，商业银行早应进入破产程序，如今完全是靠国家信誉支撑。1998 年以来，实行扩张性货币政策，速度是上去了，但金融隐患也在增长，财政收支严重失衡，赤字骤增，以 1990 年为 100，1993 年上升 1 倍，1994 年上升 2.9 倍。财政对债务的依存度逐年攀升，1990 年依存度为 12.1%，1992 年上升为 17.8%，1994 年为 20.2%，1996 年为 24.7%，1997 年为 26.8%。这里说的是硬赤字，不包括或有债务或隐型债务。按照《预算法》的规定，编制预算要量入为出，收支平衡，中央和地方各级政府的预算都不列赤字。但是，90年代以来，财政收支的缺口却呈现逐年上升势头。而随着改革深化，或有债务上升的势头更大。

国际经济形势也向我国提出严峻挑战。1997年6月东南亚爆发金融危机，波及我周边国家和地区。国际金融大鳄几次冲击香港金融市场，企图染指我国内地经济。所幸的是我国未实行资本项目可自由兑换，这道防波堤才使我们幸免于难。否则，后果是难以设想的。然而，抵御了外患却不该无视内忧的存在。不消除潜伏的金融危机和财政危机，国际投机资本随时会伺机兴风作浪，冲击我国金融市场，搅乱我国经济。所以，防外患必须除内忧。而且开放资本市场，实行资本项目人民币自由兑换不过是时间问题。化解潜伏的金融风险是开放金融市场必不可少的前提条件。

然而，在此同时经济年增幅又出现下滑的趋势，1993年以来每年以一个百分点的速度递减，对经济持续稳定发展构成了实际的威胁。尽管年增长6%—7%的速度与其他国家比较，是很高的速度，但由于我国生产力水平低，物耗高，劳动生产率不高，经济每增长一个百分点所提供的实际效益要比发达国家少得多。大体上说，我国经济增长6%—7%，也就相当于发达国家增长2%—3%。如果增长速度低于这个速度，维持必要的财政支出，安置适龄人口就业，增加城乡居民收入，适当扩大基建规模，便难以实现。在现行体制下，没有必要的速度，便没有效益；效益要靠速度拉动，速度出效益。我们喊了十多年要实现增长方式的转变，但至今没有变成现实。所以，90年代后期，宏观调控面临一项任务，就是遏制经济增幅下滑，保持必要的增长速度。

但是，在有限资源供给的约束下，既要保速度，又要化解经济风险，却存在着难以兼顾的矛盾。不但增长要增加投入，而且化解风险需要的投入更多。补足社保基金缺口，降低企业和银行不良资产比例，提高国有商业银行资本充足率等，这些都需要国家投入巨额资金。

"发展才是硬道理"。经济中一切问题都要靠发展来解决，包括化解经济隐患和风险。没有发展，就不能创造出解决问题的物质前提。但是，如果无视经济风险和隐患的存在，只顾发展和增长，继续铺摊子拼速度，那么，势必付出恶化风险和隐患的沉重代价，最终将经济拖进不可持续的泥潭。历史的经验和教训一再表明，化解经济风险和隐患恰恰是持续增长和发展的前提。当二者不能完全兼顾时，应当率先抉择消除潜伏的危机，在化解并最终消除危机的前提下，使经济保持必要的增长速度。有限资源的分配，既要优先用于化解风险，同时又要使经济增幅适应发展的最低限的需要。只有在特殊情况下，例如爆发了全面危机，才有必要全力以赴克服危机，以暂时牺牲增长和发展为代价度过难关。然而，这并不是唯一的出路。我国正处在经济转型的特殊时期。如果把着眼点放在转变增长方式和深化改革上，而不是求助于扩张性经济政策支撑速度，解决矛盾的空间是很大的，消除潜在危机和保持必要的速度是可以兼顾的。

近几年推行扩张性财政货币政策，虽然支撑了速度，但同时付出了加大亦已存在的风险和隐患的代价。随着时间的推移，它的负面影响将会日益显露，深化改革的路途将更加崎岖，实现共同富裕的目标将更艰难。完善的体制是推动经济快速高效稳步持续发展的长期起作用的稳定的重要因素，而政策却是因时因事因地制宜的暂时起作用的因素。当前，金融风险和财政风险已经成为继续推行渐进式改革，巩固和发展改革成果的一大障碍。经济隐患不是孤立的，它是和社会矛盾交织在一起相互影响的。经济隐患是经济不稳定的根源；经济不稳定又是社会不稳定的根源。因此，从确保全局的稳定出发，在争速度和消除忧患之间作出抉择，孰轻孰重，是不难理解的。

被市场边缘化的弱者：农民

由中世纪农业社会向工业社会转变，是人类社会发展的巨大进步。经济工业化和人口城市化是近代工业社会的两大标志。工业化和城市化是两个相互联系又相互制约的过程。工业化必然拉动城市化，城市化又制约工业化。农村为发展工业提供廉价的劳动力，农村是工业积累资金的重要来源，农村还是工业品的销售市场。因此，任何国家推行工业化和城市化，都要面对"三农"问题。

工业化和城市化随之而来的是农村经济市场化，农村被卷进市场经济大潮，农民成为市场的参与者。市场通行的是弱肉强食法则。农民是天生弱者，农业是天生的弱势产业。因此，任何国家在工业化、城市化、市场化过程中，都会面临如何对待农民和农业的问题。特别是像我国这样的农民占人口绝对多数的大国。

在近代史上，资本主义国家经历过血腥的"资本原始积累"过程。为加速资本主义发展，加速资本积累，增加雇佣劳动力的供给，资产阶级借助国家机器用暴力剥夺农民，把农民驱逐出土地，赶进工厂从事奴隶般的劳动。资产阶级用工人阶级祖先的鲜血和汗水写在人类编年史上的这段历史，是永远无法从人们的记忆中抹去的。

在社会主义经济史上，由于西方列强封锁和武装干涉，国家工业化不得不依靠本国内部的积累，走自力更生的道路。无论是苏联，或中国，都曾经通过对农民征税和实行"剪刀差"政策为工业化积累资金。这个政策"把农民整得很苦"（毛泽东），实际上是变相剥夺农民。工业化并没有给农民直接带来多少看得见的物质利益。相反，造成了普遍贫困，城乡二元结构趋向稳固化。

回过头来看市场化过程中农民的命运如何呢？近二十年推行了市场化改革。改革的目标是实现城乡经济全面市场化，建立城乡一体化的市场经济体制。但是改革的步骤却是以城乡二元结构为立足点，按城乡两大板块分别分步推进的。1986年前，改革的重点在农村；1986年至今，改革的重点一直在城市，农村改革基本上处于停滞状态。继包产到户之后，农村改革再没有大的突破和进展。板块式渐进改革，是中国改革的重要特点。板块式改革模式虽可避免一体化改革带来的强震，但通过以下的分析，将可以看到它的局限性和弊端。

——农村社会保障体系缺位。新中国成立后，社会保障制度的建设，一直偏向城市，轻视农村，是名副其实的"城市"社会保障。改革开放以来，这种不公平状况并没有根本改变，甚至还在强化。近几年迫于城市失业剧增的压力，城市社保体系的建设加快了步伐。但农村社保制度至今依然缺位。虽然稳定土地使用权事实上起着社会保障的作用，但决不能取代现代文明社会创造的社会保障体系。改革开放初期，依靠推行家庭承包责任制和建国以来农田水利建设的物质基础，农业生产连年丰收，农民生活得到显著改善，贫困人口减少。但随后却出现了大量返贫现象，因疾病致贫，因灾害返贫，因经营亏损破产，因失业而返贫，因税费负担沉重而致贫等，农村出现了一个人数不少于原有贫困人口的新的返贫群体。由于政府拨付的扶贫资金有限，而农村社保体系迟迟没有就位，致使农村贫富分化加剧，社会不稳。同时，由于农村社保体系缺位，阻碍了土地资源的合理流转和优化配置。土地作为商品，按市场规则运转，是市场经济发展的必然趋势。但如果没有社保制度为前提，一旦农民失去土地，便失去了生活保障。

——土地流转中农民遭到变相剥夺。土地现在还不能作为商品自由流通，政府依法对农民承包的土地实行有偿征用制度。由于没有依法监管的规范化的统一的土地市场，由于农民不拥有土地处置的自主权，由于房地产业过度投机，普遍存在着征地补偿费过低，农民利益受损。土地补偿费与土地最终售价每亩相差十几倍到几十倍。例如，南方某市，每亩补偿费只有两万多元的地，拍卖价竟高达一百多万元。通过征地"剪刀差"，改革开放以来农民被剥夺了两万多亿元。巨额暴利驱使许多地方上演了一幕幕新的"圈地运动"。按照每征一亩地就有1.4个农民离开土地，每年征用300万亩左右计算，就有四百多万农民失去土地。据国土资源部的资料，2002年上半年信访部门受理的案件中，有73%涉及征地问题。现在城市化热潮正在兴起，"经营城市"的口号势必将引发更大的"圈地运动"。有农民愤慨地说："别人发财用我们的命根子铺路。"

——农民就业和致富的机会不公平，甚至受到歧视，合法权益得不到保护。目前全国离乡就业的农民工已超过9400万人，务工收入约占农民纯收入的30%。但是，当前的状况是，城市化滞后于农村人口的转移，城乡统一的开放的劳动力市场的建立又滞后于农村劳动力的转移。这两个"滞后"已经产生了负面效应：户籍管理制度虽有松动，但附加了种种限制条件，绝大多数农民过着"二等公民"、"三等公民"的生活，许多人栖息在工棚或贫民窟，无权享受市政当局用国有资产举办的福利设施，子女不能进入公立学校或幼儿园，干的是城市居民嫌弃的苦活重活脏活和危险工种，不少厂矿或工地没有必要的安全保护设施，伤亡事故经常发生，受害职工合法权益得不到保护，拖欠血汗工资克扣工钱且数额巨大，一旦失业既得不到救济金又得不到再就业培训，从事个体经营要负担名目繁多的苛捐杂税。尤其令人费解的是，有些地方雇用了几百万上千万的农民，但在计算人均国内生产总值时却剔除了农民工，不计算农民工的贡献。

　　——政府垄断粮食、棉花等主要农产品流通的体制，束缚了农民经营自主权，窒息了市场机制的作用，农民利益受到伤害。20 世纪 90 年代后期，作为深化改革的重要步骤，推出了粮棉流通新体制，实行按保护价敞开收购的办法。新政策实施的结果却产生了设计者始料不及的负面效应：喂肥了粮贩子和不法之徒，损害了农民，背上了财政补贴的包袱。它给不法分子提供了可乘之机，私商与收购员互相勾结，任意压级压价，将农民拒之门外，乘机低价收购，然后再按国家定价卖给收购站，或者收购人员按优价收购私商出售的劣质粮棉。结果，政府的保护价没有保护农民，却中饱了不法分子的私囊。现在此项政策作了改变，但粮食部门经营亏损却成了财政的沉重包袱。长期以来，国家对农业的保护政策始终没有到位，财政对农业的补贴不是直接给予农民，而是落到流通环节和中间商。目前粮食部门亏损挂账已高达四千多亿元。

　　——收入分配不公，农民负担沉重。目前城乡居民人均收入的比例约为 3∶1。如果和城镇职工年均工资比较约为 4∶1。但农民的税费负担却比城市居民高。农业税按田亩征收，类似个人所得税，但没有起征点的限制；"三提五统"，按产量和收入提取，包括地租和所得税；营业税或市场管理费，按销售额交纳。农民还承担大量的城市居民所不缴纳的名目繁多的税外费。其中，一项是农村义务教育经费。农村义务教育经费 70% 由乡镇财政负担。而乡镇财政连"吃饭"都保不了，不得不转嫁到农民身上。农村义务教育有名无实，致使农村学龄儿童辍学率居高不下。另一大项是农民要供养大量的在编和不在编的"吃皇粮"的乡村干部和其他脱产人员。仅以在编人员 1200 多万计算，大约 75 个农民供养一个脱产人员。某省每个乡镇财政供养人员平均多达 448 人。近两年农村费税改革艰难，有些地区出现回潮，有些地区明减暗不减，主要是因为减负未改体制，没有触动庞大的官僚体制。

　　——乡镇企业产权制度改革普遍实行私有化，并未取得"一私就灵"的神效。改制一没有促进企业技术改造和结构升级，没有走出整体低效益、高消耗、高污染、粗放经营的低级阶段，以致政府不得不下令强制关闭"五小企业"。二是吸纳农业剩余劳动力的能力下降，安置就业人数绝对数减少，比 1996 年减少 1000 多万。三是产生了一个新生的权势阶层。在改制过程中，有些原来的企业领导人或乡镇干部利用手中的权力掌握了企业产权，摇身一变成为私人企业主，廉价或无偿地将公共财产据为己有。分析表明，"三农"本应是扩大内需的主体，推动经济持续快速发展的动力源，但是在市场化转型过程中，却被市场进一步边缘化。而扩张的财政和货币政策也没有给农民带来多少直接的物质利益。

扩大内需：一篇尚未破题的文章

扩大内需，不仅有利于近期遏制经济减速，而且能够给经济持续发展提供取之不竭的动力。这是一项必须长期坚持的方针。近几年实施这一方针是有成效的。但是做好扩大内需这篇文章却非易事。

内需是指国内需求而言的。它的内涵是很丰富的。由于需求存在着对象、主体、层次、时序、用途，等等区别，可以划分为：消费需求，投资需求；居民需求，政府需求；最终需求，生产需求；生存需求，享受需求；潜在需求，现实需求；自给性需求，市场需求；近期需求，远期需求。与需求相对的是供给。供给是满足需求的前提和物质基础。供给可区分为有效供给和无效供给；现实供给和潜在供给；近期供给和远期供给；必需品供给和非必需品供给；投资品供给和消费品供给，等等。需求与供给相互联系，相互制约，相互依存。但二者在经济周期的不同时点中的地位和作用是不一样的，因而宏观调控的重点应有所区别。

近几年，政府实施扩张性经济政策刺激需求，并提出了把扩大内需作为长期坚持的方针。反思实施的过程和结果，有必要进一步探讨扩大什么内需，怎样扩大内需，如何处理内需和外需的关系，以及需求和供给的关系等问题，从中找出有益的经验和教训。宏观调控政策作为反周期的相机对策，应视导致周期的原因，采取扩大需求，或者改善增加供给，或者二者并举的措施，以熨平周期。基于对我国 90 年代后期经济态势的判断，政府实行了旨在克服"需求不足"的扩张性经济政策。现在还要继续执行此项政策，保持政策措施的连续性。从近几年的实践来看，扩大内需这篇文章有了好的命题，但是还不能说已经破题了。

（一）是以产值增长速度唯此唯大，还是以扩大内需为宗旨

物质资料的生产和再生产是人类社会赖以生存和发展的基础。人们不是为生产而生产。生产是为了消费，并依赖消费。与消费需求相脱节或对立的生产，是注定要衰退的。然而，长期以来我们在经济建设的指导思想上总是片面追求产值高速增长，给经济建设造成很大损害。改革开放之初，早就明确提出转变增长方式。但时至今日经济增长和发展依然被这只无形的手所左右。提出扩张性财政政策的初衷，就是要保速度。产值增幅是第一位的，需求是第二位的，是为了保速度。虽说中央计划不再是指令，但依然是考核各级干部的重要指标。各地方，各部门竞相攀比产值增幅。不管是否能增加消费需求，只要能提高速度，什么办法都用上。近几年，上下都认为"需求不足"制约了经济增长。但读一读历年发表的统计公报，除了个别区省，没有一个省市经济增长速度等于或低于全国的增幅。经济高增长与占人口绝对多数的中低收入群体需求不足共生，形成了强烈反差，而且随着经济发展还有进一步扩大的趋势；经济高增长与城乡贫困人口数量剧增形成反差，这些反常态的现实，难道还不足以令人反思吗？

（二）是以公共设施建设为投资重点，还是以传统产业的技术改造和结构升级为重点

内需的一大项就是投资。投资是和最终消费需求相对而言的生产消费需求。按照资金投向和用途，可分为基本建设投资，更新改造投资，基础设施建设投资，房地产投资。我国是工业化尚未完成的发展中国家，投资的空间是十分广阔的，但有轻重缓急先后之分。近几年实行扩张性财政政策，国债投资选择了公共基础实施建设为重点，现在我国交通运输状况已经有了显著改善。但是，把基础实施建设作为中长期投资重点，是否恰当，有必要进行探讨。首先，从加快工业化的要求来看，应当大力发展制造业，加快制造业的技术改造，使之成为改造和装备国民经济各行各业的主导产业。制造业在国民经济中的地位和作用，是不能超越的，是第三产业或高新技术产业所无法取代的。经过五十多年的建设，我国制造业发展已有相当规模。但是，与发达国家比较，规模过小，在世界制造业生产能力中所

占份额仅为 0.18%；技术层次低，每年投资所需要的设备约有 40%—50% 靠进口，机械工业产品达到国际先进水平的仅有 1/10；产品附加值低，加工贸易占出口额 40% 以上。因此加快装备制造业技术改造和技术更新迫在眉睫。同时，外国的经验表明，一旦经济衰颓或不景气时，大规模的技术改造和固定资产更新，恰恰是扩大内需，启动经济的有效机制。近几年在投资方向上，历年更新改造资金在固定资产投资中所占的比重过低，平均不到 15%，最低的年份不到 1%。其次，近几年基础设施建设在选项和建设标准等方面，存在着超越国力和经济发展水平的问题。例如，世界上第一条商业运营的磁浮列车轨道的建成，高速公路通车里程已居世界第二位等，这些建设项目都明显过分超前，耗资巨大，实效低。再其次，在安置就业，增加居民消费方面，基础设施建设所起的作用有限。2001 年和 1997 年相比，固定资产投资增长了近 50%，而最终消费仅增长 35.2%。占国内生产总值的比重仅增长了 1.6 个百分点，为 59.7%，依然低于发展中国家平均水平，其中居民消费的比重还降低了 0.1 个百分点，仅增长 31.7%。可见，消费比重偏低的状况并未改变，消费对经济增长的拉动作用依然受到限制。至于投资对就业的带动作用，则成下降的趋势。投资每年都以两位数的增幅上升，投资对经济增长的贡献高达 1.5—2 个百分点，然而失业率上升的势头却得不到遏制。

（三）扩大内需，要不要遏制泡沫经济和经济泡沫

国外的经验表明，泡沫经济和经济泡沫是市场经济的伴生物，是无法根除的。但必须遏制和调控。否则，任其发展，必然导致灾难性后果。远的不说，近期美国所谓"新经济"的破灭，纳斯达克股指狂泻，日本十余年经济衰退至今不见曙光，便是例证。在我国经济市场化过程中，泡沫经济所产生的危害是不容忽视的。首先是房地产虚热造成的经济泡沫。土地使用权作为商品进入市场以及住房商品化，给房地产行业提供了牟取暴利和寻租的机遇，掀起了炒作房地产的投机热潮，致使房地产热经年不衰，房屋空置率骤升，烂尾楼成片，银行贷款无力偿还，房地产价格依然居高不下。以权力为依托的垄断经营，将市场调节拒之门外，这是我国市场经济一大特殊景观。2001 年与 1997 年相比，用于固定资产更新改造的投资增

长了51%，而房地产投资却增长了109%。据有关部门统计，目前全国商品房空置总量已经达到1.3亿平方米左右，其中有一半的房屋已经空置了一年以上，占压资金2500亿元，不良资产居全国各行业之首，资金主要来自银行贷款，房地产企业的资产负债率平均高达85%。各级政府的领导人大刮"政绩工程"、"形象工程"之风，给房地产业虚热起了火上加油的作用。其次，股市过度投机形成的泡沫，虽然对居民和政府增收有暂时的效应，但泡沫注定是要破灭的。一旦股市狂泻，众多中小投资者将被推入破产陷阱。我国股市发展已粗具规模，股票市值4万多亿元，上市公司1200多家，投资者6000多万户。近两年股市低迷，股指大幅下跌，沪指从2001年高点2245点下跌到目前的1400点，投资者财富缩水。但目前股市的市盈率依然是世界最高的。尽管利好的信息不断，但股市依然没有重现昔日的"繁荣"。当前，应当利用股市低迷时机，整顿规范股市，处理好维护投资者利益和经济发展整体利益的关系，稳中求进。

（四）扩大内需的新难题：外需与内需的关系

明确地把扩大内需作为经济建设的长期方针，无疑这是完全正确的选择。扩大内需与扩大开放，并不是对立的，但必须明确，开放是为了扩大内需，为了全国人民过上共同富裕的生活。因此，开放应服务于扩大内需，服从扩大内需，这个主从关系是不应也是不能颠倒的。但是，在实际工作中，如何摆正内需和外需的关系，由于受部门利益和产业结构的制约，依然没有解决。首先，在某些行业中，借进口贸易，将扩大内需转换为扩大外需，冲击了国内市场。有资料表明，内需仅在我国经济增长中占27%。目前我国固定资产投资中，所需设备有2/3来自进口，而机械行业却严重开工不足，生产能力的利用率仅为51.86%，每年贸易逆差高达数百亿美元，投资对扩大内需的实际拉动作用大打折扣。其次，经济增长对外贸的依存度过高。目前，进出口额在国民生产总值中的比重已高达60%，为世界大国之最。美国在世界贸易额中占据32%，但美国经济对外贸的依存度不到20%，内需依然是美国经济发展的重点。我国是正在推进工业化的发展中大国，如此高的外贸依存度，眼下对维持经济增长速度有一些作用，但从长远来看弊多利少。一是不利于加快工业化和现代化。把有限的资源都消耗在附加值低、技术含量小的劳动密集型产品的生产上，以廉价的劳动成本换取外汇，得到的回报是以延缓和牺牲工业化为代价，换取出口高速增长。二是不利于增强国家经济实力和国际竞争力。目前，我国出口的大宗商品多为劳动密集型产品，就使这些商品在品牌和质量方面也缺乏竞争优势，更不用说在设备制造业、高新技术贸易方面，至今我国还没有取得与世界第六贸易大国地位相应的份额。三是加工贸易比重过高。我国的出口企业大都是处于产业链的末端，为外国跨国公司从事零部件加工或制成品组装，充当"国际打工仔"，出卖廉价的劳动力，高额利润为外国公司所得。四是对外依附性强，风险大。我们一方面要承受世界市场景气变幻的冲击，同时还要为跨国公司承担经营风险和研制开发风险。所以，继续把出口额作为显示外贸政绩的唯此唯大的指标，是十分有害的。"出口多元化"不是外贸走出困境的根本出路。

（五）"减员增效"：作茧自缚之策

城乡贫困人口剧增是导致最终消费乏力的主因。近几年，我国经济出现的又一反常规现象，就是经济高速增长，而城乡贫困人口却大量增加，引起居民购买力相对萎缩，最终导致经济持续发展受阻，不得不求助于扩张性经济政策。造成这种被动局面的原因是多方面的。

从主观方面来反思，不能说与制度设计和决策不当无关。早在20世纪90年代前期，就业形势就呈现日趋严峻。据有关专家的调查资料，1993—1996年，城镇失业职工人数年均以48.7%的增幅上升。1997年，城镇登记失业率为3.2%，失业人数约600万人，下岗职工约1400万人，不包括停产半停产的在职职工和进城务工的农民工。农村还有6000万贫困人口。如此庞大的贫困群体，对经济持续快速发展和社会稳定形成了巨大的压力。面对就业的严峻形势，宏观经济政策的重点，本应由反通货膨胀转向反高失业，一方面建立和完善社会保障体系，增加社保资金的投入，减少贫困人口；另一方面广开就业门路，实施再就业工程，降低失业率，减少企业改制的成本和代价，并使因改革而利益受损的基本群众利益得到应有的补偿。但是，政府却按照"减员增效，下岗分流"的原则加大了企业改制的力度和强度，对已经出现的下岗潮和失业潮推波助澜，以致下岗和失业人数空前剧增。当政府实施扩张性经济政策时，面对的不仅是社会投资不足，而且还有一个导致消费需求萎缩的待救济的贫困群体。

"减员增效"，这原本是企业为了解决因冗员而增加成本致使利润下降而采取的办法。它的适用对象和范围是明确的，有限的。如果政府将它确定为一项宏观经济政策，在全社会范围普遍推行，企业纷纷裁员，必然导致失业人数急剧增加，待救济的贫困人口上升，从而引起居民有购买力的需求下降，即使有完善的社会保障制度，最终也是难逃经济衰退的厄运。普遍减员，就是普遍减效。当前我国的现状就是佐证。

我国国有企业普遍存在冗员，这是个制度性问题。解决这个难症不能下猛药。欲速则不达。俄罗斯"休克"至今 15 个年头还没有结束"疗程"，代价是巨大的，教训是深刻的。在经济转型过程中，既要解决国有企业人浮于事，又要实现经济稳步增长，防止经济衰退，这确实是个大难题。

在推行"减员增效"的同时，近几年还出台了住房商品化，废止了公费医疗制，实行非义务教育收费等多项改革。这些改革都需要大幅度增加职工的支出。但工资制度却没有相应地进行改革，依然实行的是不完全工资制。广大职工对收入预期和支出预期都不看好，这就迫使他们不得不节制消费，增加储蓄。这是导致居民消费需求增长乏力的重要原因。

分析近几年政府出台的改革步骤和政策措施，似有相互配合相互协调不当之处。一方面，用一只手扩大内需，维持经济快速增长；另一方面，用另一只手遏制消费需求，导致经济持续增长乏力。这是扩张性财政政策和货币政策迟迟不能淡化，不能收场的重要原因。

（六）症结：消费和积累比例失调

我国当前经济发展中问题的症结究竟何在？主流观点是"有效需求不足"。但是，"有效需求"是指投资需求还是指消费需求？从政策取向来看，是前者而不是后者。1998 年以来实行扩张性财政政策，增发 6500 亿元国债，主要用于投资。1998—2001 年，预算内基建投资分别增长 77.7%、44.8%、7.78%、28%。全社会固定资产投资，分别增长 13.8%、5%、10.2%、13.05%。高投资拉动了经济高增长。同期，国内生产总值分别增长 7.8%、7.1%、8%、7.3%。但是，同期居民人均收入增幅既低于国内生产总值增长，更大大低于投资的增长。城镇居民人均可支配收入分别增长5.1%、7.9%、7.5%、9.2%；农民人均纯收入增长分别为3.4%、2.2%、1.9%、5%。结果，导致积累与消费的比例严重失调。积累率从1997年的38%上升到2002年的42.1%；消费率从58.1%下降为57.9%。居民消费在最终消费中的比重从80%下降为77.9%；农民消费在居民消费中的比重从50%下降到44.3%。2001年，城乡居民最终消费人均每天仅为9.8元，略高于联合国的1美元作为贫困线的标准。历史的经验反复证明，重积累轻消费，高积累低消费，是导致我国经济长期不能步入稳定持续增长的久治不愈的顽症。20世纪80年代中期，经济过热，积累率高达38%—39.5%；90年代初期，经济连续四年两位数的增幅，积累率高达39.3%—43.5%，最后不得不紧缩银根。当前，有些行业和地区在利润和"政绩"的驱使下，出现了盲目上项目扩大投资的"虚"热。局部过热已经是不容争辩的事实。去年房地产开发投资增长21.9%，高于技改投资10.9个百分点。房地产热带动了钢铁行业升温。去年钢铁业投资猛增高达53%。轿车热激发了各地的热情，或扩建新厂，或进口组装。经济局部"虚"热引起的隐患是不能不引起足够重视的。但是，按照目前靠继续增加投资来克服"有效需求不足"拉动经济的思路，必然加剧积累率过高引起居民消费需求继续相对萎缩，从而遏制经济增长内生机制的作用，而且还会导致经济过热。

当前，我国经济中，一方面，积累率过高；另一方面，物价指数长期低迷。这是一种奇特的经济现象。按照常规，高积累，意味着高投资，投资热通常引发通货膨胀。高通胀是高积累的产物。西方国家的经济发展一再反复重复这一定律。我国在20世纪90年代初期也曾经历过这一过程。现在高积累，高投资，高速度，物价为什么不涨反跌呢？原因在于，我国当前的经济情势既不同于90年代初，也不同于西方国家。首先，我国现时市场供求格局已经改变，基本消费品和主要投资品的供给告别了"短缺"，因物资供不应求引起物价上涨的历史不再重现。其次，居民消费需求受到来自积累和改革的双重压力，以致出现投资热与消费相对萎缩并存的现象，导致消费品价格长期走低。再其次，投资拉动消费的传导机制受阻。在一般情况下，投资能够直接和间接地拉动消费。但在我国当前经济转型时期，从投资到消费的传导机制却被阻隔。近几年，居民消费需求增长乏力，而居民储蓄余额却超常增长。1998—2001 年，分别增长 17.1%、11.6%、7.9%、14.7%。住房、医疗、就业、教育等项改革，阻碍了储蓄向消费转化，阻碍了有购买力的需求变现。最后，在对外开放的条件下，投资领域对外商实行国民待遇，外商以进口设备抵扣投资予以税收优惠，在一定程度上减缓了高积累高投资的压力，所以允许积累率短期走高。目前我国的积累率不仅高于发达国家，而且高于发展中国家的平均水平。长此以往，难以为继。

老生常谈话改革：尊重客观规律

十六大重申："必须坚持按照客观规律和科学规律办事。"按照客观规律办事与"实事求是"是一回事。所谓实事，就是指客观存在的不以人的意志为转移的事物；所谓求是，就是人们通过实践和学习求得对客观事物自身固有的规律的真理性认识。实事求是与解放思想不是对立的。所谓解放思想，就是要求人们摆脱不符合客观规律的条条框框的精神枷锁，让自己的思想和行为符合客观规律的要求。解放思想是"求是"的前提。但解放思想如果背离了实事求是，就会陷入唯意志论的陷阱，重蹈"人有多大胆，地有多高产"的覆辙。

（一）改革要从我国生产力的现状出发，按照生产关系一定要适合生产力性质的规律的要求办事

人类社会是按照自身的规律发展的。这个规律就是生产关系一定要适合生产力性质的规律。生产力是社会变化和发展的决定性的根本因素。有什么性质的生产力，就有什么样的生产关系。生产力是一种既得力量。人们不能选择生产力，因而不能按照自己的意志自由地选择生产关系。任何一种生产关系当它还能为生产力发展提供余地，能促进生产力发展的时候，它是不会灭亡的；在新的生产力成熟之前，新的生产关系也是不会出现的。这是历史唯物主义的基本观点，是马克思主义的常识。重述这些论点，是因为这些年随着西学东渐，人们已经淡忘。谈论多的是"优化资源配置"，

"明晰产权"，运行机制等等。但是，生产关系一定要适合生产力性质的规律，恰恰是改革大业的根据和出发点。无论目标模式的选择和设计，或者实施步骤和方法，改革战略和战术的抉择，都必须按照这个规律的要求办事。经济体制本质是社会生产关系的实现形式。经济改革实质上就是社会生产关系的变革。任何本本条条都不是改革的根据和出发点，唯有生产关系一定要适合生产力性质的规律才是决定性因素。

有人认为，西方国家搞市场经济已经有几百年的历史，既然我们要搞市场经济，就只能向西方国家学习，拜西方经济学大家为师。但是，学习不等于照搬照抄，改革不能依样画葫芦。这些年在改革的进程中，经常出现方案夭折，模式走形，功能扭曲，改革异化的现象。例如，股份公司是国有企业改制可供选择的一种形式。现在许多企业已经挂上了股份公司的招牌，但大都是名不副实的翻牌公司，企业并不按市场经济规则运作；企业经营资不抵债，实行破产制度，这原本是优化资源配置的重要机制，但在全国范围却刮起了一股企业逃废银行债务的风潮，银行蒙受巨大的损失；股票上市流通，原本是为了搞活企业，为企业和投资者开辟一个融通资金的渠道，但在我们这里却蜕化为从股民兜里圈钱，为国有企业脱困提供一条捷径；中介组织本应以公正公平服务为宗旨，不以营利为目的，但这些年如雨后春笋建立的各种各样的中介机构却异化为以利润最大化为目标的经营性组织，以致与客户串通一气弄虚作假，坑害公众，欺骗政府，等等。改革走形，机制异化，功能扭曲，如果仅仅是个别的偶尔出现的现象，那还可以理解。问题在于，这些现象恰恰是大量的、普遍的、反复出现的、久治不愈的顽症。这是令人深思的。提出这个问题，并不是怀疑改革的方向。我们对选择社会主义市场经济的改革方向，义无反顾。但是，必须正视这些问题，分析产生问题的原因，提出切实可行的解决办法。

按照生产力决定作用的规律的要求办事，改革必须从我国生产力现状出发，认识我国的基本国情。中国与其他经济转型国家不同之处，经济方面主要表现在：现代工业与小农经济并存；现代市场经济与非市场经济并存；人力资源数量巨大和整体素质低下并存；自然资源总量大和人均资源稀缺并存；资源公共占有和非公共占有并存；经济利益主体多元化和政治权力集权化并存，等等。

确立社会主义市场经济体制为改革的方向，实现社会主义和市场经济的对接，这是历史的必然选择。当西方国家发展到资本主义社会时，中国腐朽的封建社会尚未解体。帝国主义列强入侵，中断了中国社会自身发展的过程，中国社会蜕化为半封建半殖民地社会，产生了一个资本主义怪胎——封建买办官僚资本主义。面对苦难的亿万同胞，在中国的思想政治舞台上各种社会势力，各种思潮纷纷登台亮相，西方诸种经世济民之说相继进入中国，经过反复实践，试验，比较，经过了血与火的洗礼，中国人民选择了中国共产党倡导的经过新民主主义社会过渡到社会主义，实现民富国强的道路。历史的经验和教训证明，新民主主义社会是不可逾越的中国社会发展必经的阶段；全面私有化，是历史的大倒退；全盘西化，此路不通。进行市场化改革必须遵循中国社会自身固有的，而不是人们强加给它的客观规律。俄罗斯的殷鉴不远，"休克"私有化，不可取；"渐进"私有化，也不可为。这是一条死路，它只能进一步激化现存的社会矛盾和经济矛盾，导致改革背离"共同富裕"的目标，失去广大工农群众的支持。

（二）要用实践来检验理论和观点

改革是前无古人的艰难事业。二十多年来，我们一直按照"摸着石头过河"的办法行事。但这并不意味着改革没有或不需要理论指导。作为改革的指导思想的理论基础是明确的。然而，在具体运用层次上，一些理论观点却需要经过实践检验决定取舍。例如：

——在收入分配领域，多年来把"效率优先，兼顾公平"作为指导原则。实践的结果，却是始料不及的：收入分配差距急剧扩大，贫富分化加剧，贫困人口骤增。按照实践的标准，有必要对这一原则重新认识。

首先，它没有区别宏观经济分配和微观经济分配，再分配和直接分配。如果是指国民收入再分配，它是要解决初次收入分配差距过大，分配不公的问题。因此，这里应当遵循的原则，不是"效率优先"，而是"公平分配"。税收和转移支付的原则就是公平、公正。如果它是指企业层面的分配，即初次分配，这里是必须讲求效率的。但必须以公平、公正为前提，实行等量劳动即等价交换的原则。分配的效率来自分配的公平公正。违背了公平公正原则，效率必然受到损害。虽然等量劳动相交换的原则是形式上的平等掩盖了实际上的不平等，但在现阶段它是唯一可行的公平公正的分配原则，恰恰正是这个原则是市场经济共有的基本规律。在这个领域，效率与公平的关系，不存在谁优谁次，谁主谁副，谁先谁后的问题。二者之间相互依存，互为前提，相互影响。

其次，在社会主义阶段，实行按劳分配，体现了公平与效率的统一。公平，就是劳动的平等权利，就是等量劳动取得等量报酬的平等权利。在生产力水平低下劳动依然是人们的谋生手段的条件下，舍此，别无选择。"效率优先，兼顾公平"是对按劳分配本意的曲解。再其次，从分配在再生产过程中的功能与作用来说，分配是实现劳动力的再生产的需要，人类自身繁衍的需要。从这个意义上说，不讲效率的分配是不存在的，完全没有效率的分配是没有的。有的西方学者早就对"效率优先"的分配模式表示疑问。英国诺贝尔经济学奖得主米德说过："以效率为依据所要求的实际工资率模式，可能会有利于极少数富裕的财产所有者"，"这已经成为一个值得重视的问题。"（《效率、公平和产权》）他的看法来自西方国家的长期实践，而我国经济转型时期的现状也为这一观点提供了佐证。

——"民族经济"过时论。时下，有一种论调：在经济全球化的条件下，跨国公司大量出现，民族经济、民族产业、民族企业已不存在；国家经济利益也发生了变化，随着跨国公司的进入，生产、加工、销售、投资、融资实现全球化，跨国公司的产权便国际化，跨国公司的国籍淡化，越来越深地融入东道国整体经济之中，成为东道国的公民，成为"本土企业"，给东道国缴纳税金，安置就业，促进增长，这就使国家的经济利益的含义发生了变化。这一观点可称之为新"三无世界论"，即无民族国家利益，无民族经济，无民族企业。"三无论"在理论上是错误的，对实践是有害的。

首先，它无视当今世界存在国家的客观事实，否定了国家主权和国家利益。世界市场一体化的趋向，密切了国家间的经济交往和经济关系，各国在经济上相互依存，优势互补。这是生产力社会化超越国界的必然结果。但这一过程并不意味着从此进入了大同世界，国家走向消亡。相反，世界市场一体化过程自起步之日起，就充满了国家间，国家集团间的矛盾和斗争，甚至战争。第二次世界大战后，这一过程大大加快。但世界的基本矛盾并没有解决。当今世界国家间的经济关系远不是平等、公平、公正的；建立平等互利的国际经济新秩序仍然可望而不可即；这里通行的是生存竞争，优胜劣汰，弱肉强食的法则；几个经济强国居主导地位，超级大国把对外经济贸易作为其推行霸权主义的工具。世贸组织的建立并没有改变当今世界经济格局，它的现行规则又是在发达国家主导下按照有利于发达国家的原则制定的。

其次，跨国公司的产生并非自今日起。随着经济实力的增强，适应世界经济和政治形势的变化，跨国公司的经营战略和策略发生了重大变化，它在世界经济中的地位和作用已今非昔比。但是，第一，跨国公司的所有权性质并未根本改变。无论股票如何分散化、国际化，股票控制权依然掌握在垄断财团或寡头手中。对于垄断资本来说，股份化意味着以少量的自有资本控制大量的他人资本，从而增强资本控制权；意味着经营风险分散化，从而将经营风险转嫁到公众身上。股权分散化与所有权社会化是两个不同的概念，不能混为一谈。第二，跨国公司的经营宗旨也未改变。它进入别国不是来扶贫济困，不是来赞助工业化和现代化，而是为了占领对方市场，利用廉价劳动力，获得稀缺资源，从而牟取垄断利润。迄今为止，世界上没有一个国家的工业化和现代化是依靠跨国公司实现的；没有一个发展中国家依靠跨国公司摆脱了贫困走向民富国强的。对跨国公司开放市场，引进一个竞争对手，是为了在与强者的博弈中发展自己壮大自己。跨国公司的本意并不是希望为自己培植一个市场上的竞争对手，但这是不以它的意志为转移的，是无奈的选择。第三，"经济全球化"并非意味着国家主权消亡，国家间利益趋同。"经济全球化"是个内涵杂乱，外延无边的概念。如果将它理解为全球市场一体化的趋势，那么，由于国家间经济上相互依存，国家间利益便有一个交汇点，这个交汇点就是国家间利益共同点。实现共同利益，达到互利，是靠等价交换的原则。而等价交换是以承认各自主权和产权的独立性不可侵犯为前提的。跨国公司进入别国从事生产和营销，成为东道国经济结构的组成部分。但它绝不会因此成为与民族企业无区别的东道国的公民，改变了产权和国籍。纳税，那是它应尽的义务，不过是取之于彼还之于彼，羊毛出自羊身上。安置就业，这正是它利润的来源，而且它吸纳的劳动力数量远抵不上因它参与竞争而破产失业的人数。对引进国经济增长的影响则要具体分析，当它的国家景气指数上升时，它会增加廉价的劳动密集型商品的进口，从而带动出口国经济增长；当经济衰退时，转嫁危机是它惯用的伎俩。我们曾经迷恋"以市场换技术"，但得到的回答是：市场是非要不可的，技术则要另开价。我们花大钱买来的是二三流甚至是淘汰的技术，而无偿让出的是对跨国公司生死攸关的市场。市场在当代经济中是最稀缺的珍贵资源。"市场无价"，这是当代经济中违背市场经济规律的荒谬现象，也是如今世界经济关系不平等的重要表现。

最后，在开放的条件下，跨国公司的进入是否改变了国家经济利益的内容呢？国家经济利益是否就是税收、就业、增长？东道国的利益与跨国公司的利益是否便因此融合了呢？答案是否定的。中国作为发展中的社会主义大国，对于中国的国家利益，必须分清国家根本利益和局部利益，长远利益和近期利益，本国利益和跨国公司利益，民族利益和世界发展中国家整体利益。"过时论"的潜台词是"退出论"。在他们看来，在竞争性产业领域，跨国公司的作用与本土企业是一样的，与东道国的利益已融合，那么，"民族企业"便可退出，增强国家经济实力和提高国际竞争力的希望便可寄托在跨国公司身上。这种主张的利益倾向是十分清楚的。有的人在谈论国有企业改革时念念不忘"产权明晰"，产权改革唯此唯大，但在谈论跨国公司时却鼓吹"无国籍，无产权"，实在令人费解。

（三）改革要从客观条件的许可出发，量力而行，不能只讲必要性紧迫性，不讲可能性和客观条件

我国经济改革选择了建立社会主义市场经济体制为目标，这是我国生产力发展趋势决定的必然选择。但是，我国市场化改革的起点，比苏联和东欧国家要低得多，物质基础要薄弱得多。先天不足是我国改革的一大弱点。我们采取恰当的改革战略和战术，可以缩短与这些国家经济上的差距，弥补我国经济上的不足。然而，我们绝对不能超越生产力和其他客观条件的许可成就改革大业，必须重视客观条件的制约作用，在条件上下工夫。

改革现在已经进入新时期新阶段。和以往的改革不同，新阶段改革具有高投入、高成本、高代价、高风险的特点。改革的对象、领域、范围、内容，涉及社会各个层面，各个阶层，各个群体，牵连到每个社会成员的切身利益。这是全社会利益大改组，大调整，大分化，重新组合的时期。从收入分配，劳动就业，到社会福利，社会保障；从财政税收，金融银行，到企业体制；从中介服务到学校教育，几乎没有哪个方面的改革不需要政府、企业、事业单位、个人支付费用，担负改革成本，承受改革代价和风险。因此，任何一项改革措施出台，都必须考虑各方面在经济上、心理上的实际承受力，全面分析可能产生的正面和负面效果；任何一种方案的实施，都必须遵循公平公正的原则合理地进行利益再分配，决不能让少数人侵吞改革的成果，而将改革的成本和代价强加到广大工农群众肩上。

然而，在改革的实际工作中，有不少方面却偏离了实事求是的思想路线，自觉或不自觉地被唯心主义所左右。例如：

——在劳动就业、社会福利和社会保障制度改革方面，是量力而行，稳步推进，还是一揽子改革，一步到位。

近几年，城市改革以前所未有的规模、数量、速度，推出一系列措施和步骤：国有大中型企业三年脱困，扭亏增盈；取消福利分房，实行住房商品化；改革公费医疗，实行医疗保险，大病统筹；减员增效，下岗分流；实行非义务教育自费；改革退休制度，建立养老保险等。改革有以下新的特点：一是出台的措施多，涵盖面广，涉及城市各行业，各部门，各企业事业单位，直至每个家庭，每个社会成员。二是改革的深度和难度大，通过这些措施全面彻底改革就业和社会福利制度，打破"铁饭碗"，废止原来实行的"从摇篮到坟墓"的社会保障制度，直接牵动亿万职工和居民切身利益的损益。三是改革的时间紧迫，要求在限定的时间内措施到位，完成既定目标任务。四是改革重点主要是国有企业事业单位。城市非国有企业的业主和职工的利益不仅未受影响，相反受益。

这些改革措施是市场化改革应有之义。这里不讨论各种改革方案的优劣，仅从改革的战略战术来探讨出台的时机、步骤和改革应遵循的原则。首先，利益的分配和调整没有充分体现公平公正的原则，长期为国家建设作了重大贡献的基本群众承担了改革的成本、代价和风险。这主要表现在：一是先富者享受了改革的成果，但很多人逃避对社会的责任和应尽的义务。他们当中偷税逃税面广、量大。经过20年改革，我国财富分配格局发生了重大变化，但长期以来缴纳个人所得税的主体，只有工薪阶层。近几年尽管强化税收征管，个人所得税中工薪阶层纳税所占的比重竟高达80%。上了美国《福布斯》杂志的中国亿万富豪竟没有一人纳税。私营业主和个体业主依法为工人缴纳各类保险金的很少。二是职工损益没有得到足够补偿，政府对职工的历史欠账过多。我国企业冗员数量大，是体制造成的。失业不是自愿性的，也不是结构性的，而是特殊的体制性失业，责任主要在政府。因此，解决冗员不能简单地采用裁员的办法。况且，长期以来我国实行的是低工资制，即不完全工资制。工资中本应包括用于社会保障的部分已经扣除，作为财政资金预留在政府预算之中，形成政府对职工的负债。因此，在改革劳动就业制度时，应给予职工足够的补偿。三是分配制度没有相应地进行改革，分配秩序混乱，收入差距全面扩大，贫富分化加剧。在这种情况下，劳动就业和社保制度按现行步骤改革，对缓解社会矛盾不会起到有益的作用。失业大军和贫困人口急剧增长，政府和社会不得不为此付出巨大的沉重的代价。

——国有企业脱困和企业改制能否超越客观条件的许可"速成"。

在我国改革史上，国有企业改革起步最早，措施最多，但至今没有取得实质性突破。从实行利润分成开始，我们做过种种选择和尝试，最终确定了大中型企业改革以西方现代企业制度为参照模式。本文不探讨这种企业模式是否适应我国基本制度以及是否理想模式，仅分析建立这种企业制度所需要的条件。西方企业制度的演变经历了几百年的过程。现行模式是现代市场经济发展的产物，并不是终结的理想制度。我国改革没有必要重复这一过程，能够实现跨越式变革。但能不能做到，则取决于能否创造好必要的条件。条件成熟了，则水到渠成。其中，必不可少的条件，例如，改革政企不分，党企不分的制度，把对企业的管理纳入法治的轨道，实行依法治企。我国体制的最重要的特点，就是政治与经济合一，政治凌驾于经济之上，政企合一。企业改制不触动这一点，现代企业制度便有名无实。近几年有些改革措施不是推进政企分治，而是强化政企合一，背离了改革方向。企业改制是不能避开或跨越政治体制改革的。又如，企业改制必须卸下历史包袱，轻装上阵。如企业办社会，资产负债率过高，人浮于事，等等。解决这些难题，企业自身是无能为力的，必须由政府出资，协调财政、金融、劳动以及其他公共服务部门，统筹安排。这不仅受政府财力的制约，而且必须有劳动就业，银行金融、教育、社会保障等行业方面的改革相配套。但这些部门却自顾不暇。再如，股份公司是股份经济中的企业形式。它是近代货币经济发展的产物，是以证券市场和资本市场的发展完善为条件的。我国在 20 世纪 90 年代初在全国范围普遍推行股份制时，证券市场还在酝酿之中，对股份公司人们还是陌生的。企业领导人对建立股份公司的热情极高，但盲目性很大，大多是出于政治上的考虑。这个缺陷可以通过学习来弥补，但市场发育却是无法人工合成的。总之，企业改制重要的，不是改换名称，而是转变经营机制；经营机制能否转换，怎样转换，则取决于客观条件。在条件不成熟时，用行政办法或者用变相搞运动的办法人工合成现代企业制度，只能事倍功半，欲速则不达。

并非结语的话：回到"西柏坡"

党中央新一届领导上任后集体去西柏坡"朝圣"。此举深得民心。这一行动具有象征性意义，重要的是要把宣言和承诺付诸行动。理论时下已不再是稀缺资源，短缺的是行动。

"西柏坡"是什么？它是一篇宏伟的宣言书，是中国共产党人集体撰写的新时代东方的《共产党宣言》。它指出了中国这样一个半封建半殖民地国家走向社会主义，实现民富国强的特殊道路，规划了建设新民主主义社会的蓝图，提出了党在这个不可超越的历史阶段的纲领、基本路线、方针、政策。这些理论观点至今还闪耀着理论光辉，既没有东方教条主义的痕迹，也没有西方教条主义的烙印，读起来备感亲切。

"西柏坡"是什么？它是向全党全国发出的迈向新长征的进军号角。夺取国家政权，这只是万里长征走完了第一步，革命以后的路程更长，工作更伟大，更艰巨，我们要学会我们原来不懂的东西，我们不但要善于破坏旧世界，而且要善于建设一个新世界。

"西柏坡"是什么？它是共产党人全心全意为人民的无私精神，奋斗不息百折不挠的革命精神的象征。它告诫取得了胜利的共产党人，巩固这个胜利是需要很久的时间和要花费很大气力的事情；警告因为胜利，可能生长的党内骄傲情绪，以功臣自居的情绪，停顿不求进步的情绪，贪图享乐不愿再过艰苦生活的情绪；可能有些共产党人经不起糖衣炮弹的攻击，打了败仗；必须向党内讲明白，务必使同志们继续地保持艰苦奋斗的作风，继续地保持谦虚谨慎不骄不躁的作风。

在离开西柏坡时，毛泽东同志意味深长地说，我们进京赶考去！遗憾的是，这份考卷还没有做完，他和他的战友便先后离开了人间，责任落到了继任者身上。

说到"西柏坡"，不能不指出对经济中的隐患推波助澜的三股浊流：一是官场上和城市建设中的奢靡腐化的浊流；二是经济腐败和权力腐败合流；三是工作中的浮夸形式主义爱做表面文章报喜不报忧。这几股浊流相互推波助澜汇合成恶浪，冲击经济改革，吞食发展的成果，吮吸人民的血汗，侵蚀党和政府的机体，毒化社会风气和人的心灵。现在，我们面临着安置下岗职工，降低失业率，加快农村人口转移，减少财政赤字，弥补社保资金缺口，降低银行不良贷款比例等艰巨任务，却苦于财力不足。其实，出路和办法是有的，只要有决心，有些问题是不难解决的。譬如，只要坚决严令禁止公款宴请和公费旅游，每年就可以省下数千亿元；只要坚决刹住城市建设中的奢靡之风，禁止兴建奢华的楼堂馆所，每年就能够从固定资产投资中划拨几千亿元用于改革方面的需要。这些问题既然久治不愈，看来只能求助于立法。至于反腐败，近几年力度不能说小，但势头并未得到遏制。有人把时下反腐败比作割韭菜，割了一茬长一茬；有人说枪子敌不过票子，一不怕关，二不怕死；有人面对西方国家丑闻迭出，认为腐败是市场经济的产儿，割不断，理更乱。这些悲观论调是站不住的。按照这种观点，我们只能束手待毙，任这个毒瘤腐蚀党和政府的肌体，最终重蹈苏共的覆辙。而对反腐败的严峻形势，我们应当吸取这些年反腐败的经验和教训，从制度和体制方面消除产生腐败的土壤和条件。其中，最重要的是，切实贯彻执行"依法治国"，把党的领导纳入法制和法治的轨道，对权力实行监督和制约，杜绝权力通向腐败的路径。

加快政治体制改革，已不容迟疑。

"位卑未敢忘忧国"。这是我不自量力写这篇拙文的缘由。

2003 年 1 月完稿于第九届全国人大届满前

（原载《战略与管理》2003 年第 2 期）

理清思路搞建设　务实求真奔四化

——经济生活面面观

本文剖析的经济生活中的种种现象，作者无意否定这些行业的成就和广大员工的辛勤劳动，而是为了把党的十一届三中全会重申的"实事求是"思想路线真正落实到各行各业日常工作中去。

"高新技术"高在哪里，新在何处？

时下，"包装"已经发展成为火爆的热门行业，甚至可以说成为"新的经济增长点"！"包装"早已突破了传统，列入包装的已不限于物质产品，企业注册登记要"包装"，实行公司制要"包装"，公司上市更要"包装"，申请贷款或政策优惠也要"包装"。包装的功能也日渐多样化。原来包装是为了避免或减少产品流通过程中的损耗，后来则附加了广告的功效。现在随着"包装"范围的无限扩张，它的功能发生了异化。自社会上的浮夸之风、华而不实之风、弄虚作假之风与"包装业"结缘，"伪包装"已成为一大公害。成为久治不愈的顽症。

20世纪80年代以来，在世界范围内迅猛地兴起了一场新技术革命浪潮。这场新技术革命以控制论、信息论、系统论等多种学科理论为支柱，以信息电子技术、生物工程技术、新材料技术、新能源技术、航天技术、海洋开发技术等为标志，极大地提升了科技在生产力要素中的作用和地位，为社会经济发展提供了强大的动力支持，创造了以所谓"新经济"为特点的经济发展模式。高新技术的研究、开发、利用，以及高新技术产业的发展，已经成为当今国际竞争战略的关键和国家发展战略的重点。无论企业或国家要想在激烈的国际竞争中立于不败之地，就必须大力发展高科技，推进高新技术产业化。我国政府提出了科教兴国的战略方针，作出了《加快科学技术的决定》，实施了《863 计划》，并颁布了《当前优先发展的高技术产业化重点领域指南》等。

然而，在这段发展高新技术热潮中，却出现了鱼龙混杂、浑水摸鱼的现象。

政府为了扶持高科技企业发展，优先安排高科技企业上市筹资，降低上市条件。但是，有的以房地产为主业的公司却经过包装打着科技板的招牌上市，蒙骗股民，扰乱市场。

各地政府为了加快高新技术发展，纷纷划拨土地建设高新技术开发区。政府在征地、租金等方面给予诸多优惠，并承担开发区基础设施建设的投资。于是，房地产商蜂拥而至，把开发区当作牟取暴利的一块肥肉，大兴土木，不考虑当地客观条件，不分析市场前景，反正地是国家的，钱是银行的，不少开发区建成后门庭冷落，有的成为商贸集市。

高新技术的研究、开发、运用，在财政拨款、银行贷款、税收等方面，可以享受政府所规定的许多优惠待遇。有的人或单位玩起了挂羊头卖狗肉的把戏，乘机大捞不义之财。明明是二道贩子，专门从事信息产品贩卖业务，却注册为高新技术企业。明明是外国公司产品的组装车间或经销店，根本不从事高新技术产品研制，却披上了高新技术企业的漂亮外衣。更有甚者，某市竟将电子算命机作为高新技术产品摆上了高新技术展览会的展台。

上述现象如果是个别人或单位所为，如果即时处理，不会酿成大祸。现在的情况是已经成为一股不容忽视的浊流。如果再睁只眼闭只眼，势必酿成灾难。

家电大国"没心没肺"

经过十几年奋斗，我国家用电器行业已经成长为国民经济的支柱产业，取得了令人瞩目的巨大成就。展望家电业的发展，以下特点是不容忽视的：第一，产品品种多样化、系列化。过去我们只能制造电子管收音机和黑白电视机，现在则能够生产各种规格的彩色电视机、电冰箱、空调机、组合音响、录像机、VCD、DVD 等等。第二，一批国产家电的品牌不仅在国内市场上享有信誉，而且在国际市场上也有相当的竞争力。第三，产量大。我国已经成为世界家电行业生产大国。彩电年产量约 2800 多万台，VCD 年产量 1600 多万台。

但是，目前家电行业的发展却遇到一大难题：产品的关键部件和核心技术依赖进口。缺少自主开发研制并拥有知识产权的专业技术。我国彩电在国际市场上似乎可以称"王"、称"霸"，但是大屏幕彩电的显像管全部都靠进口。VCD 的关键部件几乎全部都靠进口。生产 DVD 厂家有 30 个，但大部分关键技术都是外国公司的专利，机芯、解码板、激光头技术等都是外国的。这种状况在家电工业起步阶段难以避免。但在经历了 20 年大发展之后继续维持下去，家电行业进一步发展面临着严峻的挑战。首先，没有自主开发研制的、拥有知识产权的关键技术，在国际竞争中必然受制于人，既缺乏竞争实力，又缺乏安全感。其次，不掌握核心技术，即使创出了品牌，形成了规模经济，也不能取得预期的经济效益。第三，只能充当外国跨国公司的"打工仔"。名义上出口的是"高科技家电"，实际上输出的是廉价劳动力。例如，每生产一台 DVD，至少要付 10 美元的专利费，一年仅专利费支出就上亿元。有人戏称我国的家电企业是外国的"装备车间"，是"组装工厂"，这是极而言之，似乎过分了一点。但是，如果为"家电大国"沾沾自喜，那是危险的。当前，家电行业发展应当调整方向，不应当继续再打"价格战"，不应当热衷于追随外国搞产品升级换代，而应当利用我们的制度优势，集中优势兵力，协作攻关，大力推进关键技术创新，自主开发拥有知识产权的高新技术。

"国产化率"指标有何实际意义？

提高"国产化率"至今依然是我国制造业在引进外国设备和技术中追求的重要目的。一套先进设备或产品引进后，经过消化、吸收、改制、创新，由部分零部件国产进而实现全部国产化，促进产品和产业结构的升级换代。然而，在如今扩大对外开放的条件下，"国产化率"这项指标能否成为衡量引进效益的标准，十分令人生疑。

首先，它是一个纯粹数量指标，而非质量概念。以轿车为例，轿车方向盘与发动机同为零部件，但二者对轿车的性能、档次无论如何不可同日而语。同为国产化，但意义和作用却大相径庭。

其次，国产化率是计划经济体制下"进口替代"战略的产物，已经不适应市场经济特别是经济全球化趋势下国际竞争的新形势。当今国际市场上，谁掌握了产品和设备制造中的关键技术、核心技术，谁就拥有克敌制胜的武器，谁就能占领市场的制高点。任何一家跨国公司都不会把精力用在"国产化率"上。它们孜孜以求的是自主研制开发的、拥有知识产权的技术和专利。我国一些行业至今还抱着"国产化率"这本老皇历。某地一家已合资13年之久的汽车厂，轿车的国产化率已超过90%，但至今只能靠高关税才保住了国内市场，根本走不出国门。

再次，在当今技术革命突飞猛进的形势下，在技术引进中推行国产化战略，不仅要付出远比自主开发大得多的代价，而且难以摆脱低水平循环引进的陷阱。我们在引进关键部件和核心技术时，如果要买断知识产权，就必须付给外方昂贵的费用。外国跨国公司在转让该项技术时，是要权衡利弊得失的。事实表明，他们是不会把最新的先进技术转让给对手，上海引进的桑塔纳轿车就是德方早在70年代淘汰了的车型。当我们为提高桑塔纳国产化率而奋力拼搏时，德国的大众厂早已推出了又一代新产品。我们正面临着再次引进的陷阱。

"中关村"转型待何时？

北京的中关村自80年代中期以来一直享有"中国硅谷"的盛名。然而，把中关村与硅谷作一番比较，却验证了"盛名之下，其实难副"这句警世名言。中关村云集了我国最高科研殿堂和高等学府，聚集了众多的科研人才。除了这一点之外，中关村与硅谷却很难找到共同之点。原因在于，十多年来中关村所走的道路，所形成的模式，与硅谷大相径庭。在这里开业的企业大都冠以"高新技术企业"的美名，但真正从事高新技术自主开发、创新、研究的却寥寥无几。众多的经营业主从事的是进口电子元器件组装或者电子产品的贩卖。有人报而言之说，硅谷是高新技术的孵化地，中关村却是现代电子产品组装业和传统的集市贸易的混合物。按照中关村原有模式走下去，中关村只能成为"百万富翁孵化器"，绝不是"高新技术孵化器"。

对中关村所走过的道路应当作历史的分析。中国是工业化尚未完成的发展中国家。现在又面临着世界新科技革命的挑战。发展高新科技需要大量的风险投资。我们缺资金、缺管理经验、缺人才。中关村的崛起，推动了计算机在我国的应用和推广，为发展高新技术企业和产业积累物资、资金，培养了一批科技型企业管理人才。这也许是发展中国家发展高新科技事业难以避免的"原始资本积累"过程。中关村提供了一个"以贸易促工业，以贸工育科技"的新模式。但是问题在于，中关村不能就此止步。必须清醒地看到"中关村"模式的历史性和局限性，绝不能把它普遍化、凝固化，让全国各地高新科技园区效仿。现在，摆在"中关村"面前的紧迫任务，就是转型、改制，使之成为名副其实的高新科技的孵化地、成为知识创新园。

"以市场换技术"：一相情愿

先进技术对我国这样一个发展中国家来说，是极其稀缺的珍贵的资源。在自力更生的基础上，通过引进、消化、吸收外国的先进技术，依靠自主创新，这是实现我国产业结构升级，并进而在技术发展水平赶上发达国家的必由之路。对外开放以来，我们奉行了"以市场换技术"的方针。20年过去了，中国的轿车市场、饮料市场、日用化妆品市场、无线通信器材市场、胶片市场、照相机摄影机市场、大型客机市场、芯片市场等等，都已陆续被外国厂商占领。但是，那些在中国市场上站稳了脚跟的跨国公司是否因此把先进技术白送给了我们呢？可口可乐公司势如破竹，挤垮了一家家中国的饮料厂，兼并了一家家名牌饮料公司，现在已稳居中国饮料市场之首。但是，它把自己的配方和技术出让给我们了吗？没有！中国的轿车工业大体上与日、韩同时起步，但是我们放弃了自主开发的方针，选择了合资、整车引进、散件组装。据说这是一条发展民族轿车工业的"捷径"。然而，事实表明，这却是一条受制于人、被人渔利的歧路。上海与德国大众合资，德方将桑塔纳整车技术有偿转让给中方。但是，我们刚刚投产，德国大众即将此种型号淘汰。合资15年以来，上海桑塔纳基本上15年一贯制，而德国桑塔纳已经四次升级换代。去年上海大众花了一亿美元买下了据德方说是先进的帕萨特车型，实际上是已生产多年的现成技术。

轿车工业走过的路表明，"市场换技术"的方针违背了现代市场经济的游戏规则。在当今新技术革命时代，技术是决定竞争力的首要因素。外方绝不会因为你让出市场而无偿送给你专利技术，放弃知识产权。即使你支付了巨额的专利费或技术转让费，他也不会将开发出来的先进技术卖给你。"赢家通吃"是市场竞争的基本规则。

"出口创汇"：一个陈旧过时的指标

多年来，我们一直沿用"出口创汇"这个指标来衡量外贸的业绩。而且至今继续沿用。记得，多年前有位海外学者曾问我："什么叫'创汇'？"经我解释，他十分困惑："怎么可以不计算出口成本，不考虑汇率，单纯追求外汇收入？"

我国是发展中国家，人民币不具有世界货币的功能，只有美元、英镑等才具有支付手段和贮备手段的功能。外汇对我国来说是极其稀缺的珍贵资源。在实行计划经济时期，外贸是取得外汇收入的最主要的途径。"出口创汇"甚至成为重要的政治任务。以经营出口贸易为主业的企业，为了"创汇"即使"赔本赚吆喝"也在所不惜，因为企业赚了归国家，赔了也是国家补。所以，"出口创汇"成为计划经济体制中衡量外贸业绩的主要指标是体制所然，现在继续沿用就不合时宜了。在当今世界，各国经济市场化、世界市场趋向一体化的条件下，国际竞争不仅没有因此弱化，相反更有弱肉强食、你死我活的性质。在进出口贸易中，不仅必须严格核算成本和利润，比较投入与产出，而且必须千方百计地提高本国商品和资本的市场占有份额和市场占有率。否则，创汇再多，也只能在国际市场上扮演二等公民的角色，充当贸易强国的附庸。

然而，时至今日"出口创汇"实际上依然主宰我们的外贸。我国在历史上有"衣冠王国"的美称。现在经过 20 年努力已经发展成服装和纺织品出口贸易大国，年出口额达到 400 多亿元。早在 1994 年我国服装出口额就跃居世界第一，在全球服装出口额中约占 17%。但是，令人尴尬的是，由于我国服装业缺少名牌产品，只能"为他人作嫁衣裳"。一方面靠来料加工和来样加工，收取微薄的加工费，大头被外商赚取。例如，我国出口的羊绒衫，每件售价 20—30 美元，外商打上自己的品牌后价格便翻番。另一方面，国内高档服装市场又纷纷被外国占领。近年来，我国已成为全球增长最快的服装进口市场，年增幅高达 50%。"出口创汇"实际上是"以产值论英雄"的翻版。它虽然近期可以增加国家的外汇收入，但它最终将可能使我们失去了国际市场，甚至丢掉了国内市场。改革开放已经二十余年，转变外经贸战略，改革外经贸体制，还待何时？

飞利浦的警示：跨国公司不为"扶贫"而来

增加招商引资的数量，扩大招商引资的规模，是政府主管部门和各级地方政府领导人孜孜以求的目标。一年一度的政府工作报告和统计公报，都要列出利用外资的数额、新增合资和独资企业等，以显示其领导人的政绩。至于引进外资所支付的成本和代价，比如利润率和资本回报率多高、自然资源消耗和环境状况、市场占有份额和比率，民族企业被兼并或挤垮与否、外方传授或转让了何种新技术等等，这些在任何一个市场经济国家本应斤斤计较、严格核算的指标却无人过问，广大公众也一无所知。近二十年我国实际利用外资累计三千二百多亿美元，但外方直接和间接地赚了多少，却是一笔没人能说清的糊涂账。不过任何一个踏进中国大门的外商怀里都揣着一把算盘，口袋里装着一本账。"扶贫"绝不是他们到中国来的使命。

飞利浦电子集团是一家实力雄厚的跨国公司，它的企业遍布全球八十多个国家。1985 年它进入中国以来，已建立独资、合资企业 32 个，投资超过 10 亿美元，在中国家电市场上已站稳了脚跟。这家公司对中国的家电企业毫不手软。它利用经济、法律手段一方面占领中国市场，另一方面又在欧盟内部以反倾销为名阻止中国家电进入欧洲市场。欧洲彩电市场每年的容量约 2500 万台，其中缺口约 1000 万—1500 万台。中国彩电进入欧洲市场，这本是对双方都有益的。但是，自 1988 年以来，中国的彩电和其他家用电器却被欧盟以反倾销罪名拒之门外。而飞利浦公司便是对中国彩电进

行反倾销起诉的积极参与者。今年 4 月 2 日欧盟对中国彩电征收反倾销税
（高达 44.6%） 到期，按欧盟法律，如果当初起诉的企业不再提出复审，该
项税率便自动终止，中国彩电便可恢复对欧出口。但飞利浦公司却伙同另
两家企业提出复审，维持对中国彩电征收高额反倾销税。这次中国企业应
诉如果失败，中国彩电仍将继续被拒之欧洲市场之外。中国彩电生产能力
严重过剩，利用率不到 50%，飞利浦及其同伙此举无疑是雪上加霜、落井
下石。这类跨国公司的老板原本是人格化的资本，他们行为的宗旨是利润
最大化，对他们是不应当抱任何不切实际的幻想的。

　　经济全球化是当代世界经济发展的客观趋势。有人认为，经济全球化
意味着市场无国界；WTO 的建立消除了国内市场与国际市场的界限，这是
十分天真的看法。在当今世界，所谓经济全球化不过是社会化生产力发展
的趋向，是经济发展的渐进的过程。即使实现了经济全球化，也绝不意味
着实现了世界大同，绝不可能否定国家主权和利益，绝不可能消灭民族经
济及其在国际市场上的独立主体地位，也无法消除国家间贫富强弱的差别，
更不可能让个别经济强国自愿放弃经济霸权主义。至于 WTO 的建立，实际
上是为调节各国间经济矛盾制定的游戏规则，WTO 是不可能成为我们在国
际竞争中的保护伞的。中国在世界经济中的地位和作用，决定的因素是我
国的综合国力和竞争实力。在我国加入 WTO 前夕，我们应当丢掉幻想，迎
接挑战。

"51% 股权"：失灵的不可靠的权力

　　现代股份制企业按惯例实行"一股一票"表决制。从理论上讲，只有
拥有 51% 的股票，才能掌握公司的决策权和领导权。我国对外开放以来，
凡是合资企业都遇到过股权配置的难题。中方和外方常常为 51% 股权争执
不休。但是，在经济全球化和新技术革命的形势下，股权并不总是有效的。
要控制企业的经营管理权，可以借助于其他手段，通过其他的途径，并不
一定求助于 51% 的股权。我们应当认真研究跨国公司在新形势下采用什么
新方法、通过什么新途径控制别国企业、左右别国经济走向。

　　比如，利用知识产权，控制关键技术或关键部件的供应，绕开股权，

达到实际上左右企业的生存和发展。对于发展中国家来说，不仅高新技术发展落后，就是传统产业和传统技术也与发达国家存在很大差距。鉴于发展中国家在科技和新兴产业发展上对发达国家存在着很大的依赖性和依附性，跨国公司在资本输出中越来越重视知识产权的作用，通过知识产权间接控制合资企业的经营。我国轿车工业的现状就是明显的例证。

又如，在市场经济中产权并非固定不变，而是处在经常流动、分化、转换、改组的状态之中。在资本市场全面放开和实行国民待遇的条件下，跨国公司可以通过兼并、收购等方式对企业产权实行重组，达到控股的目的。一旦企业陷入资不抵债的困境，51%的股权这道防线，想守也守不住了。

和股票控制权类似的，还有关税和非关税壁垒。这是保护本国市场的惯用手段，现如今这种手段已经挡不住外国资本的洪流了。跨国公司依靠资本和技术实力，通过独资、合资途径，推行"本土化"战略，打破关税和关税壁垒，占领市场，排挤竞争对手。我国轿车工业的现状就是例证。依靠征收80%—100%的高额关税，维持高额垄断价格，确实限制了轿车进口数量，但是一家家跨国汽车公司却通过合资途径堂而皇之地进入中国市场。这些跨国公司既分享到垄断利润的实惠，又取得了中国市场的控制权。

金融资本在国际市场上的流动是当今影响国家经济安全和主权的尤其值得重视的因素。传统的资本输出的主导形态是产业资本，产业资本在控制输入国经济命脉中的作用现在依然不容忽视，但金融跨国集团的作用却越来越突出。80年代以来，一些地区、国家接连不断地爆发金融危机和经济危机，其背景大都是金融大鳄掀起的恶浪所为。这些金融巨头通过金融资本的流进和流出，影响一国的汇率和利率，搅乱资本市场，使经济陷入混乱状况，以便坐收渔人之利。经济金融化，金融国际化，是现代市场经济发展的客观趋势，我们只能因势利导，趋利避害。在加入WTO之前，我国还可以控制资本市场的开放度，在条件不成熟的时候不开放资本项目，以维护国家经济安全和利益。但是，入世后这道防线就要拆除了，而WTO规则中却没有为我们提供必要的防范和保护。现在如果不尽快地研究对策，防患于未然，"东亚金融危机"在中国重演的可能性是不能排除的。

（原载《中国经济时报》2000年11月24日）

中国当前居民收入分配

——1998 年 10 月在北京大学百年校庆
国际学术研讨会上的发言

近二十年来，中国城乡居民从改革开放中得到了很大的实惠。广大居民收入普遍提高，生活显著改善。中国的分配体制正在经历着由计划经济的平均主义分配体制向由政府调控的市场化分配体制的深刻变革。中国发展的第一步战略目标已经提前实现，绝大多数居民过上了"小康"生活。

一　收入分配体制的变革

中国经济改革经过多年探索，最终选择了以建立社会主义市场经济体制为目标。现在，新体制的基本框架已经初步建立，市场在资源配置中的作用越来越突出。收入分配体制是经济体制的重要组成部分。随着改革深入，旧的统包统配的分配体制已被打破，和市场经济相适应的新分配体制开始运作。但从总体上说，当前我国居民收入分配体制仍然具有过渡性的特点。

（一）按劳分配和按非劳动的生产要素分配并存，多元生产要素参与分配的格局已先于市场体系形成

中国改革首先是从所有制结构和形式改革起步的。随着农业实行家庭联产承包责任制，城镇发展个体和私营经济，随着扩大对外开放，形成了多种所有制经济并存的格局，单一的按劳分配原则便被多种生产要素参与分配的原则所取代。所有制结构和利益结构多元化决定了必须承认各种生产要素在收入分配中的索取权。从职工工资总额构成来看，1978 年，国有经济占 82.4%，城镇集体经济占 17.6%；1997 年，国有经济占 76.7%，城镇集体经济占 13.3%，其他非公有经济占 10%。从工业总产值构成看，1978—1997 年，国有工业从 77.6% 降为 26.5%，集体工业从 22.4% 上升为 40.5%，非公有工业由零增长到 17%。从社会商品零售额看，1978—1997 年，国有经济从 67.2% 降为 24.3%，集体经济由 53.5% 降为 18.2%，其他非公有经济由 2.1% 上升为 57.4%。据抽样调查，1997 年城镇居民人均年收入中财产性收入占 2.3%。

（二）市场和市场机制在调节收入分配中的作用逐步取代行政机制

经过 20 年改革，我国经济市场化的程度取得了实质性的突破。指令性计划已经取消，物价已让位给市场调节，消费品和生产资料不再实行统包统配，企业经营管理与市场隔离的障碍已经被拆除。在这种条件下，实行工资与效益挂钩，市场便直接介入分配，价值规律成为制约收入分配和再分配的首要因素。从商品到货币的"惊险跳跃"，无论对企业、个人或者国家都是命运攸关的头等大事。跳不过去，不仅收不回成本，报酬也无从谈起，甚至面临破产的风险。目前，统一的竞争性的市场体系正处在形成过程之中，市场秩序尚待规范。因此，市场的基础性作用还不能充分发挥。

（三）分配的激励功能和约束功能强化

在计划经济下，分配的功能基本上限于满足劳动者的基本生活需要，可称之为福利型的分配制度。实行市场经济，市场介入分配，分配的主体与客体之间的关系表现为需求与供给、买方与卖方之间的关系。劳动力作为生产要素之一，同其他生产要素具有共同的属性，也是一种商品。劳动力的所有者所得到的报酬，实际上是要素使用者支付的劳动力价格。这种市场型的分配机制具有利益与风险并存的特性，它既能激励劳动者充分发挥自己的体力和智力，又能约束雇主节约人力资本的支出，以低投入实现高产出。但是，目前我国劳动力市场尚不完善，市场在分配中的功能远未充分发挥。

二　居民个人收入分配格局的变化

改革开放开拓了一条实现民富国强的康庄大道。近二十年来，我国国

民经济保持了快速增长的势头，GDP 年均增长接近 10%，大大高于改革前
30 年年均增长 6.1% 的水平。1995 年提前实现了预订 2000 年 GDP 比 1980
年翻两番的奋斗目标，主要工农业产品的产量跃居世界前列，国家的综合
国力大大增强。这就为增加城乡人民收入，提高人民生活水平，摆脱"一
穷二白"的状态，创造了必要的物质基础。

（一）城乡居民收入普遍提高，各阶层生活水平显著改善

1978—1997 年，农村居民家庭人均纯收入从 133.6 元增加到 2090.1 元，
增长 15.6 倍；城镇居民家庭人均生活费从 316.0 元增加到 5160.3 元，增长
16.3 倍；职工年平均工资，由 615 元增加到 6470 元，增长 10.5 倍；城乡居民
储蓄存款年底余额，由 210.6 亿元增加到 46280 亿元，人均储蓄存款余额由
21.88 元增加到 3743.5 元。居民消费水平，农村居民人均 138 元增加到 1930
元，城镇居民由 405 元增加到 6048 元。社会消费品零售总额，农村由 516.7
亿元增加到 11650 亿元，增长 22.5 倍；城镇由 748.2 亿元增加到 15193.3 亿
元，增长 20.3 倍。目前全国居民绝大多数人的生活标准已经达到或接近小康
水平，贫困人口由改革初期的 2.2 亿减少到现在 6000 万人。

（二）收入分配中长期存在的平均主义已经消除，收入差距全面拉开

在农村中，单纯从事种植业的农户已不多，一般都是在乡镇企业兼业
或外出打工。因此农户收入结构发生了很大变化。根据统计局的资料，
1997 年农村居民人均纯收入中，一次产业占 60.6%，二次产业占 20.9%，
三次产业占 18.5%。乡镇企业的高速增长是推动农民收入提高的首要因素。
从地区间差别来看，非农产业发达，农村居民收入中工资性收入占的比重
就越大，总收入就越多；从家庭差别来看，凡家庭成员中从事非农产业的
人越多，家庭总收入就越高。1997 年，农民家庭人均收入全国平均为 2999
元，乡镇企业发达的江苏省则高达 4193 元，浙江省为 4722 元；不发达地区
的贵州省仅为 1813 元，甘肃省为 1713 元；高低相差 1.75 倍。反映农村居
民收入差距分布状况的基尼系数，1997 年为 0.3285，比上年有所提高。

不同行业职工收入差距扩大。改革以来，不同行业职工平均工资的差
距明显扩大。平均工资最高行业和最低行业的比例，1978 年为 2.07∶1，

1997 年为 2.25：1。平均工资居前列的，有金融、保险、电力、煤气和自来水业、房地产业。这些行业具有垄断性、或者投机性的特点，获利都高于平均利润率。列入低的行业有农、林、牧、渔业。尽管它们在国民经济中居基础地位，但工资水平仅相当于全国平均工资的 63.8%。

不同所有制经济之间职工收入拉开差距。1978 年，国有经济平均工资与集体经济平均工资的比例为 1.27：1；1997 年为 1.49：1。国有经济与非公有经济之间平均工资的比例，1985 年为 0.84：1，1997 年为 0.95：1。外商投资企业以高工资吸引人才。1997 年外资企业平均工资比国有经济高出 53.5%。

国有部门之间的收入差距趋向扩大。科教文业的平均工资与金融保险业相比，1978 年为 0.98：1，1997 年为 0.8：1。从 1978 年到 1997 年，金融保险业平均工资增长了 14.9 倍，科教文业增长了 12.1 倍。

城镇居民各阶层收入差距趋向扩大。根据抽样调查，1997 年户均年收入在 5000 元以下的贫困户，占 7.6%；5000—15000 元的温饱型，占 57.3%；15000—50000 元小康型，占 30.1%；50000 元以上的富裕户，占 5%。富裕户拥有的金融资产等于贫困户的 53.8 倍，现金收入为 16.6 倍。

城乡居民收入差距在 80 年代缩小之后，又重新拉大。城乡居民家庭人均收入，1978 年为 2.36：1，1986 年为 1.95：1，1997 年为 2.46：1。

地区间居民收入差距，由于地区经济发展不平衡加剧而扩大，沿海发达地区居民收入大大高于中西部地区居民收入。1997 年，上海居民家庭人均收入为 8476 元，广东为 8616 元，浙江省为 7366 元，天津为 6621 元，甘肃为 3613 元，宁夏为 3864 元，全国平均数为 5189 元。欠发达地区的居民收入低于发达地区。

（三）贫富分化加剧，出现了特殊的暴富群体和待救济的贫困阶层

当前我国居民收入分配状况，最突出的是出现了两个特殊的群体：一是混杂在部分先富起来的人中间的暴富群体，一个是城乡处于相对和绝对贫困状态的待救济贫民。这表明我国分配体制的改革在消除普遍贫困和平均主义的同时，贫富分化在加剧。

所谓暴富群体，并不是指那些勤劳节俭、遵纪守法而先富裕起来的人，而是指那些通过钱权交易、坑蒙拐骗、走私贩私、钻多轨运行的空隙等，以非法手段大发不义之财的暴发户。他们疯狂地掠夺改革成果，侵吞公共财产，搞乱经济秩序，败坏社会风气。由于他们的收入属于透明度极低的黑色收入，无法进行调查统计。有人估计，中国百万富翁可能不少于100万人。①

另一个值得注意的现象，是出现了庞大的贫困阶层。这个阶层中，除了原有的至今仍处于绝对贫困状态的五千多万人，还包括企业改制、改造过程中分流下岗待业和失业的职工，低收入的离退休人员，无预算外收入的工薪族。据统计，年收入低于1671元的城镇贫困人口，1996年年底约1176万人。随着企业改革力度加大和政府机构改革，城镇贫困人口还在增加。1997年，城镇居民家庭减收面积达39%，其中绝对减收户为34%。特别是低收入户减收面高达60%。这表明，收入越低，减收越严重，贫富差距越大。据调查，如果按照贫困、温饱、小康、富裕四类划分，目前占家庭户数5%的富裕户的现金收入约为贫困户的20倍，占有的金融资产为53.8倍，固定资产为3.48倍。

中国目前的基尼系数，各界看法很不一致，一般认为还没有超过警戒系数。但利用官方统计资料计算出的基尼系数有很大的局限性，因为富裕阶层的收入透明度极低，黑色和灰色收入根本无法统计。例如，每年因走私贩私给国家关税造成的损失高达150亿美元，都落入了不法之徒的钱包。所以，仅仅用基尼系数，不足以反映目前的贫富差距，也不足以说明居民对目前贫富差距的承受程度。②

（四）法定工资制依然存在着平均主义，而非工资收入喧宾夺主，差距急剧扩大

1993年10月，我国政府对国家机关和事业单位的工资制度进行了全面改革，力求初步建立起适应社会主义市场经济要求的新工资制。按照新工

---

① 《中国改革报》，1996年11月26日。

② 据世界银行《1997年世界发展报告》，中国1995年的基尼系数为0.415。据国家统计局资料，中国1995年基尼系数，城镇为0.31，农村为0.33，据中国人民大学调查，我国1994年基尼系数，城镇为0.434，农村为0.445。

资制度，政府机关实行职务工资制，把工资结构分为职务工资、级别工资、基础工资和工龄工资；事业单位的工资制，根据不同行业的特点和经费来源实行不同的工资制度，并将工资分为固定部分和津贴。这次工资改革取消了月奖金制，建立了正常的增资运行机制，明确机关事业单位职工的工资水平与企业同类人员持平的原则。但是，这次工资改革并没能消除长期存在的平均主义。主要问题，一是由于无章可循，机关事业单位专业技术人员的工资水平依然低于企业同类人员；二是级差缩小，专业技术人员工资相对较低。据对北京市高校教师工资收入抽样调查，教师月工资最高与最低的比例，"文革"前为 6.25∶1，现在降为 4.06∶1。教授的名义工资虽然提高了 1 倍，但实际工资却大幅度下降。按照法定工资标准，讲师的最高工资（职务工资加津贴）为 565.5 元，仅能维持本人生活和工作的基本需要。可见，现行法定工资制度依然打着平均主义的低工资即不完全工资制的深刻烙印。这就逼迫各单位走上自行创收的歧路。目前法定工资外各种名目的收入一般已占职工全部收入 50% 以上。分配秩序混乱，政府失控。

三　现行收入分配体制的特点和性质

（一）现行分配体制是过渡性的体制

改革以来，我国的分配体制已经发生了重大变化，初步形成了以按劳分配为主的多重分配方式并存的格局，从而缓解了长期存在的"人多没事干，事多没人干"的矛盾，促进了经济的发展。这就说明分配体制的改革在总体上是在前进，而不是后退。

但是，现行收入分配体制是一种尚未定型的、不成熟的、过渡性的体制。一方面传统的计划分配体制在国有单位收入分配中仍然还有影响。另一方面在收入分配中，特别是在集体经济、私营经济、联营经济、股份制经济中以及三资企业中，生产的物的要素参与了分配，市场机制开始发挥作用，而且作用的力度和范围逐步增加。但是，这两种体制并不是并行不悖的板块，而是互相影响，互相渗透，互相交织在同一的经济体系中。由于这两种分配体制是基于两种互相排斥的经济形态，在过渡期计划与市场的作用都会发生扭曲；由于破与立有个过程，在二者之间会出现一个两不管的缝隙。因此，社会分配规则不规范、分配秩序紊乱就难以完全避免。

（二）两种可能的发展前景

转型时期的分配体制的作用具有二重性，既有积极作用，也有一定的消极作用。一方面，它拉开了收入差距，拓展了收入渠道，分配的激励功能不再受到压抑；另一方面，竞争环境不平等，分配规则不规范，滋生"寻租"。因此，现行分配体制对资源配置也有不利的消极作用。

现行分配体制既然是过渡性的，因此它就有两种可能的发展前景：一是顺利地向社会主义市场经济体制方向过渡，逐步最终实现共同富裕；另一种前景是，强化畸形体制，加剧分配不公，引起贫富两极分化。前一前景并非注定会自发地实现；后一恶果也并非是抽象的可能性。因为目前已经出现了严重的分配不公，而且一个靠分配秩序混乱进行"原始资本积累"而暴富的群体已经形成。这个暴富群体就是把改革拉向歧路的社会势力和社会基础。

（三）分配体制改革必须坚持共同富裕的方向和目标

深化分配体制改革的任务就是要力争前一前景，沿着十四届三中全会决定指引的方向前进，避免后一可能的前途。结果到底如何，这取决于我们目前以及今后的努力。可以说，目前我们正处在十字路口。

坚持分配体制改革的社会主义方向，关键是必须确立社会主义公有制和按劳分配的主体地位，实现公有制和按劳分配与市场经济接轨。否则，权利和资本成为少数人暴富的手段，一个腐朽寄生的官僚特权阶层和暴富阶层将得以滋生，改革的后果将被他们葬送。

共同富裕是社会主义的本质，因而是建立社会主义市场经济体制必须实现的目标。评价现行收入分配体制改革是否坚持社会主义方向，就是要看改革是促进共同富裕还是搞两极分化。要实现共同富裕，就必须坚持社会主义公有制和按劳分配的主体地位。当然，共同富裕并不是同时同步富裕，它需要一个过程，其间，有一部分人一部分地区利用拥有的特殊的资源和发展条件，靠勤劳率先致富，这是符合市场经济规律要求的。同步富裕是不可能的，勉强为之，只能导致平均主义，共同贫穷。

四　综合治理、全面配套、整体
推进分配体制的改革

建立与社会主义市场经济相适应的收入分配体制是一项复杂的系统工程。当前，必须综合治理，全面配套，整体推进。"九五"以及 2012 年期间，应着重做好下述几个方面的工作。

（一）充实和调整收入分配体制改革的指导思想和政策

1. 把"先富"理论具体化为政策。在转型期，共同富裕只是改革的目标，不是现实，现实只能是一部分地区和一部分人先富起来，先富带后富。邓小平同志的"致富论"正确地总结了社会主义的实践的经验教训，是对科学社会主义的重大发展。但是，改革以来我们却没能把这一理论具体地全面地落实到收入分配和工资政策上。特别是什么人应当先富，用什么具体手段、通过什么途径致富，在政策上缺乏明确界定。这就使得有些该先富的没富，有的不该先富的却暴富了。笼统地讲人们要靠合法经营和诚实劳动致富，是不够的。事实上，合法经营和诚实劳动致富是必须遵守的准则，这是市场最基本的规则之一。任何人要进入市场都必须遵纪守法和诚实这两条，否则有序的市场将不能容纳。一部分人先富，这对政府来说，不单纯是舆论和政策导向问题，而是必须从改革和现代化建设大局来考虑的战略问题，必须落实到分配体制和分配政策上。

根据现代化建设的需要和当代生产力发展的趋势，同时为了国家的长治久安，"先富"的社会阶层应当是从事教育、科学、技术、文化和管理事业的知识阶层。政府应当通过改革，从政策上把知识阶层培植为有较高政治地位和经济地位的中坚阶层。

2. "效率优先，兼顾公平"不适宜作为社会主义分配体制改革的指导原则。第一，它没有正确地吸取旧体制的经验教训。旧的分配制度既不讲效率，也不公平，平均主义是对他人劳动成果的占有，平均主义不等于公平。正因为不公平，所以才没有效率。

第二，这一理论与价值规律的要求是对立的。等价交换、平等竞争是市场经济的基本原则。只有为贯彻这一原则创造有序的市场环境，才能实现优化资源配置。在市场经济条件下，效率来自公平竞争。这种公平、平等虽然是形式上的，但别无选择。

第三，公平与效率不是对称范畴。就分配领域来说，公平本指分配的条件、环境以及取得收入来源的不歧视，而效率则指经济活动的结果。这二者不是此消彼长的关系。

第四，马克思、列宁早已科学地阐明了公平、平等与效率的一致性，今天的改革没有理由放弃他们的正确理论。针对空想社会主义者对平等、公平的历史唯心主义观念，马克思和列宁明确地指出过，在社会主义阶段，当社会占有全部生产资料后，人们只能在对生产资料关系上实现平等、公平，消灭了剥削，至于在分配方面，还必须实行等量劳动相交换的原则；平等、公平就是劳动平等，就在于劳动者享有等量劳动领取等量报酬的平等权利。这种平等、公平是社会主义阶段生产力状况决定的，是人们不能超越或否定的。否则，必然导致平均主义，使生产力遭到破坏。如果我们坚持马克思的按劳分配理论，同时又实行"效率优先，兼顾公平"的原则，这样，我们势必陷入自相矛盾的困境。

第五，现代西方经济学有些流派从市场经济的实践中早已认识到公平对效率的制约作用。英国经济学家、诺贝尔经济学奖得主米德说过，"以效率为依据所要求的实际工资率模式，可能会有利于极少数富裕的财产所有者"，"这已经成了一个值得重视的问题"。①

3. 加快劳动力市场发育，并在全民中进行树立自力和自立观念的教育。收入分配体制改革应着眼于转变分配机制，发挥市场在分配中的基础性作用。我国劳动力市场发育迟缓，且不规范。劳动力流动不仅有体制障碍，而且有思想障碍。因此，必须加快劳动力市场发育，同时对广大劳动者进行市场风险的教育。

人们的传统观念和习惯势力还根深蒂固，旧体制下形成的平均主义思想和依赖思想还相当严重。这是分配体制改革遇到的阻力之一。改革就是

---

① 米德：《效率、公平和产权》，北京经济学院出版社1989年版，第15页。

要个人承担自己的经济行为风险，但这一点还未被人们普遍接受。目前人们普遍的心态是只想致富，不想承担风险，结果是对自己不能承担风险，也不能致富的现实不满意，对别人能承担风险并能致富的现实也不满意。树立人们自力、自立的观念和风险意识，既是当前社会稳定的需要，也是精神文明建设的必修课。

4. 工资调节市场化问题。在现阶段要求以劳动力的供求调节工资，形成市场化分配机制是不现实的。实行市场经济必须要求分配机制市场化，但这只是改革的方向，不能以此作为当前改革的现实要求。我国是发展中国家，工业化只是初步的，劳动力供应总量大，大约每年要有1000万到1500万人进入劳动力市场，这比一个欧洲国家全部劳动力供应量都多。而且劳动力供给结构也失衡，脑力劳动者稀缺，体力劳动者过剩，矛盾十分突出。所以，现阶段，还没有条件实现劳动力供求完全市场化，政府在一定程度上必须要干预企业分配，我们不能照搬西方发达国家分配模式，还要提倡艰苦奋斗。

（二）整顿和规范分配秩序

当前，分配秩序紊乱已到了非整顿不可的时候。分配制度改革不到位是造成秩序混乱的主要原因。要从根本上改变紊乱状况，就必须进一步改革旧的工资分配制度，按照社会主义市场经济的要求，建立有宏观调控的市场决定的新型工资体制。其基本内涵是：市场机制在工资决定中发挥基础性作用，通过劳动力供求双方的公平竞争，形成均衡工资率；实行全额工资制；工资水平的增长依据劳动生产率的增长、劳动力供求变化和职工生活费用价格指数等因素，通过集体协商谈判确定；企业作为独立的法人，拥有分配自主权；政府利用法律、经济手段（必要时采用行政手段），控制工资总水平，推行工资指导线制度，调节收入分配关系，维持社会公平。

新型工资体制的建立必须以宏观调控体系的完善和市场体系发育成熟为前提。此外还有赖于建立企业内部投资者、经营者和劳动者三方利益制衡机制，否则，企业的自主分配就要变成自由分配，引起国有资产流失。建立制衡机制首要的一点是要建立有效的产权约束机制，其次要建立集体协商制度，转变工会的职能，工会真正代表劳动者，维护劳动者的合法权益。

整顿分配秩序还必须严肃法纪,坚决纠正有法不依、执法不严的偏向;要禁止国有事业单位从事以增加本单位职工收入为目的的经营活动,查禁私设小金库;要加强市场管理,制定和实施统一的《反暴利法》等,对市场物价实行有效的监管;要依法查禁和杜绝各种名目的乱收费和乱摊派。

(三)继续推进政治体制改革

贪污受贿,钱权交易,以权谋私,是我国当今政治经济生活中的一大痼疾,也是扰乱收入分配秩序的重要因素。而这些问题的产生又是与我国长期形成的政经合一、政企合一、党政不分的政治体制密切相关的。因此,问题的根本解决有赖于政治体制的进一步改革。今后一个时期,政治体制改革的中心任务是转变政府职能,把企业与市场应该拥有的权利归还于企业和市场,消除行政垄断,严禁权力经商。

政治改革还必须坚决精简机构和人员,削减行政事业经费,把节省下来的部分经费用于提高国家公务员的工资标准,并合理拉开差距,同时,在住房、养老保险等方面给予优惠,以利吸引人才,提高公务员的整体素质。精简机构和人员不能一刀切。从市场经济发展的要求看,税收、工商、审计等系统的队伍建设还需要进一步加强。

(四)健全和完善社会保障体系

我国的社会保障制度 50 年代初就开始建立了。经过几十年的努力,在城市,以高就业为基础的社会保障体系已初步形成;在农村,以国家救济和群众互助相结合的社会保障制度也有了初步基础。但是,随着市场化改革的进展,多种所有制经济的发展,现行社会保障制度问题日益显露。主要表现在:企业办社会;实行社会保险的范围小,未覆盖全社会;保险事业的社会化程度低;办法单一,不能适应多种经济成分长期并存和劳动制度改革的需要;多头管理,条条分割。针对这些问题,今后必须加快社会保障制度的改革与建设。基本设想是:扩大社会保障的覆盖面,逐步使所有社会成员都能享受基本的社会保障;建立多层次的社会保险制度。除了由国家组织实施基本保险外,企业和个人可以按照自身的经济条件和需要,参加各种补充保险；改革保险费用的统筹渠道。总的原则是，国家、企业和个人三方共同负担；改革保险的管理方式，逐步做到保险基金化、管理社会化。

（五）完善税法税制，加强征管，充分发挥税收调节收入分配关系的作用

税收是政府调节收入分配关系的重要杠杆，但是杠杆作用的充分发挥必须依靠合理的税制和对税制的严格执行。目前这两个方面都不尽如人意，尤其是税制执行不严，惩罚过轻。据估计，由于税制执行不力，每年国税流失高达上千亿元。加强税制建设，严格执法力度，已成为迫在眉睫的任务。具体说来：按照市场经济的要求，根据变化了的情况，进一步完善税法税制，利用法律手段，通过税收调节，为企业创造平等竞争的环境和条件。例如，对占有垄断性经营条件（如矿产资源、商业中的优越地段等）或获得特权经营条件（如从事进出口贸易、限制性商品的生产和销售等）的企业，要开征特别税费，将超额利润收归国有。

完善新税制，明确划分中央和地方的事权，重新划分税种，合理测定收支基数，规范转移支付制度，确保中央财政收入。

建立和发展中介组织。税务部门直接向企业、个人征收，审查账目工作量大，漏洞多，是一种落后的办法。市场经济发达国家普遍建立有多种形式的中介组织。如日本、韩国都设有"公认会计士事务所"和"税理士"。我国现已开始建立"社会会计师事务所"，应积极发展，并加强监管。

建立银行存款确认制度。即企业和公民在银行存款、提取大额现金或转账、向国外汇取大额现金，必须使用真名，并出具有效证件。

建立和实行个人应税收入申报制度。

制定和实施遗产税与赠与税。

当前，改革已进入攻坚的关键时刻。继续推进分配体制改革。切实解决收入分配领域存在的种种难题，有利于加快体制整体转型；但没有其他方面改革的配合，收入分配体制改革也难以取得预期的效应。

（1998 年 7 月）

我对改革开放中几个问题的认识

1994 年是我国改革措施出台最多的一年。改革成效的大小，不仅决定于改革方案的设计是否科学，而且决定于其他诸多与之相关条件的配合是否恰如其分。面对新的改革态势，我们应记取 15 年改革的历史经验和教训，切实做好深化改革的基础性工作，以巩固和扩大改革成果。

一 以企业结构调整和改组为中心，实行优胜劣汰，促进产业结构的优化，这是以改革促发展，实现"软着陆"的关键环节

当前我们的经济工作面临着加快体制转型和反周期的二位一体的任务。这一特殊的历史背景，要求我们乘周期之机推进改革，同时又靠改革来推动经济步入良性循环，避免大起大落。每项重大改革措施出台，既要着眼于加快体制转型，又要收到反周期的功效。

1988—1991 年治理整顿期间，当经济步入低谷时，我们本应该按照经济周期自身演变的规律，采取反周期的对策在商品经济条件下，当出现经济危机或衰退时，价值规律会自发地加剧市场主体即企业之间的竞争，通过优胜劣汰推动企业结构优化，进而改变产业结构，完成由危机到复苏、高涨的过渡。在周期的演变过程中，企业主要关、停、并、转一批，活一批，这个代价是必须付出的。不如此，不能摆脱危机。然而，我们却反其道而行之，用松动银根的办法刺激需求，企图以此消除市场疲软，一大批该淘汰的企业依靠"社会安全"贷款或投资得以复活。一方面改革"大锅饭"体制，另一方面当迫切需要拆除"大锅饭"时又变相地重开"大锅饭"。结果，一旦经济走出谷底之时，便是新一轮膨胀开始之日。经验证明，如果不紧紧抓住企业结构优化这个关键，要实现产业结构优化和避免

经济大起大落，是不可能的。在旧体制下，该死的企业不让死，该活的企业半死不活；要活一齐活，要死统统死，这种企业制度已经到了非改革不可的时候。

当前推行以建立现代企业制度为目标的企业制度改革，应当紧紧抓住优化企业结构这个环节，这样才有可能一箭双雕：既推进了改革，又促进了经济增长。企图在无市场约束的企业体制上嫁接现代企业制度，是不可能成功的。

二　全面改革必须从旧体制的根本特点出发政企分治（包括政资分治）先行，这是实施任何改革措施取得正效应的前提

旧体制的特点和弊端可以列举很多，但其中最主要的三点是政企合一、政资合管、以政代企。经济运行完全靠行政组织、行政机制，甚至企业也是作为社会基层组织运作。实际上，在政府行政体制之外并不存在一个独立运行经济体制。这是我国经济运行效益低下、经济缺乏生机和活力的主要根源。

回顾历史，凡是抓住了这个根本特点的改革措施，就能取得预期的效应；凡是忽略了这点，就可能产生负效应或者发生扭曲。农村实行家庭承包制，就是所有制形式和经营方式的重大变革。试想，如果不解散政社合一的人民公社体制，这个制度能够在农村生根吗？城市改革，这些年出台的措施虽然不少，但几乎都没有触及政企合一或者绕开了这个难题。例如，实行承包制，当初曾寄希望于这种形式有助于搞活企业。但事与愿违，它只不过增加了企业对政府讨价还价的筹码，并未使企业摆脱对政府的依附地位；企业不能成为市场主体，市场也不能约束企业行为。转变企业经营机制《条例》赋予企业的权力几乎全被政府主管部门层层直接或间接地截留。又如，作为财政体制改革的重要举措财政分级包干，虽然调动了地方政府增收节支的积极性，但削弱了财政的宏观调控功能，强化了地方政府对企业的直接干预，形成了"诸侯经济"，阻碍了统一市场的发育。再如，中央银行制度实际上早在 1984 年就已建立，但至今人民银行不能独立行使

中央银行的职能,四大专业银行也不能实行商业化经营,其原因就在于无论中央银行或专业银行都处于各级政府的依附地位。所以,西方市场经济行之有效的银行体制搬到我国就发生扭曲。还有股份制,这是适应市场经济的现代企业制度的主要形式之一。部分国有大中型企业改组为股份公司,有利于企业实行自主经营、自负盈亏。但是,在政府的经济职能没有转变的条件下,股份制实际上不过是招牌换记。1993年8月深圳股市风潮,究其原因主要是政府和官员直接插手酿成。此外,腐败之风蔓延,权钱交易泛滥,也都同政府职能转变滞后有不解之缘。

分税制是当今国际上通行的有效的财税制度,但是,实行分税制并不是无条件的,它必须以中央和地方分清事权、企业摆脱对地方政府的束缚关系为前提。现在,分税制的舆论造起来之后,一些地方政府和企业抱成一团,千方百计加大1993年基数,力争在与中央讨价还价时争到更大更多的好处。我们有理由担心,分税制搞不好会不会蜕变为变相的承包制?

现在,政治体制改革,特别是转换政府经济职能,已迫在眉睫。

三 企业改革应当从建立和健全社会保障和社会保险 体系入手,为企业轻装前进卸下历史包袱,搞好 企业转换经营机制所必要的外部环境,同时 使企业改革不致于危及社会安定

建立与社会主义市场经济相适应的产权制度,是企业改革的一项重要内容。但不能把企业体制改革仅仅归结为一个产权问题。国有大中型企业缺乏生机和活力,同非公有企业或外国企业比较,它的身上捆绑着一根无形的绳索——政企合一;身背着三个沉重的包袱——企业办社会、在职失业、债务(主要是银行贷款)。不帮企业解开这根绳索,卸掉这些包袱,仅解决一个产权"明晰化"问题,企业是活不起来的。这是我国旧体制的特殊产物,也称是国情,西方国家推行现代企业制度不曾遇到这些难题。

四 强化企业管理，克服重改轻管、以改代管的偏向

目前，国有经济中普遍存在着重改革轻管理、以改革代管理的不良倾向，松、散、乱、软的现象几乎到处可见。由于纪律松弛，有章不循，赏罚不明，无人负责，造成劳动效率下降，产品质量低劣，恶性事故上升，国有资产大量流失。这种情况已经直接威胁到改革的成效。如不引起普遍重视，势必成为深化改革的严重障碍。

改革经济体制包括改革企业管理制度。体制模式决定管理模式，但是企业管理对宏观体制模式又具有相对独立性。现代社会化大生产，不管是在市场经济下运行，还是在行政指令型计划经济下运行，都必须按照社会化生产的固有规律实行严格的科学管理。没有管理就没有效益，管理是改革的基础。在体制转型的过渡期，破旧立新绝不能给管理留下缝隙，造成无人负责。如果企业内部有章不循或无章可循，即使建立了市场经济，也难以取得优化资源配置的成效。市场虽然可以自发地约束企业和劳动者的行为，但市场绝不能代替管理。

五 各级领导干部在贯彻中央《关于建立社会主义 市场经济体制若干问题的决定》时， 应当实行责任制

实施改革应实行各级领导干部负责制，把责权利结合起来。其理由：第一，改革关系着党和国家的前途与命运，牵动社会各阶级、各阶层的切身利益，影响社会稳定。各级干部必须把党和人民的利益置于首位，本着对人民负责的精神实施改革；如果置党和人民的利益于不顾，为了个人的"乌纱帽"，把个人的荣辱升迁摆在前面，是不可能搞好改革的。第二，改革本身是体制变迁，需要投入相当的资源，付出一定的代价，甚至要冒很大的风险。因此，指导和实施改革必须"精心设计，精心施工"，力求化险为夷，把代价减少到最小，以较少的投入取得较大的成果。改革要讲求成本，也要算经济账，如同战争年代，每战都要以尽可能少的伤亡夺取全胜。

那种认为只要搞市场经济，就可以不惜工本；那种以"允许改革犯错误，不允许不改革"为借口，不考虑人民和国家付出的代价等等，都是有害的。

"吃大锅饭"，权责利分离，无人负责，这是旧的公有制的一大弊端，理当属改革之列，然而，现在几乎到处都可看到一种奇特的现象：即用开"大锅饭"的办法"改革""大锅饭"的体制。例如，说要开放土地市场，一些领导干部大笔一挥将成片的国有土地廉价甚至近乎无偿批租给一些投机商。土地到手不投分文，待价而沽，转手成为亿万富翁者并非个例。又如，说要培育市场，一些地方负责人靠拍脑袋画圈圈投资几十万、几百万，大兴土木，建成各种名目的市场。然而剪彩后，却有场无市，任其荒芜。再如，说办开发区，省办、地办、县办、乡也大办。全国乡以上各级开发区多达8000多个，占用耕地近200万公顷。不少所谓开发区至今只圈地不开发。还有，说股份制社会主义也可以搞，一些企业领导人戴着"股盲"的帽子，不经过清产核资，资产评估，就草率地实行股份制改组。

不难看出，这些现象有个共同的特点，就是用模糊产权的办法来"改革"产权模糊的国有资产，改革者不承担国有资产改革的任何风险和责任。结果，造成大量公有资产流失，化公为私，中饱私囊，腐败蔓延，市场机制被扭曲。改革的声誉因此受到损害。

这些问题是体制现象，可以从旧体制中找到它产生的根源，从它们身上可以看到旧体制的深刻烙印。原因在于，我国改革是制度的自我完善，各项改革都是自上而下地有领导地进行的；我国市场经济及其体制的建立不是生产力自发发展的产物，而是靠我们自觉培育形成的。因此，我国改革不是在打碎旧体制之外去创建新体制，而是在旧体制之中，利用旧体制去促进新体制的生长。这样，作为改革对象的旧体制同时又充当了改革者，起着改革动力的作用。这种矛盾的现象使政府在改革中往往扮演双重角色：既可以充分发挥改革的动力作用，也可能自觉或不自觉地成为改革的阻力。化阻力为动力的唯一出路在于加快政治——行政体制的改革，在实施改革过程中，按照责权利相结合的原则，对各级领导干部实行全面负责制，这是减少失误，降低成本，化消极因素为积极因素，保证改革稳步推进的必不可少的条件。

改革实行责任制与解放思想、大胆试验并不矛盾。邓小平同志指出：

"我们确定的原则是：胆子要大，步子要稳。"

六　以公有制为主体，多种所有制长期并存、共同发展，这是社会主义市场经济体制所有制的基本特点。当前，在加快国有企业体制改革的同时，应当鼓励发展非公有制经济，但应依法加强管理

依法加强非公有经济的管理，政府就要为各种所有制经济平等参与市场竞争创造条件，对各类企业一视同仁：既要严格执行国家法规，对合法经营者即守法户予以保护；又要对从事不正当经营或用非法手段牟取暴利者即暴富阶层，依法予以制裁。惩治后者正是为了保护前者。"没有区别，就没有政策"，这一原则对市场经济是完全适用的。

首先，当前我国正处在体制转型的过渡时期，经济运行调节规则出现多元化的不规范的混乱状态，政府的宏观政策有许多缝隙，在市场化浪潮的冲击下，一些政府官员和社会上的不法之徒相互勾结，大搞权钱交易，成为靠发"国乱"财起家的新生的富裕阶层。这个富裕阶层与那些靠勤劳致富的私有者阶层不同，它具有寄生性、腐朽性、破坏性的特点，对社会生产力的发展和社会主义市场经济的建立有害无益。深化改革，建立完善的规范化的社会主义市场经济体制，与它们的利益是根本对立的。因此政府在坚持社会主义公有制为主体的前提下，改革所有制结构，实行多种所有制的同时并存，对勤劳致富的私营企业主和靠发不义之财起家的暴发户是不能一视同仁的。对前者，应当保护、扶持、引导；对后者，则应打击、取缔。在政策上不作这种区别，笼统地提出"一切私有财产神圣不可侵犯"的政治口号，恐怕是不妥当的。

其次，即使在完善的市场经济条件下，所谓平等也是相对的，是形式上的，因为它是把同一原则即等量劳动相交换的原则应用于在生产、经营、管理和自然环境实际上不平等的生产者和经营者身上的。这种形式上的平等掩盖了事实上的不平等。按照商品经济自身的规律，商品生产经营者之

间的不平等，如任其自发发展，必然会进一步加剧。我国经济体制改革的目标是建立社会主义市场经济体制，真正达到公平与效率兼顾的目的。因此，政府对经济的干预，不能仅仅局限于为诸市场主体的经营活动创造平等竞争的外部环境，而应同时缓解由形式上的平等掩盖事实上的不平等所引发的矛盾。非如此，不能实现社会的长治久安。

七　我国发展社会主义市场经济是否注定要那样重蹈西方国家资本原始积累的覆辙,这是个理论问题,但也是改革实践中提出的实际问题

西欧国家在由封建主义向资本主义过渡、由自然经济向市场经济过渡的初期，都曾经历过资本原始积累的过程。原始积累的实质，是新生的资产阶级借助于暴力和其他非经济手段，加速为资本主义建立和发展积累所需要的资本、劳动力和市场的形成过程。原始积累是用血与火的文字写在人类编年史上的，但它在历史上曾经起过加速自然经济解体和商品—市场经济发展的积极作用。这个过程对资本主义来说是不可避免的。

但是，战后西方国家由战时统制经济向有调控的市场经济过渡，却没有发生过类似资本原始积累。一般地说，各国向市场经济过渡的过程是由政府自上而下地有领导、有步骤地完成的。从总体上说，这个过程是有序的。这一事实表明，由行政命令经济体制向市场经济体制转型，并非必须重复资本原始积累过程。

我国市场化改革以来，所有制结构趋向多样化，出现了新生资产者。一些人凭借手中的权力，或者通过权钱交易借助于权力，趁经济运行转轨之机，积累资本，摇身一变为暴发户。权力资本化成为重要的生财捷径。

这种现象引起了人们的思考：改革为什么会出现这种消极现象？是不是不可避免？经济学界对此众说纷纭。有人把这种现象叫作中国的原始积累，是中国由计划经济向市场经济过渡必经的历史阶段；有人则持否定的看法。

在体制转型的过渡时期，滋生了上述现象，不能仅仅把它看成外来腐朽思想的侵蚀，也不能仅把它看成干部队伍内部思想作风问题，而应当把它看作是体制现象，即是说体制为它滋生提供了某种客观条件。首先，旧体制根本特点是政经合一、政企合一，经济是通过行政层次、行政机制运行行政权力凌驾于市场之上，货币不过是充当行政权力的符号，行政命令调节资源配置。因此，只要有了行政权力，就能实际占有和支配资产，就可能把权力转化为资本。我国改革是在旧体制框架内并依靠原有体制来推进的。因此，这就为权力资本化提供了可能性。其次，经济运行由行政命令机制向市场机制转轨是个逐步过渡的过程，双轨制为倒买倒卖，票证交易等不正当经营提供了有利条件。再次，所有制结构多元化，允许通过多种途径和方式实现劳动力和生产资料的结合，全面放开产品市场和要素市场，这也为新生资产者聚敛资本提供了可乘之机。所以，在过渡时期要完全根除类似"原始积累"的某些现象，是不现实的。

然而，对于已经出现的消极、腐败现象怎么办？我看只能把它作为教训来吸取。用搞运动的办法来肃清腐败，是不切实际的、是有害的，唯一的出路是按照建立社会主义市场经济目标深化改革，争取尽快地确立新体制的主导地位、强化法制。

（原载《开放导报》1994 年第 3 期）

中国实行市场经济体制要走自己的路

——在中德经济体制改革研讨会上的发言

一　改革以来我国经济学界关于市场问题争论的简要回顾

本世纪 30 年代以来，计划与市场问题一直是困扰东西方经济学的一大难题。新中国成立后，我国经济学界结合社会主义的实践，曾以价值规律在社会主义制度下的作用为题，时续时断地进行过广泛的讨论。

党的十一届三中会是我国历史发展的重要转折点。它标志着我国社会主义建设进入新的发展阶段。在 14 年改革的过程中，我国经济学界一直没有中断过关于计划与市场的讨论。这一时期的讨论，无论就广度和深度来说，都是历次讨论所无法比拟的。首先，它不是作为社会主义政治经济学的一般原理问题，而是作为重新选择社会主义经济模式的重大课题提到人们面前的。其次，讨论涉及的实际问题，突破了个别政策、体制的局部方面的限制，立足于从我国国情出发，围绕着建立有中国特色的社会主义经济体制这个主题开展。再其次，讨论在理论上已经由计划与市场的表层关系深入到社会主义与商品、计划与市场是否具有兼容性，即社会主义经济本质上是否是特殊的市场经济。

14 年讨论经历了曲折、反复的过程。

改革起步阶段，即 70 年代末 80 年代初，经济学界关于社会主义经济中计划与市场问题的讨论，对改革起了造舆论的积极推动作用。经过讨论，学术界取得了以下共识：在全民所有制经济内部也存在着商品货币关系，国有企业应当成为自主经营、自负盈亏的相对独立的商品生产者和经营者；

社会主义经济是有计划的商品经济，应当按照计划与市场相结合的原则改革经济体制，旧体制的弊端在于否定和排斥市场和市场机制。

但是，这一时期的讨论有局限性。这主要表现在：首先，在能否确立"社会主义市场经济"范畴问题上，没有完全摆脱"凡是"的束缚；1979年4月召开的无锡讨论会上，有的学者明确地提出了"社会主义市场经济"范畴，论证了社会主义市场经济存在的客观条件及其与资本主义市场经济的区别。但在会议进行中有位学者从北京发来一份书面发言，反对"社会主义市场经济"的提法，认为它混淆了社会主义制度与资本主义制度的区别，根据是列宁对市场经济持否定态度（列宁在1905年写的一篇文章中说过："只要存在着市场经济，只要还保持着货币权力和资本力量，世界上任何法律也无力消灭不平等的剥削。只有实行巨大的社会化的计划经济制度，同时把所有土地、工厂、工具所有权交给工人阶级，才能消灭剥削"。

其实，十月革命后列宁对社会主义制度下商品——市场的态度经历了由否定到肯定的转变。新经济政策和合作制就是列宁亲自倡导的。其次，在计划与市场关系的问题上，基本停留在引进东欧学派和西方比较经济学的观点上。东欧学派主张把市场机制"引入计划体制"，不承认社会主义经济是商品经济。

80年代前期，农村推行家庭联产承包制取得了巨大成效，改革不是完全自觉地沿着市场化的方向推进。但这一时期理论上出现了后退。有几位同志上书中央有关负责同志，反对社会主义商品经济的提法，认为"社会主义只能是计划经济"，指令性计划是"计划经济的基本标志"。有的文章认为，按照商品经济原则改革体制和"我们的社会主义经济制度是不相容的"。他们的观点还影响了"十二大"报告中的某些提法。例如，报告谈到指令性计划时说，实行指令性计划"是我国社会主义全民所有制在生产的组织和管理上的重要体现"。随后几家报刊对持不同观点的学者不点名地进行了批判；学术刊物照令不准刊登有社会主义商品经济提法的文章。

1984年党的十二届三中会通过了《中共中央关于经济体制改革的决定》。该决定突破了把计划经济与商品经济对立起来的传统观念，提出了社会主义计划经济即是建立在公有制基础上的有计划的商品经济。这一提法实际上是对"十二大"报告有关论点的否定。可以毫不夸张地说，这是对社会主义经济认识的巨大飞跃。但是，该决定的某些提法仍然带有折中的痕迹，理论上的彻底性依然欠缺。

80年代后期，我国经济发展出现了改革以来第一次大周期，改革陷入了困境。这时出现了一股私有化的思潮，从右的方面否定社会主义与商品、计划与市场具有兼容性，企图把改革开放引入全盘私有化的歧路。

80年代末和90年代初治理整顿期间，国内发生了动乱，国际上发生苏东剧变，如何正确地吸取苏东剧变的历史教训，怎样正确地处理改革开放与坚持社会主义道路的关系，成为我们面临的现实问题。这时，出现了一股思潮，从"左"的方面否定社会主义与商品、计划与市场的兼容性。"市场取向"的改革思路和建立社会主义市场经济模式的主张受到批判；"计划调控市场，市场引导企业"受到非难；社会主义商品经济被代之以"计划经济与市场调节相结合"。他们的论点与80年代初那场争论大同小异，但背景却有很大区别，因为经过十多年改革，市场化的趋势已不可逆转。今年春天邓小平同志南巡讲话可以说是对这场争论的总结。

"十四大"明确了经济改革的目标是建立社会主义市场经济体制。这是对《中共中央关于经济体制改革的决定》提出的社会主义商品经济理论的深化和进一步发展。建立社会主义市场经济体制是史无先例的伟大实践，我们的改革才刚刚迈步。今后，学术界还会有不同观点的争论。

二 何谓市场经济？

经济学界大体上有三种看法：

一种看法，认为市场经济就是商品经济，也就是商品生产加商品交换。这种观点看到了市场同商品的关联，看不到它们之间的区别。事实上，传统的社会主义政治经济学也不否认社会主义制度下存在商品生产和商品交换。

另一种看法，认为市场经济是相对于计划经济，商品经济是相对于自然经济、产品经济而言；是指由市场还是由计划来调节资源配置。此种看法强调了资源配置的主体功能。但是，如果讲资源配置功能，在商品经济中，这个功能也是由市场来行使的。因此，按照这种看法依然不能把握市场经济与商品经济的区别。

第三种看法，认为我们要实行的市场经济是现代发达的商品经济，或者说是商品经济发展的高级阶段。

我倾向于第三种观点。所谓现代市场经济，包括两个互相不可分割的内容：一是经济市场化，二是市场现代化。它具有以下基本特征：第一，商品范围包括一切产品、劳务和各种生产要素；第二，市场覆盖生产和再生产的全过程，遍及国民经济各部门、各行业、各地区，从而形成统一的完整的市场和市场体系，并且与世界市场相对接，成为世界市场的组成部分；第三，政府对市场运行管理法治化、规范化、秩序化、科学化，实现了市场主体之间有监管的平等竞争；第四，市场组织和运作工具现代化、科学化。只有具备上述基本特征的市场经济才能对资源配置起到优化作用。因此，简单商品生产或自由竞争的原始商品经济虽然都离不开市场，但都不能称之为市场经济。唯有发达的社会化的现代商品经济才能叫市场经济。我们搞市场经济绝不能重复资本主义原始积累和自由竞争的老路。

三　市场经济的本质

市场的本质是交换关系的总和，是社会生产关系的重要方面，是通过物与物交换表现出的人与人之间的关系。当我们讲市场也是一种"手段"或"工具"时，绝不能忘却这一点。否则，市场的命运就可能沦为"大观园的丫环"（孙冶方）。

四　商品—市场的特点

商品—市场作为社会生产关系的重要方面，具有普遍相对独立性、延续性、革命性的特点。

所谓普遍性，即自原始社会解体以来，商品—市场存在于一切社会生产方式之中，为各种生产方式所共有。所谓相对独立性，即商品—市场对相继更替的生产方式保持独立性，它能为各种生产方式服务，并绝不会成为某种生产方式灭亡的殡葬品；同时，在特定生产关系中，它虽受生产资料所有制和分配方式的制约，但它同时也反作用于一定的所有制形式和分配方式。当所有制和分配方式变更时，它却能继续生存。

所谓延续性，即商品—市场自有人类社会大分工以来，能够适应不同层次、不同水平、不同性质的生产力的需要，延续数千年，至今仍保持着旺盛力。

所谓革命性，即在社会生产方式的更迭中，商品—市场始终作为促进生产力发展的革命因素，加速旧制度的解体，推动新制度的诞生。

可见，商品—市场作为人类社会共有的社会生产关系，是有自身产生和发展的规律的。深入探索这些规律是广义政治经济学应当补上的重要一课。

五　市场经济的生命力

商品—市场的顽强生命力在于它适应多层次的生产力，特别是适应社会化生产力性质及其发展趋势。

在社会化大生产的条件下，市场主体的多元化，引起人们之间利益多元化和主体行为无序性，就这点说，市场经济与社会化生产力性质是有矛盾的。但是，政治经济学传统观念只看到这一面，看不到或否认它对社会化生产力还有适应的一面，而且这一面是主要的、基本的。自然经济和战时统制经济与现代社会化生产力性质却是对立的，它们最终都或早或迟地成为阻碍生产力发展的因素从而退出历史舞台，而市场经济依然保持着兴旺的生机和活力。其原因在于：

它通行自愿互利，等价交换的原则，通过协作和联合，协调社会化生产力与行为主体多元化、利益多元化的矛盾。

它拥有整套的经济参数，凭借各种经济杠杆诱导企业的行为，传递经济信息，既尊重企业的经营自主权，发挥企业的活力和生机，又能从经济上迫使企业在为社会公共利益服务的前提下求得自身的发展，保证国民经济的协调和稳定。

它实行平等竞争，优胜劣汰，推动企业提高资源利用效率，促使资源合理流动，从而实现资源配置优化。

它要求任何劳动都投在对社会有用的形态上，实行按需生产，以需促产，从而它能有效地协调社会生产和社会需求的矛盾。

可见，市场和市场经济同迄今为止存在过的其他任何经济相比，都具有无可比拟的优越性，能够为社会化生产力持续高效发展提供广阔的余地。正因为如此，它至今仍保持着旺盛的生命力。

六   市场经济与资本主义没有本质联系

市场和市场经济的消亡，与资本主义制度的灭亡，这是两个虽有联系但不容混淆的历史过程。"商品消亡论"错在把二者混为一谈。社会主义革命通过剥夺剥夺者，消灭了资本主义私有制与社会化生产力的矛盾，但不可能同时消除商品—市场经济的基本矛盾——社会劳动与个别劳动的矛盾。只要存在着个别劳动与社会劳动的差异，只要劳动者公有化的劳动不具有直接的社会必要劳动品格，市场和市场经济就不会消亡。政治经济学的传统观念恰恰把这两个不同的过程混为一谈，从而引申出市场和市场经济随资本主义制度灭亡而消亡的错误结论。旧体制的弊端就在于它否认公有经济特别是国有经济中个别劳动和社会劳动的差异，导致分配上的平均主义。资本主义生产方式赖以生存的条件与市场和市场经济是分不开的，但市场和市场经济的生存条件却不依赖于资本主义。因此，社会主义制度的建立绝不意味着经济市场化过程的终结。

七   我国社会主义市场经济的客观必然性

中国的特殊国情决定了中国社会主义制度的建立和完善，必须经历自然经济彻底解体和经济市场化的历史过程。人们一般都是从当代不同经济体制的横向比较中，作出建立市场经济体制必要性的结论。这种比较分析是有益的，也是必要的，但不能说是深刻的。因为这种分析方法的局限性，在于它没有揭示出我国经济市场化的客观必然性和深刻的历史根源。我国社会主义制度脱胎于半封建半殖民地社会。新中国建立之前，商品经济极不发达，经济市场化过程极不平衡，在广大农村和边远地区自然经济占据统治地位。社会主义与自然经济是根本对立的。社会主义决不能以自然经济作为自己的经济基础。社会主义只能建立在现代社会化大生产的物质技术基础之上。因此，社会主义政治制度建立之后，我们必须刻不容缓地加速推进国民经济现代化，用现代科学技术和设备改造落后的小生产。经济现代化越高，分工和专业化就越细；社会分工越发达，市场化过程就越迅速；经济市场化越顺利，现代化事业成就便越大。经济现代化必然导致经济市场化；经济市场化又反作用于经济现代化；成为推进经济现代化最有力的杠杆。所以，经济现代化和经济市场化是互为因果、相辅相成，互相促进、互相制约的不可分割的过程。在我国，社会主义制度的建立、完善和发展，舍此别无他途。人们不能自由地选择生产力，因而也不能按照自己的意志自由地选择生产方式和交换方式。在谈到中国的改革为什么只能选择社会主义市场经济体制时，是不应当忘记历史唯物主义的这一基本原理的。

八　在商品—市场经济条件下，实现资源优化配置是价值规律特有的职能

优化资源配置是人类社会生存和发展的物质基础。资源由实现物质资料生产和再生产所需要的诸种要素总和构成。在商品生产的条件下，资源的分配是通过价值规律实现的。马克思指出："任何一个民族，如果停止劳动，不用说一年，就是几个星期，也要灭亡，这是每一个小孩都知道的。人人都同样知道，要想得到和各种不同的需要量相适应的产品量，就要付出各种不同的和一定数量的社会总劳动量。这种按一定比例分配社会劳动的必要性，决不可能被社会生产的一定形式所取消，而可能改变的只是它的表现形式……而在社会劳动的联系体现为个人劳动产品的私人交换的社会制度下，这种劳动按比例分配所借以实现的形式，正是这些产品的交换价值。"① 价值规律调节社会劳动即资源的分配，是通过市场和市场机制表现出来的。在商品生产的社会中，任何可供人们支配和利用的资源都具有

---

① 《马克思恩格斯选集》第四卷，人民出版社 1972 年版，第 368 页。

商品的属性，资源的流动必须通过市场。市场决定资源的投向和资源分配的比例；市场提供诱导人们行为的信号；市场协调人们之间的利益关系。市场的这种功能是资源配置的其他手段所无法取代的。人们不应当否认和忽视行政手段在资源配置中的作用。但行政手段是否有效决定于它能否按价值规律的要求办事。

这里涉及一个基本理论问题，即公有化的劳动是否是直接社会劳动，或具有直接社会性。传统看法是肯定的，即认为一旦社会占有了生产资料，每个劳动者的劳动在进入直接生产过程之前天然地就具有社会必要劳动的品格。实践证明这种观点在理论上是错误的，在实践上是有害的。传统的指令性计划体制和分配体制正是以此为根据的。

九　计划与市场的互补作用

在资源配置过程中，计划与市场的作用具有互补性，究其原因，不是由于价值规律本身作用的"局限性"，而是由于市场主体行为盲目性所致。

在近代经济史上，资源配置方式最初的模式是自发的市场诱导型模式。当时，宏观资源配置优化，是通过企业在竞争中优胜劣汰自发实现的。在市场自发选择过程中，企业破产、工人失业、周期性危机等造成了资源的巨大浪费，增加了市场配置资源的成本，表现了市场诱导型模式的"缺陷"。但是，这个"缺陷"产生的根源并非价值规律本身，而是市场主体行为无序性所致。在资源私有的条件下，各个市场主体均以各自利益最大化为行为的宗旨，一旦他们的资源投向违背了价值规律按比例分配资源的要求，价值规律便会用企业倒闭、失业、危机等破坏性方式来校正市场主体行为错位，强制地恢复资源配置与社会需求之间失去的平衡。这时，人们便求助于政府干预来减少行动主体的盲目性，从而为价值规律作用创造必要的条件和环境，降低资源配置的成本。

十　实行经济体制的整体转型

改革资源配置模式，不能走修补和完善行政型资源配置体制的歧路，必须实行体制的整体转型，建立融计划与市场于一体的社会主义市场经济体制。

在当代西方国家，资源配置都实行不同方式或形式的有政府宏观管理的市场经济体制，但它的基础依然是资本主义私有制，政府只能作为市场的异己力量来协调市场配置资源过程中的矛盾。社会主义市场经济代替了资本主义市场经济之后，政府对宏观经济的管理和调节便不再作为与市场相对立的、市场的异己力量发挥作用。这时，市场不再作为异己力量与公有制相对立，而是与计划融为一体；计划也不再作为异己力量与市场相对立，而与市场融为一体。选择计划与市场一体化的市场型模式，并不是由人们的主观偏好，价值观念所决定的。这是在社会化生产力和公有制为主体的条件下，实现资源配置优化的唯一可能抉择。

计划市场一体化的市场型资源配置体制与行政指令型资源配置体制，是两种对立的模式，二者既不能搞板块结合，也不能把前者看作是后者的完善和发展，前者以社会主义经济是有计划的发达的商品经济为立足点，以价值规律是优化资源配置的基本调节者为根据；后者以商品消亡论为出发点，以公有制与商品、计划与市场不能兼容为根据；前者与现代社会化生产力性质及发展趋势的要求相适应，能促进生产力持续协调快速发展和人民生活水平不断提高；后者则无视生产力现状及其发展趋势的要求，违背公有经济的商品性质，导致资源的浪费和破坏。因此，改革资源配置方式不能走修补和完善旧的行政型体制的歧路，搞计划与市场的板块拼凑。

十一　实现社会主义市场经济的艰巨性

中国是不发达的社会主义国家，建立适合中国国情的社会主义市场经济，实现由行政指令型计划经济体制向社会主义市场经济体制过渡，是史无前例、今无范例的极其艰巨的事业。举例来说：

——协调改革与发展的矛盾是一大难题。以长远看，改革是为发展创造一个稳固的长期起作用的体制条件，改革有利于促进发展；发展也有利于支持和推动改革。但是，在体制转型的过渡期，发展与改革却有无法回避的难以兼顾的矛盾。中国是发展中国家，我们面临着发达国家在经济上的严重挑战；中国是商品经济不发达的国家，我们是在市场体系尚未形成的条件下进行改革，因此，在体制转型时期必须保持相当的发展速度。但是，改革又要求保持一个相对宽松的经济环境，要求国家有较充足的财力支持改革措施出台，要求把经济增长控制在国力所能承受的范围内，总之，要求在一定时期发展为改革让路。过去的经验证明，改革与发展的关系协调好了，改革就能较顺利地前进，发展也会因此获益。相反，二者矛盾激化，改革就会受阻，发展也会陷入周期。

　　——发挥市场机制的基础性作用和优化国家经济职能的矛盾。建立社会主义市场经济体制，要求培育竞争性市场，为市场机制发挥调节作用创造充分的条件和环境，使企业摆脱对政府的依附关系；实行政企分治。从这个意义上说，改革要求弱化政府对经济的直接干预。但是，我国是发展中的社会主义国家。第一，国家是国有资产的所有者，它需要通过对企业经营活动的干预实现自己的所有权；第二，我国经济起飞要求国家充分利用自己的政治优势和权力，集中有限的资源，加速发展重点行业和部门，争取在较短的时间赶上发达的国家；第三，改革是自上而下的在政府领导下进行的，无论是破旧还是立新都要在政府的领导下，并依靠政府的权力、机制来运作。很显然，这一切都是我们在转换政府经济职能中无法回避的难题和矛盾。

　　——国有经济的主导地位、公有经济的主体地位与多种所有制长期并存、平等竞争的矛盾。按照社会主义市场经济的要求，必须改革所有制结构和公有制的实现形式，为各种经济成分长期并存、平等竞争、互相整合创造必不可少的环境和条件。但是，所有制改革又要确保国有经济的主导地位和公有经济的主体地位，否则，我国社会主义经济制度的基础将会动摇。不改革传统的所有制模式，便不可能有科学的社会主义；但所有制模式改革又不能突破社会主义制度的框架，必须沿着社会主义制度自我完善的轨道行进。历史上市场经济都是建立在私有制的基础之上的，而我们改革所要实现的是公有制与市场经济的对接。从这个意义上说，改革无疑是一项史无前例的伟大又艰巨的科学实验。

　　——就业和分配市场化，与共同富裕、经济稳定、社会安定的矛盾。社会安定和经济稳定是改革顺利进行的必要条件；共同富裕是改革所要实现的目标。但就业体制市场化，开放劳动力市场，把市场机制引入分配体制，不可避免地造成失业、破产、分配不公，影响社会安定和经济稳定，为深化改革设置了阻力和障碍。所以，劳动体制和分配体制的改革必须掌握好度，既要打破铁饭碗，又不能危及社会安定和经济稳定；既要让一部分人先富起来，又要防止两极分化。

　　——理顺价格，放开价格的行政控制，与低工资、低消费政策的矛盾。改革价格形成机制，让价格反映供求和资源的稀缺程度，这是决定整个经济改革成败的关键。广义的价格包括工资及各种要素的价格在内。理顺价格，要求改革工资结构和工资形成机制，把现行的不完全工资改为包括维持劳动力扩大再生产的全部费用的完全工资制。但是，我国人口众多，现代化事业尚待时日，必须统筹兼顾经济建设和人民生活，正确处理消费和积累的关系。低工资低消费的政策不可取，高工资高消费也不符合中国国情。我们现在依然必须提倡艰苦奋斗，勤劳节俭。这个难题不能不制约价格改革和就业、工资制度的改革。

　　——通货膨胀与稳定协调高速发展的矛盾。我国改革是在面临着严重挑战的国际环境下起步的。形势迫使我们必须保持较高的经济增长速度。但是，由于传统的外延性粗放发展战略的惯性依然在起作用，由于物资短缺的总体格局难以迅速改变，由于企业自我约束和自我发展的机制尚未形成，在体制转型时期始终存在着需求拉动型通货膨胀和成本推进型通货膨胀的双重压力。而通货膨胀又直接威胁经济高速增长，使之难以为继。因此，如何实现高速增长，同时又能把通货膨胀控制在适度的范围内，这是一大难题。

　　——对外开放与霸权主义、强权政治的矛盾。开放是双向的，而不是单方面的；是互利互惠的，而不是单方面的援助或恩赐。我们实行对外开放，目的是为了引进外国资本、技术，打进外国市场，加速我国社会主义现代化事业，但我们又必须按照等价交换、互利互惠的原则，让出部分国内市场，让外商赚取利润。外国政府和外商欢迎我国开放政策，也是出于自身利益的需要，就他们的本意来说，绝不是为了培植一个自己的竞争对手。当今国家间的关系本质上是阶级关系。某些强国依然奉行霸权主义和强权政治的对外政策，借开放干涉别国内政。因此，我国对外开放政策能否贯彻，并不仅仅决定于我们自己的意愿。

　　——经济市场化、人际关系商品化和精神文明建设的矛盾。社会主义市场经济的形成，有利于推进社会主义现代化建设事业的发展，因而也会直接和间接地促进精神文明建设。但是，随着经济市场化，商品交换原则和金钱交易会侵蚀到人们之间的非经济关系领域，为权钱交易、唯利是图、贪污收受贿赂、投机钻营等不正之风提供滋生的土壤。市场经济发展所带来的副效应是我们不应忽视的。必须强调，优化资源配置，道德的作用并不是可有可无的。

　　——改革的渐进式战略所带来的正效应与负效应的矛盾。我国改革选择了渐进式战略，避免了"休克疗法"所引起的社会动荡和经济不稳定，防止了恶性通货膨胀等灾难，缓解了体制转型过程中的矛盾和阻力。实践证明，渐进式改革是可行的。但是，由于体制转型经历的时间较长，在过渡期出现双轨运行的状态，特别是价格双轨制，引起经济秩序混乱，过度竞争，企业行为短期化，并给私倒、官倒活动提供了可乘之机。因此，渐进式所带来的负效应也是不容忽视的。既要坚持渐进式改革，同时又要千方百计减少渐进过渡产生的消极后果，这是又一大难题。

　　总之，建立有中国特色的社会主义市场经济和市场经济体制有许多难题摆在我们面前。说到底，难就难在：一是我们要搞的市场经济是社会主义的；二是要符合中国国情。因此，我们不能照搬照抄西方的现成模式和经验。

十二　确立新体制的主导地位

　　当前，我国改革已进入到加快体制整体转型的关键时刻，尽快确立新体制的主导地位已刻不容缓。

　　前14年改革取得了很大进展，但从总体上说还带有局部性、探索性，旧体制还在继续运行，在某些领域甚至还居主导地位。

　　经济体制是由诸方面的运行机制组成的有机系统。能否实现资源配置优化，并不决定于个别的机制，而决定于经济体制的整体功能。个别机制的功能是有限的，体制的功能才是持久的、全面的。因此，在任何局部的改革措施都必须是立足于体制的整体转型，而不能与体制整体转型背道而驰。据此，对过去已出台的改革措施应当进行一番科学分析，去粗取精，去伪存真，通过深化改革，巩固和发展、扩大改革的成果，尽快地实现由双轨制过渡到市场单轨运行。否则，久拖不决，旧体制复归的可能性是不能排除的。但是，倒退是没有出路的！

（1992 年 10 月在西北大学召开的中德经济体制改革国际研讨会上的发言）

我国当前改革开放发展过程中
需要给予关注的几个问题

《求是内参》编者按：中国社会科学院学术委员会委员于祖尧教授，系我国经济学界资深经济学者，曾任九届全国人大代表、全国人大财经委委员。日前，他将新近撰写的一篇关于当前形势问题的文章送给我刊，提出了他对有关问题的见解。现将该文照录，未加删改，仅供领导同志参阅。

党的十六届四中全会通过的《决定》要求我们提高驾驭市场经济的能力。二十多年的改革实践，为我们探索社会主义市场经济积累了丰富的经验和教训。但是，社会主义市场经济规律，对我们来说，依然是需要长期艰难探索的"必然王国"。当前，经济发展和改革中存在着下列问题，似应予以关注。

一　要重视当前局部经济过热的问题，但不能
无视蓄积已久的财政和金融隐患

2004年第一季度以来，房地产、汽车、钢铁等行业超高速增长，拉动了投资急速膨胀高达 47.8%，导致投资品价格大幅上涨。经济局部畸型过热，威胁了经济可持续发展。中央适时采取了适度从紧的经济政策，经济增长态势趋稳。遏制经济过热势头，是完全必要的。但是，必须清醒地看到，当前，一方面存在着局部经济过热，另一方面还存在着严重的经济隐患，财政和金融潜伏着严重的危机。

1998年开始，政府为了遏制经济持续下滑的势头，放弃了紧缩银根的政策，转而实行扩张的财政政策和货币政策。此项政策实施的结果，在刺激经济增长的同时，却埋下了危机的隐患。一是财政赤字成倍增长，财政

收入对债务的依存度居高不下，近期实现财政收支平衡无望。二是税收以超过 GDP 增幅一倍以上的速度增长，用自上而下地下达指令性税收指标的办法以确保中央财政收入。这种做法违背了扩张性财政政策的初衷，导致征过头税，寅吃卯粮，竭泽而渔。三是支付改革成本，建立公共财政的资金缺口巨大，政府负担的各种隐型债务沉重，面临着财政支付危机。例如，接管企业兴办的各项公共服务事业，支付农村义务教育经费，发展城乡公共卫生医疗服务业，补充国有商业银行自有资金，建立社会保障制度等。据世界银行估计，中国政府的隐型债务积累达到 GDP 的 100%。四是基层政府财力枯竭。乡镇政府财政入不敷出，负债累累，已陷入破产的困境。粗略估计，县和县以下基层政府的债务总额已超过 8000 亿元。五是国有商业银行不良贷款率已远远超过安全警戒线，从理论上说早已进入破产程序。近年来，不良贷款率以每年 1 个百分点的速度下降，但新增款中不良贷款比例却上升，不良贷款绝对额未见减少。问题的严重性还在于，银行业流行一种数学游戏，即用加大分母即贷款量的办法，缩小商数即不良贷款率。这种自欺欺人的把戏只能加剧银行业的危机。

必须看到，近年来投资和部分行业超高速增长，对潜伏的金融和财政危机起到了推波助澜的作用。前几年为了降低银行不良贷款率，向资产经营公司剥离了 1.4 万亿元，收效甚微。按照目前不良资产变现的速度，全部消化完银行不良贷款可能需要几十年。

由此应当清醒地看到，当年东南亚爆发金融危机的某些国内因素，在我国业已存在。现在我国入世后的过渡期即将过去，跨国银行和国际投机资本将使我国金融稳定和经济稳定面临严峻的挑战。

二　要坚持不懈地反腐败,但不能轻视和低估政界奢靡之风的严重性、危害性

时下腐败未除，又添一害：即在政界刮起的奢靡之风。尽管新一届领导上任立即去西柏坡，向社会发出了一个信号：牢记两个"务必"。然而，政界和经济界的奢靡之风并未从制度和体制上得到有效遏制。

——劳民伤财、华而不实的"面子工程""形象工程"遍布各地。据

建设部的材料，全国有 1/5 的城镇都建有名目繁多的"形象工程"，即大约 132 个城市，4000 多个镇。

——某些领导人一面倡导"反腐倡廉"，号召"艰苦奋斗"，另一面却不惜花费巨额公款兴建高档住宅供自己离职后享受；换届之机耗巨资公费旅游。

——办公楼越建越气派越豪华，办公室越修越华丽。党委、政府、人大、政协，原先四合为一，现在自立门户，各种设施配套成龙，装修标准与国际接轨。办公场所异化成权势和富贵的象征。

——供官员使用的内部招待所纷纷升级为星级宾馆。被称为"贵族娱乐"的高尔夫球场遍及 170 多座城市。甚至县级市宾馆都专设总统套房、豪华套间。

——公款吃喝成风。据不完全统计，一年公款吃喝高达 4000 多亿元。法国名酒 XO 在中国销量之大，令法国老板自叹："法国人太穷。"这股奢靡之风与现实的中国反差之大，令每个爱国志士无不为之忧虑！

奢靡之风的势头如此之大、时间之久，源头来自于政界，来自当权者。而且，它往往打着"现代化"、"与国际接轨"的旗号，披着"为公"的外衣，危害性更大。

遏制奢靡之风，必须加强群众监督，必须严格法治。

三　要坚持执行对外开放的国策，但决不能淡化甚至否定自力更生的根本方针

邓小平同志明确指出，"我们一方面实行开放政策，另一方面仍坚持建国以来毛泽东主席一贯倡导的自力更生为主的方针"。"我们搞建设的一条主要经验是自力更生"。

然而，随着开放扩大，从决策层到基层干部，从理论界到政界，出现了一股淡化和否定自力更生为主方针的思潮。在我担任九届人大代表期间，历次审议政府工作报告，发现自力更生的话语从报告中消失了。为此，我曾一而再再而三地提出我的意见，但始终没有被采纳。对这个社会主义现代化建设必须坚持的大政方针在政府工作报告中避而不谈，这恐怕不能认

为是一时的疏忽。

与上述倾向相联系，"贸易自由化立国论"势头甚猛。主张这一观点的人有理论、有政策，在政界、经济界的影响不可低估。他们大肆贩卖美国推销的所谓"经济全球化"理论，说什么世界经济已经实现了"全球化"，各国之间形成了分工与合作的关系，在世界范围内实现资源配置优化：各国经济发展应遵循"比较利益原则"，扬长避短，通过交换实现优势互补；中国是发展中国家，没有能力也没有必要发展技术密集型和资本密集型产业，应当放弃"赶超发展战略"，转而大力发展劳动密集型产业；跨国公司纷纷进入我国，不仅把生产基地移入我国，而且把研究开发基地转移到我国，都在致力于"本土化"，我国能够依靠跨国公司实现科技现代化，科技发展应当以引进为主、自主创新为辅；在"经济全球化"的条件下，各国经济融为一体，没有国别姓氏之分，民族经济已经消失，跨国公司成为我国经济的组成部分。

实际上，靠所谓"贸易自由化"实现"比较利益"，进而达到现代化的目标，在近代世界史上根本就没有这个先例。世界市场从产生之日起，它通行的规则就是生存竞争、优胜劣汰、弱肉强食。它只相信实力。世界市场的形成，是近代社会化生产力发展的产物，对促进世界经济的发展起了积极的作用。但是，在人类编年史上这一篇却是资本主义用利剑沾着落后国家和民族人民的鲜血写成的。自此，一些国家先后进入发达国家的行列。然而，"比较优势"的理论却没有在世界七强和亚洲"四小龙"身上得到验证。

战后，随着民族解放运动的高涨，世界殖民体系瓦解，一系列国家走上了民族独立的道路。尽管世界已经进入"经济全球化"时代，但是，严酷的现实是，广大发展中国家依然没有摆脱贫困落后的困境，世界经济秩序依然不公平、不公正、不平等，主宰世界经济的依然是几个富国，超级大国依然把对外经济贸易作为推行经济霸权的工具，跨国公司作为超级垄断资本的本性依然如故。应当清醒地看到，所谓"经济全球化"并不意味着国家主权和国家利益的消亡，更不意味着社会主义和资本主义两种社会制度对立的消失。鼓吹"民族经济过时论"，实际上是为西方国家推行经济殖民主义、为国际垄断资本对外扩张效力的卖国主义。

我国跃进世界贸易大国行列，以至于现在世界七强中任何国家都不能无视我国的存在。但是，在这超过万亿美元总额的令人振奋的数字背后，却隐藏着三个令国人忧虑的数字：在我国的出口额中，加工贸易占50%以上，"三资"企业占50%以上，外贸的依存度占60%以上。这些数字告诉了人们什么呢？首先，它表明在现存世界产业分工中，我国处于产业链的末端，其特点是技术含量低，物耗高，附加值低，或劳动密集型行业，而产业链的高端则掌握在外方手中。这表明我国经济结构的整体水平低级化、低能化，已远不能适应现代化建设的需要。近些年机械工业生产能力利用率低，不足50%，而投资所需要的设备60%都从国外进口，扩大内需转化为扩大外需。其次，代价大，收益小。我们无偿让出了市场，消耗了稀缺的资源，换来的是低廉的工资（小时平均工资仅为美国的1/30），微薄的加工费（一双售价100多美元的运动鞋加工费仅有2—3美元）。打着 MADE IN CHINA 标志的商品遍布世界。曾几何时，有人给我国戴上了"世界工厂"的桂冠，国人不亦乐乎。但现时的中国与其说是"世界工厂"反而倒不如说是"世界打工仔"更贴切些。我们曾经提出"以市场换技术"的主张。但是，这有点像单相思。对跨国公司来说，"你的市场，我是非要不可的；我的技术，你要吗？拿美元来"。这就是二十多年在交易市场上我们和跨国公司之间的不等价买卖。更重要的是，"两头在外"的加工工业使我国产业发展受制于人，控制权和主导权落到了跨国公司手中。这些年我国的各类市场，有的已经被跨国公司占领，有的正在被逐步蚕食，有的正面临失地的威胁。拉丁美洲一些国家被新自由主义误导，落入经济殖民化的陷阱，这样的惨痛教训我们是不能不引以为戒的。此外，我国和发展中国家为争夺市场、吸引外资而引发的摩擦和矛盾，因此加剧。

正确执行对外开放的方针，绝不能以所谓"经济全球化"为指导。新自由主义接过这个口号，鼓吹各国全面开放市场，实行经济自由化，把它作为美国政府推行经济殖民主义，实行对外经济扩张，实现霸权主义的理论武器。我们不能不假分析地照搬这个口号，更不能用它作为我国对外开放的理论根据和指导思想。

我国是社会主义大国，应当对人类发展作出较大的贡献，绝不能跟在别人后面爬行。我们必须做到这一点，我们也完全能够做到这一点。人类社会产生以来，各民族、各地区、各国经济发展从来都是不平衡的，任何时代都有先进与落后、发达与不发达之分。但后进赶先进、不发达超过发达，却是普遍的规律。近代各国经济发展尤其如此。我们拥有能够集中力量办成大事的社会主义制度的优势。斯大林时代成就了强国富民的伟大事业，毛泽东时代初步建成独立完整的工业体系，实践证明了实行跨越式赶超战略是完全可行的。

四　社会主义市场经济实践，要坚持继续进行理论创新和制度创新，但应更加重视"依法治国"

"依法治国，建设社会主义法治国家"，这是已经确定的建国方略。提出这个方针，迈出了法治的重要一步。但比口号更重要的是行动，真正把各项工作都纳入法制和法治的轨道，特别是经济工作。经过二十多年的努力，社会主义市场经济的基本法律体系已经初步建立。现在，贯彻执行"依法治国"的主要障碍，是有法不依，执法不严，违法不纠。《宪法》是国家的根本大法。"依法治国"首先是依《宪法》治国。以我国加入 WTO 为例。加入 WTO 是关系国家主权和国家利益的大事。迄今为止，没有一个国家的政府置国家最高权力机构不顾直接签署批准入世协议。这应当看作是法治国家的惯例。我国《宪法》规定，"全国人大是最高国家权力机关。它的常设机关是全国人民代表大会常务委员会。"人大常委会的职权之一是"决定同外国缔结的条约和重要协定的批准和废除"。因此，人大对我国入世谈判和签约行使监督权、批准权，是宪法赋予的权力。我在九届人大常委会和财经委曾经多次建议请经贸部报告谈判、签约情况。但始终未予理睬。其间，为了防止台湾抢先入世，人大常委会做了授权国务院的决定。至于我方作出哪些让步，对方提出什么条件，我方作出哪些承诺，根据协议我国可享受哪些权益、承担哪些义务，人大常委会和财经委一概不知。我作为财经委委员，还是从美国驻华使馆的《新闻公报》中间接地了解了一些实情。这整个过程，从谈判到签约，并没有严格按《宪法》规定的程序办事。

中国入世后，那些曾为此效力而欢呼的官员一再向公众宣称：协议是双赢，利大于弊，机遇大于挑战；说谈判坚持了原则，维护了国家主权和利益。有人甚至预言：入世后每年 GDP 可增长三个百分点，增加就业 1000 万人，等等。然而，动听的言辞终归掩饰不了严酷的事实：我们承认了美国和欧盟强加的不平等的、歧视性的"市场经济国家标准"，接受了"非市场经济国家"地位，承诺自入世起 15 年内按照中国是非市场经济国家处理反中国倾销诉讼案件，承诺取消政府对农业从生产到销售各个环节的一切补贴，等等。三年多过去了，给我们描绘的美好情景没有出现，人们看到的是居世界之首的对华反倾销诉讼和因此付出的经济、政治代价。

我不理解为什么为了加入 WTO，某些官员的心态如此急切，甚至在涉及国家主权和根本利益问题上不坚持原则。有人说，没办法，我们经济上有求于美国。美国是我国出口贸易的第二大对象国，也是外资的第二大来源。但是，我们手中也握有美国有求于我的王牌：我国有当今世界最大的尚未完全开发的市场，而市场却是美国经济的生命线，是世界最稀缺的资源；美国经济为经常项目的巨额赤字所拖累，迫切需要吸引外资来弥补，我国外汇储备 6099 亿美元，居世界第二位；我国握有 1200 多亿美元的美国国债，这笔美元国债对美国金融市场和世界金融市场的稳定具有举足轻重的作用；我国输往美国的大量物美价廉的消费品深受广大居民喜爱；我国已进入经济大国行列，宏观经济的走向对世界经济具有举足轻重的影响，等等。可见，在中美经济关系中，我国并不是处于受制于人的被动地位，至少也有讨价还价的筹码，完全不应作出无原则的让步。不是说"权为民所用"吗？如果我们不能从中吸取到有益的教训，今后还可能再次付出得不偿失的学费。从这个案例中看到，发扬民主实是依法治国的重要条件。

五　国有企业改革必须坚持，但必须确保国有经济的主导地位，防范并查处以改革为名化国为私，把改革引入全面私有化的邪路

国有企业改革，实现社会主义国有制和市场经济接轨，这是必然的历史趋势，倒退是没有出路的。但是，如果把国有企业改革推上全面私有化

道路，这就是条祸国殃民的绝路。在当今国际和国内的条件下，推行全面私有化，必然导致财富向少数权势阶层集中，亿万人民半个世纪用血汗积累起来的财富成为他们盛宴上的美味佳肴，必然把改革和发展的成本和代价全都加到广大劳动群众身上，而把改革的成果据为己有，必然滋生出一个腐朽的官僚买办垄断资产阶级，必然造成市场秩序混乱、市场功能扭曲、市场经济形态变异，最终使共同富裕的目标化为泡影。这绝不是"意识形态说教"，而是当代社会发展规律所使然。俄罗斯改革的悲惨结局已经证明了这一点。

防范国有企业改革被引入全面私有化的邪路，绝非杞人忧天。

——地方政府或主管部门将中央的政策法规置之不顾，不考虑国家整体利益，把国有企业当成包袱和负担，一卖了之。一时间在一些地区掀起了一股廉价出售国有企业的风潮，甚至美其名为改制的先进经验加以推广。

——歪曲党的方针政策，把"有进有退"歪曲为"国退民进""国有企业退出竞争性领域"，在一些地区和行业，以改革为名刮起了一股全盘民营化风暴。某个省提出"以民营经济为主体"，与中央确定的"以公有经济为主体"唱对台戏。某个市竟赞誉它是先进经验加以推广。

——在"明晰产权"的旗号下，推行把国有资产"量化到个人"，无偿瓜分企业财产，并把企业包袱（企业债务、退休职工等）甩给国家。

——吸收私人资本参与国有企业改制中，有的国有资产以低于实际价值作价；有的实行主业与辅业剥离，把优质资产划归主业，企业债务和退休职工、下岗职工统统甩给辅业，让国家继续背包袱。

——提出所谓"国资改革新思路"，即"大型国有企业资本全面对外资开放，允许外资买断国有股权或控股"，"寻求国外同行业跨国公司作为战略合作伙伴"。在一些地方刮起了一股整体出售大型国有企业的风潮。某省一家大型企业资产6亿多元，年销售额9亿—10亿元，竟以220万元卖给一家外国跨国公司。

——在强化管理层激励机制的旗号下，推行管理层收购，将企业产权由国家所有改变为企业管理者所有。在合法的外衣下，串通中介机构编造假账，低估净资产价值，廉价拍卖。产权易主后，买通银行主管，以企业作抵押取得贷款，偿付收购价款，然后再用企业经营所得偿还银行贷款。

这样，所谓"管理层收购"的游戏便完成，而管理者没花一分钱，摇身一变成暴发户。

——预谋制造企业亏损，在企业资不抵债时，廉价收购，然后易主经营。历史包袱统统甩给国家。

——借股份制改造营私，在"经营者持大股"的旗号掩盖下，无偿占有大量原始股，或者搞什么"股票期权"。

——无视工人阶级的主人翁地位，剥夺工人参与权和发言权，任意辞退裁减工人，把改制的代价和成本都强加在工人身上。

——趁实行股份合作制之机，化公为私，搜刮公众。职工为保饭碗倾注几十年积蓄，而一些企业领导人利用职权以所谓"智力"参股，不花一分钱便获得实实在在的控股权。企业的债务及其他历史包袱都甩给国家。

——企业领导人以亲属的名义创办私营企业，将企业的有形和无形资产通过各种非法和合法的途径转移给后者，假后者的手搞垮企业。一旦企业资不抵债或宣布破产，便将其兼并，原来的企业领导人改头换面成为新私营企业主。

——不考虑国家经济安全和整体利益，把企业振兴和行业发展的希望完全寄托在跨国公司身上，以招商引资数量作为考核政绩的首选指标，将企业和行业的控制权、主导权拱手让给外方。

前不久，国资委负责人专门就国有企业改革召开了记者招待会，声称国有企业改革形势大好。但事后没几天，媒体接二连三爆出大企业高管丑闻。看来，"大好形势"挡住了某些人的视线，使其不能正视改革中存在的问题。最近几个月在媒体上展开的关于国有企业产权改革的大讨论，在民众中引起极强烈的反响，充分反映了民情、民心、民意。

眼下，国有企业改革已经陷入了无序的，甚至是混乱的状态。

首先，一股化国为私、化公为私的"渐进式私有化"浪潮正在席卷全国。在当今国际国内条件下，全盘私有化是一条死路。一旦走全盘私有化的邪路，绝不可能实现共同富裕的目标，绝不可能实现资源配置优化，绝不可能实现强国富民，只能把中国推上官僚买办资本主义的邪路，只能使中国重新沦为受超级大国摆布盘剥的半殖民地，只能使中国共产党丧失执政党的地位，只能使工人和农民重新沦为被压迫被奴役的阶级。这并非危言耸听。俄罗斯的前车之鉴，不能不使人严肃地思考这个问题。有人声称这是意识形态说教。错了！这是社会发展客观规律所决定的。

其次，社会主义制度和人民民主专政政权的经济基础正受到削弱和动摇的威胁。我国国有经济的性质、地位和作用问题，被一些理论家搞得很混乱。不但如此，他们对我国国有经济极尽丑化、妖魔化之能事，攻其一点不及其余，全盘否定国有经济的历史功绩，极力抹煞国有企业承担了改革的成本和代价的沉重负担的事实。他们明确地把改革的任务和目标定为"彻底消灭国有企业"。这是在改革的旗号下玩弄的釜底抽薪的政治把戏。一旦他们的如意算盘得逞，社会主义制度和人民民主专政的经济基础将瓦解，国家的经济主权和独立将失去物质保证，国家经济安全和利益将受到威胁，国家对其他经济成分的领导和管理将失去主导力量。俄罗斯现在着手对私有垄断行业重新实行国有化，也许能够使我们从中领悟到一些道理。

再次，一股反改革的社会势力——非法暴富阶层正在迅速崛起。由于实行多种所有制长期并存的政策，新资本家阶级的产生是不可避免的。在这个新阶级之旁，还滋生了一个非法暴富的群体。与合法经营致富者不同，这些暴发户是在当初体制转轨之际靠钻体制和政策的空子，通过权钱交易、坑蒙拐骗等非法手段，聚敛财富，进行资本原始积累的。所谓管理层收购、经营者持大股、股票期权之类，恰恰给他们提供了化公为私的合法机遇。这些暴发户具有官僚买办垄断特性。他们虽然是靠改革而暴富，但他们的利益与建立社会主义市场经济体制却是根本对立的。他们是畸形体制的最大既得利益者，是阻碍和反对深化改革的主要保守势力。更值得注意的事，这些人在政界和理论界都有代理人。

最后，我国工业化和现代化的实现将失去主要支柱和主力。加快实现我国社会主义工业化和现代化，是强国壮军富民的必由之路。国有企业是实现这个战略目标，实施赶超战略的主力和依靠。实行对外开放，有利于我国现代化建设。但如果把现代化的希望寄托在跨国公司的施舍上，那是不切实际的幻想。奴化中国，是超级大国对华经济战略的目标。所谓"世界工厂"，这剂迷魂汤把我们的一些官员灌得忘乎所以。殊不知，这实际上是老板套在打工仔头上的紧箍咒。跨国公司既然不能依靠，那么，私有经济可不可以担此大任呢？私营经济是我国现代化建设不可或缺的力量。但是，它不是也不可能充任实现现代化的主力。一是因为它没有经济实力。现在私营企业，平均每家注册资本仅有一百多万元。如果等到私营企业的资本积累规模达到足以承担现代化主力的时候，我们将失去难得的时间和机遇。二是私营经济的经营是以利润最大化为准则。西方国家的历史表明，完全靠市场自发调节实现工业化是一个漫长的艰难的过程，而且代价极其高昂。

机不可失，时不我待。社会主义制度所具有的集中力量办大事的独特优势，为加速工业化和现代化提供了可能。值得注意的是，现在有一种主流观点：认为我国政府应当学习西方国家，政府的职能只限于为社会提供公共产品和社会公用事业，以弥补"市场失灵"；政府财政实行"公共财政"，不再投资办企业；今后不再新建国有企业。这种观点与"国退民进"如出一辙，是十分有害的。很难想象，仅仅依靠办好现有的 178 家国有企业，就能实现现代化。

邓小平晚年曾明确指出："社会主义市场经济优越性在哪里？就在四个坚持。""提出四个坚持，以后怎么做，还有文章，还有一大堆事情，还有没有理清的东西。"

六　要继续倡导解放思想，与时俱进，但更应当重视在　各项工作中把实事求是的指导思想落到实处

党的十一届三中全会提出了转变经济工作的指导思想，重新确立实事求是思想路线的指导地位。现在，二十多年过去了，各级领导干部有必要扪心自问：在建设和改革的实践中，转变思想路线是否落到了实处？是否不仅在口头上、书面上，而且在行动上真正做到了按照实事求是的原则办事？这是必须认真对待的、不容回避的问题。

——改革必须坚持唯物主义的"条件论"。讲条件，首先是生产力状况。生产关系一定要适合生产力性质是决定社会发展的根本规律。当人们承认它的客观性质，并自觉地按它的要求办事时，它就能造福于人类；当人们违背它的要求为所欲为，就要受到它的惩罚。

商品经济发展是社会发展不可逾越的阶段。现在，我们从实践中认识

到这个真理，转而实行市场经济体制。但是，由于我国是工业化尚未完成的发展中国家，实行市场经济的起点低，要走的路程很长。改革可以因势利导加快这个过程，但不能拔苗助长，只能适应生产力发展和商品经济发展水平前行。

以国有企业改革为例，我们选择了股份制为主要形式。邓小平南巡讲话后，全国掀起了一股股份公司热潮。往日将股份公司视为资本主义怪物的股盲，转瞬间变成股份制的狂热拥护者，纷纷进行股份制改制，争相上市。由于不具备实行股份制的主客观条件，改制后的企业成了"翻牌公司"，上市变成了为企业脱困圈钱。一些改制后的大型企业至今还背着沉重的历史包袱，"企业办社会"的问题至今没有解决。又如，城市化问题，这是解决"三农"问题的根本出路。但城市化不等于农村人口大搬家。农民进城要解决就业、居住、医疗、子女就学等一系列问题。城市化是生产力和商品经济发展的自然产物。我们可以创造条件，加速这个过程。但关键是条件，如果无视客观条件的制约，印度、巴西的"城市病"就可能在我国重现。

——改革不能搞运动。历史的教训是一面镜子。20 世纪 50 年代后期，我们曾经用搞运动的方式推行所有制改革：合作化运动，私营工商业改造运动，人民公社化运动，造成了严重的负面影响。20 世纪 90 年代，俄罗斯政府用行政手段强制推行"休克疗法"，实现产权私有化，把经济推入破产的深渊。近几年，在我国一些地方和部门，盛行用变相搞运动的方式突击企业改制，下指令，定任务，限时间，定目标一步到位，然后以此作为政绩考核干部，根本不考虑由此产生的社会和经济后果。其负面影响已经开始显现。

企业改革是社会生产关系的变革，涉及各方面的利益关系，受诸多主客观条件的制约。而且，各类企业的性质、规模、经营状况、职工队伍等，各不相同。改制必须因地制宜，区别对待，分类指导，绝不可一刀切，一阵风，一个模式到处套。更何况国有企业改革是要实现社会主义国有制与市场经济接轨。这是史无前例的创举，没有任何现成的经验和模式可以照搬照抄，只能靠我们自己在实践中"摸着石头过河"。

——经济发展和经济增长不能以产值产量唯此唯大。改革开放前，我们曾经不止一次因片面追求产值产量高速增长而吃了苦头，付出了沉重的代价。十一届三中全会后，五届人大四次会议提出了经济建设的十条方针，指出经济工作转到以提高经济效益为中心的轨道上，明确提出经济建设要走一条效益比较好，速度比较实在，人民能得到更多实惠的新路。但是，回过头来看，在这二十多年中，产值产量像只"看不见的手"依然在左右我国经济走势。说"翻两番"，从中央到县乡各级争相翻番；说"上台阶"，各级领导制订计划都争相上新台阶；说"保七争八"，各地纷纷拉高标尺"保八争九"；等等。1992 年后，连续三年超高速增长，开发区热、建批发市场热、招商引资热、股份制热、集资热、房地产热，一浪高过一浪。银行敞开钱袋放债，财政敞开国库花钱，出现了改革以来前所未有的"大跃进"。经济全面过热几乎到了失控的地步，被迫实行全面紧缩银根，但由此引起的苦果至今还没有消化完。学费是付了，然而，教训并没有变成我们的财富。2003 年年初又出现投资和信贷膨胀。经济发展的周期性是难以避免的，但我国经济时而高速增长时而调整紧缩，非经济因素的作用是不容忽视的。有人根据近两年 GDP 年增长超过 9%，断言我国经济进入新一轮高速增长期。这种看法是没有客观根据的。

当前，当务之急应当是积极为经济持续、稳步、低成本、低消耗的发展创造条件，切实解决经济中的深层次矛盾。

"位卑未敢忘忧国"。我是个年逾古稀的老共产党员。我的看法也许不入流，不中听，但除了企求党的事业的成功，我别无所求。

（原载《求是内参》2005 年第 4 期）

转变增长方式要先转变观念

党的十一届三中全会以来，为了推进经济体制转型和发展模式转换，我们进行了艰难的探索，取得了重大成就，积累了丰富经验，也走过了一些弯路，付出了一定的代价。现在已进入了世纪之交，为了实现今后15年宏伟的奋斗目标，应当协调推进这两个根本性的转变，在深化改革的同时，进一步加快发展模式和增长方式的转变。

经过17年改革，经济体制转型已经取得了重大突破性的进展，而发展模式和增长方式的转变却严重滞后，并已成为深化改革和持续发展的障碍。造成这种状况的原因是多方面的，其中与对增长方式转变的认识，存在着一些误区是分不开的。

误区之一，把粗放型增长作为唯一的增长方式，认为要加快速度，上新台阶就要上项目，铺摊子，增投资，放贷款。

其实这是传统的偏见。历来经济增长方式就有粗放型和集约型的区别。粗放型是靠资源的高投入、高消耗来实现经济增长，集约型是靠资源的节约、降低能耗、提高效率来推进经济增长；前者靠铺摊子、上项目等外延方式实现高速增长，后者靠充分利用科学成果，改善经营管理，提高综合要素生产率来实现扩大再生产；前者是以浪费资源，破坏生态环境，降低人民生活质量为代价，实现短暂的高速增长，后者则能够在实现高速高效增长的同时，推动经济、社会，生态协调发展；前者会引起供求失衡，产业结构扭曲、高通货膨胀，造成经济大起大落，陷入时而高速增长时而调整的恶性循环，后者能实现经济稳定、协调、持续地发展。可见，两种经济增长方式有两种不同的经济后果，谁优谁劣，是十分清楚的。我们应当择善而从。

当然，采用何种增长方式不能完全由人们按照自己的主观愿望加以选择。新中国成立之初，工业化和现代化刚刚起步，由于经济和科技水平落后等客观条件的限制，经济增长只能主要靠粗放型、外延型方式实现。那时我们没有条件在全国普遍推行集约化经营。现在情况已经发生了重大变化，不仅有必要而且有可能加速增长方式的转变。我国是一个人口众多、资源紧缺的大国，单纯靠增加资源消耗求增长的路子已经难以为继。当前我国的生存和发展正面临着来自国际环境和世界市场的严峻挑战。形势逼迫着我们必须加快发展。除了集约型增长方式，别无选择。经过四十多年建设，我国已经建立了比较完整的工业体系和国民经济体系，综合国力已经大大增强，社会主义市场经济体制的基本框架已初步建立。因此，实现增长方式的转变是完全可能的。

误区之二，把增长和发展混为一谈，认为既然"发展是硬道理"，发展就要大干快上，速度越快越好，项目多多益善。

把增长等同于发展，这也是传统的偏见。发展与增长在"发展经济学"中是两个有关联但又有区别的范畴。增长是指经济数量增加和规模扩充，发展不仅要求经济数量增加，还要求提高经济质量，同时还要求实现经济、社会、文化、教育、科技、环境等诸方面协调，全面发展；增长追求的是物质产品的增加，它是以物的增加为中心和目的，发展则是追求人的物质和精神需求满足，保证人的全面发展和素质提高，它是以人为中心和目的；增长主要靠增加物的投入、增加物耗实现，发展则是通过提高综合要素生产率、科学管理、优化产业结构，提高人们整体素质等途径实现；增长不计环境和自然生态无形成本，走一条高投入高污染、先污染后治理的歧路，发展则是强调经济、生态，社会整体协调发展；增长是追求即期经济高速度跳跃，不考虑后代人的利益，发展则是在满足当代人需求的同时，不损害后代人的利益，实现可持续发展。可见，增长与发展是不能简单地画等号的。如果把增长与发展混为一谈，就可能重蹈西方国家现代化的覆辙，就可能继续在传统工业化老路的泥潭中挣扎。

我们所说的实现增长方式的转变，就是要把增长纳入作为实现发展的手段，让发展统率增长，制约增长，增长服务服从于发展。这样，才可能不再重犯"有增长无发展"的历史错误。

误区之三，把增长方式的转变与解决就业、发展劳动密集型产业对立起来，认为我国人口多，就业压力大，必须大力发展劳动密集型行业，而实行内涵的集约化经营和增长不利于增加就业。

把解决就业问题的出路寄托在粗放型增长方式上，并非久远良策。因为它虽然可以增加当时就业，但由于它会引发经济大起大落，最终是我们无法摆脱"就业—待业—失业—……"的怪圈。所以，为了减少失业，增加就业，也不宜把粗放型增长方式当作主导增长方式。

发展劳动密集型产业，是充分发挥我国人力资源优势、增加就业门路的重要途径。但是劳动密集型产业与粗放型增长方式的内涵并不是完全重叠的。前者是指生产要素的技术构成低，即劳动投入大于科技投入。但劳动密集型产业也可以通过集约型经营实现增长。例如，以手工劳动为主的农业历来就是以粗耕细作为传统。它就不是靠扩大耕地面积，而是靠在同一块土地上投入更多的劳动来实现增产增收。所以，我们强调转变增长方式，并非否定或排斥发展劳动密集型产业。

我国是资源紧缺的发展中大国，各地经济发展极不平衡，资源分布与经济发展水平反差极大。就全国特别是经济发达地区来说，应当加快增长方式的转变，确立集约型增长方式的主导地位。但是对不同地区、不同行业，不能一刀切，应当因地因时制宜。

误区之四，把转变增长方式与扩大对外开放对立起来，认为现在要抓住机遇，迎接挑战，就应扩大开放，引进外资多多益善，来者不拒，强调集约型增长不利于对外开放。

恰恰相反，转变增长方式正是正确地贯彻执行对外开放政策的需要。首先，经过17年改革开放，我国经济对外贸的依存度已经大大提高（超过20%），国内市场与国际市场已连为一体。我国民族资本无论在国际市场上或者国内市场上都遇到了强劲的竞争对手，面临着贸易保护主义设置的壁垒，低价低质的竞销方式已经难以为继。只有转向集约型增长方式，大大提高我国经济增长的质量，增加高附加值的高档商品的出口比重，争创名牌产品，才能进一步巩固现有市场并开拓新市场。其次，扩大开放，引进外资本身并不是目的，而是手段。目的是借助于外资和国外先进技术，增强我国的综合国力，加快我国现代化建设，提高我国在国际市场中的地位和作用。引进外资当然要付出一定代价，但必须以我为主、为我所有、于我有利。因此，引资招商本来就应当服务于、服从于加速我国经济增长方式的转变，绝不能使我国重新沦为西方国家的原料产地、销售市场，廉价劳动力的供应地和转嫁污染的垃圾场。再其次，加快转变增长方式有利于提高招商引资的质量，降低其风险和成本，增加其效率和收益。

误区之五，把转变增长方式的艰巨性、长期性与加快增长方式转变的紧迫性对立起来，认为增长方式的转变受客观条件的制约，其中完善的市场经济体制和先进的技术装备水平、科技水平、劳动者的整体素质，具有决定性作用。当前我国这些条件尚不完全具备，因而不应急于求成。

看到客观物质条件对经济增长方式的制约作用，不搞"唯意志论"，这是唯物主义的态度，然而，绝不意味着我们只能消极地等待客观条件的成熟。彻底的唯物主义者绝不是客观条件的奴隶。在客观条件许可的范围内，人们是可以大有作为的；在条件不成熟的时候，人们可以努力创造条件。当前，加快经济增长方式转变的首要任务，是巩固和完善、发展改革的成果，深化改革，加速经济体制的整体转型。因为唯有建成社会主义市场经济体制，才能优化资源配置和利用，为实现集约化经营和增长创造长期起作用的相对稳定的体制基础。

但是，增长方式的转变是不可能随着市场化改革深化自发地实现的。比较而言，增长方式转变要比体制转型更加艰难、复杂，因而更加缓慢。这是因为增长方式受经济、政治、文化、历史、自然等诸多因素的制约，具有强烈的连贯性。增长方式转变滞后与深化改革的矛盾是转型时期的一个突出矛盾，正因为如此，就应当自觉地加快增长方式转变的步伐，切不可让它拖住体制转型的腿。第一，增长方式转变是市场和市场机制发挥正效应的必要条件。市场机制对环境和条件的要求是极严格的。只有在相对宽松的经济环境下，市场运作秩序化，才能够避免市场调节的负效应。改革以来，由于增长方式迟迟不变，几度经济过热，引起比例失调，供求失衡，通货膨胀居高不下，市场信号扭曲，误导市场主体行为，对资源配置发生逆向调节，使改革措施不能取得预期的成效。第二，改革能否顺利进行，还决定于资源能否在改革和增长之间合理的分配。改革不仅需要一定的精神条件即软环境，而且需要具备相当的物质条件。价格改革、工资改革、社会保障制度建立、住房制度改革、市场建设等，都需要各级财政投入巨资。近几年由于追求超高速增长，加剧了经济增长与经济改革争资源的矛盾，出现固定资产投资膨胀挤占改革基金，使改革举步维艰。第三，深化改革须以经济稳定为条件。所谓经济稳定，即是指在经济发展中比例协调，增长速度适中，周期波幅小。实现经济稳定必须以集约型增长为前提。如果固守粗放型增长方式，靠铺摊子、上项目、拼设备，争得了一时的高速度，最终由于高速增长超过了经济的承受力还得掉下来，被迫进行调整和整顿，经济陷入衰退或危机，并殃及改革。这时，任何重大改革措施出台都会给经济危机火上浇油。改革便不能不中断，陷入改改停停、停停改改的困境。第四，社会稳定是深化改革的必要条件。要保障社会稳定必须加快增长方式的转变。改革是社会各阶级、阶层之间利益的大调整。虽然改革最终会普遍增加城乡人民的收入，提高各族人民的生活水平，给人民带来看得见的物质利益。但在过渡时期，不同的社会群体之间利益得失是不一样的。特别是企业改革和就业制度改革打碎了"铁饭碗"，大量的冗员将组成庞大的失业大军，给社会稳定埋下了隐忧。这时，如果由于粗放型增长引发高通货膨胀，物价暴涨，而政府又无财力相应地增加失业救济金或补贴，广大群众的基本生活便不能保障，社会便难以稳定，企业改革和就业制度改革便难以为继。所以，在体制转型的过渡时期，特别是当前改革进入到实现体制转型的关键阶段，加快增长方式的转变已刻不容缓。

（原载《亚太经济时报》1996 年 2 月 13 日第 1 版）

"四万亿"经济刺激方案之我见

应对危机步子要稳

"四万亿"经济刺激方案是中国面对世界经济危机的其中一个措施。面对世界经济危机，我们不要跟风、不要饥不择食、不要跟着别人亦步亦趋，一定要以冷静的头脑、稳健的步骤相机采取对策。经济牵涉千百万人民的利益，"四万亿"的投入一定要慎重，不能突击花钱，不能搞运动。

当前重点要调整结构

"四万亿"方案出台后，中央在 11 月底分析研究明年经济工作的会议，提出要把保持经济平稳较快发展作为明年经济工作的首要任务，把保增长、扩内需、调结构更好地结合起来。

改革开放 30 年来，除了 1980—1982 年那几年外，其他任何时候我们的增长速度在世界上都是首屈一指的。30 年平均来看，我们的增长速度超过 9%，这个速度应该说是很高的了，不用在增速上再花力气了。保增长从来不是我们忧虑的问题。

在中国现在这种体制下，速度从来不缺，缺的恰恰是结构。发展模式、发展战略方面应该下工夫，利用世界经济危机的时机，优化产业结构，让产业链向高端提升。把调结构、改变发展模式摆在优先位置，结构上去了不会不促进增长的。

加大高新技术产业投资，高端产业链投资

在几十年的发展中，中国的经济对西方形成了依赖性，依附在西方国

家产业链末端，给西方国家"打工"，我们掌握的核心技术、高新技术少，在进口这些产品上又受到美国的钳制。

现在的危机就是一个机遇，要抓住这个机遇改变给西方"打工"的模式，在经济增长模式转变上下工夫。在"四万亿"方案上，要加大对高新技术产业投资，加强高端投资，增强企业的自主创新能力。而且自主创新不能仅仅限于产品创新，整个产业链、整个经济都要自主创新。

拉动内需关系发展全局

这些年经济的高速增长主要是靠投资，而且主要是靠遏制城乡消费、牺牲消费来搞投资、搞增长，我们现在已经出现了一种局部生产能力严重过剩与群众有购买力的需求缩小之间的矛盾。联合国有个消费标准，按"每天是否消费两美元"来划分贫困人口，按这个标准，我们就不止一千多万的贫困人口了。

储蓄率这么高，我们要正视这个现实。高储蓄是因为有住房、教育、医疗的负担。要拉动内需，让这部分钱花出去，可以提高职工工资，提高最低工资标准，也可以增加社会保障资金，增加公共消费（教育、医疗）上的支出。农村享受社会保障的人只有几千万，城市里也未全覆盖，这些都是应该财政出钱做的。公路铁路可以建一些，但不应该成为投资的重点。

消费需求是中国以后经济稳定持续健康发展的头等大问题。

中长期宜追求"持续平稳增长"

地区分配要从全局来考虑，产业怎么在地区间分布，结构怎么调整，关键是投向问题，各个地区情况不一样，解决的问题不一样，东部有经济转向问题，经济要从给外国"打工"转向独立自主，中部和西部不能重复走东部走过的一些老路，搞高污染、高消耗之类的企业。

中长期来看，我们不能再盲目追求高增长。在经济高速发展了30年之后，要有一个调整期，用三五年的时间调整，今后中国经济还可以持续平稳地增长。我不认同长期高速增长这种说法，我们的资源储备、环境也承受不了这样的高速增长。

　　面对当前世界经济危机，现在采取的任何措施都涉及中国以后经济发展全局性的战略问题，都不能只着眼于当前，要看得更远一点，把中国的问题放在世界经济发展全局来看，要把它放在今后中国工业化、现代化的长远目标里来把握。这样考虑问题，救市可能会取得更大的效果，这样做难度很大、困难很多，但我觉得这是非走不可的。

（原载《中国社会科学院报》2008 年 12 月 9 日）

我国通货生态险象丛生

——试析我国复合型通胀的成因与对策

我国经济深陷高通胀泥潭已经持续半年多。货币当局采取了最严厉的紧缩政策，但收效甚微。所谓"稳健的货币政策"，已经蜕变为紧缩性的货币政策。面对通胀形势恶化的严峻态势，我们应当认真反思。目前学界与政界对这场劫难众说纷纭。事关亿万人民的切身利益，我们必须调整研究思路，摆脱新自由主义教条的羁绊，不就事论事。只有将通胀问题置于我国经济发展和经济运行的大环境和特殊背景下进行分析，才能作出切合实际的判断。

我国持续高通胀已经是不争的事实

当政者曾断言："我国物价处于政府掌控之中""我们有能力控制通胀""宏观调控取得了显著成效"。但现实情况却是通胀形势日趋严峻。居民消费价格指数（CPI）自去年6月的3%一路攀升至今年6月的6.4%，高通胀已持续一年之久，为近30年所少见。一年来央行六次提高存款准备金率，三次提高存贷款基准利率，紧缩力度之大，为历年之最，但收效甚微。通胀率一旦走上节节攀升之路，任何行政权力都对它奈何不得。

——现行居民消费价格指数是个有缺陷、有局限性的指标，并不能准确判别通胀态势。

居民消费价格指数是国际上通行的衡量通胀水平的指标，政府通常把控制CPI作为施政目标之一。和发达的、规范化的市场经济国家不同，我国是发展中的、处于经济转型期的国家。不稳定性、过渡性、不平衡性，对外依附性，是我国经济运行的重要特点。CPI指数要能相对准确地反映我国经济运行状况，其构成必须充分考虑我国国情，不可照抄欧美，不可片面强调所谓"国际接轨""国际惯例"。

我国现行 CPI 由八大类商品及服务品价格指数构成，其中虽有"居住"项，但不是指房屋交易价格。"理由"是美欧等国家将该项列入"投资"项，而非居民消费支出。对于人均 GDP 两万美元以上，已经实现"居者有其屋"的发达国家而言，居民普遍将投资房产列为生财之道，该项列入"投资"项是恰当的。但对中国而言，将城市房屋销售价格指数排除在 CPI 之外，CPI 势必成为掺水过多的数字，失去了真实性。人们早已将房价列入欺压盘剥民众的"三座大山"之一，称购房者为"房奴"！

CPI 构成选项不考虑我国市场秩序乱象丛生的特殊性，是 CPI 指数失真的又一重要原因。我国物价早已市场化，除个别品种外，商品定价均已让位于市场。在市场化改革的旗号下，各种收费名目繁多，成为消费者不堪承受的沉重负担。仅以高速公路为例：全世界共有 14 万公里收费公路，其中 10 万公里在我国，路桥收费约占运输成本的 1/3，"买路钱"成了许多地方和利益集团的摇钱树、提款机，路桥经营成为仅次于房地产业的暴利产业。我国 CPI 统计中对类似居民"消费"情况没有核算统计，物价数据并不能真实反映居民消费价格水平。

以次充好、以劣充优、以假充真、价格欺诈，已成为某些行业牟取不义之财的通病。如美容美发业，不少江湖医生骗取执照开设美容院，不惜损害顾客健康甚至性命谋取暴利。在人们视为高雅的学术界和出版界，收取"出版补贴""版面费"等已成为出版"惯例"，成为学界众生的沉重负担。出版一本 20 万—30 万字的学术著作，要收取 2 万—3 万元的"出版补贴"，而且不付稿费，已成为出版行业的通行"潜规则"。

在服务行业，非法的"黄赌毒"在一些城市和地区已经形成了地下产业链。它涉及众多从业者、业主和消费者。我们在法律上视它为非法行业，进行堵压和打击，但在经济上却无法不正视它的客观存在。由于它要占用和消耗社会资源，影响收入的支配和再分配，政府经济统计和调控部门不能视而不见。我国 CPI 核算中对类似居民"消费"的特殊情况避而不见，导致 CPI 数据失真严重，居民消费价格的实际上涨幅度远高于 CPI 指数。

——通胀是对民众的公开掠夺，但现行 CPI 指数远不能完全反映民众利益的损失和受害程度。

有人说，4%—5% 的通胀率不算高，中国曾有超过 20% 通胀率的经历，老百姓承受力高，不值得大惊小怪。真是饱汉不知饿汉饥，说话不怕牙疼！

此番通胀也许不能算恶性通胀，但它对人民群众利益的损害却是多方面的。一是由于"工资指数化"缺位，"死工资"不与 CPI 指数挂钩，通胀导致人民币购买力下降，民众由此受到的损害得不到相应补偿。二是长期负利率，居民储蓄存款利率低于物价上涨幅度，一年损失上万亿元。三是社会保障制度建设严重滞后。目前医疗保险覆盖人群仅有 1 亿人，农民享受合作医疗的仅占 1/10，城乡医疗费用中自费负担比例约占 60% 以上。通货膨胀导致居民医疗负担加重，严重影响居民幸福感的提高。四是间接增加居民税赋。我国实行的是流转税而非增值税，消费税征在暗处，包含在商品价格内。消费者在购买商品时，既支付了价格也纳了税。即使税率不变，纳税金额也会随着商品价格升降而变动。因此，通胀必然间接增加了消费者的税务负担，搅乱国民收入再分配。五是进一步加剧了占人口总数的弱势群体的生活困境。此番通胀是在收入分配不公、两极分化加剧的大背景下发生的，对于久已陷入困境的弱势贫困群体，通货膨胀无疑是雪上加霜。如果按照联合国颁布的贫困线标准（人均每天消费 1.5—2 美元），我国贫困人口为世界之最。通货膨胀对这些贫困人口而言，是公开的残酷的掠夺！

CPI 指标的功能是表示报告期人民币的实际购买力，即币值的变化，反映民众实际生活水平的升降。CPI 与其他，经济指标互相补充、互相制约，构成反映经济运行及居民福利状况的完整的指标体系。与 CPI 相关指标中较为重要的，是国际上许多国家采取的贫困线指标，它是根据本国经济发展水平和消费物价规定的、维持人民基本生活需求的消费支出。我国 CPI 核算体系积极推行"国际接轨"，贫困线指标一直没有与国际标准接轨，且始终没有与根据物价变化灵活调整。CPI 未与工资水平、贫困线等接轨，导致 CPI 指数远不能完全反映民众利益的损失和受害程度！

——CPI 持续攀高与国民收入分配结构中消费和劳动收入比重持续下降形成反差，由此进一步加剧了贫困群体的生活困境，加剧了贫富两极分化。

早在20世纪90年代，邓小平对我国分配不均、两极分化的状态就表示了极大不安，向人们敲响了警钟。他说：分配的问题大得很。我们讲要防止两极分化，实际上两极分化自然出现。少部分人获得那么多财富，大多数人没有，这样发展下去总有一天会出问题。分配不均会导致两极分化，到一定时候问题就会出来。这个问题要解决。时间已过去二十余年，问题不仅没有解决，而且日趋严重。

分配不公，首先是社会财富分配不公。社会财富分配是指生产资料的占有，也就是对生产的物质条件的占有和支配。它是实现生产的物质前提，是决定可分配产品的数量和分配方式的因素。现在研究分配往往就事论事，避开所有制谈论分配。通胀对财富占有者生计的影响，是不可与靠劳动谋生者等量齐观的。有资料显示；我国10%的富裕家庭占有城市居民全部财产的45%。[①]

其次才是收入分配不公，劳动收入占国民收入分配中的比重过低，且呈下降趋势。按收入法分析GDP结构，劳动者报酬所占比重1990年为53.4%，2009年降到46.6%，20年间下降6.8个百分点，其中2007年最低点降至39.74%。同期GDP总量从18667亿元增加到340803亿元，国民经济与财富分配不公同步"增长"。

分配不均最严重的社会恶果，就是催生出一个人数众多的贫困群体，加剧了贫困群体的生活困境。贫困群体对通货膨胀的承受力最低，受害最大。本轮高通胀形成过程中，食品价格持续暴涨是重要的推动因素，7月份猪肉价格同比涨幅高达57%，创历史高位。消费支出结构中，贫困群体的恩格尔系数远高于其他阶层，食品价格暴涨对贫困群体的生活影响更大更明显，显著加重了贫困群体的生活压力。

——此番CPI大幅上涨具有典型的通货膨胀的性质和特点，是2008年以来天量货币投放造成的恶果。

货币经济是为实体经济服务的，货币投放量必须以实体经济发展需要为限，超量投放则形成金融泡沫，引发通货膨胀。根据我国的实践经验，广义货币（M2）的流通量大体上等于GDP年增长率加通胀率，再加几个百

①　《京华时报》2009年12月11日。

分点。超出这个比例就会出现人们所说的"流动性过剩"，引发通货膨胀。

但是，近些年不知什么缘由，一些人中了"GDP 主义"的邪，迷上了扩张性货币政策，在"金融创新"的旗号下，指望依靠超经济投放货币，刺激经济超高速增长，甚至想依靠它摆脱经济衰退，化解有效需求不足的矛盾。2008 年西方国家爆发了世界性的金融危机和经济危机，波及我国，引起出口下降、加工贸易陷入困境等问题，沿海地区企业出现倒闭潮，两头在外、大进大出的依附性发展战略难以为继。面对如此境遇，我们本应从国家和人民的长远利益出发，实事求是地吸取历史经验和教训，反思大进大出、两头在外的对外经济战略的利弊得失，解放思想，抓住机遇，把调整和优化结构、转变发展战略作为第一要务，趁西方身陷危机、有求于我的特殊机遇发展自己。但是，我们却把"保增长""同舟共济"摆在首位，比照西方那帮庸医开出的"量化宽松的货币政策"药方，向市场投注了 20 万亿元的天量货币！按照中央经济工作会议原先计划安排，2009 年 M2 增幅为 17% 左右，不至于出现流动性过剩。实际情况却是那一年 M2 猛增了 27.5%，达到 60.62 万亿元，为当年 GDP 的 1.8 倍，货币增速同时创造了中国之最和世界之最！

天量货币投放，确实收到了"保增长"和救市的效果。2009 年我国 GDP 增长 9.2%，澳大利亚、巴西等大宗商品产销国率先走出衰退，美国财政因中国大量购进美国国债而免予破产，日、韩等国亦获益匪浅……世界舆论对中国一片赞扬声，确实令当局陶醉！

但是，事情还有另一面。敞开口子放贷、巨额投资，造成了严重的"流动性过剩"，加剧了经济发展中的结构性矛盾，使投资与消费等的关系更加扭曲，为高通胀埋下了隐患，给加快转变经济发展方式造成了新的障碍。

现在，我们正在无奈地吞噬自己酿造的苦果。货币当局所谓"稳健的货币政策"，实为"紧缩银根"。这不过是马后炮，已于事无补。因为，天量货币这只老虎已经放出了笼子。无论是提高法定存款准备金率，还是提高基准利率，对于放出的"老虎"都是不受管束、没有影响的。"紧缩银根"可以遏制当年货币投放规模继续增长，但对货币存量几乎不起什么作用。作为宏观调控政策的选项，货币政策对于调节总量失衡、实现总需求总供给平衡，是有局限性的。它只能管束总需求，不能调节总供给，结构调整方面更是无能为力的。我国现在陷入高通胀的泥潭，表明总量失衡的矛盾已经凸显。但深层次的、更尖锐的矛盾，却是近30年超高速增长积累起来的结构全面失衡的矛盾。

比高通胀更严重的后果，是由敞开放贷加剧的银行信贷风险。眼下商业银行资产负债表显示，各大商业银行的不良贷款率均未超过警戒线，尚在可承受和可控的范围之内。这样的成绩得来十分不易。20世纪90年代，国有银行改制之初，当时除中国银行外，其他几家国有商业银行从理论上讲都已陷入资不抵债的困境，依靠政府财政注资才避免了倒闭风潮。在"保增长"的旗号下，地方政府平台借款、房地产贷款、基建贷款等，大干快上限时投放，似乎好了伤疤忘了疼。

——民间游资充斥市场，与银行体系内流动性过剩并存，使CPI管理承受双重压力。

在我国金融市场上游荡的，除了银行体系投放的资金之外，还有规模巨大、不受央行监控的民间游资。根据央行的资料，目前银行信贷外的各类融资规模已接近甚至超过全社会融资总量的"半壁江山"，民间游资异常巨大。仅在浙江温州地区，民间游资就不少于6000亿元。它时而冲向小煤窑，时而投向房地产，时而转向股市，时而在古玩市场上兴风作浪，是民间高利贷的主要资金来源，始终牢牢占据民间高利贷资本主阵地。央行抽紧银根，正好给它提供了高利放贷之机；央行放松银根，游资则大规模转战股市。任何调控政策和货币控制措施对它都奈何不得！

——资本项目不开放，为金融市场设置了一道安全屏障，但强制结汇制度却埋下了通货膨胀的隐患。

我国金融业改革实行稳步渐进、分步开放的策略。即先实现经常项目人民币自由兑换，管住资本项目；后视条件许可实行人民币自由兑换。这"一放一管"的政策，使我们有效抵御了亚洲金融风暴的袭击，避免了重蹈俄罗斯卢布大幅贬值的覆辙。

但是，随着我国跃入贸易大国之列，出口成为拉动经济增长的"三驾马车"之一，外汇收入大量增长，现行强制结汇制度成为央行被迫增加基础货币投放的重要因素。我国外汇储备已达3.2万亿美元，相应增发的人民币基础货币近20万亿元，2011年上半年新增外汇占款超过19283亿元。在政府实施扩张型货币政策、市场流动性整体过剩的情况下，强制结汇制度火上加油，导致流动性进一步泛滥。

有人说，现在正是开放资本项目下人民币自由兑换的好时机。此言差矣。开放资本市场不能只讲必要性，必须重视客观条件。不顾及客观经济条件的许可，盲目放开资本项目管制，一场严重的金融和经济危机将可能把30年建设成果化为乌有。现在，我们处于进退两难的困境，巨额外汇结存已成为沉重的包袱。自转向所谓"稳健"的货币政策以来，一方面收紧银根、收缩流动性，另一方面同时由于外贸顺差扩大，外汇结存规模继续增长，相应地基础货币投放量迅速增加。这种互相矛盾的政策，看来还将持续相当长的时间。

——此轮通胀中猪肉价格上涨是推高CPI的重要因素，6月份猪肉价格同比上涨57%，"猪"成为众矢之的，其实，它只是泛市场化的"替罪羊"。

猪肉本是质美味佳的上好原料，民众餐桌上不可一日无肉。但是，这些年它却被称为推高CPI的"祸首"。把涨价的罪名加在猪的头上，实在有点冤。其实，这是泛市场化、自由化惹的祸。

包括种植业和养殖业在内的农业，天生就是特殊的弱势产业。它受人们不可违拗的自然规律支配，受自然条件、生产环境的限制。市场对它奈何不得，政府对它是又爱又怕。纵观西方发达国家，农业早已实现了生产现代化、经营规模化、分工专业化，极大提高了劳动生产力，美国能够以占比不到5%的农业劳动力供养全国人口。但是，如此高效的农业并未让政府高枕无忧，政府绝不敢草率地把它交给市场。

近30年来，我国的农业和农村发展被引入了误区：一是盲目推行泛市场化政策，天真地认为靠市场就能优化农业资源配置，把弱质产业交给市场；二是推行个体经营方式，造成社会化大市场和个体经营方式的矛盾，加剧了农业、生产分散化、弱质化的问题；三是轻率地废止了曾在国际上受到好评的农村社会保障制度，大干快上各类房地产项目、开发区项目导致优质农田大规模减少，失地农民数量迅猛扩大；四是固定资产投资长期向非农业和城市倾斜，原有的农田水利设施年久未修，新项目资金又被"铁公基"挤占。因此，30年高速发展并未改变中国农业的脆弱性，没能使农业摆脱自然和经济周期的困扰。在农地面积不断减少，饲料价格、养猪的水电燃料成本等不断抬升的情况下，猪肉价格的上涨具有客观必然性。将猪列为推高 CPI 的"罪魁"，实在不公允。

——抑制通胀遭遇险峻的国际经济环境，世界经济环境对我国经济的负面影响已经不仅仅局限于所谓"输入性通胀"。

经历了 30 年改革开放，我国经济全面对外开放的格局已经形成。从经济运行到产业结构变化，从发展战略到制度法规，都融入了全球一体化进程。世界经济对我国的影响无论在深度、广度上都不可与过去同日而语，甚至当今世界其他国家亦无法比拟。

在全球化背景下，所谓"输入性通胀"问题是躲不过去的难题。2010年以来新兴市场经济体普遍出现严重的通货膨胀，我国周边邻国相继出现了恶性通胀的苗头，东南亚各国从消费品、农产品到工业品、燃料价格普遍上涨，各国政府正在为此苦恼。[①] 我国长期推行"两头在外、大进大出"的外向型经济发展战略，加工贸易占据对外贸易的主导地位。在国际大宗商品市场被少数跨国公司垄断的条件下，我国作为世界原料、能源、材料的需求大国，完全受制于人，定价权掌握在跨国公司手中。

我国是世界上最大的铁矿石进口国，但铁矿石价格却被三大巨头（必和必拓、力拓和淡水河谷）所垄断。铁矿石成本每吨仅为 40—50 美元，但现在到岸价已涨到每吨 180 美元左右。此番 CPI 上涨的同时，工业品出厂（PPI）上涨 7.1%，主要原因就在于此。

更令人忧虑的是，美欧等发达国家至今尚未走出世界金融和经济危机的阴霾。美国失业率一直居高不下，7 月份高达 9.2%；消费不振，市场无起色，房地产行业持续衰退；政府财政入不敷出，两党为提高国债上限争议不休。美国推行的量化宽松政策虽可刺激经济增长于一时，但它的负面影响却在逐渐显露。美国政府正在用各种手段转嫁美元危机和财政危机，面对来自各方面的挑战，美国政府还在千方百计维持摇摇欲坠的美元霸权地位。美联储主席伯南克 7 月 21 日坦言："目前美国和很多国家的经济尚未完全从金融危机的余波中复苏。"英国副首相克莱格 7 月 18 日表示，他

---

① 《日本经济新闻》2011 年 4 月 12 日。

十分忧心欧元区债务危机可能进一步扩散，担心可能发生新一轮金融危机，并认为"美国因为政治僵局造成的严重不确定性，将恶化金融危机及欧元区十分严重的主权债务危机"。美国是中国最大的出口国，也是中国的第一大债务国，我们必须密切关注美国经济发展的动向与前景。有舆论认为，美国可能步日本后尘，重蹈"失去的十年"的覆辙。

——抑制通胀遭遇 30 年高投资、高增长积累的加工工业生产能力严重过剩的障碍。总量失衡和结构失衡问题长期并存，互相交织，使抑制通胀面临两难抉择，陷入顾此失彼的困境。

高通胀表明总需求膨胀，供求失衡。要抑制通胀，必须抑制需求，增加供给，求得总量平衡。但与通胀相比，我国经济的结构矛盾却更加尖锐、更加严重、更加突出。结构矛盾最主要的问题，是加工工业和某些原材料工业产能严重过剩。有资料表明，在我国 24 个行业中，产能过剩的有 21 个，遍及钢铁、电解铝、铁合金、焦炭、电石、汽车、风电设备、水泥、纺织、电子通信、服装、玩具等行业。粗钢产量今年可达 7.3 亿吨，需求仅为 4.7 亿吨，而在建项目约 5000 多万吨，供大于求 2.6 亿吨。煤炭需求预计 40 亿吨，而各地在建项目和规划项目产量为 56 亿吨。水泥今年计划淘汰落后产能 1.5 亿吨，约为总产量的 1/10。焦炭产量 4.04 亿吨，需求量约 3.84 亿吨。电解铝产能 2400 万—2500 万吨，实际需求约 1500 万吨左右。汽车业设备利用率仅为 55%，目前全国有汽车整车厂 119 家、特种车和改装厂 292 家、车身厂 98 家、零部件和配件厂 3000 多家。高速公路、高速铁路建设过度超前，中国高速公路里程是美国的 74%，但行驶车辆仅为美国的 1/3。

与产能过剩并存的，还有城市房地产业的巨大泡沫。一方面，由于房价过高，居民购买力不能承受，造成住房有效消费需求不足，城市出现大量的"蚁族""房奴"，严重恶化了经济改革的社会环境。另一方面，由于房价连年飙涨，住房投机炒作成风，房屋空置率不断攀高。从房价收入比、房价租售比等衡量房地产泡沫化程度的指标来看，我国已是全球房地产泡沫化最严重的国家之一，已潜藏着爆发金融危机的风险。

产能过剩和房地产泡沫化，是近 30 年 GDP 超常增长、投资和出口膨胀，国民收入分配长期失衡的必然后果。1979—2009 年，我国 GDP 年均增长 9.9%，同期投资率平均为 37.75%，比 1953—1957 年平均投资率高出 13.2 个百分点，甚至比 1958—1978 年"二次跃进"时高出 7.3 个百分点。其中，2003—2006 年为历史最高值，平均达到 42.4%，创历史最高、当今世界之最。2009 年我国投资率比世界各国平均水平高出 26.5 个百分点，堪称"历史奇迹"！

30 年高投资、高增长之所以得以支撑，是以牺牲民众消费、恶化生态环境、过度消耗不可再生资源为沉重、巨大代价的，因而是绝对不可持续的。深陷产能严重过剩的困境，无论紧缩或放松银根，都无法推动经济实现可持续发展，用平衡总量的办法是无法解决结构失衡矛盾的。

与产能严重过剩同时并存的，是人民群众有购买力的有效需求相对不足。30 年来人民收入增长乏力，消费需求不足，始终是我国经济久治不愈的顽症。消费乏力，投资上，内需不足，外贸补，出口过多，挤压内需，陷入不良循环。2003—2006 年，最终消费率平均降到 50% 左右，其中 2006 年降到历史最低点 36%。原因有三：一是居民在国民可支配收入分配中所占的比重大幅下降，2000—2009 年由 65% 降到 55%。二是各阶层收入分配差距不断拉大。2000—2009 年占人口 10% 的最低收入人群收入平均增长率仅为 7.8%，而高收入人群收入增长率却达到 15%。三是劳动者报酬占 GDP 的比重下降。1990 年为 53.4%，2009 年降为 46.6%，20 年间下降了 6.8 个百分点。30 年来按不变价格计算，我国 GDP 增长了 18.6 倍，但劳动者分享到的经济繁荣的福祉有限，按照联合国标准贫困人员尚有 2.5 亿人，"不公平增长"导致普通民众有购买力的有效需求严重不足。

高增长、低收入；高投资、低消费；产能过剩、消费乏力，是不容争辩的事实。30 年年均 9.8% 的高速增长创现代经济史上的奇迹，似乎中国经济具有无限扩张的趋势，不受有限资源的约束，可以不必求助于人们的消费需求，可以不付代价地承受生态环境恶化的压力，可以长期透支国家经济的潜能，让人民大众忍耐两极分化，长期处于弱势群体的困境……现在不是有人断言"中国经济还有 30 年高增长期"吗？

但是，常识告诉我们，人们不是为生产而生产。与人的消费需求相脱节的生产注定是要衰亡的。30 年来人民群众有购买力的消费需求增长乏力，相对萎缩，与产能过剩的矛盾日渐尖锐。这一社会公认的事实再现了资本主义的基本矛盾：生产无限扩张的趋势和劳动人民有购买力的消费需求相对不足的矛盾。这是发人深省的：为什么资本主义的基本矛盾会在社会主义初级阶段、在社会主义市场经济条件下再现，或在某种程度、范围下起作用呢？这应当是理论经济学认真对待、深入研究的新课题。

这个矛盾表明，社会主义市场经济体制既有适应社会生产力性质和发展要求的一面，又有与社会生产力相矛盾的一面。只有正确处理这对矛盾，才能推动我国经济高效、协调、持续发展。

——中国经济正处在一个重大的转折性变化时期，未来可能进入低工资、低增长，高物价、高通胀的特殊阶段，对这一发展态势要有清醒的估计和足够的准备。

在土地及其他经济资源等透支严重的特殊环境下，受货币超量投放因素推动及农产品、劳动力价格及资源品价格上涨的叠加影响，本轮通胀持续时间可能更长，通胀周期终止后物价水平和经济增长态势都将发生巨大的变化，中国经济目前正处在重大的转折性阶段。

本轮通胀周期结束后，CPI 同比增长率会回落，但物价不可能再降到通胀发生前的水平，仍将维持在高水平上，形成新的相对稳定的均衡价格体系。经过本轮通胀周期后，居民基本生活支出数额将大幅提升，居民财富将显著缩水，高物价将成为长期影响居民消费水平的制约因素。

本轮通胀发生及治理过程中的资源、货币及物价演变态势，将逐步改变中国经济增长轨迹，宏观政策需要充分估计未来经济增长态势转变问题。今后中国经济不可能再像前 30 年一样持续高速增长，经济增长的需求约束，资源约束及外部环境约束都不断加剧，预计本轮通胀周期结束后中国经济即将进入中低速增长周期。从未来发展前景看，中国不可能复制美国式的低物价、高工资的经济模式。美国拥有美元霸权，可以用无限印制的美元钞票换取全球廉价的出口商品，可以通过各类手段转嫁通胀压力，居民享受高工资、低物价的福祉。中国在可预见的未来是无法模仿和复制美国模式的。

未来中国也很难效仿日本、韩国等国高工资、高物价的经济模式。除了经济发展中收入分配格局恶化，劳动者报酬占比持续下降等所谓"中国模式"的自身因素外，还因为中国劳动力将长期持续过剩。最近二三十年中，中国出现劳动力供给短缺、劳动力供求状况逆转的情况，实际上是不现实的，高工资发展对中国而言可能性很低。

本轮通胀周期终结后，中国经济最有可能出现的是低工资、低增长、高物价的发展格局，受国内外因素影响还很容易再次现出高通胀问题。经济发展的复杂性、严峻性将会更大，需要为30年高速发展积累的结构性问题缴付巨额成本，生产无限扩张的趋势和劳动人民有购买力的消费需求相对不足的矛盾，将长期存在并可能阶段性激化。

目前正处在经济增长态势发生重大的转折性变化的初期，我们需要对这一发展态势有清醒的估计和足够的准备，用更为宽广的视野审视当前复合型通胀及其背后的经济发展模式问题！

几点简要结论：

——我国目前面临的高通胀不是单纯的货币现象，而是在我国特殊的国内和国际背景下发生的特殊的复合型通胀，是多种特殊因素互相作用的结果。宏观调控对策必须解放思想，从西方教条陈规的羁绊中解放出来，依据我国国情寻求新路。

——对付目前严重的高通胀问题，必须综合治理，重在治本。单纯靠货币政策，最多只能抑制 CPI 涨势于一时，还会加剧我国经济发展中累积已久的深层次矛盾。

——30 年经济超常、超高速增长是以无视资源、生态、财经、人力资源承受力为代价实现的，因而是"不协调、不稳定、不可持续的"（温家宝语）。现在是时候了，必须坚定地回到科学发展的轨道。为此，在经济发展的指导思想、经济发展的目的、经济发展战略、经济结构、经济发展模式等诸方面，都要全面转向科学发展观，将相关政策真正落到实处。

——为实现经济发展方式的全面转型，有必要用两三年时间进行治理、整顿、调整。在调整期，经济增速应当降到经济、生态、群众负担所能承受的限度，把更多资源用于调整结构和改善民生。调整期 CDP 下降、企业关停并转，这是为 30 年超常增长、充当"世界打工仔"不得不付出的代价，但它将换来今后经济协调、高效、稳步持续发展。

——工业产能严重过剩和人民群众有购买力需求相对不足的矛盾，是经济发展中久已存在的主要矛盾。这个矛盾既制约经济发展走出不良循环，又阻碍改革实现共同富裕的大目标，还导致社会不稳定。

——加快经济发展方式转变必须以经济发展战略转变为前提。我国是拥有 13 亿人口的社会主义大国，在经济日趋全球化的条件下，必须坚持独立自主、自力更生的方针，否则就难以在国际竞争中立于不败之地，就永远无法摆脱跟在发达国家屁股后面爬行的处境，就只能把改革开放和建设的成果拱手让给他人。最近，有人提出"世界工厂——世界市场"的发展道路，即中国不仅应当充当"世界工厂"，还应当成为"世界市场"。这是一条把我国引上经济殖民化灾难的不归之路！

——中国经济正处在一个重大的转折性变化时期。本轮通胀周期结束后，CPI 同比增长率会回落，但物价不可能再降到通胀前的水平，居民基本生活支出数额将大幅抬升，居民财富将显著缩水。资源、货币及物价形势将逐步改变中国经济增长态势，未来中国经济可能出现低工资、低增长，高物价、高通胀的特殊情况，生产无限扩张的趋势和劳动人民有购买力的消费需求相对不足的矛盾将长期存在并可能阶段性激化，中国经济将步入新的增长阶段，对这一发展态势必须要有清醒的估计和足够的准备。

自然规律，客观经济规律是无私的，也是公正的。尊重规律，按照它的要求办事，它就会造福于你；与它对着干，就注定会受到严厉的惩罚！

（2011 年 7 月 31 日完稿。本文曾在《中国社会科学院院报》《银行家》摘要发表）

走出"不平衡、不协调、不可持续"的 困境,出路何在?

党的十八大规划了我国未来经济发展的道路、目标、前景,同时指出了经济发展中存在的问题和面临的挑战。

我记得,大约九年前,政府领导人曾坦言,我国经济发展存在不平衡、不协调、不可持续的问题。后来,在审议政府工作时,这位领导人又多次重申这一总体判断。那么,人们要问:既然如此,为什么久拖不解呢? 造成"三不"的原因究竟是什么? 摆脱"三不"困境的出路何在?

近30年,GDP超常态高速增长,我国经济总量跃居世界第二位,外贸总额居世界第二,但同时又积累了许多矛盾和问题。其中,尤以三个"老大难"问题最为突出。三个"老大难"久拖不解,正是造成经济"三不"的缘由。

30 年未破解的难题:转变发展方式

我国30年前就提出必须转变经济发展方式,把我国经济建设转移到一条速度比较扎实、效益比较高、人民能得到较多实惠的新路。但时至今日,进展甚微。30年来,"科学发展"实际上仅仅是记载在文件上的可望不可求的美好愿望。

党的十一届三中全会后,经过政治上和思想上拨乱反正,确立了经济建设的中心地位,通过恢复和调整,国民经济走上了常态化轨道。1981 年,中办研究室在邓力群同志主持下,研究我国社会主义建设道路创新问题。作为此项创新工程的成果,明确提出了今后我国社会主义建设应当走一条速度比较扎实、效益比较好、人民能得到较多实惠的新路子。研究报告将这条新路具体化为十条方针、政策。这些内容写进了政府工作报告,经国家最高权力机构五届人大四次会议批准，成为全国共识，并具有约束政府行为的法律效力。"新路十条"的基本思路与主要内容，与现在讲的科学发展观是一脉相承的。科学发展观实际上是"新路十条"的继承和发展。然而，30年来靠GDP非常态增长，我国经济总量跃居世界第二位，但经济发展总体却脱离了发展新路或科学发展观的轨道。第二经济大国这项华丽桂冠，让我们付出了高昂的成本、沉重的代价：稀缺资源配置不以满足人的需要为宗旨，而以利润最大化和GDP高速增长为动力；靠高投入、高物耗、高能耗、低效益、低消费，维持长期高速增长态势；环境严重污染、生态全面恶化，陷入边增长、边污染、先增长、后治理的恶性循环；黑煤窑、黑砖窑之类血汗工厂，黄、赌、毒等非法产业，在沿海和内地许多地区死而复燃；将招商引资政绩化，代工厂遍地开花，加工贸易迅猛扩张成支柱产业，美其名曰"世界工厂"，实为"世界打工仔"，我国经济陷入了严重的对外依附的困境。现在甚至我们的后代将不得不为此付出巨大的代价。

贯彻科学发展观是永恒的、长期的任务，但转变发展方式，根治野蛮增长方式、改变粗放经营方式，却已刻不容缓、迫在眉睫。拖延越久，包袱越重，矛盾越多，欠账越沉。现在不仅耗尽祖宗积累的家产，而且已经留下了让后人偿还的巨额债务。

20年未破解的难题：分配不公，两极分化

分配不公、两极分化严重，已拖延二十多年，成为发展和稳定的严重障碍。

早在1992年12月，邓小平同志就严肃地告诫我们：中国发展到一定的程度后，要考虑分配问题。也就是说，要考虑落后地区和发达地区的差距问题。不同地区总会有一定的差距。这种差距太小不行，太大也不行。如果仅仅是少数人富有，那就会落到资本主义去了。要研究提出分配这个问题和它的意义。到本世纪末就应该考虑这个问题了。我们的政策应该是既不能鼓励懒汉，又不能造成打"内仗"。

1993年9月，邓小平再次指出：十二亿人口怎样实现富裕，富裕起来以后财富怎样分配，这都是大问题。题目已经出来了，解决这个问题比解

决发展起来的问题还困难。分配的问题大得很。我们讲要防止两极分化,实际上两极分化自然出现。要利用各种手段、各种方法、各种方案来解决这些问题。……少部分人获得那么多财富,大多数人没有,这样发展下去总有一天会出问题。分配不公,会导致两极分化,到一定时候问题就会出来。这个问题要解决。

邓小平发出的警世之言,至今已经20年之久。他当年指出的问题,不仅没有解决,而且愈演愈烈。解决分配问题,拖不得,绕不开。

必须明确,邓小平讲的分配问题,并不仅仅局限于收入分配,首先是社会财富即生产资料的分配。社会财富分配和收入分配并不是互不相关的两类分配。在同一经济体制中,二者相互联系相互制约相互影响,社会财富分配对收入分配起决定性作用。社会财富的占有方式和数量,决定收入分配的方式和数量。收入积累到一定规模,转化为投资,变成能够给所有者带来收入的财富。

改革开放30年,随着所有制结构多元化,私人资本主义经济和个体私有经济得到快速发展和扩张。改革过程实际上是社会财富在社会成员之间实行分配和再分配的过程。非公有经济的原始资本积累,一是在公有经济改制和转轨过程中,通过合法和非法的途径、办法,重新分配存量资产完成的;二是靠雇佣廉价劳动力,推行血汗工资制,瓜分增量资产。我国新生资本主义的原始积累,规模之大,速度之快,在近现代经济史上,是十分罕见的。

据不完全的统计资料,可以从以下几方面看社会财富的分配状况:据胡润最新统计,身价10亿美元的富豪人数,中国已超过美国,中国有212人,美国有211人。但全球最大、最优企业,中国竟没有一家。这表明,中国富豪财富积累主要不是靠生产经营。

2004年,10%最低收入家庭在全部家庭总资产中仅占1.4%,而10%最高收入家庭却占有45%。二者差距达到32倍。目前这一差距已增至40倍。在8万亿元居民储蓄存款中,15%的大额储户拥有4.345万亿元的份额。50个富豪的资产,相当于5000万农民的年纯收入。300万个富豪的资产,相当于9亿农民两年的纯收入。

据联合国资料,2012年中国大陆有13%的人每天生活费不足1.25

美元。

收入分配格局还有一个重大变化：在大规模招商引资常态化，成为制约发展的要素之一，外资直接通过多种渠道、用各种方式参与分切我国"蛋糕"。在研究收入分配时，是绝不可以舍弃不计的。然而，查阅官方统计资料，却难觅踪影。针对国人对 GDP 情有独钟，西方商界流行一句名言："GDP 归你，利润归我。"外商通过各种合法和非法途径进行掠夺：诸如，减免税负，廉价甚至无偿供应土地，加工贸易高价进低价出，做假账虚亏实盈，以次充优，利用垄断地位操纵价格，借口保护知识产权牟取不法利润，对员工实行血汗工资制，等等。据中国科学院国家健康研究组发表的报告，外国资本每年从我国掠夺的财富大约相当于年 GDP 的 60%。

收入差距扩大，是改革过程难免之事；出现新生资产者，也不可怕。问题的特殊性和严重性在于，由于我国正处于体制改革的社会大变动、大改组、大分化时期。这个时期分配问题有不同于定型的常态社会的特殊性。在各个社会阶级、阶层之间，除了财富分配和收入分配之外，还多了一个公平分摊改革的成本和代价、公平分享改革的成果和收益的难题。能否妥善地处理好这个问题，直接关系到改革能否顺利推进、共同富裕的改革目标能否实现。但是，近二十多年，改革在全面推进后，社会各个群体之间分摊改革成本、分享改革成果却出现了严重不公平、不公正。有的社会群体，成为改革开放的获益者，但却不承担改革的代价和成本；有的社会群体，承受了改革的巨大代价和成本，却不能充分得到相应的补偿，更不能公平享受改革的成果。这是比分配不公更严重的更突出的社会问题。被改革边缘化的弱势群体，恰恰正是国家建设的主力军，政权的阶级基础，党的依靠力量。他们占人口的绝对多数。改革的最终目的正是要让他们首先富裕起来。但是，时下他们却沦为被改革边缘化的弱势群体。其中，包括因企业改制而下岗的职工，因企业破产倒闭而失业的大批工人，因征用土地而沦为"三无"（无地、无工作、无收入）农民，早年退休职工、转业军人。还有因改革失误而蒙受损害的生活在社会底层的广大群众。例如，房改、医改、教改，推行广泛市场化，导致压在群众肩上的新"三座大山"；价格改革，盲目推行"放开物价，一步到位"，迷信市场供求调节，导致高通货膨胀，物价轮番上涨；加入 WTO，接受了美欧强加于我国的屈辱性的诸如"非市场经济国家地位"的条款,使我国蒙受了巨大的经济损失,最终落到了职工头上;农村过剩人口转移,充分验证了所谓"比较优势"理论的效应,但亿万农民工却付出了巨大代价,他们从事苦脏重活,低工资、无社保、无权享受城市居民同等待遇,不能享受天伦之乐,沦为城市"二等公民"。这类由改革引起的涉及人们物质利益分配的社会公平问题,波及面广,人数众多,是引发群体性事件的重要根源。

如果按照联合国划定的贫困线(人均日消费 2.5 美元),我国现时贫困人口将为两亿多。其中,多数正是被改革边缘化的城乡贫困群体。

前不久,国务院公布了对收入分配改革方案的《意见》。初步分析,这个意见书存在严重的缺陷。

10 年未解难题:自主创新

倡导"自主创新"已经十多年,现在从上到下炒得依然火热,但人们的认识并不一致,与提出这一方针的初衷相距甚远。贯彻实施"自主创新",必须正本清源。

有人认为,创新是企业的事,市场的事,政府不要喧宾夺主,搞什么"政府主导",否定市场的基础性作用。这种观点误导了舆论,干扰了"自主创新"方针的贯彻实施。

提出"自主创新",其意首先在于,正确处理好对外开放和独立自主、自力更生的关系,既要坚持对外开放,又必须把立足点放在独立自主、自力更生的基础上。

首先必须明确中国在全球经济格局中的定位问题。

应当澄清一个广为流传的谎言:改革开放前,我国实行闭关锁国的对外政策。这是弥天大谎。事实是,不是我国对外闭关锁国,倒是西方国家对我国长期实行孤立、封锁、歧视、不平等政策。甚至中国加入 WTO 美欧都把本国的国内法强加于我国,迫使我国接受屈辱性的"非市场经济国"等条款。至今美国政府一而再再而三地将中国投资拒之门外。我们现在实行对外开放的基本国策,但是,我们面对的却是一个美欧主导、美元称霸的不平等的世界。我国政府再三庄严承诺永远不称霸。我们期求别国平等互利待我。但我们对西方国家绝不报不切实际的幻想，不能指望它们会发慈悲之心，恩赐中国成现代化强国。如果期望一个在全球称王称霸一个世纪的帝国，能容忍在自己身旁站立着一个具挑战性的竞争对手，那就太天真了。

近二十多年，中国在世界经济体系中的角色发生了显著变化。其中，最显著的，莫过于西洋人送给我们的那顶"世界工厂"的桂冠。这个美名颇令一些国人陶醉。然而，这却使我们十分难堪，因为这与我国的国际地位十分不相称。我国虽是发展中国家，但我国是社会主义大国，应当对人类发展作出较大的贡献。这是我们在实施对外开放国策首先必须明确的国家位置。基于这个定位，所谓"世界工厂""世界市场"之类都是错位的。为了缓解就业压力，代工厂要建，加工贸易要做，但决不能把它们提升为主导产业、支柱产业。

自主创新是统领全局的发展战略问题。有一种广为流行的观点，认为自主创新的主体、主角是企业，政府不应喧宾夺主。这种看法是片面的。当然，企业作为社会生产的承担者和载体，自主创新最终要落实到企业肩上，企业也必须靠创新求生存和发展。但在我国发展现阶段，自主创新首先是国家层面上经济发展战略全局性问题。

——这是抓住机遇，加快实现工业化和现代化需要。西方敌对势力亡我之心不死，但战争一时还打不起来。我们必须充分利用和平机遇，在经济和技术上赶上并超过发达国家，绝不能跟在西方国家后面爬行。

——近现代经济史表明，发展中国家利用后发优势，赶超发达国家是普遍的规律。无论先行的国家，如美国、德国，还是后起的，如日本、韩国、俄罗斯，无一例外不是利用了这一规律实现后来居上的。中国是屹立于世界民族之林的社会主义大国，拥有其他国家所不具备的优势，不仅有必要，而且完全有可能在较短时间实现新型工业化和现代化。

——现代社会化生产力，决定了实现产业结构现代化是一项复杂精细的系统工程，必须有一个社会中心统一规划，协调各方，合理配置有限资源，从而以较少投入取得较大收益。这个重任便历史地落到国家身上，由国家来充当主导。无论单个企业，或其他社会组织，都无法取代国家承担起统揽全局的重职。

——自主创新在经济战略层面上,必须落实到建立现代化的先进的、开放型的、相对独立的、完整的经济体系。这应当是有限资源分配的出发点和落脚点。建成这个经济体系,我们才能摆脱"世界打工仔"的尴尬角色,才能把千百万劳工从"血汗工厂"里解放出来,才能使我国摆脱对西方国家经济和政治上的依附性,才能使我国在严酷的市场竞争中立于不败之地,才能经受住世界经济危机、衰退的冲击。不要被所谓"优化资源配置"糊弄,那是个没法度量的主观随意性概念。"比较优势"要利用,但只能当配角,否则,必然落入"比较优势"陷阱。

——实施自主创新,建设独立经济体系,应当发挥市场搞活经济和有效激励的功能,但市场不能取代政府充当主导。设计这个经济体系是多学科协同创作的智慧结晶。靠市场成就这项复杂精细工程,那不过是天方夜谭的神话。如果市场能成就这个雄伟艰巨事业,那还要科学干什么? 如果市场能承担此项重任,那只要一门新自由主义经济学就够了,其他学科都可刀枪入库、马放南山。实施这项工程,必须精心组织施工。市场的作用不能忽视,但也不可完全交给市场。

历史表明,世界上发达国家没有一家完全是靠市场自发调节,靠所谓"大数法则"或"丛林法则"自立于强国之列的。即使是英国这个老大帝国,也是依靠政府暴力,用血与火的事实谱写工业革命历史的。原因在于,成千上万个企业作为市场行为的主体,各自的行为都服从于利润最大化的原则,与国家的整体利益是矛盾的。很难设想,众多企业能够自发地劲往一处使,围绕同一目标,各司其职,分工协作,各展其长,互补其短,发挥整体优势。如果让"看不见的手"任意主宰,听任"丛林法则"或"大数法则",那将会导致资源浪费,错失良机。

——有人认为,政府主导创新,就是否定市场的"基础性作用"。自从"市场对资源配置起基础性作用"这一提法出现在中央文件之后,学界对此就有不同的诠释。一种是用"市场供求决定论"来解释,认为由于资源的稀缺性,资源的配置只能由市场供求形成的价格来决定。另一种观点用马克思的劳动价值论来解释,即认为价值规律即社会必要劳动量决定商品的价值量,商品交换按价值量进行,这是商品生产和商品交换的基本规律,它调节资源配置,最终实现按需生产,达到供求均衡,供求本身只能影响价格波动，价格最终要由价值规律来决定。用供求决定论解读"市场基础性作用"，在理论上是倒退，对改革实践也是有害的。

现时的主要矛盾是什么？

　　上述三个"老大难"，一个拖了 30 年，一个拖了 20 年，一个拖了 10 余年。从时序上看，是继起的，从因果关系看，是互相关联的。根子还是出在老旧发展方式固化、停滞化。后果突出地表现在工业产能严重过剩。劳动群众有购买力的消费需求相对不足。产能严重过剩尤其以传统工业最为突出。以钢铁为例，2013 年粗钢产量将达到 7.5 亿吨，在建项目还有 5000 万吨，过剩产能超过两亿吨，我国钢铁产量占世界产量的 46%。全国 70% 的钢铁企业亏损。"产能过剩""内需不足"，这两大难题早已是公认的事实。但这只是现象，不是问题的实质。产能因有效需求不足而不能充分利用，造成设备闲置；需求因购买力不足而相对和绝对萎缩，以致形成总供给大于总需求的矛盾。总量失衡从局部发展到全局，经历了产生、发展、演变的过程，最终成为阻碍我国经济可持续发展的主要矛盾。在这个过程中，经济超高速增长几度难以为继，不得不借助外力，靠扩张的财政货币政策推动来"保增长""稳增长"。但这种宏观经济对策并不能给经济稳步发展提供持续动力。一旦药力消失，经济便重新陷入低谷。近 30 年，GDP 年均增幅 9% 以上，但并没有摆脱周期性的困扰。其病源就在于这个主要矛盾。一方面是产能过剩，导致企业开工不足，资源闲置。另一方面民众的消费需求因购买力匮乏而得不到满足。我国投资率在 2003 年后一直保持在 40% 以上。2010 年一度升至 48.6%，创新中国建国以来最高。而消费则被大幅挤压，1978—2009 年消费率从 62.1% 降至 48%，2010 年降至 47.4%，远远低于全球中等收入国家平均67% 左右的水平。"产能过剩"这个附着在西方资本主义机体上的毒瘤，我们并不陌生。现在的问题是，在社会主义市场经济机体上为什么也出现了它的身影呢？答案要从我国生产力和生产关系的现状及其相互关系中寻找。一方面，随着工业化现代化快速发展和总体水平提高，生产力的社会化程度进一步强化，另一方面，随着经济市场化扩展，所有制日趋多元化，市场主体日益个体化，社会利益日渐分化。

由此引起,一方面在个体利益最大化的驱使和市场竞争的压力下,推动各个市场主体大力发展生产力,不顾及市场实际需求,增加市场供给,以致社会生产呈现无限扩张的趋势;但市场扩张却遇到无法逾越的障碍,一是资源和环境的制约,二是有购买力的有效需求的约束。于是,价值规律便以经济危机或衰退形式强制地用破坏生产力的方式,恢复失去的总量平衡。

传统的方法是用 GDP 年增幅来判断是否发生经济危机和危机的程度。但这个方法用来分析中国经济,人们不仅看不到潜伏的深刻矛盾,甚至作出相反的判断,认为"风景这边独好"。其实这种看法是片面的。首先,由于我国幅员辽阔,地区经济发展极不平衡,本轮危机最先在沿海珠三角地区爆发,一大批工厂开工不足,一大批工厂倒闭,大量农民工失掉饭碗。当沿海地区已经出现危机或危机先兆时,内陆地区还沉醉在 GDP 赶超热潮之中。因此,GDP 平均增长值不能反映全局真实的态势。第二,当一国经济社会化超越国界,当世界经济趋向一体化时,世界市场的供求对一国经济周期有不可忽视的影响和制约作用。中国作为一个经济大国,对世界经济的影响不是无足轻重的。这在此次世界大危机中表现得十分明显。这种影响可以是相向的,也可以是相背的。近 30 年,在我国国民收入分配中,居民最终消费所占的比重早已呈现下降的趋势,但出口高速增长弥补、掩盖了消费的颓势。我国钢铁的产能达到近 9.5 亿吨,虽已绝对过剩,且资源枯竭,但新建项目仍在继续,国际市场铁矿石供应源源不断,钢铁行业呈现近乎无限扩张的趋势。新兴产业也出现产能过剩。近几年,光伏产业近乎疯狂扩张:形成全球最大规模的加工制造产能,2008—2012 年五年中,光伏产业制造能力提升了 10 倍,全国有一百多个城市建设了光伏产业基地,90% 以上产品依赖国外市场,内销占比不足 3%,全球光伏产能超过实际需求 1.5—2 倍。家电行业在利润和价格的引诱下无序扩张,致使几大件的产量跃居世界前列。城市居民需求趋于饱和,农村有需求但因购买力限制了市场容量,造成全行业产能过剩。2005 年发改委公布有 11 大行业列入产能过剩行业,2013 年增至 19 个行业。在巨额利润的驱使下,城市住宅建设快速崛起,成为拉动经济的支柱产业,呈现广阔的发展前景。但城市住宅市场供求却极端畸型,一方面商品房大量闲置,开发商资金积压,另一方面大量居民因房价居高不下买不起房,需求得不到满足,以致出现供过于求的假象。面向国际市场的加工贸易的发展支撑了地方经济，缓解了就业压力，增加了农民工收入，但厂主用低工资、降低劳动保护标准等办法进行原始资本积累。此外，不少地区还滋生了黑煤窑、黑矿山、地下工厂，久已绝迹的血汗工资制、包身工又死而复生。这种野蛮的增长方式严重地阻碍了发展方式的转变。

30 年超常高速增长在第二次世界大战后世界经济史上没有先例。说"超常"，是因为它并非完全是客观规律使然，超越了经济、自然环境、资源和民心的承受力，既透支了前人的积累，又加重了后人的负担。在 GDP 增长的同时，社会经济政治生活中不安定、不稳定的因素也在滋生。"超常"增长不是长期起作用的因素的产物。无论从国内状况还是国际环境看，都不可持续。当务之急，是把 GDP 增长幅度降低到国力所能承受的限度内，把经济工作的重点放在优化产业结构上。

近二十多年，宏观调控既没有找准病症，又开错了药方，因而收效甚微。主管部门不是从我国的实际出发对症诊治，而是迷信西方教条，天真地认为，既然实行市场经济，就只能走西方的套路，熨平经济周期的波幅只能靠货币政策。在本世纪这场世界大危机中，货币当局效仿美联储实施量化宽松货币政策，开动印钞机，2008—2012 年向市场投放了 60 万亿元天量货币，保住了 GDP，但埋下了通胀和泡沫的严重隐患。对于严重的产能过剩，宽松的货币政策成了一副助燃剂，而紧缩政策只能应对增量，存量调整成效甚微。对于像过剩数亿吨的钢铁行业，天量货币投放将大规模扩大产能实际上延误了结构调整时机。危机逼迫我们必须调整结构。只有调整结构，理顺比例关系，才能推动经济复苏，并引领经济走上可持续发展活路。

涉及经济全局的结构大调整是项艰巨的系统工程。它要通过关停并转，优胜劣汰，实现产业升级、结构优化。因此必须制定完善的总体规划，不能头痛医头、脚疼治脚；不能靠打补丁，或拾遗补阙。

结构调整必然要实行关、停、并、转。小调整只涉及企业，大调整则扩展到行业。这个过程是存量资产重新配置的过程，实质上是利益再分配的过程。在多种所有制并存的条件下，由于市场主体多元化，利益主体多元化，结构调整所引起的损益是不可能均等的。因此，调整必然会在行业内部、在企业间、政府与企业之间引起博弈,会遭遇到依附于旧结构的既得利益者的阻力。这种阻力单纯靠利率调节是克服不了的。西方国家通常是靠市场、靠经济衰退即危机强制地自发地实现的。结构调整不可再拖延,阻力必须化解,代价要尽量减小。为此,政府应当统筹全局,协调各方,利益兼顾,综合运用各种调控手段,推进调控。

有购买力的消费需求相对不足和非农产能过剩的矛盾,是阻碍经济可持续发展的主要矛盾。这个矛盾表明,市场经济制度一方面为生产力发展开辟了广阔的空间,因而是适应生产力性质的;另一方面又不利于生产力持续发展,因而与生产力发展存在矛盾。市场经济制度作为一种现实的生产关系与生产力性质既适应又矛盾的状况,这是政府必须正视并紧紧把握的主要矛盾。坚持改革开放,就是坚持按照生产关系一定要适合生产力性质的客观规律要求,适时调整生产力与生产关系的矛盾,促进生产力发展和人民生活水平的提高。

对于主要矛盾的看法,党的八大基于我国社会主义经济制度基本建立的实际,认为落后的生产力和人民群众不断增长的物质文化需要的矛盾,已经取代阶级矛盾而成为我国社会主要矛盾。后来,"若干历史问题决议"肯定了这一观点。改革开放以来,我国社会发生了重大变化,一是实行了以公有制为主体、多种所有制并存,二是实行了社会主义市场经济体制。《决议》没有也不可能预见到这个深刻变革所引起的社会经济后果。党的八大所讲的主要矛盾,可以看作是贯穿于整个社会主义阶段的矛盾;社会生产高速增长趋势和人民群众有购买力消费需求相对不足的矛盾,则应看作是在尚未实现共同富裕的历史阶段,特别是经济体制转型时期的主要矛盾。

党的十八大把改革和发展推进到一个新阶段。30年来,我国已经基本建立了社会主义市场经济体制基本框架。这是不容否定的客观事实。我们没有理由放弃既定方针,更不应改道易帜。现在,有些顽固不化的新自由主义信徒睁着眼睛说瞎话,矢口否认近十年来改革的进展,鼓吹继续推行"自由化市场取向"改革。当前,深化改革必须以党的十八大规定的路线为指导,正视我国发展和改革的现状,抓住经济中的主要矛盾不放松。如果听任新自由主义误导改革和发展,只能加深和进一步恶化主要矛盾。本该是解铃还须系铃人,但时至今日,没有一个新自由主义信徒站出来作自我批评。

我国该从时下这场世界经济大危机中吸取什么教训？

进入新世纪，以华尔街为首的美欧垄断资本，把全球拖进了一场战后最严重的经济金融危机。如果从 2008 年次贷危机爆发为起点，迄今为止已历时五年，尚不见底，前景难料。由于受学界主流观点的影响，从政府主管部门所言所作所为来看，官方认识仍存疑惑。危机重创了我国经济。我们付出了巨大代价，交付了高昂的学费。既如此，就应当从中吸取有益的教训。

——首先是关于危机的性质。是局部的危机、短暂的衰退；还是全面的、制度性危机；出路是只需加强监管，还是根本改革经济体制。

当我国经济学界主流派一些人为西方资本主义制度大唱赞歌，散布西方资本主义制度不仅"垂而不死"，相反正"如日中天"，一场突如其来的风暴席卷全球。不仅我国经济学界主流学派毫无思想准备，西方新自由主义者也被打得措手不及，以至英国女皇责问，经济学家为什么没有预见到这场危机？华尔街金融垄断资本寡头成了众矢之的。甚至美国总统奥巴马也谴责华尔街贪婪。面对这场战后最严重的浩劫，西方国家的政府采取了惯用的应对危机对策：紧缩财政开支，削减公共福利经费；实行量化宽松货币政策，降低利率以刺激经济；开动美元印钞机，滥发纸币，转嫁危机；操纵汇率，压低本国币值以扩大出口；实行贸易保护主义，对进口贸易设置障碍；加强金融银行监管，同时用财政资金资助大银行和大工商企业免于破产，等等。

现在，大危机虽未继续恶化，但出现了演变为长期慢性综合征的趋势。一些国家复苏势头缓慢，不少国家财政入不敷出，赤字居高不下，债务不堪重负，许多国家失业人数骤增，贫困人口上升，社会矛盾加剧，有的国家一次危机尚未见底，又临二次灾难。值得关注的新动向，是经济、金融、财政、外贸等危机和社会矛盾互相交织，互相影响，甚至有人妄图从战争和经济军事化中找寻出路。

——所谓"同舟共济、共渡时艰"，不过是一相情愿的单相思和善良愿望。

自对外开放定为基本国策以来，我国经济已深深融入世界资本主义体系，成为这个体系不可分割的重要组成部分，可以说是"同舟"了。至于说是否因此做到"共济"，那并不取决于我们的主观愿望和我们单方面的行动。危机以来，我国政府信守承诺，采取了一系列措施缓解危机对西方国家的压力，尽其所能帮助它们走出困境，例如，继续增购美国国债；增加进口，减少中美贸易顺差；维持大宗商品如铁矿石等进口量，支撑出口国经济；减缓危机对西方国家低收入群体的压力，继续供应价廉物美的日用消费品；进一步拓展开放领域，为西方过剩资本和增加就业提供出路；在货币和金融政策方面，绝不乘人之危，以邻为壑，转嫁危机。我国政府所作所为，有目共睹，事实表明，我国是信守承诺的可信赖的民族。我们没有乘人之危落井下石，我们也没有因人有求于我乘机勒索。

但是，我国的善举并没有得到西方国家的善报。它们并不因此取消对华歧视性贸易条款。"非市场经济国家"成了西方国家推行贸易保护主义的一把利器，随时用来鞭笞中国。但所谓"非市场经济国家"标准，并不是国际公认的国际标准，而是美国的标准。美国把国内法凌驾于国际法之上，强加于WTO，这完全是霸道行径。我国"入世"已经10年，但至今不能与美欧平等行使WTO赋予的权利，而且在经济上蒙受了巨大的损失。

美国是直接和间接从中国发展中获益最大的国家。但美国政府却利用美元的霸权地位，操纵汇率，开动印钞机，转嫁危机，使我国蒙受巨大损失。

西方国家所作所为表明，金融帝国的秉性注定了它们不可能与我国"同舟共济、共渡艰险"。在现实的市场中，呈现在人们视野里的，却是利益相关方的严酷的博弈。

——在世界大危机中，我们能为"一枝独秀""风景这边独好"所陶醉吗？

危机爆发后，世界各国几乎无一幸免都遭到华尔街掀起的金融风暴的袭击，都或深或浅地陷入经济衰退的泥潭。唯有中国经济仍然保持高增长的态势。中国对世界经济增长率的贡献一度高达60%。国人为此感到骄傲。有些媒体乘势鼓吹"风景这边独好""中国是世界经济领头羊"。西方企图把中国从发展中国家行列除名，要求中国承担更多的义务救援身陷危机的国家。

大危机对我国经济的冲击有目共睹。在沿海地区，成片工厂倒闭、停产或半停产，几百万工人失业。作为三驾马车之一的外贸，由于美欧经济衰退，导致订单剧减，出口骤降。

在世界经济陷入衰退之时，我国经济保持了正增长。但这并非内生机制的作用结果。而是由于政府步西方国家后尘，实行了超强度的量化宽松的货币政策，投放创世界纪录的天量货币，超前增加基础设施投资。实行这一以"保增长"为宗旨的短视对策，GDP增长是维持住了，但久已存在的结构矛盾却进一步加剧，为通货膨胀埋下了隐患。

——危机逼迫我们必须调整和改革产业结构。我国产业结构改革是走美国的路，还是立足于国情，走自己的路，着力发展实体经济，坚持虚拟经济服务于、依附于实体经济，防止经济虚拟化、泡沫化。

30年来，由于我国经济发展战略发生错位，铸成了扭曲的依附型产业结构，成为可持续发展的障碍。有些人主张我国结构调整和改革应以美国为参照系，大力发展金融服务业，将三产比重提高到70%。然而，他们却忘记了本轮金融经济危机的惨痛教训。华尔街在"金融创新""金融改革"的旗号下，导致金融衍生品大肆泛滥，金融业不再以服务于实体经济为宗旨，不再依附于实体经济，形成了巨大的金融泡沫，导致三产服务业恶性膨胀，GDP被注入大量水分，最终将实体经济拖入危机泥潭。我国结构改革和调整应引以为戒。

——面对危机，是消极被动应对，还是应有所作为，化危机为机遇，乘势发展自己。

自20世纪30年代以来，应对经济危机，有两种不同的思路和对策：一种是西方国家至今还在沿用的，用扩张的财政政策和货币政策，增加投资和消费，缓解总需求不足和产能过剩的矛盾；另一种则是立足于扩大内需，利用西方经济危机发展自己，引进西方闲置的资金、设备、人才，加快工业化，提高人民的物质和文化生活水平。这是斯大林时期苏联走过的路。从斯大林1924年接班到1936年，苏联实现工业化仅用了12年。其秘诀之一，就是斯大林紧紧抓住西方大危机时机，化危机为机遇，利用西方在经济上有求于苏联市场、资金，发展自己。这是互利双赢的平等交易，斯大林并没有乘人之危敲诈勒索或落井下石，但他对西方绝不报任何不切实际的幻想。对比我国政府在本次危机中的所作所为，斯大林比我们高明，他为后人创造了一个化危机为机遇的成功范例。

我以为，在本次危机中，我国政府至少在以下几个方面应当有所作为：其一，讨回失去的公道。我国加入WTO时，迫于美欧压力，我国接受了"非市场经济国家地位"条款，承诺在15年内按此条款处理贸易纠纷，允许相关国家向中国商品征收高额关税。10年来，我国厂商蒙受不白之冤，遭受巨大的经济损失。有了"非市场经济国家"这个套在中国头上的紧箍咒，美欧随心所欲对中国厂商进行惩罚。但是，此项条款并不是依据公认的国际法，而是美国根据本国法律强加给WTO的，是美国把国内法凌驾于国际法之上的霸道行径。何况中国经过30年改革，经济运行早已进入市场化轨道。现在，美欧身陷危机困境，顾不上脸面，向我国求援。我们为什么不据理力争，讨回失去的公道呢？中国的外汇储备，是亿万人民用血汗换来的。

其二，我国应不应该为建立公平、公正、平等、互利的国际经济秩序，作出自己应有的贡献；面对美国依仗霸主地位，四处伸手，到处挑衅，我国是否应当继续以韬光养晦为由，束缚自己手脚，无所作为。

当今世界经济秩序远不是公平、公正、平等的。世界虽然出现多极化的趋势，但美欧主导、美国霸权的地位并没有改变。中国是发展中的社会主义大国，已成长为世界经济大国和贸易大国。当今世界，任何重大经济问题的解决，都不能无视中国的存在。中国不称霸，也不争霸。但是，当别人侵犯我国的核心利益，当有人用武力试探中国政府的反应，如美机轰炸我驻南使馆时，中国政府能甘当缩头乌龟吗？现在，美国政府陷入内外交困，我们为什么不利用机遇对美元的霸权地位提出责疑、约束、挑战？不应当忘记，美元作为美国的主权货币取代黄金充当世界货币，并没有经过合法的国际立法程序；对美元的发行和流通，也缺少权威国际机构的监督和管理；美国享有美元世界货币的权力和利益，但并不承担相应的责任和义务。我们无意挑战美元地位，不会无视客观条件的许可盲目推行人民币国际化，也不奢望人民币取代美元。但是，在现行世界经济体制框架内，我们有权要求联合国相关机构将美元发行和流通纳入国际法律管辖和监督之中。这是约束美元霸权的必要步骤。于理于情，美政府都没有反对的理由。

新一轮改革从何着手?改革重点抓什么?

改革的根本目的,是解放和发展生产力,提高人民的物质和文化生活水平。这是改革的出发点和落脚点,也是检验改革成效的标准。人们从事物质资料生产,是为了满足消费,而不是为生产而生产。同理,改革也不是目的,不是为改革而改革,改革是实现目的的方法和途径。但是,这些年改革被某些人异化为政治标签,把改革之外的功能附加在改革身上,改革就是一切,目的是微不足道的。

我国发展现在已进入新阶段。新时期改革必须坚持实事求是的指导思想,从客观存在的矛盾出发,而不应死抱着所谓"市场化、自由化"的教条不放,让市场原教旨主义信徒把我们再次拖入新自由主义泥潭。当前,我国经济的主要矛盾,是在由计划经济体制向社会主义市场经济体制转型过程中产生的新矛盾,即生产超高速增长的趋势和劳动群众有购买力的消费需求相对不足的矛盾。只有紧紧抓住并切实解决这个矛盾,才能推动我国经济持续、平稳、协调发展。

解决这个矛盾从何下手呢? 是做锦上添花,让已经富裕了的人更富裕呢,还是扶贫济困,让占人口多数的相对和绝对贫困的群众分享改革和发展的成果,应当说,这是偿还 30 年对他们欠下的债务,是补偿他们在改革开放和发展中所受到的伤害,是支付他们为改革和发展所垫支的成本和代价。这个亟待救助的弱势群体,包括进城从事重苦脏活但不能享受城里人待遇的农民工、国有企业改制下岗职工、早年退休职工、农村五保户、老少山边地区贫民等。这个弱势群体人数众多,而且曾是革命和建设的主力,是党依靠的基本群众。为他们服好务,是改革发展应有之义。没有他们的理解和支持、参与,后续的改革和发展是难以为继的。要记住恩格斯的名言:人们奋斗是为了利益。毛泽东告诫:要给群众看得见的物质利益。

13 亿人的物质和文化生活需求,是取之不竭、用之不尽的富饶"金矿"。此时不开发,更待何时?

(2013 年 5 月 30 日完稿)

九届人大四次会议关于落实江泽民主席关于发展社会科学与自然科学"四个同样重要"指示的提案(草稿)

中共中央书记处：

去年8月，江泽民主席在北戴河接见学术界代表时，对我国社会科学事业的发展作了重要指示。江泽民指出："加强哲学社会科学研究，对党和人民事业的发展极为重要。民族要兴旺发达，要屹立于世界民族之林，不能没有创新的理论思维。这是人类文明发展史给人们的一个重要启示。哲学社会科学，是人们认识世界、改造世界的重要工具，是推动历史发展和社会进步的重要力量。哲学社会科学的研究能力和成果，也是综合国力的重要组成部分。在认识和改造世界的过程中，哲学社会科学与自然科学同样重要；培养高水平的哲学社会科学家，与培养高水平的自然科学家同样重要；提高全民族的哲学社会科学素质，与提高全民族的自然科学素质同样重要；任用好哲学社会科学人才并充分发挥他们的作用，与任用好自然科学人才并发挥他们的作用同样重要。我们实施科教兴国战略，包括自然科学和社会科学两个方面。哲学社会科学工作者与自然科学工作者要互相学习，优势互补，密切合作，共同进步。"主席明确提出的"四个同样重要"的指示，规定了党和政府领导和管理社会科学事业的大政方针。能否全面地贯彻执行江主席指示，事关建设有中国特色的社会主义事业。

为全面地尽快落实江主席指示，我们提出以下建议：

（1）近期由中央书记处邀集中国社会科学院、中国科学院、中国工程院、科技部、教育部、军委总政治部、中宣部、中央党校、国家计委、财政部等单位领导人，讨论如何落实江主席指示，提出"十五"期间实施规划，制定我国社会科学事业发展纲要（例如 10 年）。

（2）加强中央对社会科学的领导，调整现行社会科学管理体制。建议将社会科学划归中央科技和教育领导小组管辖；科技部统一管理三院工作，改变目前自然科学和社会科学管理分离的状态。

（3）增加财政对社会科学经费的投入，在预算中设立"社会科学事业专项发展基金"。采取切实措施，改善社会科学研究条件和学者的物质待遇。

（4）批准中国社会科学院恢复学部委员制度，待条件成熟后实行院士制。

（5）建立国家社会科学奖励制度。

（提案起草人 于祖尧，2002 年 3 月 5 日）

在第九届全国人大代表岗位上

1998 年 10 月，我荣幸地被安徽省人代会推选为第九届全国人大代表，次年 3 月在九届人大一次会议上又被推选为人大财经委员会委员。当时，我的恩师宋涛告诫我："要做名副其实的人民代表。要讲真情，说实话。"五年任职期间，我经常就重大经济问题向宋老师请教，努力遵照宋老师的教导履行代表职责。我在报刊上发表了几篇切中时弊的文章。文稿的主要论点经受了时间的检验，现在读来仍备感真切。此次编辑文集收录了几篇我在人大相关会议上的发言摘要。

扬徽商之长避其短　加快发展安徽经济

1. 现在实行市场经济，安徽人不必舍近求远、迷信洋人，应当用好用足自己的历史遗产。在中国近代经济史上，活跃着一支商业劲旅，这就是与晋商齐名的徽商。徽商的崛起对江淮经济发展作出了巨大贡献。

2. 徽商的崛起是近代生产力发展、自然经济加快解体、商品经济发展的产物。徽州人有较强的市场经营意识和经商经验，顺应潮流，抓住时机，充分利用徽州经济文化地理交通优势，在开展地区间商品交流的同时积极发展实体经济，并利用金融的功能搞活市场。

3. 徽商有恢弘的成就，也有衰落的历史教训。现在我们发展市场经济，对徽商这笔历史遗产，既不应视而不见，全盘否定，也不能把糟粕当精华，盲目仿效。现在媒体上大肆炒作胡雪岩，出现一股胡雪岩热，有人甚至把胡雪岩捧为商界楷模。胡雪岩是徽商的代表人物。他从一个名不见经传的面贩成长为富可敌国的巨商，可称之为商界奇才。晚年暴富是因为他走上了官商勾结的邪路，当上了"红顶商人"。因为资助清朝政府有功，清政府赏赐他正二品红顶。从此走上了依靠政府，利用权势聚敛财富的捷径。但也因此导致他最终衰败破产，沦落为商界的反面教员。经商应以他为戒。我们现在实行的是社会主义市场经济，怎么能把他树为楷模呢？

4. 改革开放起步后，安徽人起了个大早，却赶了个晚集，此话怎讲？北京是国家的政治中心，又是大市场、竞争大舞台。能在首都市场占据一席之地，这无疑是英明之举。我记得在 80 年代初，在首都繁华的闹市区王府井新开张了一家"安徽商店"，据说是省经贸委出资兴办的。因为我是安徽人，又是研究经济的，所以特别关注这个新生事物。我进去参观，发现这个名为安徽的商店里没有安徽的特产、没有安徽的名优产品，和其他商店几乎没有区别。没过多久，商店便关门停业。以后再见不到徽商踪影。然而，其他地区的厂商却抓住时机纷纷抢占首都市场。就连山东寿光农民也不甘落后，他们瞄准了北京几百万居民的餐桌，硬是把寿光打造成北京菜蔬供应基地。从此，经济上去了，人民收入快速增长，寿光走上了富裕大道。安徽人起了个大早，连晚节也丢了。

5. 安徽是农业大包干的发源地，大包干开了改革的先河。然而，时至今日，凤阳县仍然头戴贫困县的帽子，靠政府补贴过日子。邻省的苏南地区，改革却结出了丰硕的果实，乡镇企业如雨后春笋，农民生活蒸蒸日上，还出现了社会主义新农村的样板华西村。安徽播下了改革种子，开花结果却在其他地方，这种景象难道不值得我们深思吗？

6. 新中国成立后，安徽经济建设受左之害不浅。现在步入正道，似乎又迈不开步。讲"天时、地利、人和"，安徽在华东地区占地利优势，它有纵横交错的水陆交通，有丰富的煤炭资源，富饶的江淮平原，新中国成立初期，安徽经济发展整体在华东地区大约居第三位，仅次于上海、江苏。但现在却落在山东、浙江、福建之后。

7. 市场经济大潮已经滚滚而来，安徽应当迎风劈浪前行。搞市场经济要善于宣传自己、推销自己。电影电视这些具极大广告效应的宣传工具应充分利用，善于利用。电影《黄山来的姑娘》宣传了来自安徽农村的打工妹，让城里人刮目相看。但安徽农村人值得宣传的绝不仅限于此。

安徽人加油！更上一层楼！

（1999 年 10 月在安徽省人代会上的发言）

首都建设不应沦为西方
现代建筑设计试验场

坐落在天安门广场西侧、毗邻人民大会堂西门，一座半圆球型建筑正在地面上崛起。据说是正在兴建的国家大剧院。建设一座国家级的大剧院，不仅是众多艺术家盼望已久的愿望，也是广大民众的期望。据文艺界同志说，周恩来总理生前就有这个计划，由于国力限制，这个计划始终没有立项。

现在这项大工程动工了，人们对此议论纷纷。人大是最高立法机关，应当关注民意民心。

——此项工程投资和维护耗资巨大，而且关系到首都建设整体规划，建议将立项计划、可行性论证书、设计方案提交人大审议。

——大剧院建在首都心脏地段，外形设计应考虑天安门整体布局、古都历史风貌、中国历史与文化等因素。内部设施要现代化，外部造型必须注重民族特色。重要的是设计指导思想和设计主导权真正体现民心民意，不应听任洋设计师摆布，或个别领导人意旨。

——现在的外型半球状设计，十分前卫，十分奇特，可以说奇思妙想。但是，第一，它完全破坏了天安门布局的整体风貌，它像一块鹅卵石塞进古都的心脏。第二，设施过分超前，都是世界一流设备，投资超越国力，造价高昂。据媒体批露，一个观众的座席造价约 10 万元，圆型屋顶每年清洗维护费要花 1 亿元。第三，建成后开张，将长期陷入入不敷出、严重亏损状态，高昂票价必将中低收入群众拒之门外。看一场芭蕾舞，少则几百元，多则上千元，一般工薪阶层承受得了吗？

——法国建筑商叼走了大剧院这块肥肉，接着在我国建筑市场上出现了外商投标热潮。现代派设计师们在东方这块净土上放开手脚大展宏图，央视大裤衩、奥运会鸟巢等等，无奇不有。中国成了西洋现代派设计师的大试验场。有良知的中国建筑学家们哀叹，中国流失的不仅是人民的血汗，而且还有珍贵的建筑文化精髓。

（2001 年 3 月在人大会议上的发言）

令人深省的全国高校"大跃进"热潮

1. 近几年，在教育界涌现了一股高等教育"大跃进"的热潮。一是各类院校扩招热，导致在校生成倍增加，超越了校舍、师资、经费的承受力，甚至若干年后可能出现"毕业即失业"。二是学校升格热，职教升大专，专科升本科，单科升综合。还有校长攀比行政级别，厅局级升副部级。三是校舍基建热，争经费、争贷款、圈土地、上项目，校园成大工地，颇有第二国有企业之势。四是创收热、办班热经久不衰。有的单位甚至变相出售文凭、学位、职称、版面、书号，把教育引上商业化、市场化的邪路。

2. 中小学教育是大学教育即所谓精英教育的根基，在整个教育体系中被视为基础教育。国家实行普及九年义务教育，是为了牢固地打好这个根基。现在基础教育的状况十分堪忧。一是国家拨付的教育经费至今没有达到《教育法》规定的额度，老少边穷地区有大量学龄儿童失学，现在求助于《希望小学》，虽可一时充饥，绝非长远之计。二是1.2亿农民工进城务工，农村留下了几千万留守儿童，生活和教育得不到应有的照料。这是改革中出现的新难题。三是教育改革被引入商业化、市场化歧途，义务教育蜕化为收费教育，加重了家庭负担。所以，当务之急是切实加强基础教育，完善义务教育制度。

3. 大力发展职业技术教育，建立和健全完备的、多样化的、多层次的职教体系，应当是我国教育事业发展的重点。这是由我国国情决定的，是实现社会主义现代化的要求。首先，我国人口多，劳动人口量大，就业压力重，农村转移人口多。就业是我国经济发展的头等大事。职业技术教育是给每个待业者提供一张进入职场的入场证。其次，各行各业现代化事业必须建立一支高素质的、既有厚实的理论功底、又有精湛熟练的操作技能的人数众多的技工队伍。任何重大技术装备的制造都必须有高水平的技工参与。但是，改革以来，在产业结构调整中，忽略了稳定技工队伍，造成了大量技工流失，又由于轻视职业技术教育，一些职教或停办或转业，高级技工后继乏人，已经危害到装备制造业发展。

高等教育大跃进给我们提供了什么有益的启示呢？

（2001年3月在人大会议上的发言）

政府工作报告不应疏漏自力更生的建设方针

艰苦奋斗，自力更生，是我国社会主义建设必须长期坚持的建国方针。对此，不应有任何怀疑和动摇。

政府工作报告只字不提"自力更生方针"，这是严重疏漏。希望引起起草组重视。

中国是 10 亿人口的大国。实现国强民富，只能依靠我们自己齐心合力、艰苦奋斗、自力更生。我们绝不能幻想西方强国行善，恩赐一个现代化中国。

有一种看法，认为现在实行对外开放，再强调自力更生容易引起误解和疑虑。把自力更生与对外开放对立起来，是错误的。我们的基点应放在依靠自己力量的基础上，开放是为了增强自己的国力，做强做实自力更生的根基。

经济全球化也不能代替和否定自力更生的方针。所谓经济全球化，是指全球市场一体化的趋势。它的功能，主要是资源在国家间实现有限的流动，现在并不具有在世界范围内优化资源配置的功能。因为现今经济全球化，第一，没有也不可能改变国际经济关系不平等、不公正、不公平的现状；第二，没有也不可能剥夺西方强国在世界经济中的主导地位，没有也不可能取缔美国推行的经济霸权主义。因此，我国的现代化建设和国家经济安全面临严峻的挑战和威胁。我们对自力更生方针，绝不能有任何怀疑和动摇。

有人把经济全球化描绘成共存共荣、同舟共济的大同世界。但世界市场的现实却是另番景象。它生来秉性嫌贫爱富、倚强凌弱。它通行的是丛林法则，优胜劣汰、弱肉强食、适者生存。面对竞争对手，我们要在世界市场上争有一席之地，必须把根基做实、做大、做深。

（1999 年 3 月在九届人大一次会议上的发言）

质疑购置"空军一号"专机

据《参考消息》报消息，我国从美国波音公司订购了一架"空军一号"专机，供国家领导人乘坐。

"空军一号"原是美国总统专用飞机特有的编号。它技术装备先进，装饰豪华，功能优越，被称为"空中流动小白宫"，因此造价远高于同型号的民用飞机。美国是世界上富有大国，总统配备这种昂贵专机，不算太奢侈。

我国领导人原来就配备出行乘坐的专机，似无必要与美国元首攀比升级。我国是个穷国，有限的资源应优先用到建设和改善人民生活上。我国还有一亿多人口人均每天消费不到一美元。"先天下之忧而忧，后天下之乐而乐"，是我们共产党人的品德。现在社会上奢侈之风很盛，这股不正之风如果不刹住，可能与贪腐之风合流，严重损害党的肌体。

据媒体披露，中方接收飞机之后检查出美国人安装了很多窃听器，专机不得不改作它用。这等于花大钱买废品。美国人讥讽说，中国人能查出飞机上的窃听器，说明中国人技术水平不简单！美国人乘机安装窃听器是预料之中的事，问题是主管当局为什么如此轻信美国人。

（2000 年 10 月在人大会议上的发言）

中国加入 WTO 应切实按法律程序办事

1. 我国已向全世界宣示，建设法制国家，实行依法治国。宪法规定，全国人大及其常委会是国家最高权力机构、最高立法机构。人大应"就位"，国务院不应"越位"。人大有权监督政府，政府应接受人大监督。

2. 根据宪法规定，我国政府签署国际条约，必须经全国人大或人大常委会审查批准。这次我国政府申请加入 WTO 签署相关协议，涉及国家主权、利益、安全，应当按照法律程序办事，不应当搞形式主义、走过场。

3. 中国加入 WTO，人大对最后签署的协议要进行审议，并决定是否批准。但更重要的是，对谈判过程人大必须进行监督，对谈判代表团的工作进行监督，代表团应即时向人大报告谈判情况，以保障国家的主权和核心利益。人大对谈判代表工作有权提出批评、建议，对失责者甚至有权进行撤换。政府有关部门不应以"保密"为由，向人大封锁信息。令人不解的是，在我方对人大严守秘密的时候，美国人却通过美国驻华使馆新闻公报等详细报道了谈判情况。我作为人大和人大财经委委员履行自己的职责，就是靠这些资料了解我国入世作出何种承诺、作出什么让步、美方提出什么苛刻条件。

4. 对决策层来说，人大的监督并非多此一举。它不仅能集思广益，而且可以防止部门利益、阶级阶层利益凌驾于国家整体利益之上。

5. 据说，分歧的焦点是，中国能否享有市场经济国家地位。美欧坚持中国是非市场经济国家；我方认为，经过 20 年改革，我国经济市场化已基本实现，绝大部分商品和服务价格已实行市场调节。必须指出，我们绝不应接受"非市场经济国家地位"条款。因为，第一，它抹杀了我国 20 年经济改革的成果；第二，国际上并没有规范通行的市场经济国家标准，美欧是把国内法凌驾于国际法之上，强加于 WTO；第三，如果我们接受了这个条款，将在经济政治上承受巨大的损失和代价。

6. 在当今经济全球化时代，有利可图的有限市场，早已被美欧金融垄断资本瓜分完毕，市场成为最紧缺最稀有的资源，剩下中国这块沃土令人垂涎欲滴、跃跃欲试。在我国实行对外开放之始，各大金融垄断集团就已瞄准中国市场，谋划捞取第一桶金。不要认为对外开放有求于人，就低人一头。其实在中外交往中互有所求，但是外资有求于中国，更大于中国有求于外资。对此，我们似应有清醒的估量。

（2001 年 1 月在人大财经委会上的发言）

面对武力挑衅岂可再韬光养晦

5 月 8 日我国驻南斯拉夫使馆遭到美国空军轰炸，我使馆 3 名官员遇难，20 余人受伤，馆舍被毁。这是严重的国际事件。根据国际法，美国政府至少犯了两大罪行：一是侵犯别国主权和领土罪；二是战争罪，对别国毫不设防的使馆发动武力袭击，并造成人员伤亡和财产损失。中国作为受害方有权向国际法庭提起诉讼，要求美国政府严惩肇事者，赔偿损失，赔礼道歉，抚恤伤亡者家属。

美国政府声称，这是"误炸"，不知道中国使馆迁址，使用了旧版地图。这完全是自欺欺人的谎言。轰炸中国使馆，这就是对中国动武。如此重大问题要拍板，至少要经过国务院、中情局、国防部审定，最后还得由总统签署。难道他们都是听任飞行员摆布的白痴？美国政府敢冒天下之大不韪，是美国霸权主义一意孤行的行径。它假手戈尔巴乔夫和叶利钦颠覆了苏联社会主义制度、使苏联解体、东欧社会主义体系瓦解，一路高歌，现在要用武力肢解南斯拉夫，竟然有人出来说三道四，敢摸老虎屁股，不给他一点颜色看看，下一步轮到中国本土，他能驯服听从你的指挥棒吗？文与武是推行霸权主义的两手。文武互补，交替使用，屡试屡用不爽。所谓"误炸"之说，能骗得了谁呢？

丢掉幻想，针锋相对，有理、有利、有节，才能立于不败之地。

（1999 年 5 月在人大会议上的发言）

"休克"给俄罗斯带来了什么

——访问俄罗斯见闻

2000 年 10 月，全国人大财经委员会代表团应邀访问了俄罗斯。我本人曾在 1991 年年底访问过苏联，亲眼目睹克里姆林宫上空由苏俄两面国旗同时飘扬到苏联国旗落地的悲剧。这次作为人大代表团成员重访莫斯科，所见所闻，感慨万千。对比中俄改革，有人曾预言："俄罗斯改革是先苦后甜、先哭后笑。"如果从戈尔巴乔夫上台算起，迄今已经过去 15 年，面对严酷的历史和现状，似乎没有给人们留下令人欣慰的回忆，想笑也笑不起来。在一次宴会上，我们团长举杯："祝愿俄罗斯人民幸福，国家富强！"一位俄杜马负责人苦笑道："但愿上帝能听到您这句话！"

一　无奈的自白

1985 年 3 月，戈尔巴乔夫上台后就着手规划和推行私有化和市场化，曾先后制定了两个《500 天计划》，在他下台前，小企业私有化已经有很大进展。叶利钦曾说过："我们争论私有化是否必要已经长得令人不能忍受。同时，那些党和国家的精英们已经积极地进行他们个人的私有化了。其规模、其劲头、其虚伪都令人震惊。苏联私有化已经搞了很长时间，但却是混乱的、自发的、并常常是违法的。今天，有必要掌握主动。我们决心这样做。"①戈与叶虽有矛盾和争斗，叶最终将戈赶下了台，但叶不过以更大的规模、更快的速度延续了戈的政治路线。

---

①　[苏]《真理报》1991 年 10 月 21 日。

　　经过 16 年的动荡、折腾，俄改革在以下方面取得了改革者预期的成效：在政治上，废除了苏维埃社会主义制度，取缔了苏共的执政党地位和马列主义的指导思想；在经济上，实现了生产资料所有制多元化，社会主义国有制的主导地位被官僚垄断资本主义取而代之，各种形式的私有制占据了统治地位；经济运行方面，废除了计划经济体制，在市场体系不成熟、市场无序状态下市场机制开始运作。

　　目前，对俄改革的总体评价众说纷纭。

　　少数"休克疗法"的炮制者和推行者对俄"休克"持完全肯定的态度。他们或者出于既得利益，或者对社会主义和共产主义怀有强烈的憎恨。其中，有新生的官僚买办金融寡头，有官僚特权阶层，有转轨过程中的暴富群体，也有以学谋私者。叶利钦就曾公开扬言："我要坚决、彻底埋葬共产主义！"戈尔巴乔夫自供，他早就怀有搞垮共产党的野心。

　　面对"休克"的严重恶果，有些"休克疗法"的鼓吹者也不得不承认其失败。亚夫林斯基在其新著《激励和制度：俄国向市场经济的过渡》中无奈地承认，以"休克疗法"和私有化为标志的俄罗斯改革已经"彻底失败"。盖达尔承认，俄私有化是"权贵阶层将国家财产私有化"，是"权力转化为资本"。叶利钦也承认，改革使"大多数居民生活条件恶化"，发生"不公正的生活分化"，"发财的人往往是那些丧失了文明社会准则的人"（1992 年 12 月）。

　　杜马代表利西奇金一针见血地指出："私有化是一场前所未有的浩劫"，"把我国人民变成国际金融寡头的奴隶"。

　　科尔奈主张全盘私有化和自由化，但他也认为，俄采取"快速私有化"战略遭到了最惨重的失败，导致了荒谬的极不公平的寡头政治资本主义。他把这种"快速私有化战略"称之为"庸俗科斯主义"。

　　西方不少有识之士对俄改革进行批判，说俄现实社会制度是"强盗资本主义"、"野蛮资本主义"。诺贝尔经济学得主阿罗指出：俄私有化是"一场可预见的经济灾难"。尤其引人注目的是，像萨克斯这类"休克疗法"的发明人和推销员也不得不承认俄改革失败。他说："我过去对于大众私有化是过度乐观了。1991 年的捷克和 1993 年俄国的证券私有化，很快就变成了腐朽性的资产掠夺。"他甚至主张"有选择地重新国有化。"

二　俄罗斯经济是怎样"休克"的

1. 俄罗斯改革是按照既定的理论模式的程序即"休克疗法"进行的。它既没有从俄国国情出发，也没有考虑客观条件的许可。所谓"休克疗法"是以新自由主义理论为指导，采取激进办法即一步到位办法推行私有化、自由化、市场化，实现经济制度和经济体制转轨的战略。它的具体内容包括三个方面：一是取消公有制，实行全面私有化的产权制度；二是全面开放市场，放开物价，让市场自发地调节经济运行；三是实行紧缩的财政和货币政策，防止转轨过程出现通货膨胀。这三方面互相联系构成统一整体：一是改变社会经济基本制度；二是转换经济运行体制和机制；三是为转轨创造稳定的经济环境和条件。推行"休克疗法"的政治目的，是企图在最短的时间里用激进办法扶植起一个作为叶利钦政权支柱的私有者阶级。1992 年新年前夕，叶利钦发表电视讲话，向人民许诺：只要坚定不移地贯彻"休克疗法"，1992 年年底前国家经济便会稳定，人民生活就会改善；他号召人民与他一起挺过未来艰难和痛苦的 6—8 个月，然后共享改革带来的成功果实。"休克疗法"的发明人萨克斯的理由是："深渊不能分两步跨越"，"长痛不如短痛"。

2. 俄改革自始就是在西方国家官方策划、干预下进行的。叶利钦不仅在理论和对策方面全盘接受了新自由主义和货币主义的教条，而且聘请萨克斯担任顾问。美国派遣了庞大的专家顾问组在盖达尔、丘拜斯内阁的主管私有化机构中参与有关方案和法规的起草工作。西方国家和其控制的国际金融机构还以援助为手段，直接干预俄改革。1992 年以来，美国和西方七国财团、国际货币基金组织在支援俄改革的名义下先后多次许诺提供总数约七百多亿美元的援助款。但兑现得少，空头支票多。西方国家对俄实行的是"胡萝卜加大棒"的政策。1992 年美国宣布了一项 240 亿美元的援俄计划，但仅兑现了 150 亿美元。1993 年"七国集团"许诺提供 430 亿美元的援助，实际上只兑现了 50 亿美元。西方国家以此对俄施加压力，不允许偏离"休克疗法"。1992 年俄爆发全面经济危机，年底盖达尔被迫下台，切尔诺梅尔金上台后为缓解危机调整了政策，触怒了西方国家，原定于

1992 年年底前提供的 60 亿美元贷款被推迟。迫于西方国家的压力，俄国按照"七国财长会议"抽紧银根的要求，俄经济危机缓解的势头因此被葬送。

3. 俄改革是自上而下地通过立法方式强制实施的，广大人民自始对私有化就采取抵制、反对的态度。俄改革十分重视法规建设，叶利钦力图把改革纳入法治化的轨道。每项改革措施出台都要制定和颁布相关的法规。从俄立法内容和效果来看：

第一，它是为推行"休克疗法"提供法律保障，因此法律不是着眼于为最广大人民的利益服务，而首先是维护少数"休克疗法"的既得利益者。第二，它对化解转制过程中引发的矛盾和冲突不仅无能为力，相反推波助澜、火上浇油。例如，在市场秩序混乱和供求失衡的条件下，叶利钦发布放开物价的总统令，据此作出的《俄罗斯联邦放开物价措施的决定》，导致物价暴涨；实行《证券私有化》、推行"全权委托银行"、开放金融市场等法规，直接促成了金融资本和产业资本的融合，成了新生的官僚垄断资本集团的助产剂。

4. 私有化、市场化、自由化、国际化四位一体，同步推进。从西方现代市场经济结构来看，这四个方面是互相联系、互相制约、互相促进，缺一不可的有机整体。俄选择了西方现代市场经济模式，改革无疑是应当在这四个领域互相配套，同步推进的。但是，这四者赖以生存的环境，有效运作所需要的条件，是不一样的。它们在近代经济史上各自都体现社会经济发展不同阶段，标志着市场经济发展成熟程度的差别。因此，这四者发育过程具有由自身内在规律决定的有序性。改革只能因势利导，绝不能无视客观条件毕其功于一役。俄却反其道而行之。在不到一年的时间里，在实行国有产权私有化的同时，又全面放开了物价，让市场自发调节；开放金融市场，推行商业银行私有化；利率市场化；国内市场与国际市场接轨，废除国家管制和垄断，实行对外经济活动自由化，允许卢布自由兑换、汇率自由浮动。所有这些措施出台，虽然推动了产品和要素市场的出现，但是，政府对市场失去了控制，投机资本肆虐，市场秩序极端混乱，生产急剧下滑，物价暴涨，财政赤字剧升，货币信贷体系崩溃，民不聊生。据俄官方资料，1992 年物价上涨达到 2508%，国内生产总值下降 14.5%，投资下降 45%，进出口总额下降 23%，居民实际收入下降了 55%，居民储蓄损失 4600 亿卢布。不顾俄国情,"四化"同步急速推进,把俄推向了灾难的深渊。

5. 国有企业产权制度改革,实质上成为在政府支持和庇护下,新生的官僚垄断寡头以及暴富阶层瓜分国有资产、掠夺平民百姓,进行原始资本积累的过程。

俄现行所有制结构已彻底打破了公有制一统天下的局面,呈现以非公有经济为主体的多元格局。商业、服务业、工业中小企业私有化,无疑应当肯定。但是,对大中型企业私有化则应另当别论。全面分析,俄私有化过程开创了权力转化为资本、资本与权力相结合的特殊的原始资本积累道路,它导致社会财富快速向占人口极少数(约 5%—6%)的暴富者手中集中,滋生出一个新生的官僚买办资产阶级,在其顶端的是一小撮金融—工业寡头。

新生的官僚买办资本家在私有化过程中是如何瓜分公共财富,掠夺广大民众,进行原始资本积累的呢?一是廉价收购私有化证券,转而购买企业股票,掌握控股权。俄私有化是从无偿发放私有化证券起步的。政府给每个公民(1.49 亿人)分发面额 1 万卢布(按 1992 年汇率计算合 72 美元)的证券。凭证可购买企业股票或入股投资基金,也可有偿转让或出卖。但接着发生恶性通货膨胀,1992 年物价上涨达到 2508%。广大民众迫于生计,纷纷出卖私有化证券。暴富者乘机廉价收买,私有化证券向他们手中集中。二是在有偿私有化阶段,政府将部分国有企业或国家控股的企业实行公开拍卖,金融寡头或者其他暴发户通过钱权交易,按照大大低于实际价值的价格收购。三是在银行私有化和全面开放金融市场过程中,乘机聚敛钱财。他们纷纷创办银行(最多时达 3000 多家)和各种储蓄机构,高息揽储,炒买炒卖外汇;或者开设投资公司,借用民间资本对国有企业进行收购、兼并、重组;或者通过向政府提供抵押贷款(即俄政府实行的"股票抵押贷款计划"),吞并国有企业。四是在企业改制分配股权之机利用行政或管理权力掌握股票控制权。私有化《纲领》提出了三种股份制方案供企业选择:按照第一方案,企业领导人除可得到不超过法定资本 25% 的优先股(优先分到股息)外,还可按优惠条件购买不超过法定资本 5% 的有表决权的普通股。第二方案,企业职工可按国家资产委员会规定的价格购买 51% 的有表决权的股票，成为企业的实际所有者。按照这个方案，企业领导人的身份便由国有资产代理人转化为企业实际控股人。第三种方案，企业股票50%自由出售，20%有投票权的股票按30%的折扣出售给企业职工。绝大多数企业都选择了第一、第二种方案。由于市场秩序混乱，政府管理部门失职，腐败成风，资产评估机构职能扭曲，股份制改造成了权势者瓜分国有资产的一次盛宴。五是在垄断的金融资本和产业资本互相融合的基础上，资本又进一步向政治渗透，出现了资本权力化的势头。一些寡头被叶利钦任命为政府要员直接主政。

据俄议会材料，500家大型国有企业实际价值超过一万亿美元，但只卖了72亿美元，给国家造成的损失上万亿美元。财政取得的收入很少。1992—1996年，私有化进款占政府预算收入的比重仅为0.13%—0.16%。许多大型企业的售价仅相当于欧洲一个中型面包作坊的价格。例如，有职工34000人的乌拉尔机械制造厂仅卖了372万美元，车里亚宾斯克拖拉机厂有54000名职工，仅卖了220万美元。

6. 俄改革过程中，始终存在着资本主义和社会民主主义、自由市场经济和可调节的市场经济、全面私有化和有限私有化、激进改革与渐进改革两种思潮、两种社会势力、两种改革思路的论争和搏斗。叶利钦执政期间，政治风波不断，政府更迭频繁，曾五次撤换总理改组内阁。随着政府首脑更替，改革时而大步推进，时而进行调整，时而改改，时而停停。从政府政策走向来看，大体上可分为两派：一派是以叶利钦—盖达尔为代表，另一派以切尔诺梅尔金—普里马科夫为代表。在改革的指导思想上，前者主张无条件地根据新自由主义和货币主义理论设计改革的模式和改革战略；后者主张从俄国国情出发，参照社会市场经济理论和政策，选择改革目标模式和改革战略。在改革的战略步骤上，前者主张实行"休克疗法"，用强制手段使各项改革措施一步到位；后者认为"休克疗法"招致灾难性后果，主张采取有利于社会和经济稳定的改革步骤，改革应稳步推进。在所有制结构方面，前者主张实行全面私有化，确立私有经济在国民经济中的主体地位，取消国有制的领导地位，把国有经济限制在提供公共物品等极少数部门，快速培育出作为政权支柱的私有者阶级；后者主张实行混合经济制度，大力发展多种形式的小私有制，国有大中型企业普遍实行股份制。在经济调节方面，前者主张实行自由竞争的市场经济体制，政府靠货币和财政政策对宏观经济运行进行间接调节；后者反对市场理想主义，主张实行可调节的市场经济，加强国家干预经济，稳定财政和金融，规范市场秩序。在对外经济关系方面，前者主张对外贸易自由化，全面对国外开放市场，把经济改革和经济恢复的希望寄托在西方国家的援助上；后者主张吸收外资，改善投资环境，但应大力扶持本国企业，刺激出口，对本国市场和民族经济实行必要的保护。

俄改革自始就存在两种思潮、两种指导思想、两种对策的争议。由于叶利钦主政，前一派居主导和支配地位。尽管这一派的政策导致灾难性后果，尽管后者企图消灾除难，缓解前者造成的负面影响，对政策进行必要的调整，但最终均遭到罢官的厄运，以失败收场。

7. 俄改革目的是为了消除苏联计划经济体制的弊端，但是新体制"只休克，不治疗"，破坏了经济转型所必要的安定的社会环境。

1992年，叶利钦—盖达尔全面贯彻"休克疗法"的各项措施相继出台。这一年，GDP下降14.5%，物价上涨2508.8%，财政赤字占GDP的比重上升到21.8%，失业率4.9%，生活在贫困线以下的人口达到33%，拖欠工资2.219万亿卢布，投资下降45%，进出口总额下降23%，卢布贬值。紧缩银根更加剧了企业的艰难处境，导致全面支付危机。从此，俄陷入了经济、财政、金融危机的深渊，难以自拔。年底，盖达尔被议会赶下了台，切尔诺梅尔金接任政府总理。面对濒于崩溃的经济，切着手进行整顿和调整，阻止生产继续下滑，遏通货膨胀，加强社会保障。1993年8月政府颁布了《发展改革和稳定俄罗斯经济1993—1995年工作计划》。但是，正当切的政策初显成效的时候，叶利钦出于政治上的疑虑，不断对切施加压力，声言：不允许口头上表示改革而实际上放弃改革；如果出现扼杀改革的倾向，他就会把这种倾向消灭在萌芽状态；他将捍卫1992年1月开始的经济改革方针。这样，身为政府总理的切氏便陷入了两难的困境：要克服经济危机，就必须放弃"休克"，调整已出台的改革措施，这就势必得罪激进改革派；若迁就激进派，就得继续"休克"下去，危机势必继续加重。切只好走钢丝，在二者之间寻求平衡点，既能克服危机，又可获得叶的信任和支持。但毕竟鱼和熊掌是不可兼得的。所以，他只能在叶所能接受的范围内，采取有限的措施缓解各种矛盾，绝不可能根除危机。

就在切着手调整政策，整顿经济秩序的时候，1994 年爆发了金融危机，卢布与美元的比价由 2600∶1 猛跌到 4000∶1，经济形势进一步恶化，GDP 下降 15%。形势迫使切加强了宏观调控的力度。就在切的调整和整顿措施初见成效，经济出现转机的时候，1998 年 3 月叶却一意孤行将切革职。

短命的基里延科上台一个月，便爆发了由金融动荡酿成的全面经济危机。四个月后普里马科夫接任。普的政策，近期以稳定经济、消除危机、发展生产、整顿市场秩序为重点，远期强调从俄国国情特点出发，走一条加强宏观调控、独立自主与对外开放相结合、强国富民的社会市场经济道路。由于社会矛盾尖锐，政坛动荡不定，首脑频繁更迭，调整和稳定经济的政策因缺乏连贯性而难以取得预期成效。叶执政十年，俄改革始终在经济危机和社会矛盾相互交织、相互影响中陷入恶性循环。

三　"休克"使俄罗斯付出了什么样的代价

俄改革历时 15 年，不能说毫无成效。但是，代价是巨大的，后果是惨重的。

记得，十年前笔者参加苏联科学院经济研究所召开的一次有关改革的研讨会上，有位俄学者曾预言："苏联的经济改革如果实行全盘私有化，只能使那些手中有权的官吏和黑手党发财致富，广大人民决不能从中受益。"俄的现实不幸被这位学者言中，而鼓吹"休克"能让俄人民过上富裕生活的许诺却成了破灭的泡沫。私有化是对国有资产和公共财富的一场空前浩劫，是对广大俄罗斯人民的无情掠夺，是俄国历史上一场空前的大灾难。

——据俄杜马听证会公布的材料，1992—1996 年，私有化给国家造成的经济损失，按 1995 年价格计算，超过 9500 万亿卢布，相当于卫国战争期间损失的 2.5 倍。

——综合国力被严重削弱，生产力大幅度下降。与 1991 年比，GDP 下降 56%，工业下降了 60%，农业产值下降 50%。与美国的差距拉大，1986 年国内生产总值相当于美国的一半，1999 年降为美国的 1/10。

——持续严重的通货膨胀，多年恶性通货膨胀，不仅造成经济生活混乱，而且使广大民众遭到空前浩劫。改革以来，物价飞涨，卢布贬值。消费价格指数比上年上升1991年为168%，1992年上升为2508.8%，1993年上升为844%，1994年上升为214%，1995年上升为131.4%，转轨五年，物价上涨了近5000倍。近几年通胀略有下降，1996年为21.8%，1997年为11%，1998年为84.4%，1999年为36.5%。81%的居民已经没有储蓄存款。卢布大幅贬值：美元与卢布比价1991年为1：59，1992年为1：222，1993年为1：933，1994年为1：2205，1995年为1：4562，1998年跌到1：6000。1998年实行币制改革，新旧卢布的比价为1：1000，新卢布与美元的比价6：1，现在已跌到28：1。

——债台高筑。政府财政入不敷出，靠发行钞票和举债度日。内债余额约200万亿卢布，外债余额新增约600多亿美元。政府预算1/3用于偿还债务。

——对外全面开发市场，收效甚微，不仅本国民族经济受到跨国公司挤压，而且屡遭国际金融大鳄的冲击。改革以来，俄引进外资累计仅为400多亿美元，而外逃资金约1500多亿美元，国家外汇储备仅为270亿美元。1998年5月金融市场发生动荡，外商在不到两周的时间里抽走资金约140亿美元。贸易自由化将国内市场拱手让给外国。据1997年资料，外国产品占据国内市场的份额达84%。

——人口危机已经构成经济发展的严重威胁。由于出生率下降，死亡率上升，90年代以来俄人口减少330多万人，1999年出生人口121.58万人，而死亡人口却高达214.03万人。如果目前的出生率和死亡率的比例保持下去，到2050年俄人口将从现在的1.45亿人减少到1.16亿人，劳动人口将减少一半。

——人民实际生活水平普遍大幅度下降，两极分化十分严重。1992年俄全面推行"休克疗法"，导致经济瘫痪，物价飞涨，卢布贬值，居民损失了4600亿卢布储蓄，物价上涨51倍，而名义工资仅提高11倍。1999年失业率高达15.2%，占人口10%的最富有者在全体居民总收入中的比重达45%。最富有者的收入是最贫困者的48倍。58%的居民生活达不到最低生活标准。拖欠工资和养老金经常不断。家庭副业和第二职业成为城市居民生活的主要来源。

——金融—工业寡头的触角已经延伸到经济、政治、文化和其他社会生活的各个领域，操纵和控制俄经济命脉，左右俄的政策。金融—官僚寡头崛起是俄改革引人注目，令人深醒，发人深省的现象。七人集团中最有权势的代表有：

别列佐夫斯基——石油集团总裁。估计个人财产 30 亿美元，居全球富豪第 97 位。曾任叶利钦政府国家安全委员会副秘书。

波塔宁——涅克辛姆银行—诺里尔斯克镍业—辛丹卡集团总裁。仅银行总资产 380 亿美元（相当于全俄 GDP 近 1/6）。集团年收入超过 160 亿美元。曾任叶政府第一副总理。

吉辛斯基——桥集团总裁（银行和媒体寡头）。个人财产 4 亿美元，控制几家电视台和报纸、电台。

据英国《金融时报》报道，别列佐夫斯基披露几大金融集团控制了50% 俄经济，实际控制了银行、国家预算资金、军火和稀有金属贸易、石油以及轻工业、绝大部分传媒。金融寡头竭力左右俄政治，1996 年总统选举时，他们为叶利钦竞选筹集资金 7000 万美元。他们控制的新闻媒体为叶上台大造舆论。

——地下经济泛滥，黑社会组织猖獗。据科学院社会学所资料，黑帮控制了 50% 以上经济实体。地下经济，官方估计约占 40%—50%。

——经济实物化，物物交换盛行。原因是经济持续衰退，供需矛盾尖锐，企业普遍亏损，债务累累，币值不稳，支付危机，双币流通，卢布作为劣质货币遭冷遇。据估计，以物易物的实物交易量约占 50% 以上。这种"反祖"现象完全背离了市场化改革的初衷。

——企业改制后，虽然摆脱了俄政府的控制，拥有经营管理的自主权，但经营机制的转换却严重滞后，普遍陷入了管理混乱、经营不景气、生产亏损的困境。据官方资料，大约有 80% 的企业身陷资金匮乏、原材料紧缺、产品销路不畅的困境。1991—1997 年，投资下降 92%，结构调整和升级严重受阻，企业设备普遍老化，无力更新。

——政治腐败和经济犯罪愈演愈烈。西方记者认为，俄腐败已经渗透到了各个角落，上自叶利钦家族、内阁部长，下到基层政府官员、企业领导人。大量的经济官员和企业领导人都蜕变为新生的官僚资本家。有人估计，企业家每月向官员行贿的数额约五亿美元。

总之，面对严酷的事实，俄改革的后果是惨重的，代价之大是史无前例的。我们究竟应当从中吸取什么有益的教训？这是发人深省，令人深思的。

四　没有答案的经济发展前景

叶利钦下台了，俄罗斯经济从此是否能走上复苏和振兴之路，是否能避免时而"休克"时而调整的恶性循环？

与我国相比，俄罗斯经济实现快速持续发展，具有得天独厚的优越的客观条件。它拥有丰富的自然资源，特别是当今世界上稀缺的战略资源，拥有高素质的人力资源，科技和教育事业发展有较厚实的基础。因此俄经济发展的潜力是巨大的。就自然资源而言，它的拥有量占世界份额，森林为40％，石油为40％，天然气为45％。70％—80％的成年人均受过中等和高等教育，九年义务教育制早已普及。俄拥有一支人数众多的居世界前列的科技队伍。在基础科学和应用学科的诸多领域中俄仍居世界领先地位。如果看人均拥有的自然资源和智力资源，世界上没有一个发达国家可与俄相比。

俄经济发展的潜在优势能否转化为现实优势，关键的因素决定于俄当权者能否合乎潮流、顺乎民心转变改革的思路，吸取"休克"的惨痛教训，调整改革的政策和路线。当前，俄经济发展正处在何去何从的重要时刻。如果继续"休克"，推行没有叶利钦的叶利钦路线，经济再度陷入衰退或危机的可能性是不能排除的；如果能从俄国情出发，寻求一条旨在实现人民共同富裕、国家强盛的改革新路，经济恢复和振兴是有希望的。普京当选总统后，从他发表的施政纲领和出台的政策措施来看，已经显示出他在政治上对叶利钦保持了很大独立性和主见。各种政治势力，除少数极右和极左势力之外，对保持社会安定和恢复发展经济已经取得共识，政府和议会关系趋向协调。这些积极因素对消除"休克"的恶果是有利的。2000年GDP增长7％，达到了90年代以来最高的速度，工业生产增长10％，投资增长20％，通货膨胀率降至20％。这表明俄经济已出现了止跌回升的亮点。

但是，要完全消除"休克"造成的恶果，还要走很长的路程。据估计，如果每年 GDP 的增幅不低于 5%，恢复到 1990 年的水平可能要十年。

五　毛泽东：以苏为戒

在社会主义发展史上，最先从理论与实际的结合上指出了苏联社会主义建设的历史经验和教训，向苏联模式提出挑战的，是毛泽东。1956 年 4 月 25 日他发表了著名的《论十大关系》讲话，指出："最近苏联方面暴露了他们在建设社会主义过程中的一些缺点和错误，他们走过的弯路，你还想走？过去我们就是鉴于他们的经验教训，少走了一些弯路，现在当然更要引以为戒。"毛泽东作为一位彻底的唯物主义者，从不相信有什么天才，从不认为人的正确思想是从人的头脑中来的。他始终坚持实践是认识真理的源泉。人的正确思想，包括理论、方针政策、路线，都来自于对实践经验和教训的科学总结。他曾经对友人说："我是靠总结经验吃饭的。"

"以苏为戒"，这是当年毛泽东同志给我们出的一个课题。现在，苏联已经解体，我国改革开放已经取得了举世瞩目的成就，深化改革的目标是完善社会主义市场经济体制。"以苏为戒"是否不合时宜，"以苏为戒"是否应当"以西为师"取而代之呢？眼下虽时过境迁，但"以苏为戒"依然是我们需要认真研究的课题，苏联解体和俄罗斯改革进一步拓展了这个课题研究的范围，增添了新的研究内容。在我们代表团访问期间，主人不只一次地坦诚相告："你们来俄国访问，学不到什么经验，但是可以看看什么不能做、什么不该做！"有位议会官员语重心长地说："你们中国有句名言：'只有社会主义，才能救中国'。现在应当加上一句：'只有中国，才能救社会主义！'"

（原载《中国经济时报》2001 年 3 月 30 日）

垄断资本贪婪导致世界经济危机

——从"次贷"危机透视美国经济

自美国发生"次级住房抵押贷款"危机后，危机的涉及面不断扩大，并演化为一场波及全球经济的金融危机，发展中国家亦受其害。笔者试图提供一个研究"次贷"问题的新思路：既透过"次贷"看美国经济，又透过美国经济看"次贷"危机。

一　"次贷"危机本质上是资本主义经济危机

怎样认识美国盛行的"次级抵押贷款"以及由它引爆的金融危机？学界众说纷纭。有人认为，"次贷"危机是局部的、短期的问题。笔者的看法是，"次贷"及其危机并不是美国经济局部的、偶然发生的问题。"次贷"危机实际上是美国经济的缩影，它不仅仅是一场金融危机，本质是资本主义的经济危机。这从美国经济的一些特点可以看出。

——经济呈现虚拟化、泡沫化。房地产业是美国经济三大支柱之一，半个世纪以来，在整个经济中的比重一直在 20% 以上，带动六十多个相关产业。抵押贷款占房地产半壁江山，"次贷"比重又占其中的一半。但这根支柱的根基却建立在"地震带"上，且毫无抗震能力。"次贷"上市，在住宅市场之旁形成了一个以"次贷"证券为交易对象的金融市场。在这个市场上，起主导作用的不是消费者，而是债权证券的投资人，他们的行为服从于证券收益最大化。过度投机造成"次贷"证券市场脱离实体经济而虚拟化、泡沫化。

——居民消费靠信贷支撑，家庭债务负担沉重。消费需求持续增加是经济协调稳定增长的源泉和前提。美国是高收入、高消费的富国，但贫富两极分化、基尼系数高一直是困扰其经济的难题。政府和厂商企图用消费信贷的对策鼓励消费，缓解生产与消费的矛盾。但是，消费信贷在暂时增加居民消费的同时，却使广大中低收入家庭沦为"债奴"。2001—2004年"次贷"快速膨胀时期，美国家庭债务占收入的比重上升到136%，家庭债务余额高达11.4万亿美元，相当于当年GDP的3/4以上。

——财政赤字长期居高不下，政府入不敷出。财政收支平衡，是政府有效履行职能的物质保证，也是国家经济可持续发展和有效运用财政政策实施宏观调节的必要前提。但是，美国政府无视财政运作的基本规则，长期奉行赤字财政，依靠发行国债来弥补财政亏空。1980年，美国财政赤字为762亿美元，占GDP的1.94%；2005年达到创纪录的4992亿美元，约占GDP的4%。

——巨额外贸赤字拖累了世界经济。进出口贸易平衡，是一国外贸可持续发展的前提。但是，如今美国却背上了巨额外贸逆差的沉重包袱。2006年，美国外贸逆差高达8830亿美元，居世界之首，占全球外贸额的1/3。据此，美国为了弥补巨额逆差，每个交易日必须借34亿美元外债。

——一方面在国内外大肆举债，另一方面无节制地滥发国债，造成债务恶性膨胀，经济虚拟化、泡沫化。2006年美国净外债对GDP的比例达到50%，经常项目的赤字为8000多亿美元。美国国家审计署资料显示，美国内外债余额为53万亿美元，为GDP的数倍；金融资产的市值达到46万亿美元的规模。滥发美元和债券，导致金融业恶性膨胀，三次产业畸型发展，经济整体虚拟化、泡沫化。

美国经济这座庞然大厦隐含着深刻的危机，根基正在动摇。"次贷"危机只是冰山一角，是资本主义经济危机的导火索。随着"次贷"危机的扩散和蔓延，实体经济的危机必然产生。"次贷"危机一开始影响的是美国的房地产业，导致房地产价格大幅度下降和房地产投资急剧萎缩，其后影响到能源、汽车等行业，目前事实上已经发展为一场经济危机。

有些学者作了很好的分析，认为"次贷"危机的出现是因为美国的金融监管出现了问题，监管当局没有对金融创新进行有效监管；认为是美国的消费模式出现了问题，过度消费导致了经济泡沫化。这些都是重要的原因，但都只是浅层次的原因，危机的根源还在于资本主义的基本矛盾，即生产社会化和生产资料资本主义私人占有制之间的矛盾。这一矛盾决定了在资本主义社会，劳动成果大部分被资本所有者占有，劳动者购买能力不足，因而必然会出现生产相对过剩的危机。美国不可能改变资本主义所有制，因而这一基本矛盾在资本主义社会内部不可能得到解决。尽管美国已经到了经济高度发达的阶段，有足够的经济实力解决贫困问题，但基本劳动者的贫困问题还远未得到解决，还有数千万的无房户。为了扩大需求，美国只能采取消费信贷来提升购买能力，以刺激经济增长。但降低信贷门槛，实行扩张性的财政政策和货币政策，只是形成了虚假的购买力。这些措施只能在短期内发挥作用，不可能解决生产和消费中存在的矛盾。因此，研究"次贷"危机的根源，不能忽视垄断金融资本的贪婪引发金融危机的必然性。

二　"次贷"和所谓"金融创新"

从 20 世纪 70 年代以来，美国金融业掀起了一波又一波改革创新热潮，把金融创新、混业经营、开发金融衍生品列为改革的重要任务。金融衍生品成为融资和牟利的重要工具，名目繁多的抵押贷款证券便是其中之一。

金融创新特别是其中的衍生品创新，必须有一条不可逾越的底线：以为实体经济服务、促进实体经济发展为原则。美国"次贷"危机爆发的原因就在于违背了这个原则，突破了这条底线，终于酿成灾难。

——从"次贷"膨胀的背景看，注定它是证券市场上的一颗灾星。证券市场是实体经济融资的重要渠道。发行债券是实体经济发展的需要。但是，"次贷"膨胀却有特殊的背景。20 世纪 60 年代"次贷"问世后，在相当长时期并未在抵押贷款市场上占据主体地位。只是到了本世纪初，房地产热引发住宅价格上升，再加上实行低利率政策，财富效应和投资效应诱使房地产金融机构涌向"次贷"，把它当作尚待开发的金矿，导致"次贷"规模和品种快速膨胀。美"次贷"余额 2001 年仅为 1200 亿美元，2006 年增加到 14000 亿美元。"次贷"形成了房地产市场巨额虚拟购买力。

——"次贷"运作逆信贷通行规则而行，给金融危机埋下隐患。"次贷"对象是信用等级低、履行贷款合同前期还本付息缺乏可靠保证的客户。

贷款人把赌注压在住宅价格上升上，一旦客户毁约便收回抵押房产，自身不会受损。而且更重要的是，借助"次贷"证券可以把风险转嫁给其他投资者。房贷公司玩的是空手套白狼、买空卖空的把戏。它先从银行借入资金，再从零售商买入房贷，然后打包成证券出售给投资者，投资者再将证券投入市场，每次倒手都可获得可观收入，GDP 也会相应增加。但房宅变现的链条却在延长，一旦某个环节发生支付危机，整个链条便会引起"多米诺骨牌效应"。2007 年，美"次贷"余额虽然只有 1.2 万亿—1.5 万亿美元，但经过包装衍生为证券在二级市场流通，总规模膨胀到 10 万亿美元，其中在国际上流通的约占 2/3，涉及"次贷"业务的金融机构多达 2500 多家，全球 45 家大银行和券商都卷了进去。足见这种所谓"金融创新"，在设计之初就埋下了搅乱金融秩序、制造金融危机的祸根。

三 "次贷"和经济全球化

"次贷"在美国经济总量中的份额可以说微不足道，但在经济金融领域的影响却不容忽视。经济全球化是近代社会化生产力发展的产物。资本主义列强在全球实行经济扩张，把其他国家和民族拉入了世界资本主义市场。

我们探讨经济全球化，似应区分两个问题：一是社会经济发展的客观趋势；二是当代世界经济体系的现状。如果不作这种区分，用前者代替后者，就可能走偏方向。有人鼓吹"市场无国界"就是例证。当代世界经济体系现状的特点：一是美国等发达国家居主宰、主导地位，特别是美国利用自己的经济优势推行经济霸权主义；二是国家间的经济关系不公平极其严重，其程度已经达到发达国家靠发展中国家、富国靠穷国养活的荒唐地步。

美国是当今世界头号经济大国，其在经济上有两面性。"次贷"危机暴露了美国经济的致命弱点，但它毕竟拥有无与匹敌的强大实力。2004 年，美国经济总量（GDP）约占世界 34%，外贸总额占 20%，美元占全球外汇储备的份额为 64%，美元交易额占全球外汇交易的 62%，美元在全球贸易结算中占 66%。美国还拥有维护本国利益、推行世界经济霸权主义的重要工具，即它直接控制着世界银行、国际货币基金组织、世贸组织；主导制定了一系列体现其意志和利益的国际经贸制度。

那么，美国是如何利用经济全球化牟取私利的呢？（1）从加工贸易的发展中，美国获得了产业分工的巨大效益，使它能够把有限的短缺资源用于发展高新技术和高附加值产业。（2）美国无偿占领了世界上最大的、最具发展潜力的市场。当今世界，市场是最稀缺、最宝贵的资源，但市场却无价。市场是美国经济持续发展的生命线。（3）利用美元霸主地位，用分文不值的虚拟财富——纸币美元投资，获取高额回报。（4）向他国转嫁环境污染和高物耗成本，以保护本国生态环境和稀缺自然资源。（5）通过跨国公司操纵国际市场行情，用高油价、高矿产品价、高粮价等搜刮发展中国家，牟取暴利。（6）推行弱势美元政策，操纵汇率，造成美元大幅贬值，美元储备缩水，使包括中国在内的一些国家蒙受巨大损失，从而减轻美国外债压力。（7）巨额投机资本（有资料估计，每天在世界市场上流动的热钱约1万多亿美元）在国际金融市场兴风作浪，破坏市场秩序，操纵外汇行情，搅乱股市，时刻威胁发展中国家经济的稳定和安全。

总之，事实表明，发展中国家和发达国家之间的经贸关系，绝不是什么"失衡"、"不平衡"的问题，而是不平等、不公平、不公正。撕开平等竞争、公平贸易的假面具，展现在人们眼前的现状是：美国等发达国家把发展中国家视为任意宰割的羔羊，从它们的身上扒走的不是一层皮，而是十几层皮。

四　"次贷"和新自由主义

20世纪70年代，新自由主义取代凯恩斯主义跃升为西方主流经济学，主导美国政府的经济政策。"次贷"出笼，是新自由主义的产物；"次贷"危机，也是新自由主义酿成的苦果。

（一）从投资和信贷两方面刺激房地产业的繁荣和发展，形成经济新的增长点

20世纪末，美国互联网泡沫破灭，纳斯达克崩盘，但房地产业得益于政府扩张的货币政策而幸免于难，保持了90年代的发展势头。2000年，美联储为遏制经济衰退，宣布将联邦基金利率下调50个基点，利率从6.5%下调为6%，接着连续13次降息，2003年6月，利率降至1%，并持续了一年多。受

美联储低利率政策的影响，商业银行和证券市场的利率纷纷下调。30 年期住房固定抵押贷款利率从 2000 年年底的 8.1%，降至 2003 年的 5.8%。一年期可调息抵押贷款利率从 2001 年年底的 7%，降至 2003 年的 3.8%。"次贷"趁放松银根之机急速膨胀。2003 年，美国住房抵押贷款发放规模创历史新高，达 4 万亿美元；2006 年，住房抵押贷款市场成为美国最大的债务市场，达 8.82 万亿美元，"次债"余额跃居第二位，占 12%。放松银根直接刺激了住房投资的攀升。2006 年，住房投资在全部投资中所占的比重，上升到 30% 以上。本世纪初，消费在 GDP 中所占的比重，突破了 70% 的大关。

（二）在实现"居者有其屋"战略目标中，政府的主导作用逐步让位于市场，房价实行市场化

70 年代开始，美国房地产业走上了市场化道路。这主要表现在：第一，将低收入者推进市场，靠住房金融市场实现其住房需求。第二，按照市场化、私有化原则将原有以政府房贷机构为主体的结构，改造为以私人资本为主体的多元结构。先后通过改制新建了两家房贷巨头——房地美和房利美，占据了房贷市场半壁江山。现在，这两家股份公司持有和担保的房贷总额高达 5.3 万亿美元。第三，放开房价，由供求调节市场。在低利率的"次贷"政策刺激下，住房价格一路飙升。1997—2006 年房价上涨了 85%，为战后第二个高峰。第四，房地产热和房价持续上涨，给住房带来了巨大的"财富效应"。政府企图借此来增加居民收入，缓解分配不公的矛盾。2001 年以来，房地产市场带来的财富高达 6 万亿美元，个人消费因此增加 5000 多亿美元。但好景不长，泡沫最终还是被刺破。

（三）政府放任房贷监管，房地产金融专门化、独立化，走上了自由化经营道路

住房信贷市场具有高风险性，本应严加监管。但美国政府却反其道而行之，实行自由化。"次贷"的恶性膨胀就是经济金融自由化酿成的灾难。股市泡沫破灭之后，美国并没有从中吸取教训，仍然我行我素，继续奉行新自由主义教条。在所谓金融创新和改革的旗号下，为"次贷"畅行一路大开绿灯：向低收入者放宽借贷条件；开放房贷二级市场；准许发行房贷证券；支持抵押贷款衍生工具等等。大量投机资本涌向房地产金融，其衍生品名目之多，仅房地产信托投资基金就有三百多种，抵押品不断创新，什么"转按"、"加按"、"换按"、"转加按"、"二按"、"再按"，住房证券市场急速膨胀，规模超过债券市场的三倍，其功能已经由实现"居者有其屋"蜕化为金融投机家的大赌场。

"次贷"危机的爆发、扩散，再次宣告了新自由主义及其经济政策的破产。自2007年4月美国第二大次级贷款机构新世纪金融公司向法院申请破产保护以来，西方国家政府面对"次贷"危机的威胁，动用了经济、财政、金融、行政手段以解救陷入困境的银行业，遏制"次贷"危机蔓延和扩散，避免经济陷入全面衰退。甚至通过媒体散布"次贷"风波即将过去。但是，一年多过去了，救市的一切措施均未能如愿。"次贷"危机还在蔓延，而且又遇到了通货膨胀率和失业率上升、经济减速的难题。这些矛盾交织在一起，互相影响，正在把这些国家拖进一场世界性的经济衰退。当然，由于全球各国政府联合救市，使危机可以得到缓解，不会出现20世纪30年代那场大危机造成的惨状。

新自由主义已经走到尽头，西方资本主义国家就求助于凯恩斯主义，主要采取财政政策刺激需求，减小危机带来的危害。对资本主义国家的这些方法我们需要恰当地评价。刺激需求对于减少危机的深化，能发挥一定的作用，但不能消除危机，而且给西方资本主义国家埋下了更多的隐患。政府采取赤字财政政策，钱从哪里来？只能发国债，但欠下的债总是要还的。这种寅吃卯粮的方法会导致经济矛盾进一步突出，可能不仅刺激需求的目的难以达到，而且会引起通货膨胀。

货币主义救不了美国，凯恩斯主义也救不了美国。它们不得不打出最后一张王牌：国有化。2008年2月，英国财政大臣宣布将北岩银行暂时收归国有。无独有偶，9月，美国政府在向房地美和房利美两家公司注入财政资金无效之后，被迫宣布由政府接管这两家公司。这一举措令世人震惊，被认为是"史无前例"。国有化能否救市，人们拭目以待。但"次贷"危机却向世人宣告：新自由主义及其信条市场原教旨主义已经陷入绝境。

（原载《红旗文稿》2009年第1期）

"次贷"危机是经济风暴的前兆

自去年夏季以来，美国等西方国家一直在"次级抵押贷款"的危机中苦苦煎熬、挣扎。发展中国家也深受其害。"次贷"危机至今依然是困扰世人的世界性难题。

近三十年，由于新自由主义思潮泛滥成灾，国人对美国及其经济有一种莫名的迷信和神话化，以致把它当作改革的目标模式和榜样。然而，"次贷"危机的爆发和蔓延，犹如一副令人清醒的退热剂，让人们重新审视新自由主义及其市场原教旨主义信徒们的说教。

这里试图提供一个新的思路研究"次贷"问题：即透过"次贷"看美国经济；又透过美国经济看"次贷"危机。这样思考问题，也许可以避免就事论事，可以从我们和世人已缴付的不菲"学费"中得到有益的收获。

"次贷"及其危机并不是美国经济
局部的、偶然发生的问题

怎样认识美国盛行的"次级抵押贷款"以及由它引爆的信用危机？学界众说纷纭。有人认为，"次贷"危机是局部的、短期的问题，美国经济的基本面是好的，实体经济并未受到影响。

我的看法是，"次贷"及其危机并不是美国经济局部的、偶然发生的问题。"次贷"实际上是美国经济的缩影，"次贷"金融风波可能是美国经济大危机的先兆。

"次贷"是20世纪60年代趁美国房地产热之机，商业银行在"金融创新"的旗号下推出的一种金融衍生品。所谓"次级住房抵押贷款"，是贷款人向信用级别较低的客户，按较优惠的条件以房产作抵押提供贷款，而贷款人则将债权打包，用资产担保证券的形式出售给投资者。"次贷"及其证券、衍生品种类繁多，主要特点如下：

——靠贷款实现消费。即借用投资人的钱满足自身的消费需求，然后用未来预期的收入偿还债主。

——转嫁市场风险。设计这种衍生品的初旨，美其名曰"分散经营风险"。但实际上是将市场经营风险转嫁到众多投资者和低收入群体身上。而且随着信用链条延伸，一旦发生支付危机，将引起"多米诺骨牌"效应。

——助推参与者的投机性。设计此类衍生品是以对住宅市场持续升温和房价攀高，购房者和债券持有者能够实现资产增值，从而能够承担高利率负担为预期前提的。但是，在现实生活中这样的前提根本不存在，投资者一旦落入圈套，便千方百计靠投机脱身。

——酿造经济虚拟化、泡沫化。货币是价值尺度和交换媒介。货币流通是商品流通的产物，它是为商品流通服务的。但当货币异化为资本后，它便成为以追求自身增值为目的，并取得独立的运动形态：G—G′。这样，在实体经济之外，形成了一个与之并存的虚拟的货币经济。"次贷"证券上市，在住宅市场之旁形成了一个以次贷证券为交易对象的金融市场。在这个市场上，起主导作用的不是消费者，而是债权证券的投资人，他们的行为服从于证券收益最大化。过度投机造成"次贷"证券市场脱离实体经济而虚拟化、泡沫化。

——承担着经济支柱的重任。房地产业是美国经济三大支柱之一。半个世纪以来，在整个经济中的比重一直在20%以上，带动六十多个相关产业，抵押贷款占房地产半壁江山，"次贷"比重又占其中的一半。但这根支柱的根基却建立在"地震带"上，毫无抗震能力。

"次贷"并不仅仅是种金融衍生品。经过几十年的运作，它已经发展为金融行业的重要分支，成长为相对独立的经济形式。

"次贷"实际上是美国经济的缩影。透视"次贷"，人们就可以看清美国整体经济的致命弱点。"次贷"危机的根源在于美国的经济制度和经济体制。"次贷"危机是美国整体经济体制病症的先兆。

——居民消费靠信贷支撑，家庭债务负担沉重。消费需求持续增加是经济协调稳定增长的源泉和前提。美国是高收入、高消费的富国，但贫富两极分化、基尼系数高一直是困扰美国经济的难题。政府和厂商企图用消费信贷的对策鼓励消费，缓解生产与消费的矛盾，维持70%的消费率。但是，消费信贷在暂时增加居民消费的同时，却使广大中低收入家庭沦为"债奴"。2001—2004年"次贷"快速膨胀时期，家庭债务占收入的比重上升到136%，家庭债务余额高达11.4万亿美元，等于当年GDP的3/4以上。这就表明，作为美国经济的三大支柱之一，消费是靠债务维持的；与消费相关的产业群的发展，也是把希望寄托在消费信贷的持续上。但周而复始的经济衰退和危机，股市崩盘，房地产泡沫破灭等等，使消费信贷的违约率一路攀升。美国房贷的损失率一度高达37%（1998年），"次贷"损失率在20%至40%之间，2007年第二季度达到50%。

——财政赤字长期居高不下，政府入不敷出。财政收支平衡，是政府有效地履行职能的物质保证，也是国家经济可持续发展和有效运用财政政策实施宏观调节的必要前提。但是，美国政府无视财政运作的基本规则，长期奉行赤字财政，依靠发行国债来弥补财政亏空。1980年，美国财政赤字为762亿美元，占GDP的1.94%；1998年，美国财政账面盈余500亿美元，但这是靠动用社会保障资金填补财政资金缺口。之后，赤字逐年攀升，2005年达到创纪录的4992亿美元，占GDP的4%。今年10月开始的2009年度预算赤字将高达4820亿美元，实际可能突破5000亿美元大关。但尽管如此，今年美国国会仍通过了3000亿美元的一揽子住房救助法案。这3000亿美元对深陷危机泥潭的住房市场不过是杯水车薪。下届政府将陷入"次贷"和财政双重危机的困境。

——巨额外贸赤字拖累了世界经济。进出口贸易平衡，是一国外贸可持续发展的前提。美国是贸易大国，年进出口额占世界的20%以上。外贸是美国经济的重要支柱。强大的实体经济、巨大的市场容量以及美元的霸主地位，是美国在当今国际市场上的绝对优势，没有哪个国家有实力挑战美国的地位。按理说，美国可以高枕无忧。但是，如今美国却背上了巨额外贸逆差的沉重包袱。2006年，美国外贸逆差高达8830亿美元，居世界之首，占全球外贸额的1/3。据此，美国为了弥补巨额外贸逆差，必须每天借20亿美元外债。

——一方面在国内外大肆举债，另一方面无节制地滥发国债，造成债务恶性膨胀，经济虚拟化、泡沫化。

2006年美国净外债对GDP的比例达到50%。经常项目的赤字为8640亿美元。各国以美元为储备的外汇储备额达到2.72万亿美元。据美国国家审计署资料，美国内外债余额为53万亿美元，为GDP的1.6倍。金融资产的市值达到46万亿美元的规模。

滥发美元和债券，导致金融业恶性膨胀，三次产业畸型发展，经济整体虚拟化、泡沫化。美国经济这个庞然大厦隐含着深刻的危机，根基正在动摇。"次贷"危机只是冰山一角。金融家索罗斯多次放言，美国面临着20世纪30年代大萧条以来最严重的金融危机。经济学家斯蒂格利茨告诫世人，美国面临着战后最严重的经济危机。英国财政大臣称，英国经济为60年来最糟。他们的看法，恐怕不能认为是危言耸听，杞人忧天。"次贷"危机还在蔓延、扩散。

美国有先进的高科技和发达的基础产业，它是只真老虎；但从经济、金融发展的现状来看，它又是只纸老虎。

"次贷"把所谓"金融创新"引上歧路

从20世纪70年代以来，美国金融银行业掀起了一波又一波改革、创新的热潮。中国商业银行的改革也步美国的后尘，把金融创新、混业经营、开发金融衍生品列为改革的重要任务。

在人类社会经济发展史上，商品货币及其衍生物从诞生之日起经历了漫长的发展变化过程。尤其是现代进入计算机广泛运用时代，变化之快、品种之多、门类之广，更是史无前例。自此，金融创新由自发缓慢过程转变为加速自觉的过程。衍生品成为融资和牟利的重要工具。名目繁多的抵押贷款证券便是其中之一。

"次贷"危机给人们提供了一个研究金融创新之路的案例。从当今社会化生产力发展趋势来看，金融创新是历史发展的必然，金融衍生品并未因"次贷"危机陷入绝境，改革创新之路还很长。

在当今西方世界的金融市场上，主导金融创新的有两种不同的法则：一是反映社会化生产力发展要求并为之服务的法则；另一是为金融资本牟取自身利益最大化的法则。金融资本、货币资本是从产业资本中游离出来的衍生物。它虽是独立的资本形态，但只有相对的独立性。因为它是为产业即实体经济服务、并只有在促进实体经济发展中求得自身的生存与发展。这种虚拟经济一旦脱离实体经济，走上自身盲目扩张的歧路，便会异化为泡沫经济。泡沫破灭，必将给实体经济也给它自身造成灾难性后果。所以，金融创新，特别是其中的衍生品创新，必须有一条底线不可逾越：这就是以为实体经济服务，有利于促进实体经济发展为原则。

"次贷"危机爆发的原因就在于它违背了这个原则，突破了这条底线，终于酿成灾难。

——从"次贷"膨胀的背景看，注定了它是证券市场上的一颗灾星。证券市场是实体经济融资的重要渠道。发行债券是实体经济发展的需要。但是，"次贷"膨胀却有特殊的背景。20 世纪 60 年代"次贷"问世后，在相当长时期并未在抵押贷款市场上占据主体地位。只是到了新世纪初，房地产热引发住宅价格上升，再加上实行低利率政策，财富效应和投资效应诱使房地产金融机构拥向"次贷"，把它当作尚待开发的金矿，导致"次贷"及其衍生品规模和品种快速膨胀。"次贷"余额 2001 年仅 1200 亿美元，2006 年增加到 14000 亿美元。"次贷"形成了房地产市场的巨额虚拟购买力。

——从"次贷"运作看，它逆信贷通行规则而行，给金融危机埋下了隐患。"次贷"的对象是信用等级低，履行贷款合同前期还本付息缺乏可靠保证的客户。贷款人把赌注压在住宅价格上升上，一旦客户毁约便收回抵押房产，也不会受损。而且，更重要的是，借助"次贷"证券可以把风险转嫁给其他投资者。房贷公司玩的是空手套白狼、买空卖空的把戏。它先从银行借入资金，再从零售商买入房贷，然后打包成证券出售给投资者，投资者再将证券投入市场，每次倒手都可获得可观收入，GDP 也会相应地增加。一旦某个环节发生支付危机，整个链条便会引起"多米诺骨牌效应"。2007 年，"次贷"余额虽然只有 1.2 万亿—1.5 万亿美元，但经过包装，衍生为证券在二级市场流通，总规模膨胀到 10 万亿美元，其中在国际上流通的约占 2/3，涉及"次贷"业务的金融机构多达 2500 多家，全球 45 家大银行和证券商都卷了进去。

可见，这种所谓"金融创新"，设计之初就埋下了搅乱金融秩序，制造金融危机的祸根。

所谓经济全球化实际上是发达
国家掠夺发展中国家的工具

"次贷"在美国经济总量中的份额可以说微不足道。但在经济金融领域的影响却不容忽视。

经济全球化是近代社会化生产力发展的产物。资本主义列强在全球实行经济扩张，把其他国家和民族拉入了世界资本主义市场。议论经济全球化，似应区分两个问题：一是社会经济发展的客观趋势；二是当代世界经济体系的现状。如果不作这种区分，用前者代替后者，就可能走偏方向。有人鼓吹"世界是平的"，"市场无国界"，就是例证。当代世界经济体系现状的特点：一是美国等发达国家居主宰、主导地位。特别是美国，利用自己的经济优势，推行经济霸权主义；二是国家间的经济关系不公平极其严重，其程度已经达到发达国家靠发展中国家、富国靠穷国养活的荒唐地步。

美国是当今世界头号经济大国。它在经济上也有两面性。"次贷"危机暴露了美国经济致命的弱点。但它毕竟拥有无与匹敌的强大实力。2004年，美国经济总量（GDP）约占世界34％，外贸总额占20％，美元占全球外汇储备的份额为64％，美元交易额占全球外汇交易的62％，美元在全球贸易结算中占66％。可见，美国的经济霸主地位是不容置疑的。

不但如此，美国还拥有维护本国利益、推行世界经济霸权主义的重要工具。这就是：它直接控制着世界银行、国际货币基金组织、世贸组织，主导制定了一系列体现它的意志和利益的国际经贸规章制度。

中美经济交往经历了曲折过程。美国出于自身利益的需要，放弃了在经济上封锁、孤立中国的政策。近三十年中美经济关系得到快速发展。现在，中国已成为美国的重要经贸伙伴。美中经贸交往，美国做的是一本万利生意。

——从中国加工贸易的发展中，美国获得了产业分工的巨大效益，使它能够把有限的短缺资源用于发展高新技术和高附加值产业。

——美国无偿占领了世界上最大的、最具发展潜力的市场。当今世界，市场是最稀缺、最宝贵的资源，但市场却无价。市场是美国经济持续发展的生命线。

——中国已经是名副其实的"世界车间"。加工贸易已经发展成为中国支柱产业和出口主导行业。这种依附型产业结构，使美国等西方国家得以把我国纳入它控制的经济体系，在经济上依附它，丧失经济自主权和独立性。

——利用美元霸主地位，用分文不值的虚拟财富——纸币美元投资，获取高额回报。美元早已与黄金脱钩。一张百元美钞，印刷工本费仅为3美分。

——中国成为美国价廉物美消费品的可靠供应基地，抑制了美国通货膨胀，满足了美国中低收入阶层的消费需求，支撑了美国经济增长。

——转嫁环境污染和高物耗的成本，保护了本国生态环境和稀缺自然资源。中国创造的 GDP 仅占世界的5%，但消耗资源却占30% —40%。

——中国用低工资、低消费、高能耗、高物耗换取美元，然后用美元购买美国国债，包括"次贷"抵押证券，使美国政府能够长期执行财政和外贸双赤字政策，维持庞大的包括军费在内的政府开支，并有可能借助于外来资金作为财政资源对经济运行实施宏观调节。据美国财政部资料，中国共购买了美国国债及其他债券 1.06 万亿美元。

——通过合资、收购等方式，兼并我民族企业，特别是国有企业，蚕食我社会主义经济阵地，控制我经济命脉。

——通过跨国公司操纵国际市场行情，用高油价、高矿产品价、高粮价等，搜刮中国等发展中国家，牟取暴利。

——推行弱势美元政策，操纵汇率，造成美元大幅贬值，美元储备缩水，使中国等国蒙受巨大损失，减轻美国外债压力。同时又迫使人民币升值，使我国出口贸易陷入困境，大批工厂倒闭，工人失业。

——巨额投机资本（有资料估计，每天在世界市场上流动的热钱约1万多亿美元）在国际金融市场兴风作浪，破坏市场秩序，操纵外汇行情，搅乱股市，时刻威胁中国等发展中国家经济稳定和安全。

——要求中国单方面地全面向美国开放市场，而对中资进入美国却层层设限。美国各大商业银行已在我国设立分行，而我国国有商业银行除原来的中国银行之外，30年来没有一家跨进美国门坎。美国国会、政府设立的监管美中经济关系的专门机构有五六个，咨询、研究机构有十几家。美国至今禁止对中国出口高新技术和军工产品，有时甚至实行贸易制裁，企图阻挠我国产业结构升级和现代化事业。

总之，事实表明，中美之间、发展中国家和发达国家之间的经贸关系，绝不是什么"失衡"、"不平衡"的问题，而是不平等、不公平、不公正。不是后者援助前者，帮助前者脱贫致富，而是后者对前者进行疯狂掠夺和残酷剥削。撕开平等竞争、公平贸易的假面具，展现在人们眼前的现状是：美国等发达国家把发展中国家视为任意宰割的羔羊，从它的身上扒走的不是一张皮，而是十几层皮！"机遇与挑战并存"，不能只看机遇，无视挑战。

"次贷"出笼是新自由主义的产物；
"次贷"危机是新自由主义酿成的苦果

20世纪70年代，新自由主义取代凯恩斯主义，跃升为西方主流经济学说，主导了美国政府的经济政策。"次贷"出笼，是新自由主义的产物；"次贷"危机，也是新自由主义酿的苦果。这叫自作自受，自食其果。

——放松银根，降低利率，提供优惠贷款条件，从投资和信贷两方面刺激房地产业的繁荣和发展，形成新的经济增长点。

20世纪末，美国互联网泡沫破灭，纳斯达克崩盘。但房地产业得益于政府扩张的货币政策而幸免于难，保持了90年代的发展势头。2000年美联储为遏制经济衰退的迹象，宣布将联邦基金利率下调50个基点，利率从6.5%下调为6%，接着连续13次降息，2003年6月利率降至1%，并持续了一年多。受美联储低利率政策的影响，商业银行和证券市场的利率纷纷下调。30年期住房固定抵押贷款利率从2000年年底的8.1%降至2003年的5.8%。一年期可调息抵押贷款利率从2001年年底的7%降至2003年的3.8%。"次贷"趁放松银根之机急速膨胀。2003年，住房抵押贷款发放规模创历史新高，达4万亿美元。2006年，抵押贷款市场成为美国最大的债务市场，达 8.82 万亿美元。"次贷"余额跃居第二位，占 12%。放松银根直接刺激了住房投资的攀升。2006 年，住房投资在全部投资中所占的比重上升到 30% 以上。新世纪初，消费在 GDP 中所占的比重突破了 70% 的大关。

——在实现"居者有其屋"战略目标中，政府的主导作用逐步让位于市场，房价实行市场化。

美国是当今世界上最富有的国家，完全有实力实现"居者有其屋"的目标，但目前无房户和租房户仍超过 1/3。由于贫富分化严重，收入差距悬殊，低收入者无力承担高昂的房价。基于住房消费的重要性和特殊性，美国政府早就介入房地产业。1965 年，成立联邦住房和城市发展部，负责利用财政资金支持住房建设，政府服务的对象是低收入者和退伍军人。70 年代开始，美国房地产业走上了市场化道路。这主要表现在：第一，将低收入者推入房贷金融市场，沦为"房奴"。"次贷"是推进住房市场化的一项重要举措。第二，按照市场化、私有化原则，将原有以政府房贷机构为主体的结构，改造为以私人资本为主体的多元结构。先后通过改制和新建了两家房贷巨头：房地美和房利美，占据了房贷市场半壁江山。现在这两家股份公司持有和担保的房贷总额高达 5.3 万亿美元。第三，放开房价，由供求调节市场。在低利率的"次贷"政策刺激下，住房价格一路飙升。1997—2006 年房价上涨了 85%，为战后第二个高峰。第四，房地产热和房价持续上涨，给住房带来了巨大的"财富效应"。政府企图借此来增加居民收入，缓解分配不公的矛盾。2001 年以来，房地产市场带来的财富高达 6 万亿美元，个人消费因此增加 5000 多亿美元。但是，好景不长，泡沫最终还是被刺破了。第五，评估机构实行市场化经营，以牟取暴利。

——政府放任房贷监管，房地产金融专门化、独立化，走上了自由化经营。

住房信贷市场具有高风险性，本应严加监管。但是，美国政府却反其道而行，实行自由化。"次贷"的恶性膨胀就是经济金融自由化酿成的灾难。股市泡沫破灭之后，美国并没有从中吸取教训，仍然我行我素，继续奉行新自由主义教条。在所谓"金融创新"和改革的旗号下，为"次贷"畅行一路大开绿灯：评估机构以牟取暴利为目的，与被评估人合谋，蒙骗公众；向低收入者放宽借贷条件；开放房贷二级市场；准许发行房贷证券；支持抵押贷款衍生工具等等。大量投机资本涌向房地产金融；衍生品名目繁多，仅房地产信托投资基金就有三百多种，抵押品不断创新，转按、加按、换按、转加按、二按、再按，住房证券市场急速膨胀，其规模超过债券市场的三倍，其功能已经由实现"居者有其屋"蜕化为金融投机家的大赌场。

"次贷"危机的爆发、扩散、发展，再次宣告了新自由主义及其经济政策破产。自2007年4月美国第二大次级贷款机构新世纪金融公司向法院申请破产保护以来，西方国家政府面对"次贷"危机的威胁，动用了经济、财政、金融、行政手段解救陷入困境的银行业，遏制"次贷"危机蔓延和扩散，避免经济陷入全面衰退，甚至通过媒体散布"次贷"风波即将过去。但是，一年多过去了，救市的一切措施均未能如愿。"次贷"危机还在蔓延，而且又遇到了高通货膨胀、失业率高升、经济减速的难题。这些矛盾交织在一起，互相影响，正在把这些国家拖进一场世界性的经济衰退。新自由主义已经走到尽头，甚至凯恩斯主义也于事无补，不得不打出最后一张王牌：国有化！今年2月，英国财政大臣宣布将北岩银行暂时收归国有。无独有偶，今年9月，美国政府在向房地美和房利美两家公司注入财政资金无效之后，被迫宣布由政府接管这两家公司。这一举措被认为是"史无前例"，令世人震惊。国有化能否救市，人们拭目以待。但它却向世人宣告：新自由主义及其信条市场原教旨主义已经陷入绝境。

今天，当我们庆祝改革开放30周年的时候，恰逢资本主义世界"次贷"危机始发周年，这个历史性巧合给我们留下了太多太多的思考。

（本文摘要发表于《中国社会科学院院报》2008年10月21日）

中国改革开放和发展应以美国为戒

当我们庆祝改革开放 30 周年之际，恰逢资本主义世界次贷危机始发周年祭，这个历史性巧合给我们留下了太多太多的思考。近 30 年，由于新自由主义思潮泛滥成灾，国人对美国及其经济有着一种莫名的迷信和神化，以致把它当作改革的目标模式和榜样。然而，"次贷"危机的爆发和蔓延，犹如一副令人清醒的退热剂，让人们重新审视新自由主义及其市场原教旨主义信徒们的说教。"次贷"及其危机并不是美国经济的局部的、偶然发生的问题。"次贷"实际上是美国经济的缩影；"次贷"金融风波可能是美国经济大危机的先兆。"次贷"这种所谓"金融创新"，设计之初就埋下了搅乱金融秩序，制造金融危机的祸根。"次贷危机"宣告新自由主义及其信条市场原教旨主义已经陷入绝境。中美之间、发展中国家和发达国家之间的经贸关系，绝不是什么"失衡"、"不平衡"的问题，而是不平等、不公平、不公正。我国的改革必须以美国为戒。

我们正在庆祝改革开放 30 年伟大成果之时，太平洋彼岸发生了"百年一遇"的金融危机，并向西方各国蔓延。这使我们想起五十多年前毛泽东的话：中国建设要"以苏联为戒"。而现在，则必须以美国为戒，抛弃所谓"美欧自由市场模式"。本文试图提供一个新的思路研究"次贷"问题：既透过"次贷"看美国经济；又透过美国经济看"金融"危机。这样思考问题，也许可以避免就事论事，可以从我们和世人已缴付的不菲"学费"中得到有益的收获。

自 2007 年夏季以来，美国等西方国家一直在"次级抵押贷款"的危机中苦苦煎熬、挣扎。发展中国家也受其害。次贷危机至今依然是困扰世人的世界性难题。冰冻三尺，非一日之寒。近 30 年，由于新自由主义思潮泛滥成灾，国人对美国及其经济有着一种莫名的迷信和神话，以致把它当作改革的目标模式和榜样。然而，次贷危机的爆发和蔓延，犹如一副令人清醒的退热剂，让人们重新审视新自由主义及其市场原教旨主义信徒们的说教。

一　美国经济：华丽的行头遮不住千疮百孔的躯体

怎样认识美国盛行的"次级抵押贷款"以及由它引爆的信用危机？学界众说纷纭。有人认为，次贷危机是局部的、短期的问题，美国经济的基本面是好的，实体经济并未受到影响。

我的看法是，"次贷"及其危机并不是美国经济的局部的、偶然发生的问题。"次贷"实际上是美国经济的缩影，次贷金融风波可能是美国经济大危机的先兆。

"次贷"是20世纪60年代美国房地产热之机，商业银行在"金融创新"的旗号下推出的一种金融衍生品。所谓"次级住房抵押贷款"，是贷款人向信用级别较低的客户，按较优惠的条件以房产作为抵押提供贷款，而贷款人则将债权打包，用资产担保证券的形式出售给投资者。"次贷"种类繁多，主要特点如下：

——靠贷款实现消费。即借用投资人的钱满足自身的消费需求，然后用未来预测的收入偿还债主。

——转嫁市场风险。设计这种衍生品的初旨，美其名曰"分散经营风险"。但实际上是将市场经营风险转嫁到众多投资者和低收入群体身上。而且随着信用链条延伸，一旦发生支付危机，将引起"多米诺骨牌效应"。

——助推参与者的投机性。设计此类衍生品是以对住宅市场持续升温和房价攀高为预期，购房者和债权持有者能够实现资产增值，从而能够承担高利率负担为预期前提。但是，在现实生活中这样的前提根本不存在。投资者一旦落入圈套，便千方百计靠投机脱身。

——酿造经济虚拟化、泡沫化。货币是价值尺度和交换的媒介。货币流通是商品流通的产物。它是为商品流通服务的。但当货币异化为资本后，它变成为以追求自身增值为目的，并取得独立的运动形态：G—G'。这样，在实体经济之外，形成了一个与之并存的虚拟的货币经济。"次贷"上市，在住宅市场之旁形成了一个以次贷证券为交易对象的金融市场。在这个市场上，起主导作用的不是消费者，而是债权证券的投资人。他们的行为服从于证券收益最大化。过度投机造成"次贷"证券市场脱离实体经济而虚拟化、泡沫化。

——承担着经济支柱的重任。房地产业是美国三大经济支柱之一。半个世纪以来，在整个经济中的比重一直在20%以上。带动六十多个相关产业。抵押贷款占房地产半壁江山。"次贷"比重又占其中的一半。但这根支柱的根基却建立在"地震带"上，毫无抗震能力。

"次贷"并不仅仅是种金融衍生品。经过几十年的运作，它已经发展为金融行业的重要分支，成长为相对独立的经济形式。

"次贷"实际上是美国经济的缩影。透视"次贷"，人们就可以看清美国整体经济的致命弱点。次贷危机的根源在于美国的经济制度和经济体制。次贷危机是美国整体经济体制病症的先兆。

——居民消费靠信贷支撑，家庭债务负担沉重。

消费需求持续增加是经济协调稳定增长的源泉和前提。美国是高收入、高消费的富国，但贫富两极分化、基尼系数高一直是困扰美国经济的难题。政府和厂商企图用消费信贷的对策鼓励消费，缓解生产与消费的矛盾，维持70%的消费率。但是，消费信贷在暂时增加居民消费的同时，却使广大中低收入家庭沦为"债奴"。2001—2004年"次贷"快速膨胀时期，家庭债务占收入的比重上升到136%，家庭债务余额高达11.4万亿美元，等于当年GDP的1/3以上。这就表明，作为美国经济的三大支柱之一，消费是靠债务维持的；与消费相关的产业群的发展也是把希望寄托在消费信贷的持续上。但周而复始的经济衰退和危机，股市崩盘，房地产泡沫破灭等等，使消费信贷的违约率一路攀升。美国房贷的损失率一度高达37%（1998年），"次贷"损失率在20%至40%，2007年第二季度达到50%。

——财政赤字长期居高不下，政府入不敷出。

财政收支平衡，是政府有效地履行职能的物质保证，也是国家经济可持续发展和有效运用财政政策实施宏观调节的必要前提。但是，美国政府无视财政运作的基本规则，长期奉行赤字财政，依靠发行国债来弥补财政亏空。1980年，美国财政赤字为762亿美元，占GDP的1.94%；1998年，美国财政账面盈余500亿美元，但这是靠动用社会保障资金填补财政资金缺口。之后，赤字逐年攀升，2005 年达到创纪录的 4992 亿美元，占 GDP 的 4%。布什即将卸任。在 2008 年 10 月开始的 2009 年度预算赤字将高达 4820 亿美元，实际可能突破 5000 亿美元大关。但尽管如此，2008 年美国会仍通过了 3000 亿美元的一揽子住房救助法案。这 3000 亿美元对深陷危机泥潭的住房市场不过是杯水车薪。下届政府将陷入"次贷"和财政双重危机的困境。

——巨额外贸赤字拖累了世界经济。

进出口贸易平衡，是一国外贸可持续发展的前提。美国是贸易大国，年进出口额占世界的 20% 以上。外贸是美国经济的重要支柱。强大的实体经济、巨大的市场容量以及美元的霸主地位，是美国在当今国际市场上的绝对优势，没有哪个国家有实力挑战美国的地位。按理说，美国可以高枕无忧。但是，如今美国却背上了巨额外贸逆差的沉重包袱。2006 年，美国外贸逆差高达 8830 亿美元，居世界之首，占全球外贸额的 1/3。据此，美国为了弥补巨额外贸逆差，必须每天借 20 亿美元外债。

——一方面在国内外大肆举债，另一方面无节制地滥发国债，造成债务恶性膨胀，经济虚拟化、泡沫化。

美国 2006 年净外债对 GDP 的比例高达 50%。经常项目的赤字为 8640 亿美元。各国以美元为储备的外汇储备的外汇存储额达到 2.72 万亿美元。据美国国家审计署资料，美国内外债余额为 53 万亿美元，为 GDP 的 1.6 倍。金融资产的市值达到 46 万亿美元的规模。

滥发美元和债券，导致金融业恶性膨胀，三次产业畸形发展，经济整体虚拟化、泡沫化。美国经济这个庞然大物隐含着深刻的危机，根基正在摇动。次贷危机只是冰山一角。金融家索罗斯多次放言，美国面临着 20 世纪 30 年代大萧条以来最严重的金融危机。经济学家斯蒂格利茨告诫世人，美国面临着战后最严重的经济危机。英国财政大臣称，英国经济为 60 年来最糟。他们的看法，恐怕不能认为是危言耸听，是杞人忧天。次贷危机还在蔓延、扩散。

美国有先进的高科技和发达的基础产业，它是只真老虎；但从经济、金融发展的现状来看，它又是只纸老虎。

二 所谓"金融创新":误入歧途的金融改革

从20世纪70年代以来,美国金融银行业掀起了一波又一波的改革、创新的热潮。中国商业银行的改革也在步美国的后尘,把金融创新、混业经营、开发金融衍生品列为改革的重要任务。

在人类社会经济发展史上,商品货币及其衍生物从诞生之日起经历了漫长的发展变化过程。尤其是现代进入计算机广泛运用时代,变化之快、品种之多、门类之广,更是史无前例。自此,金融创新由自发缓慢过程转变为加速自觉的过程。衍生品成为融资和牟利的重要工具。名目繁多的抵押贷款证券便是其中之一。

次贷危机给人们提供了一个研究金融创新之路的案例。从当今社会化生产力发展趋势来看,金融创新是历史发展的必然,金融衍生品并未因次贷危机陷入绝境,问题关键在于改革创新之路怎样走、选择什么路。

在当今西方世界的金融市场上,主导金融创新的有两种不同的法则:一是反映社会化生产力发展要求并为之服务的法则;另一个是为金融资本牟取自身利益最大化的法则。金融资本、货币资本是从产业资本中游离出来的衍生物。它虽是独立的资本形态,但只有相对的独立性。因为它是为产业即实体经济服务,并只有在促进实体经济发展中求得自身的生存和发展。这种虚拟经济一旦脱离实体经济,走上自身盲目扩张的歧路,便会异化为泡沫经济。泡沫破灭,必将给实体经济也给它自身造成灾难性后果。所以,金融创新,特别是其中的衍生品创新,必须有一条底线不可逾越:这就是以为实体经济服务,有利于促进实体经济发展为原则。

次贷危机爆发根本原因就在于它违背了这个原则,突破了这条底线,终于酿成灾难。

——从"次贷"膨胀的背景看,就注定是证券市场上的一颗灾星。

证券市场是实体经济融资的重要渠道。发行债券是实体经济发展的需要。但是,"次贷"膨胀却有特殊的背景。20世纪60年代"次贷"问世后在相当长时期并未在抵押贷款市场上占据主体地位。只是到了新世纪初,房地产热引发住宅价格上升,再加上实行低利率政策,财富效应和投资效应诱使房地产金融机构拥向"次贷"，把它当作尚待开发的金矿，导致"次贷"规模和品种快速膨胀。"次贷"余额2001年仅为1200亿美元，2006年增加到14000亿美元。"次贷"形成了房地产市场巨额虚拟购买力。

——从"次贷"运作看，它逆信贷通行规则而行，给金融危机埋下隐患。

"次贷"对象是信用等级低，履行贷款合同前期还本付息缺乏可靠保证的客户。贷款人把赌注压在住宅价格上升上，一旦客户毁约便收回抵押房产，也不会受损。而且，更重要的是，借助"次贷"证券可以把风险转嫁给其他投资者。房贷公司玩的是空手套白狼、买空卖空的把戏。它先从银行借入资金，再从零售商买入房贷，然后打包成证券出售给投资者，投资者再将证券投入市场，每次倒手都可获得可观收入，GDP也会相应增加，但房宅变现的链条却延长下去。一旦某个环节发生支付危机，整个链条便会引起"多米诺骨牌效应"。2007年，"次贷"余额虽然只有1.2万亿—1.5万亿美元，但经过包装，衍生为证券在二级市场流通，总规模膨胀到10万亿美元，其中在国际上流通的约占2/3，涉及"次贷"业务的金融机构多达2500多家，全球45家大银行和券商都卷了进去。

可见，这种所谓"金融创新"，设计之初就埋下了搅乱金融秩序，制造金融危机的祸根。

三　美式经济全球化葫芦里装的是经济殖民主义毒药

"次贷"在美国经济总量中的份额可以说微不足道。但在经济金融领域的影响却不容忽视。

经济全球化是近代社会化生产力发展的产物。资本主义列强在全球实行经济扩张，把其他国家和民族拉入了世界资本主义市场。议论经济全球化，似应区分两个问题：一是社会经济发展的客观趋势；二是当代世界经济体系的现状。如果不作这种区分，用前者代替后者，就可能走偏方向。有人鼓吹"世界是平的"、"市场无国界"就是例证。当代世界经济体系现状的特点：一是美国等发达国家居主宰、主导地位，特别是美国，利用自己的经济优势，推行经济霸权主义；二是国家间的经济关系不公平极其严重，其程度已经达到发达国家靠发展中国家、富国靠穷国养活的荒唐地步。

美国是当今世界头号经济大国。它在经济上也有两面性。次贷危机暴露了美国经济致命的弱点。但它毕竟拥有无与匹敌的强大实力。2004 年，美国经济总量（GDP）约占世界34%，外贸总额占20%，美元占全球外汇储备的份额为64%，美元交易额占全球外汇交易的62%，美元在全球贸易结算中占66%。可见，美国的经济霸主地位是不容置疑的。

不但如此，美国还拥有维护本国利益、推行世界经济霸权主义的重要工具。这就是：它直接控制着世界银行、国际货币基金组织、世贸组织；主导制定了一系列体现它的意志和利益的国际贸易规章制度。

中美经济交往经历了曲折过程。美国出于自身利益的需要，放弃了在经济上封锁、孤立中国的政策。近 30 年中美经济关系得到快速发展。现在，中国已成为美国的重要贸易伙伴。美中经贸交往，美国做的是一本万利的生意。

——从中国加工贸易的发展中，美国获得了产业分工的巨大利益，使它能够把有限的短缺资源用于发展高新技术和高附加值产业。

——美国无偿占领了世界上最大的、最具发展潜力的市场化。当今世界，市场是最稀缺、最宝贵的资源。但市场却无价。市场是美国经济持续发展的生命线。

——中国已经是名副其实的"世界车间"。加工贸易已经发展成为中国支柱产业和出口主导行业。这种依附型产业结构，使美国等西方国家得以把我国纳入它控制的经济体系，在经济上依附它，丧失经济自主权和独立性。

——利用美元霸主地位，用分文不值的虚拟财富——纸币美元投资，获取高额回报。美元早已与黄金脱钩。一张百元美钞，印刷工本费仅为 3 美分。

——中国成为美国价廉物美的消费品的可靠供应基地，抑制了美国通货膨胀，满足了美国低收入阶层的消费需求，支撑了美国经济增长。

——转嫁环境污染和高物耗的成本，保护了本国生态环境和稀缺自然资源。中国创造的 GDP 仅占世界的5%，但消耗资源却占 30%—40%。

——中国用低工资、低消费、高能耗、高物耗换取美元，然后用美元购买美国国债，包括"次贷"抵押证券，使美国政府能够长期执行财政和外贸赤字政策，维持庞大的包括军费在内的政府开支，并有可能借助于外来资金作为财政资源对经济运行实施宏观调节。据媒体材料，中国购买了美国"两房"公司债券 3760 亿美元。

——通过合资、收购等方式，兼并我民族企业，特别是国有企业，吞食我社会主义经济阵地，控制我经济命脉。

——通过跨国公司操纵国际市场行情，用高油价、高矿产品价格、高粮价等，搜刮中国等发展中国家，牟取暴利。

——推行弱势美元政策，操纵汇率，造成美元大幅度贬值，美元储备缩水，使中国等蒙受巨大损失，减轻美国外债压力。同时又打压人民币升值，使我国出口贸易陷入困境，大批工厂倒闭，工人失业。

——巨额投机资本（有资料估计，每天在世界市场上流动的热钱约 1 万多亿美元）在国际金融市场兴风作浪，破坏市场秩序，操纵外汇行情，搅乱股市，时刻威胁我国等发展中国家经济稳定和安全。

——要求中国单方面地全面向美国开放市场，而对中资进入美国却层层设限。美国各大商业银行已在我国设立分行，而我国国有商业银行除原来的中国银行之外，30 年来没有一家跨进美国门坎。美国国会、政府设立的监管美中经济关系的专门机构有五六个，咨询、研究机构有几十家。美国至今禁止对中国出口高新技术和军工产品，有时甚至实行贸易制裁，企图阻扰我国产业结构升级和现代化事业。

总之，事实表明，中美之间、发展中国家和发达国家之间的经贸关系，绝不是什么"失衡"、"不平衡"的问题，而是不平等、不公平、不公正。不是后者援助前者，帮助前者脱贫致富，而是后者对前者进行疯狂掠夺和残酷剥削。撕开平等竞争、公平贸易的假面具，展现在人们眼前的状态是：美国等发达国家把发展中国家视为任意宰割的羔羊，从它的身上扒走的不是一张皮，而是几层皮！"机遇与挑战并存"，不能只看机遇，无视挑战。

四　"次贷"的祸根：新自由主义

20 世纪 70 年代，新自由主义取代凯恩斯主义，跃升为西方主流经济学，主导美国政府的经济政策。"次贷"出笼，是新自由主义的产物；"次贷"危机，也是新自由主义酿成的苦果。这叫自作自受，自食其果。

——放松银根，降低利率，提供优惠贷款条件，从投资和信贷两方面刺激房地产业的繁荣和发展，企业形成经济新的增长点。

20世纪末，美国互联网泡沫破灭，纳斯达克崩盘。但房地产业得益于政府的扩张的货币政策而幸免于难，保持了90年代的发展势头。2000年美联储为遏制经济衰退的现象，宣布将联邦基准利率下调50个基点，利率从6.5%下调为6%，接着连续13次降息，2003年6月利率降至1%，并持续了一年多。受美联储低利率政策的影响，商业银行和证券市场的利率纷纷下调。30年期住房固定抵押贷款利率从2000年年底的8.1%降至2003年的5.8%。一年期可调息抵押贷款利率从2001年年底的7%降至2003年的3.8%。"次贷"趁放松银根之机急速膨胀。2003年住房抵押贷款发放规模创历史新高，达4万亿美元。2006年，抵押贷款市场成为美国最大的债务市场，达8.82万亿美元。"次贷"余额跃居第二位，占12%。放松银根直接刺激了住房投资的攀升。2006年，住房投资在全部投资中所占的比重上升到30%以上。新世纪初，消费在GDP中所占的比重突破了70%的大关。

——在实现"居者有其屋"战略目标中，政府的主导作用逐步让位于市场，房价实行市场化。

美国是当今世界上最富有的国家，完全有实力实现"居者有其屋"的目标，但目前无房户和租房户仍超过1/3。由于贫富两极分化严重，收入差距悬殊，低收入者无力承担高昂的房价。住宅完全市场化的路是不可行的。基于住房消费的重要性和特殊性，美国政府早就介入房地产业。在全国土地面积中，联邦政府和地方政府拥有的土地约占42%。1934年，根据《联邦住房法》建立了联邦住宅管理局，负责向中低收入者发放住房贷款或提供全额担保。退伍军人管理局为退伍军人申请贷款提供全额保险。1965年，成立联邦住房和城市发展部，负责利用财政资金支持住房建设。政府服务的对象是低收入者和退伍军人。70年代开始，美国房地产业走上了市场化道路。这主要表现在：第一，向低收入者提供优惠房贷。"次贷"是推进住房市场化的一项重要举措。第二，按照市场化、私有化原则将原有政府房贷机构为主体的结构改造为以私人资本为主体的多元结构。先后通过改制和新建了两家房贷巨头：房地美和房利美，占据了房贷市场半壁江山。现在这两家股份公司持有和担保的房贷总额高达5.3万亿美元。第三，放开房价，由供求调节市场。在低利率的"次贷"政策刺激下，住房价格一路攀升。1997—2006年房价上涨了85%，为战后第二个高峰。第四，房地产热和房价持续上涨，给住房带来了巨大的"财富效应"。政府企图借此来增加居民收入，缓解分配不公的矛盾。2001年以来，房地产市场带来的财富高达6万亿美元，个人消费因此增加5000多亿美元。但是，好景不长，泡沫最终还是被刺破了。

——政府放任房贷监管，房地产金融专门化、独立化，走上了自由化经营。住房信贷市场具有高风险性，本应严加监管。但是，美国政府却反其道而行，实行自由化。"次贷"的恶性膨胀就是经济金融自由化酿成的灾难。股市泡沫破灭之后，美国并没有从中吸取教训，仍然我行我素，继续奉行新自由主义教条。在所谓"金融创新"和改革的旗号下，为"次贷"畅行一路大开绿灯：向低收入者放宽借贷条件；开放房贷二级市场；准许发行房贷证券；支持抵押贷款衍生工具；等等。大量投机资本拥向房地产金融；衍生品名目繁多，仅房地产信托基金就有三百多种，抵押品不断创新，转按、加按、换按、转加按、二按、再按，住房证券市场急速膨胀，其规模超过债券市场的三倍，其功能已经由现实"居者有其屋"蜕化为金融投机家的大赌场。

"次贷"危机的爆发、扩散、发展，再次宣告了新自由主义及其经济政策破产。自2007年4月美国第二大次级贷款机构新世纪金融公司向法院申请破产保护以来，西方国家政府面对次贷危机的威胁，动用了经济、财政、金融、行政手段解救陷入困境的银行业，遏制次贷危机蔓延和扩散，避免经济陷入全面衰退。甚至通过媒体散布"次贷"风波即将过去。但是，一年多过去了，救市的一切措施均未能如愿。次贷危机还在蔓延，而且又遇到了高通货膨胀、失业率高升、经济减速的难题。这些矛盾交织在一起，互相影响，正在把这些国家拖进一场世界性的经济衰退。新自由主义已经走到尽头，凯恩斯主义也救不了主，不得不打出最后一张王牌——国有化！2008年2月英国财政大臣宣布将北岩银行暂时收归国有。无独有偶，2008年9月，美国政府在向房地美和房利美两家公司注入财政资金无效之后，被迫宣布由政府接管这两家公司。这一举措被认为是"史无前例",令世人震惊。国有化能否救主,人们拭目以待。但它却向世人宣告:新自由主义及其信条市场原教旨主义已经陷入绝境。

今天,当我们庆祝改革开放30周年的时候,恰逢资本主义世界次贷危机始发周年祭,这个历史性巧合给我们留下了太多太多的思考。中国绝不能像有一些人鼓吹的那样照搬欧美自由市场经济模式,那是一种资本主义的陷阱,对社会主义国家必然是一场灾难。我们一定要以美国为戒,走中国特色社会主义道路。这是改革开放30年的一条最基本的经验。

（原文摘发于《纵论改革开放30年》,河南人民出版社2008年版）

西方市场原教旨主义衰败和中国信徒的堕落

　　自 20 世纪 70 年代以来，在西方世界，新自由主义取代凯恩斯主义，成为主导美欧意识形态和经济对策的主流经济学派。更有甚者，新自由主义进一步蜕变为美国政府对外推行霸权主义，对社会主义国家实行和平演变，对发展中国家推行新殖民主义的工具。在近代、现代经济思想史上，没有哪一个经济学派曾经像新自由主义一样在世界政治、经济生活中起过如此巨大的作用和影响。但是，曾几何时，2008 年 9 月一场席卷全球的经济风暴扫尽了它的威风。这场世界性金融、经济危机宣告了新自由主义的破产。

　　面对这场给全人类带来深重灾难的危机，全世界从学界、政界乃至平民百姓都在纷纷反思，力求寻找新的生路。用危机来检验新自由主义理论及政策，已经成为世界潮流。然而，在当今中国却是另一番景象：那些在改革开放中狂热贩卖新自由主义的二道贩子们，却固执己见、我行我素，继续鼓噪市场原教旨主义。人们有权责问，这些拿纳税人支付的高额薪金的精英人士，你们倒行逆施究竟是为了什么？你们究竟要将 13 亿中国人民拖向何处？你们还有社会良心和社会良知吗？这两种相背而行的思潮，同时在同一问题上出现，形成了强烈的对比和反差，不能不引起人们的关注和思考。

一

　　这场危机是一场资本主义制度的全面危机，是美国华尔街金融寡头和美国政府战后对全人类的空前严重的浩劫。

　　2008 年 8 月，美国雷曼兄弟公司宣布破产，标志着一场自 20 世纪 30 年代以来最严重的经济危机降临。对这场危机的严重性的认识，西方国家从政界到学界乃至平民百姓几乎众口一词，毫无异议。美国穆迪分析公司首席经济学家马克·赞迪说："怎样强调经济倒退的严重性都不会过分。我们的经济遭受'自由落体式下滑'。"

危机起始于银行信贷资金断裂。但很快便殃及实体经济。美国首当其冲。在危机最严重时，美国有 14 万家企业倒闭，工业生产下降 46.2%，倒闭银行 140 家。西方世界工业生产下降 37.2%。危机重创了西方国家经济，泡沫经济破灭，股市崩盘，造成资产普遍大量缩水。2009 年 3 月 9 日亚洲开发银行报告，仅 2008 年全球金融资产缩水超过 50 万亿美元，相当于全球一年的产出。五年来，美国家庭净资产缩水 36%，从 10.29 万亿美元下降到 6.68 万亿美元。大约有 1100 万宗住宅抵押贷款（占美国住房贷款总额 23%）已资不抵债，即贷款余额大于房价（美国《基督教科学箴言报》网站 2012 年 6 月 18 日）。另据美联储数据，衰退吞噬了美国人近 20 年的财富。中位数家庭净资产仅在三年中就缩水了 39%，从 2007 年的 1264600 美元下降到 2010 年的 77300 美元。财富如此大幅缩水，导致美国人的生活水平倒退到 1992 年的水平（美国《华盛顿邮报》网站 2012 年 6 月 12 日）。失业人数剧增。据国际劳工组织报告，2008 年危机以来，全球约有 5000 万个工作岗位消失，去年年底，全球有 1.96 亿人失业，预计今年将上升到 2.02 亿人，失业率达 6.1%。发达国家的就业要到 2016 年年末才可能恢复到 2008 年危机前的水平。美国失业率一度升至近 10%，随后一直在 8% 左右摆动。欧盟今年一季度失业人口达 2470 万人，比上季度增加 19.3 万人，比去年同期增加 210 万人。欧盟为应对衰退所采取的紧缩政策，向民众开刀，进一步加剧了欧洲就业形势恶化，大量失业人口流入庞大的贫困队伍。

危机加剧了贫富两极分化，原本富裕的社会呈现贫困化的颓势。由于经济泡沫破裂，居民资产严重缩水，中产阶层处境艰难。有媒体认为，中产阶层正在消失。中低收入群体受害最为严重。据墨西哥《宇宙报》网站 1 月 24 日报道，美国最新人口普查统计显示，经济衰退已使 4600 万美国人口生活在贫困之中，创近 52 年来最高纪录。列入"极端贫困"的人口数和比例达到了 1975 年以来最高水平。有近 2100 万人每人年收入只有 5272 美元。据美国国会预算办公室报告（2011 年 10 月 25 日），1979—2007 年，1% 最富有的人税后家庭收入增长了 275%；而 20% 最贫穷的人税后家庭收入仅增长 18%。2010 年美国贫困率上升到 15.1%。2009 年，领取免费食品券的人数增加到 3220 万。危机伤害的不仅是发达国家的劳动人民，发展中国家的劳动人民所遭受的灾难更加深重。据联合国大学世界经济发展研究院 2006 年 12 月发布的报告，全球最富有的 10% 人群占有全球 85% 的财富，世界底层的半数人口仅拥有世界财富的 1%。世界最富国家和最穷国家人均收入差距，1973 年为 44∶1，到 2000 年扩大了 15.5 倍。据联合国农粮组织 2009 年 6 月 19 日资料，全球饥饿人口已达到 10.2 亿人，预计全年可能增加到 20 亿人。危机爆发后，美欧国家运用经济、行政手段转嫁危机，加害于发展中国家，使它们蒙受双重灾难。

危机已五年。当各国政府相继出手救市，有人急不可待宣称："世界进入危机后时代"，或叫"世界进入后危机时代"。但事实给了这些鹦鹉一记响亮耳光。经济未见全面复苏，失业率居高不下，财政入不敷出，债务危机深重，救市举措饮鸩止渴，社会矛盾加剧，"占领华尔街"运动预示民众觉醒，经济危机又添政治动乱，前景暗淡，前途难料。用句时髦的流行语说，整个西方世界充满了"不确定性"！

二

反思经济危机，批判新自由主义和《华盛顿共识》，挑战美国经济霸权，抨击金融垄断资主义，已经发展成为西方世界不可逆转的群众性思潮。危机是人们重新认识西方世界的大学校。

——2011 年 9 月 17 日，在西方心脏美国爆发的"占领华尔街"示威，标志着西方大国广大下层民众，对标榜所谓自由民主人权的资本主义制度和政府政策的强烈不满，已经从单纯言论发展到群体性有组织的政治行动。社会正在觉醒。这个运动提出，我们"是占总人口 99% 的普通大众。对于仅占总数 1% 的人的贪婪和腐败，我们再也无法忍受"。这个运动的重要特点之一，就是具有极其鲜明的政治色彩，矛头直指华尔街金融寡头、美国政府及其所推行的新自由主义经济政策；其二，参加者具有广泛的群众性，遍及各个社会阶层和左中右各党派、群众团体；其三，运动扩展到全美国大中城市、深入学校、企业；其四，影响到社会稳定，以致美国政府出动警力加以镇压，造成人员伤亡。运动蔓延到 71 个国家 700 多座城市。

　　"占领华尔街"运动目前虽无严密组织，没有政治纲领，但绝不会到此为止画上句号。导致这个政治运动的资本主义固有矛盾一个也没有解决。危机还看不到尽头。

　　——在西方信奉新自由主义的壁垒里，许多学者、官员、政治家直面危机，正视现实，深刻反思，重新审视，转而批判新自由主义。

　　日本有位知名的兼官学一身的经济学教授中谷岩。他写了本新作《资本主义为什么自我毁灭?》，在日本国内外引起强烈反响。这倒不是因为在学术上有重大创新，而是因为他对新自由主义的反叛。作者早年留学美国，1973 年获哈佛大学经济学博士学位。回国后，曾在多所大学任教，并在几届内阁中受聘担任首相智囊团成员。他撰写的《宏观经济学入门》被许多大学列为教材。世界经济危机爆发后，他对自己所学所讲所用的经济学进行了认真反思。《资本主义为什么自我毁灭?》可以说是这位新自由主义者的自白书。他说："我坦率地反省，自己迄今的主张是错误的"，"对自己主张的错误而抱悔恨之念"，"迫于世界情势的紧迫，我不能再沉默"。他说自己曾经"过于天真地相信资本主义全球化和市场至上主义的价值"；他曾宣扬"如果日本也能像美国那样进行自由经济活动，转变成市场机制发挥机能的社会，就能变得像美国人那样富裕、幸福"。他在参与政府决策时，曾力主把美国的经济体制、政策、结构引进到日本。危机使他的幻想破灭，他终于清醒地认识到"仅仅依靠美国经济学的合理逻辑来决定日本的国策，是错误的"。他进而尖锐地指出，把美国式经济学捧为人类的普遍真理，是因为它是资本主义用以掩饰其贪婪欲望的工具。"资本主义是以资本增值为目的的贪婪的利益追求者的意识形态"，美国社会的特质是贪得无厌的扩张和对个人主义的绝对容忍。"美国式资本主义已经开始自灭"。他疾呼："有必要大声反对追随美国那种抛弃弱者型的结构改革。"

　　日本早稻田大学教授神原英姿指出，危机爆发"宣告了市场原教旨主义的失败。不管喜欢不喜欢，今后政府必须有组织地进行某种程度的干预"，"实行政府部门在不抹杀市场职能的前提下进行干预、修正市场主义"（日本《外交论坛》2009 年 2 月号）。日本北海道大学山口二郎教授指出，2008 年 9 月爆发的世界金融危机告诉我们，过去 30 年一直持续的新自由主义时代已经无法继续下去。新自由主义一系列政策理念已无法解决社会经济问题，它本身成了问题的根源。转变新自由主义的路线应成为新时代的主流（《新自由主义的终结与政权选择》，日本《世界》月刊2008年11月号）。

美联储前主席格林斯潘号称四朝元老，在四届政府执掌金融大权，竭力推行新自由主义货币政策，是造成危机的罪魁祸首之一。他于2008年10月23日在国会作证时坦陈，在执掌美联储期间对金融业疏于监管，助长了金融自由化是个"错误"，现代风险管理范式已经"走偏"，他对放松监管这一政策的信念已经"动摇"。

国际金融大鳄索罗斯对于市场原教旨主义的批判可谓一针见血。他指出，"眼下发生的事令人难以置信！这是我所说的市场原教旨主义这一放任市场和让其自动调节理论作用的结果。危机并非因为一些外来因素，也不是自然灾害造成的，是体制给自己造成了损失。它发生了内破裂"。

——从批判新自由主义思潮，进而扩展到批判现行资本主义制度，这是近几年西方意识形态领域的重要变化。20世纪80—90年代，国际舆论界崇尚资本主义制度，丑化诋毁社会主义制度，充斥西方媒体。但新世纪初，美国这位帝国老大自己不争气，一场金融经济风暴撕掉了披在它身上的"皇帝新装"。

本轮危机是深重的。但并不意味着资本主义作为一种社会制度行将就木。然而，关于资本主义的种种神话，已经被它自己制造的危机无情地戳穿。令精英人士崇拜的"美国模式"已经丢尽颜面，信誉扫地。西班牙《第三信息》网站曾发表一篇文章《资本主义的十二个神话》。文章对流传甚广的，诸如自由、民主、平等、共同富裕、全民福利、无可替代，等等神话，逐一进行了剖析。今年年初，英国《金融时报》推出了以《危机中的资本主义》为题的系列文章。专栏开篇文章的作者是美国本届政府的要人萨默斯。他的文章标题是《资本主义哪里出了毛病》，文中列数了如失业率上升、分配不公、社会流动性急剧下降等，认为如不重视，问题不可能自我纠正。

国际工会联盟秘书长沙兰·伯罗认为，20世纪的资本主义已经过时，不再适应21世纪。资本主义没能带来安全的饭碗，也没能平均分配财富（德国世界报网站，2012年1月25日）。

达沃斯论坛主席克劳斯·施瓦布提出避免"制度腐败变质"问题。他认为,"人们绝对可以说,当前形式的资本主义制度不再适合当今世界"。(德国《金融时报》2012年1月25日)

国际货币基金组织首席经济学家肯尼斯·罗戈夫列举了现代资本主义众多弊端,指出所有现行资本主义制度形式归根到底都是过渡性质的。当今居主导地位的英美模式将被其他模式所取代(《现代资本主义是可持续的吗?》,新加坡海峡时报网站,2011年12月6日)。

经济危机还暴露了西方政治制度的腐败性、虚伪性。西方所谓"民主",名为"票主",实为"钱主"。美国经济学家罗伯特·赖克支持"占领华尔街"运动,要求建立一个免受金钱腐蚀的干净的民主制度。他认为,当收入和财富如此集中于少数人手中时,极少数富人有足够的金钱主宰民主,会不可避免地破坏民主(英国《金融时报》网站2012年2月1日)。

——世界经济危机这场由美国金融寡头、政客、文人合谋酿成的大灾难,彻底戳穿了他们编造和散布的关于美国社会、制度、体制、模式、道路的种种神话、迷信。在事实面前,谎言重复千遍万遍也变不成真理。西方国家一些友好政治家、学者对我们提出了忠告。

英国报人戴维·皮林(《金融时报》亚洲版主编)认为,陷入危机的资本主义同时也是亚洲通向繁荣的危险道路(英国《金融时报》网站2012年1月16日)。

伦敦政治经济学院教授梅格纳德·德赛指出,西方资本主义已步入老年,充满活力的资本主义已经向东方转移。但是,亚洲国家那种妄自尊大的成就感,只能到此为止;西方的资本主义危机对于东方来说,也是一件深感不安的事情。他指出,许多国家在筹划一条通向未来繁荣的道路时,决定推行越来越"资本主义"的政策。但是,那条通往繁荣的道路现在看上去再危险不过了。他认为,资本主义制度对亚洲国家来说,那可能是最糟糕的经济制度(英国《金融时报》网站2012年1月16日)。

曾任德国总理的斯密特老人,是中国人民的老朋友。他是"社会市场经济"的倡导者和践行者。就在美国佬佐利克之流抛出旨在最终瓦解我国社会主义国有经济、实现全盘私有化的所谓"顶层设计"改革方案的时候,斯密特发出令国人深省之语:"国有企业是中国人民的命根子。应当否决私有化。"他认为，如果对国有企业实行私有化，未必有利于竞争、使人民获利。私有企业是不关心社会整体利益的。

——西方学界不仅直接挑战新自由主义，而且名校学生群起造了新自由主义学派大师的反。

2011 年 11 月 2 日，在美国哈佛大学发生了一起震惊美国乃至世界学界的学生罢课事件。被学生罢课的，是哈佛"明星教授"新自由主义经济学大师曼昆。他撰写的《经济学原理》被译成二十多种语言，在世界发行一百多万册。他曾任小布什总统经济顾问委员会主席。罢课学生说，他们属于美国社会中"99%的人民"，抗议另"1%人的贪婪和腐败"。罢课是为了表达他们"对于这门导引性经济学课程中根深蒂固的偏见的不满"。罢课学生响应"占领华尔街"运动，当天走出校园加入了"占领波士顿"的游行示威队伍。游行队伍也走进哈佛，支援罢课学生，打出红色标语："我们希望大学为99%的人服务！"

罢课学生发表了一封致曼昆的公开信："我们离开《经济学十讲》课堂，为了表达我们对于这门导引性的经济学课程中根深蒂固的偏见的不满。我们深切地担忧这些偏见将影响到我们的同学、我们的大学以及我们身处的整个社会。""我们发现这门课程对于我们认为已经问题重重且对不平等束手无策的经济，持一种特殊而且有限的看法。"公开信认为，真正合理的经济学研究必须同时包含对各种经济学的优点和缺点的批判性探讨。但在曼昆课程中我们几乎无法接触其他可供选择的路径来研究经济学。认为亚当·斯密的经济学原理比其他任何理论更重要、更基本，这是毫无道理的。"如果哈佛不能使学生们具备关于经济学的更广博与更具批判性的思考，他们的行为将会危及全球金融体系。近五年来的经济动乱已经充分证明了这一点。""今天，我们将加入波士顿的游行队伍，抗议高等教育的公司化，声援全球的'占领运动'。由于《经济学十讲》中不公正的本质不仅是美国经济不平等的象征，甚至应当为这一严重社会后果负责。我们今天走出课堂，不仅是反对您对于有偏见的经济学理论的讨论不够充分，而且我们还将投身整个运动，去改变美国关于传统经济学的所有不公正话语。曼昆教授，我们希望您会认真对待我们的想法和今天的罢课行为。"

哈佛学生的罢课行为提出了许多问题，很值得我们认真思考。

　　——世界经济大危机爆发，导致新自由主义衰败，引发了西方国家意识形态的危机。在这个背景下，马克思及其著作、理论在经历了一段政治寒潮之后，在西方世界重新受到重视，出现了不容小视的"马克思热"。新自由主义衰败和马克思热，形成了强烈对比，构成当今西方政治生态的重要特点。

　　在西方世界，苏联解体后，出现过一般反马克思主义思潮。马克思主义遭到诋毁、批判、冷待。当时，美国有位福山教授断言，苏东国家蜕变是历史的终结，即人类社会已经达到了最佳状态，资本主义已无可替代。"自由民主与资本主义取得胜利的今天，历史已经终结。"但是，面对此番大危机爆发的严酷现实，他不得不说，这场危机"凸显了资本主义制度内在的不稳定性。美国式资本主义已经从神坛上跌落下来"。"这场危机是美国在全球事务中占据经济主导地位的终结"。"尤其是美国不再被看作有社会政策创新思维的唯一中心"。（美国《外交》双月刊 2011 年 3/4 月号）

　　西方出现的"马克思热"有以下特点：一是发生在仍在延续的世界性大危机的背景下。20 世纪 30 年代大危机，各国应对之策可分为两类，一类是社会主义国家苏联采取的以国家工业化现代化和提高人民物质文化生活水平为主旨，以扩大内需为主，同时充分利用西方经济危机提供的机遇，引进先进设备和技术、人才，发展自己；另条路是，西方国家按照凯恩斯主义，实行扩张的财政货币政策，靠经济军事化扩张军备和罗斯福新政，使经济走出险境。到 70 年代，由于经济陷入滞胀泥潭，凯恩斯主义的主流地位被新自由主义取代。但好景不长，进入新世纪，一场金融风暴紧接着一场经济台风横扫全球，扫尽了新自由主义的颜面。正是在这种困境中，一些有识之士和公众把目光投向"世纪伟人"马克思。据《光明日报》2008 年 12 月 15 日报道，《汉堡晚报》说马克思的魄力无穷，就连德国财长施泰因·布吕克也在阅读《资本论》。这位财长说，"我们必须承认马克思主义一些观点是正确的"。"马克思热"的另一特点是，波及的面广，从欧洲到美洲、亚洲，从金融帝国到发展中国家；涉及的人群众多，从学者到政治家、从企业家到经管人员、从青年学生到普通劳动者、从神职人员到平民百姓，几乎遍及各行各业、各类群体。据《光明日报》记者 2008 年 11 月 10 日自柏林报道，德国《明镜周刊》在线发表了一篇文章，说"一个幽灵正在德国大学里徘徊"。德国许多大学里正在开展"重新发现马克思"活动。从本学期开始，在德国 31 所大学里组织学习小组、召开研讨会等方式开展学习《资本论》的活动，参加活动的人数有 2000 多名学生。迪茨出版社总经理说，"马克思《资本论》重新热起来，反映了我们社会当前面临的状况，社会遭遇到的问题越多，就会有越来越多的人试图从马克思的著作中寻找答案。"随着"马克思热"兴起，马克思著作的出版量和销售量迅速增加。德国迪茨出版社出版的《资本论》2008 年的销售量比上年增长了三倍。

"马克思热"的出现完全是自发的，而不是有组织的。在苏联解体之后，在意识形态领域，马克思主义被边缘化。如果没有世界经济大危机，没有新自由主义衰败，西方"马克思热"是不可能如此迅速出现的。这股思潮反映了世界历史发展的客观的必然的趋势。但是，必须清醒地看到，"马克思热"的出现，并不意味着新自由主义及其领军者从此"放下屠刀，立地成佛"。斗争将是长期的、曲折的。

三

中国贩卖新自由主义的旗手，面对世界经济大危机，执迷不悟，拒绝反思、一意孤行，继续鼓吹私有化、自由化、殖民化，逆世界大潮而行，反亿万人民的根本利益而动。

20 世纪七八十年代，社会主义世界出现了一股经济体制改革潮流。我国与苏联东欧国家不同，我国改革从起步时，就明确以建立社会主义市场经济体制为目标。这种抉择是不以人的意志为转移的，是我国国情和民心决定的，也是当代国际大环境背景所使然。

20 世纪 50 年代，时任美国国务卿杜勒斯抛出了对社会主义国家实行"和平演变"的战略设想。但一直无从下手。到 70—80 年代，社会主义国家掀起了改革浪潮。美国政府抓住这个战略机遇，加紧推行"和平演变"。在经济方面，大搞军备竞赛，把苏联捆在战车上，拖垮苏联经济；利用美元霸主地位和美国在世界银行等国际经济组织中的主导权，主宰国际经济秩序；在所谓"经济全球化"的旗号下，大搞资本输出，通过投资控制行业和地区经济，发展加工贸易，把苏东国家全面拉入美国控制的世界经济体系，使之依附于美国；在文化教育和意识形态方面，敞开学校大门，培养和扶植代理人、代言人；通过学术交流和文化交流，大搞文化输出，资助组织非政府组织，插手改革和发展，大肆推销新自由主义，并直接或间接参与整体或局部有关改革和发展方案设计，左右媒体引导舆论，掌握话语权，等等，不计工本，无所不用其极。最终，美"不战而胜"，实现独霸世界的梦想。

苏联解体了，俄罗斯走上了全盘西化的道路，美国并没有因此善罢甘休。相反，继续对社会主义世界推行"和平演变"战略。中国改革开放30年来，美国政府换了几届，但对华实行"西化、分化、遏制、殖民化"的战略始终如一。美国视中国为"主要战略对手"，实行"战略重点东移"。这并非对华善举善行。现在，环视我国周边态势，美国对华战略弧型包围圈已经形成，美国一手制造和挑唆的矛头指向中国的事端不断。更有甚者，美国政府正在增强在亚太地区的军力部署。美国政府的智库竟然鼓噪发动对华战争。

长期以来，政界、学界争论"左"与右谁为主要危险。有一种极端观点，认为在改革开放过程中"左"始终是主要危险，反"左"是主要任务。这种观点把邓小平在特定时期针对特定对象讲的话普遍化、绝对化，是对邓小平言论的实用主义诠释。这种观点对美国政府利用新自由主义争霸世界、在改革和经济全球化的旗号下，对我国实行"遏制、利用、西化、分化、殖民化"的战略图谋，装聋作哑、视而不见。美国政府对华战略究竟是左还是右？30年改革历程表明，中国新自由主义谋士们，在美国对华推行全盘西化的战略图谋中充当了斗士还是别动队？"日（本）汪（精卫）本一家"，岂可"只抗日不反汪"？

我们必须把国内的左右纷争置于国际大环境、大背景中分析，才能作出切合实际的而不是主观臆想的公式化的结论。以反左为名，转移人们对西方"和平演变"战略挑战的视线，是别有用心的。

让我们来看看某些中国新自由主义的忠实教徒们，在世界大危机中所作、所为、所言。

我国经济在这次世界大危机中也遭受重创。面对严酷情势，那些曾被捧为"有良心的大师"却选择了缄口不语,对危机装聋作哑,视而不见,一言不发。在媒体上,人们看不到有哪位"有良心的大师"对危机原因、特点、现状、前景、对策,用马克思的观点向公众作出切合实际的分析;人们更见不到有哪位"学界影星"站出来,对自己贩卖散布的新自由主义谬论进行自我批评,哪怕是像格林斯潘那样表示点歉意。在铁一般的事实面前,他们执迷不悟,一意孤行,看来是要一条道走到黑,戴着花岗岩脑袋去见祖师爷弗里德曼了。

——念念不忘市场原教旨主义,继续兜售私有化、自由化、市场化。

世界大危机爆发延续至今,我国的改革和发展走到了重要路口:是坚持以中国国情相结合的马克思主义为指导,坚持走中国特色的社会主义道路,坚持党的社会主义初级阶段基本路线,还是让新自由主义继续肆意误导中国改革和发展,使我国重蹈苏联和苏共的覆辙。这绝非危言耸听,而是现实迫切要求我们作出的抉择。

今年两会前夕,《中国经营报》2012 年 2 月 27 日发表了一篇文章《改革不容拖延》。文章认为,"经济危机在整个资本主义世界的蔓延,使人们对自由市场的未来命运产生了怀疑。然而,中国的故事并不能成为反对自由市场制度的理由"。中国现在必须"继续朝着建设自由市场体制的方向推进改革。这是一项未竟的使命"。作者认为,他所谓的自由市场制度是"人类迄今尚未找到更好的选择"。

作者关于自由市场制度的观点,并无任何新意。它贩自美国流行的经济学教材。早在 20 世纪 80 年代后期就摆上了地摊。所不同的是:(1)他强调自由市场制度的地位和作用,绝不会因大危机而改变;(2)他的观点为参与所谓顶层设计者鼓吹的"坚持市场化改革不动摇",作了明确的注解。30 年后与 30 年前,念的是同一本经。

——颠倒黑白,混淆是非,为贯彻声名狼藉的"华盛顿共识"制造舆论。

《东方早报–上海书评专刊》2011 年 11 月 20 日刊登了一篇题为《深化市场经济改革难在哪里?》的文章。作者说,"仔细回想一下,我们改革的成就离不开《华盛顿共识》,改革中许多问题正是偏离了其中的一些要点,或者贯彻得不彻底"。作者给改革"过大关"指明的出路,就是贯彻《华盛顿共识》。

美国政府炮制的《华盛顿共识》，早已在国际上声名狼藉。它是美国政府假手世界银行等国际经贸组织，对外推行经济霸权主义、实行殖民扩张、瓦解社会主义国家经济根基的重要政策工具。其主要内容是，以新自由主义为理论指导，在紧缩银根的条件下，开放市场，全面实行私有化、自由化、市场化。新自由主义及《华盛顿共识》已经给当代世界发展造成了灾难性后果。

我国30年改革和发展，在取得显著成效的同时，也面临亟待解决的诸多矛盾和问题。究其原因，从领导层面分析，主要是没能全面认识和处理好市场经济与社会主义既相适应又矛盾的两面性；从贯彻实施过程分析，主要是来自内外新自由主义的干扰、障碍。举例来说，中央提出建立和健全社会主义市场体系，但在实际执行中却被异化为泛市场化，以致造成"新三座大山"，加剧贫富两极分化。又如，国有企业改革，中央提出"抓大放小"，但在实施过程中"放小"被歪曲为"一卖了之"，全部化公为私，中饱私囊，一些人借改革之机靠掠夺公产实现了一夜暴富。"改革"成了新生资产者实现原始资本积累的遮羞布。如此等等，还可以举出很多。不过，那时候还需要遮遮掩掩，搞"合法斗争"。但现在他们自己扯下了遮羞布，公开打出了《华盛顿共识》，露出了庐山真面目。这是公开向党和人民挑战。北京大学不是有位明星教授公开宣称改革下一步就是国有企业私有化吗？

——伙同世界银行掌权的美国佬，炮制旨在最终瓦解我国社会主义制度根基和柱石的长期规划。

2012年2月27日，世界银行网站公布了世界银行和中国国务院发展研究中心联合撰写的关于中国未来改革方案：《2030年中国：建设现代、和谐、有创造力的高收入社会》。

早在这份报告问世之前，就有人在媒体上大造舆论，说中国市场化改革还没有过大关；当前社会中出现的问题，是由于市场化改革不彻底、改革不到位；改革需要"顶层设计"。世界银行报告出笼，终于揭开了谜底。原来，这个报告就是所谓"顶层设计"。这伙人便是报告起草的参与者。他们自吹自擂，自卖自夸，扮的是走江湖角儿。

何谓"顶层设计"？难道胡锦涛同志不算"顶层"吗？他强调的在所有制结构改革中必须坚持"两个毫不动摇"，难道不是"顶层设计"必须遵循的原则吗？还有，中央编制的《十二五规划》，不也是"顶层设计"吗？再有，针对20世纪90年代以来，教育、医疗、住房等方面改革泛市场化、过度商业化造成的后果，中央在这些领域分别出台了带有纠偏性质的深化改革的方案，这些难道也不属于"顶层设计"吗？世行及其中国的同伙熟视无睹，究竟是何缘由？原来他们是企图给世行报告戴上"顶层设计"的桂冠，取而代之，夺得改革的领导权、话语权。这个"顶层设计"葫芦里装的是什么药呢？在洋洋大观的字里行间隐藏着什么样的真实战略意图呢？《报告》的要害，就是以"进入高收入社会"为诱饵，用20年时间把国有经济的比重降低到10%，而且应当保证国有企业按照商业化规则运营，不得为了实现政治目的，要打破垄断，降低私有企业进入门槛，准许私有企业进入社会保障事业，开放资本项目，依靠市场力量对国有经济进行整合，企图分步骤地用渐进办法最终摧垮我国社会主义制度、人民民主专政、共产党执政的根基和经济基础，把中国全面纳入美国主导的世界经济体系，继续充当西方国家的打工仔、提款机。熟知近30年苏联、中国等改革和发展的历史过程，了解世界银行底细的人们，对这个报告并不会感到陌生。它不过是老调重谈，用中国人能接受的（实为蒙骗）话语来推销陈词滥调。

必须指出，世行和我国政府机构合作的这篇报告，事关我国发展大局，事前未经我国最高立法机关授权，事后又未经立法机关审核批准，是完全违反宪法的。

——肆意编造、恶意曲解马列著作，鼓噪社会民主主义思潮，与新自由主义合流，以挽救其颓势。

说中国新自由主义信徒只是"二道贩子"的角色，这似乎小看了他们。他们好歹读过一些马列著作，现在总算派上了用场。美国师爷说，计划经济是种行政命令经济体制。他们便推出列宁，说列宁在《国家与革命》这本书中就把社会主义经济比拟为一家"国家辛迪加"，"即一家由政府垄断经营的大公司"。作者断言，"军事共产主义"是苏联建国初期的社会主义经济模式，"世界上第一个计划经济体制"。这是对列宁原意的蓄意篡改和对历史的恶意歪曲。对于计划经济，不能否认它的弊端，改革不能到此止步。但也不能任"精英人士"往它头上泼污水。所谓"行政命令经济",这是对"计划经济"的片面歪曲。斯大林说过国家计划具有指令性,其本意是说,国家计划经最高苏维埃(立法机关)通过后,就具有法律效用。中央政府对地方、部门、企业实行分类管理,分别实行直接计划调节、间接指导性计划、自主计划。在所有制结构方面,以农庄庄员家庭副业和宅旁园地为形式的私人经济,在国民经济中是一支重要的不可缺少的组成部分。它是城镇居民果蔬副食品的主要来源。职工住房私有化,轿车早已进入家庭。全国城乡实行从摇篮到坟墓的全民福利制度和十年制义务教育等(在实行"休克疗法"时都不敢动摇)。英国首相丘吉尔坦陈,当初他曾想把苏维埃政权掐死在摇篮之中,但他对斯大林的历史功绩却作了客观公正的评价:"斯大林接受的是还在使用木犁的俄罗斯,而他留下的却是装备了原子武器的俄罗斯。"

　　前几年,在我国社会科学界有一批学者领头打出了批判新自由主义思潮的旗帜,在社会各界特别是在劳动群众之中引起了很大反响和支持。新自由主义鼓吹者猖獗一时的气焰不得不有所收敛。但他们并不善罢甘休。有几个投机者眼见新自由主义失去强势,便从第二国际旧武库中翻箱倒柜抬出了社会民主主义或叫民主社会主义。所不同的是,给这件锈迹斑斑的武器披上了"晚年恩格斯"的外套。其手法,和他们的同伙对待列宁一样,肆意歪曲篡改,欺世盗名。他们所谓"晚年恩格斯",就是恩格斯为马克思《法兰西阶级斗争》一书写的导言,和他为《英国工人阶级状况》美国版写的附录。据网上传播的辛子陵在一个讲演中说:"从《共产党宣言》起到《哥达纲领批判》,马克思、恩格斯都是宣传共产主义的。马克思于1883年去世。到了1886年,恩格斯宣布放弃共产主义理论。他在《英国工人阶级状况》美国版附录中写下了一段令他的追随者们目瞪口呆的话:共产主义不是一种单纯的工人阶级的党派性学说,而是一种目的在于把连同资本家阶级在内的整个社会从现存关系的狭小范围中解放出来的理论。这在抽象的意义上是正确的,然而在实践中却是绝对无益的,有时还要更坏。这位伟大的革命家和思想家在反思他和马克思创立的共产主义理论体系。一切马克思主义的信奉者、实践者和研究者,都不可轻视或忽略这93个字,没读过或没懂得这93个字,就是没弄通马克思主义。读过《共产党宣言》、

《法兰西内战》和《哥达纲领批判》这些名篇，你就更要牢记这93个字，因为这93个字把这三大名篇否定了，把关于无产阶级革命和无产阶级专政的理论否定了，把整共产主义理论体系否定了。"辛子陵断言，马恩"晚年放弃了推翻资本主义制度、实现共产主义的伟大理想，主张改良资本主义制度，和平进入社会主义，走民主社会主义道路，许多人接受不了是可以理解的。然而这是事实"。①

恩格斯的原文刊登在中文版《马克斯恩格斯选集》第4卷中。把原文和辛文对照阅读，就可以清楚地暴露出辛子陵行骗的丑恶伎俩。第一，恩格斯在《英国工人阶级状况》中所表述的、被辛子陵当鸡毛抓住的观点，原本是恩格斯的科学历史观创立处在"胚胎发展的一个阶段"中的不成熟的观点，恩格斯本人后来对它是持批判态度的。在辛引用的那段话之后紧接着，恩格斯指出："既然有产阶级不但自己不感到有任何解放的需要，而且全力反对工人阶级的自我解放，所以工人阶级就应当单独地准备和实现社会革命。现在也还有这样一些人，他们从不偏不倚的'高高在上的观点'向工人鼓吹一种凌驾于工人的阶级利益和阶级斗争之上企图把两个互相斗争的阶级的利益调和于更高的人道之中的社会主义，这些人如果不是需要多多学习的新手，就是工人最凶恶的敌人，披着羊皮的豺狼。"辛子陵及其同伙不正是这类人吗？

——无视苏联解体和经济危机给俄罗斯人民造成的灾难，追随戈尔巴乔夫之流，步叶利钦后尘，图谋把中国拖上俄罗斯灾难之路。

据媒体披露，苏联解体完全是美英政府精心预谋、一手策划的、假手戈尔巴乔夫操作的政治阴谋。全盘私有化，成了对人民的空前浩劫，使国民经济遭受空前严重的灾难。仅仅五年的时间（1992—1996），经济上造成的破坏，等于卫国战争时期的2.5倍，通货膨胀达到5000倍的天文数字。20年过去了，除了天然气产量之外，其他重要经济指标都没有达到苏联时期的水平。"过上西方富裕生活"的美梦早已化为泡影破灭。在国际上，俄罗斯已沦为二等公民。两次世界性金融危机和经济危机，俄罗斯都没能幸免。

---

① 转引自《中华魂》2011年第7期。

危机是最有说服力的教员。它促使俄罗斯人民、政治家、学者纷纷反思，推动了俄罗斯人民觉醒。2001 年 7 月，俄罗斯电视第 5 频道开播了一个名为"时代法庭"的辩论节目。在辩论"布尔什维克是挽救了俄国还是葬送了俄国？"时，72% 的电视观众和 82% 的互联网网民都认为是布尔什维克挽救了俄国；当辩论"戈尔巴乔夫的改革是一场灾难，还是走出绝境的出路"时，93% 的电视观众和 88% 的网民都认为是一场灾难！

俄罗斯经济现在已开始进入复苏。但这将是一个缓慢、曲折、艰难、长期的过程。俄罗斯走向何方？这将决定俄罗斯能否重新踏上强国富民之路。

然而，近几年，那股历史虚无主义的沉渣在我国又再次泛起。现在，他们批判的矛头已经不再局限于计划经济了。口诛笔伐深延并扩张到整个体制、模式、基本经济制度、政治制度和指导思想、理论。他们叫嚷：十月革命一声炮响给我们送来的是斯大林版本的马克思主义，不是正宗的马克思主义；对斯大林模式应当否定，否定得越彻底越好。有人甚至呼吁："亟须开展一场肃清斯大林流毒的运动"！按照他的理论逻辑，我们的党章和宪法都应当划入"流毒"之列，必须"肃清"！接着，便是将中共拉下执政党的神位，将马克思主义、毛泽东思想赶下指导思想的神坛。这便是"改革派"企求的结局。

文章分析到此，人们会问：中国的新自由主义信徒为什么会如此顽固呢？恩格斯有句名言：人们奋斗的一切，都是为了利益。当一种观念和持有者的物质利益结合在一起，并融为一体时，这种观念便转化为人的行动，变成物质力量。现在，我们面对的，已经不是书本上的条条教义，而是已经形成了一股有经济实力、有纲领、有组织、有舆论阵地的势力群体。

丢掉幻想，继续战斗！

（原载《中华魂》2013 年第 1 期）

我为吴易风教授申辩

　　《高校理论战线》1995 年第 11、12 两期连载了中国人民大学吴易风教授撰写的文章：《俄罗斯经济学家谈俄罗斯经济和中国经济问题》。文章的主要内容，记述了俄罗斯经济学界知名学者对俄经济改革的评论。因为是俄国人自我评价，所以文章在学界和政界引起了广泛的反响。但由于身跨学界和政界两边的一位"大师"级人物的关照，吴教授几乎招来杀身之祸。他们罗织罪名，说吴教授借外国人之口反对改革，否定改革成就，攻击党中央和邓小平。甚至告御状，向人大校领导施压，要求组织批吴，他们还在报刊上公开批吴。这可算是一场小的风波。好在人大校领导顶住了压力，主持了公道，吴教授未遭劫难。

　　说实话，吴教授文章讲的都是真情，说的皆是实话。我可以作证。1991 年年底，我应苏联科学院经济研究所所长阿巴尔金院士邀请访问莫斯科，亲眼目睹苏联解体、克里姆林宫红旗落地的惨状；2000 年 10 月，应俄罗斯国家杜马邀请，我以全国人大财经委代表团成员的身份再次访问莫斯科，从官方了解到苏联解体后十年的衰落景象。俄罗斯的现状好比是一个吃家底的破落户。实际情况要比吴教授讲的严重得多。这场所谓的改革在经济上造成的破坏和损失，相当于打 2.5 次苏联卫国战争。要消化掉苏联解体酿成的这枚苦果，可能要经历一两代人。这绝非危言耸听。中国的"大师"们教导人们，私有化、市场化、自由化要彻底，现在出现的问题都是因为改革不到位，市场化不彻底。这个"位""底"究竟在哪里？俄罗斯改革够彻底，也早已到位了。公有制解体，价格全部放开，卢布自由兑换，汇率市场化，土地自由买卖，……但并没有带来公平、公正、效率。难道我们还要重蹈覆辙吗？俄国学者告诫我们：要以俄为戒，不要上美国的当。吴教授转达了他们友善的忠告，却招来大棒。这究竟是为什么？

　　现在人们都哀叹世风不正。市场化势不可当，连学术这座圣殿也都被化了进去，几乎找不到一块净土。请看我们的俄国同行，明明是瓜分公共财富，搞私有化，却美其名曰真正实现全民所有；明明市场奉行生存竞争、弱肉强食的丛林法则，却糊弄业外百姓，说什么市场能优化资源配置；明明是要把你拖进经济殖民化的陷阱，却糊弄你"发挥比较优势""参与全球化分工"。俄国学者揭露了这帮人的虚伪性、欺骗性。他们开始只讲经济市场化、政治民主化，不提最终目标，不亮底牌。直到现在才说了实话，就是资本主义化。改革国有制，说是为了改变无人负责，实是培育新资产阶级。他们享受着社会主义制度建立的从摇篮到坟墓的全民福利制度，但却攻其一点、不及其余，抹黑社会主义经济制度。看了吴教授介绍的俄国情况，人们自然联想到中国的同类，他们的政治纲领如出一辙，甚至策略手段也毫无二致。吴教授揭了人家的疮疤，难怪遭人咬了一口。

改革之初，精英人士许愿俄国百姓，只要选择美国模式，就可赶上美国经济，取得美国的高收入，过上美国的富裕生活。然而，"200 天"过去了，"500 天"消逝了，五年也没法弥合"休克"的创伤。俄罗斯现在是吃祖宗饭，吃斯大林留下的遗产，吃自然资源老本，前景不容乐观。往日的超级大国，现在已沦落为世界的二等公民！可悲、可惜。我想起了上次访问莫斯科，在俄方的宴请席上，中方代表团团长举杯："祝愿俄罗斯人民幸福！国家强盛繁荣！"俄议会主席苦笑道："愿上帝能听到您这句话！"

不改革，死路一条；

全盘私有化、市场化、自由化，等于服毒慢性自杀！

批吴掀不起大浪，但给肇事者留下了不光彩的纪录。

（2001 年 3 月在一个座谈会上的发言）

关键是政企分治而非产权明晰化

我国国有大中型企业制度改革 14 年来经历了艰难曲折的路程。探索是有成效的。现在确立了建立现代企业制度的改革目标，但目标模式毕竟不等于现实。现代企业制度对我们来说还只是一个理论上的推断和假设。因此，就建立现代企业制度问题，从理论与实际的结合上进行广泛、充分的论证，让各种观点进行交锋，不仅不会干扰改革，相反会推进改革，降低企业制度转型的成本。

本文试图就当前国有企业改制研究中的几个理论问题谈点看法。

一　企业改制的客观根据是什么?是为了实现产权明晰化,还是为了要适应社会主义市场经济性质的要求,改革企业与政府的关系?

在社会化生产的条件下，企业在国民经济中的地位和作用，以及企业与政府之间的关系，决定于两个因素：一是决定于生产要素的结合方式，即生产资料所有制；二是决定于社会生产的性质，即是自然经济还是商品经济（或市场经济）。而这两个因素之间又互相制约、互相影响。但起决定作用的还是社会经济性质，并非所有制。所有制的性质和实现形式最终受社会经济性质的制约，即受所有制赖以生存的外部宏观经济条件的制约。

社会主义政治经济学的传统观念的错误在于，把所有制作用绝对化，作出一旦公共占有生产资料便导致商品—市场消亡，从而在国有经济内部不存在商品货币关系的结论。但是，自俄国"十月革命"以来社会主义国家的实践证明：资本灭亡和商品消亡是两个虽有联系但不容混淆的过程；

实现了剥夺剥夺者，但商品货币关系还要继续走向发展和繁荣。这个客观条件决定了社会主义经济性质不能不具有商品性或市场性，在国有经济内部不能不存在商品货币关系。可见，企业改制的首要客观根据，不是产权明晰化，而是要把国有经济建立在商品货币关系的基础上，使国有企业摆脱政府行政体制的束缚，成为真正的商品生产者和经营者，使社会主义国有制与市场经济性质相适应。

谈到产权明晰化，旧的国有制经济产权关系并不像某些同志所说的那样存在产权模糊的问题，因而需要重新界定。事实上，国有制的产权关系再明确不过了。各级政府对企业的资产和经营管理拥有绝对的排他性的垄断的支配权，企业仅仅是政府的附属物。一方面承认在旧体制下企业是政府的附属物，另一方面又谈国有制产权模糊，这难道不是自相矛盾吗？改革以来，我们实行了下放管理权等措施，结果事与愿违而出现"诸侯经济"，统一市场被分割，不必要的重复建设屡禁不止。这一事实不也恰恰证明国有经济内部产权界定明确无误吗？

问题的症结在于，在原国有制内部产权关系完全排斥商品—市场。历史表明，产权明晰化和产权市场是两个不同概念。在封建社会，或其他自然经济条件下，产权关系是明晰的，但这种产权关系与商品—市场却完全对立。相反，在近代资本主义社会，股份制经济中产权趋向模糊，而商品—市场关系却十分发达。

可见，企业改制不应完全沿着产权明晰化的思路进行，而应着重探索如何实现国有制与商品—市场经济的对接。

二 旧的国有制模式的弊端究竟何在？产生诸多弊端的症结是什么？

有种观点，把国有制旧模式的弊端及其症结归结为产权模糊，这种看法似乎难以成立。如上所述，国有制旧模式的产权关系是明晰的，问题的症结在于，这种模式的本质特征或首要特征是实行政企合一、政经合一，依靠行政机构、行政手段、行政机制来调节资源的配置。事实上，除了政府的行政体制之外，并不存在一个独立的、与行政体制平行的经济体制。

各级政府在资源配置中拥有绝对的垄断性的排他权，同时充分地享受资源配置带来的利益，但它们对自己行为产生的后果并不承担任何经济上法律上的责任。就是说，资源配置主体拥有的权力和占有的利益同承担的责任是分离的，责、权、利不对称。这正是产生旧体制效益低下、资源配置恶化、经济运行缺乏生机的根源。

因此，深化改革必须从这里寻找出路，重新调整战略部署。首先着重解决政企分治，推行"无婆婆"制度，分解政府经济职能，确立企业在市场中的主体地位，从而为搞活企业和推进市场体系发育、发挥市场功能创造必不可少的制度前提。否则，任何改革措施都是舍本求末，不能取得优化资源配置的效果。多年来，经济学界关于我国改革战略选择问题，有所谓企业改革和价格改革孰先孰后之争，后来又转向产权制度的讨论。但都没能把握住我国国有经济旧模式的根本特征，因而不能对症下药。近几年，改革重点转向建立现代企业制度后，时而掀起"企业集团"热，时而又大搞"翻牌公司"，时而提出把企业推进市场，时而又要求企业练"内功"等等。看来，如果不在政企分治，分解政府职能上下工夫，企业改革是难以走出困境的，现代企业制度是难以推行的。

三　推行股份公司制的客观根据,是为了明晰产权,还是因为它是适应现代市场经济的有效企业制度?

股份制是国有大中型企业改制可供选择的形式。我们应当积极而又稳妥地进行试点，并为它的规范化创造良好的外部环境和条件。

国有企业改行股份制，并不意味着否定剥夺剥夺者，重建私有制，而是要建立一种与社会主义市场经济相适应的企业制度。从历史上看，股份制原本是资本主义私有制与社会化生产矛盾的产物。社会主义消除了资本主义基本矛盾，但在社会主义制度下由于多种所有制并存，利益主体多元化、市场主体多元化与社会化生产依然存在着矛盾。股份制正是解决这一矛盾的企业形式之一。

有种观点，把明确界定产权即产权明晰化，作为主张推行股份制的主要论据。这一观点既不符合股份制产生的历史过程，也与股份制理论相矛盾。在近代经济史上，股份制赖以存在的基础是产权明晰的纯粹的私人资本所有制。由于这种纯粹私人资本不适应社会化大生产发展的需要，股份企业便应运而生。它虽然并未改变财产的资本属性，但通过股票形式重新界定了产权关系，实现所有权与经营管理权的分离,，进而模糊产权关系，把纯粹私人资本转化为集体的社会的资本，从而使资本占有方式在一定程度上适应社会化生产的性质。可见，所谓"股份制产权明晰论"是难以成立的。

在社会主义制度下，企业改制并不是要在产权明晰化上做文章，而是要实现公有制与市场经济的对接。

四　企业改制不能化公为私，不能全盘私有化，但实行"模拟资本产权"或"模拟资本主义私有制"是否可行呢？

在企业改制的讨论中，主张全盘私有化或全盘西化的思潮时隐时现。在中国当今所处的国内和国际环境下，全面私有化与复旧一样，都是一条死路，这并不是人们的价值观念、主观偏好或政治信仰所能左右的。

但是，通过"企业法人所有制"来"模拟私有产权"或"模拟资本产权"，能否实现从行政型计划经济体制向市场经济体制转变，既取得传统市场经济体制的生机活力和效率，又避免它所固有的诸多弊端呢？这至今依然是有待实践证明的理论上的假设。历史的长期实践已经证明，在原有计划经济体制的框架内，用"模拟市场"的办法来克服计划经济体制僵化的弊端，这不过是空想。人们曾经做过种种实验，都难逃失败的厄运，最终不得不还社会主义市场经济的本来面目，承认价值规律的客观调节作用。同样，所有制关系或产权制度也是不能由人们按照自己的意志来模拟的。任何企业的产权制度都是特定的经济、社会、文化、历史、政治等诸种因素综合作用的结果。即使在当今西方发达国家，企业的产权制度模式也不是千篇一律的，都打着各国国情的烙印。例如，战后日本在由战时统制经济向市场经济转型时，就没有全盘照搬美欧的企业模式，而是加以改造使之具有日本特色。

我国实行的市场经济具有社会主义的特殊性质，它与西方国家存在着基本经济制度的差异，照搬西方模式行不通，"模拟产权私有"也不能奏效。问题的关键在于，"模拟产权私有"能否硬化市场约束和财务约束，能否形成企业自我积累、自我发展、自我约束的机制，能否保证公有资产持续增值而不流失，能否真正实现优胜劣汰。市场调节就是市场选择，就是市场择优弃劣。对国有资产来说，不管企业是不是法人所有者，市场选择的最终后果都要转嫁到国有资产的所有者——国家身上。所谓"模拟"，很难说与照搬照抄有什么差别。企业改制如果不考虑基本经济制度和经济发展阶段的差异，搞移花接木，很可能结出的不是现代市场经济的硕果，而是它的枯枝败叶。在这里依然要继续解放思想、大胆探索，任何捷径都没有。

五　当前国有企业转换经营机制难在何处？

当前国有企业转换经营机制，进而实行转型改制，步履艰难，企业亏损严重，增长速度远远落在非国有经济之后。据此，有人主张重新调整改革战略，避开国有经济，大力支持非国有经济的发展，通过非国有经济的发展来完成体制转轨。这种改革战略是不可取的，在经济上将导致国有经济丧失主导地位，在政治上将引起社会动荡。

国有企业转轨改制之所以步履艰难，主要的原因在于缺少平等竞争的宏观环境。经过十多年改革，我国已形成了各种所有制并存的格局，但国有企业的处境远不如非国有经济企业的处境。在它的身上背着几大沉重包袱：企业办社会；在职失业和冗员；负债累累等等。其他经济成分则可以轻装上阵，除了享受政策上的优惠之外，还直接从双轨制中捞取巨大实惠。这种不平等的竞争环境对国有企业转轨改制显然是十分不利的。在目前过渡时期，即使税赋一律平等，国有经济承受的负担也远比其他经济成分重得多。不改变这种不平等的竞争环境，企业改制是难以见效的。而能否形成平等竞争环境，仅仅靠企业"练内功"是无济于事的。

（原载《生产力之声》1994 年第 6 期）

没有公平公正,何来"共同富裕"?

收入分配秩序混乱,分配规则不公,贫富分化加剧,这是当前人们关注的热点问题。几年前我曾经出版一本研究我国转型时期收入分配的书,发表过几篇文章。① 现在看来,基本观点还是经受住了实践的检验。现在,结合当前的形势,就大家关注的问题,谈点看法,仅供参考。

邓小平同志晚年的忧虑

邓小平同志生前始终把实现"共同富裕"作为推行改革开放的根本目标,把"共同富裕"看作是社会主义制度的本质特征,把实现"共同富裕"作为党执政的唯一宗旨。

——"社会主义的本质,是解放生产力,发展生产力,消灭剥削,消除两极分化,最终达到共同富裕。"②

——"我们允许一些地区、一些人先富起来,是为了最终达到共同富裕,所以要防止两极分化。这就叫社会主义。"③

——"社会主义不是少数人富起来、大多数人穷,不是那个样子。社会主义最大的优越性就是共同富裕,这是体现社会主义本质的东西。如果搞两极分化,情况就不同了,民族矛盾、区域间矛盾、阶级矛盾都会发展,相应地中央和地方的矛盾也会发展,就可能出乱子。"④

——在改革中,我们始终坚持两条根本原则,一是以社会主义公有经

① 《暴富群体的政治经济学分析》,《经济研究》1998 年第 2 期。
② 《邓小平文选》第 3 卷,人民出版社 1993 年版,第 373 页。
③ 同上书,第 195 页。
④ 同上书,第 364 页。

济为主体,一是共同富裕。"发展经济要走共同富裕的道路,始终避免两极分化。"①

——十二亿人口怎样实现富裕,富裕起来以后财富怎样分配,这都是大问题。题目已经出来了,解决这个问题比解决发展起来的问题困难得多。分配的问题大得很。我们讲要防止两极分化,实际上两极分化自然出现。要利用各种手段、各种方法、各种方案来解决这些问题。……刚才讲的分配问题,少部分人获得那么多财富,大多数人没有,这样发展下去总有一天会出问题。分配不公,会导致两极分化,到一定时候问题就会出来。这个问题要解决。过去我们讲先发展起来。现在看,发展起来以后的问题不比不发展时少。

——中国发展到一定的程度后,一定要考虑分配问题。也就是说,要考虑落后地区和发达地区的差距问题。不同地区总会有一定的差距。这种差距太小不行,太大也不行。如果仅仅是少数人富有,那就会落到资本主义去了。要研究提出分配这个问题和它的意义。到本世纪末就应该考虑这个问题了。我们的政策应该是既不能鼓励懒汉,也不能造成打"内战"。

——"社会主义的目的就是要全国人民共同富裕,不是两极分化。如果我们的政策导致两极分化,我们就失败了;如果产生了什么新的资产阶级,那我们就真是走上了邪路了。"②

以上各段基本上概括了邓小平的有中国特色的社会主义理论中的分配理论。现在重温邓小平的这些科学论断,段段振聋发聩、发人深省。

严酷的分配现状

改革26年以来,城乡人民收入有了不同程度的增长,生活有了不同程度的提高。整体上看,全国人民的温饱难题已经基本上得到解决。新中国成立前夕,美国政府曾断言,中共像历届其他政府一样,不能解决亿万人民的吃饭问题。曾几何时,现在13亿人民正在奔向"小康"。

但是,当前分配领域存在的问题是严峻的。

---

① 《邓小平文选》第3卷,人民出版社1993年版,第149页。
② 同上书,第110—111页。

（一）资产分配不公

资产是由收入分配和再分配积累形成的存量财富。它能给持有人带来收益。我国现正处在社会主义初级阶段，非公有经济成分将长期存在。政府对私有财产及其所得依法予以保护。在现阶段，财富分配不均是必然的。但是，不均与不公是两个不同的概念。现在，分配不公首先表现在资产分配上。

——全国50富豪拥有私人财富450亿元，人均9亿元。500家大型私营企业总资产6450亿元，户均12.9亿元。500强总资产相当于国有企业净资产的6.7%。他们的资本积累速度之快、规模之大，可与俄罗斯财团相媲美。2002年，10%富裕家庭拥有全部居民财产的45%，10%最低收入家庭仅仅占有1.4%。

——城市金融资产分布，20%富有家庭占66.4%，20%低收入家庭占1.3%，为51:1。

——90年代以来，外逃贪官四千多人，携带五百多亿美元，折合人民币人均一亿多元。

——全国地下金融信贷规模，2003年年底7400亿—8300亿元，中小企业30%融资靠地下金融。其中，拥有百万千万资金的高利贷主不乏其人。

——我国每年洗黑钱的数额，据估计不少于2000亿元。

（二）居民总体收入分配差距持续扩大，投资与消费比例长期失调

按照现代经济学的原理，随着经济发展，收入分配差距会出现先扩大后缩小的趋势，呈现倒U形状态。然而，我国自20世纪90年代以来，在经济高速增长的同时，收入分配差距持续扩大，呈现正U形。

国际上衡量收入分配通常使用基尼系数。基尼系数0.4，一般认为是条警戒线。超过0.4，社会和公众便难以承受，贫富分化加剧，引发社会各种矛盾，引起社会动荡和不安。

目前，全国10%的最富有家庭的收入和10%最贫穷家庭的收入的差距超过8倍。基尼系数接近0.47。

如果考虑到灰色收入和黑色收入，就要超过0.5—0.6。

90 年代以来,基尼系数呈现上升的趋势。1995 年为 0.39。近十年增长了 1.2 倍。

(三) 农民沦为被市场边缘化的弱势群体,收入增长乏力

农民占据人口总数70%（包括未改变户籍的农民工）。农民收入状况对农村乃至全国社会经济发展和稳定,至关重要。

20 世纪 80 年代前期,是农民收入增长的黄金时期。人均纯收入每年以两位数的速度递增。80 年代后期,人均实际收入出现停滞、徘徊、不稳定的局面。1989 年甚至比 1985 年减少 17 元。90 年代,年均增长在 3%—4%之间徘徊。1998—2000 年,务农收入连续三年下降。1998 年为 1192 元,比上年减少 28 元,下降 2.3%；1999 年为 1139 元,比上年减少 53 元,下降 4.5%；2000 年 1091 元,减少 48 元,下降 4.2%。2001 年扭转了连续下降的局面,但年增幅仍在 4%—5%之间,2002 年为 1135 元,比上年增加 8.5元,增长 0.8%。直到 2004 年,增幅才达到 6.8%,人均纯收入为 2936 元。

改革以来,农民收入来源和结构已经呈现多元化的态势。现在,大约有 1.2 亿青壮年农民外出打工。务工工资收入大约占农民家庭收入的1/3。2000 年外出务工的农户人均年收入比普通农户高 4.4 倍。但是,农民工收入,一是低。据 24 个城市调查,月工资为 600 元。有的省,1/4 的农民工月工资在 300—500 元。同期,城镇就业人员平均月收入为 1031 元。二是变相冻结。珠江三角洲六百多万农民工 12 年月平均工资只增加了 68 元。浙江、江苏、福建、广东四省农民工对 GDP 的贡献高达 25%。十年来,本地人收入增长了一倍,而农民工的工资仍停留在十年前的水平上。三是农民工的实际收入中政府转移支付缺位。绝大多数农民工享受不到社会保障和社会公共福利。四是农民工的经济利益和权利缺乏法律保障。恶意拖欠工资,克扣工资,极为普遍。据建设部资料,2003 年建筑业拖欠农民工的工资一百多亿元。

农村是我国贫困人口的大头。现在,绝对贫困人口有 2900 多万人。但是,政府规定的贫困标准过低,只有 625 元。如果加上 9000 万低收入 865元的人群,农村贫困总人口超过一亿人。

（四）城乡之间收入差距进一步扩大

经济高速增长和市场化改革推进，虽然使城乡居民收入都有不同程度的提高，但是，城乡居民收入差距呈现扩大的趋势。

根据世界银行的资料，城乡居民收入的比率，多数国家为1.5：1，超过2：1的极少。我国的情况却显得特别，城乡居民人均收入的比率，1985年为1.86：1，1995年为2.5：1，1999年为2.65：1，2000年为2.8：1，2003年扩大到3.34：1。如果考虑到其他因素，例如，价格剪刀差，土地征用，学费等，实际比率1995年为4：1，2003年为6：1。在西部地区，差距更大，云南为8：1。如果把东部城市与西部农村加以比较，例如，上海与贵州农村的比率则高达9.5：1。征用土地已经成为对农民的变相剥夺。近十多年，农民因征用土地损失高达两万多亿元，每年有四百多万农民失去土地。

（五）城镇居民收入差距扩大，贫富分化加剧

分析城镇居民收入差距的变化，可以看到一个显著的特点，就是城市改革越深入，居民收入差距越大。居民收入分配的基尼系数，1978年为0.18，1988年为0.23，1994年为0.3，1998年为0.4%。2004年，10%的最高收入人群的收入是10%的最低收入人群的收入的9.5倍。2003年，北京市人均可支配年收入为13882.6元，但达到这个数的仅仅为40%左右。

上世纪末劳动制度改革加速，自上而下地推行"减员增效"，造成大批工人下岗失业，形成一支庞大的待救济的贫困群体。近几年累计下岗2000多万人。2003年，城镇领取低保的人数达2247万人。下岗职工收入要减少60%。政府虽然实行了最低工资制度和最低生活费补助，但由于地方政府财政困难，不能按时足额发放，而且标准偏低。国际上许多国家都规定贫困线标准和最低工资标准，最低工资一般相当于社会平均工资的40%—60%。我国最低工资，低的省为240元，相当于当地平均工资的31.4%；高的市为635元，相当于当地平均工资的27.9%。经济发达地区有个市，最低工资标准为520元，扣除各种应缴费用，实际所得为340元，按1.5赡养系数计算，人均227元，低于当地最低保障线。2004年，城镇居民

44.8%没有医疗保障。

企业改制成就了一批靠侵吞国有资产致富的暴发户。由于国有企业改革无法可依，有章不循，被舆论误导，在所谓"明晰产权"的旗号下，在"强化激励机制"的名目下，地方政府强制推行经营者持大股、管理层收购、年薪制、股票期权等，化国为私，实行渐进式私有化。2004年，275家上市公司普遍实行高额年薪制和经营者大股。高管年薪人均22.5万元，相当于职工人均年工资的15.4倍。平均数掩盖了更为严酷的高低悬殊的惊人差距。一家知名企业的高管年薪160万元，还持有巨额的股票，而普通员工的月薪只有600元。一家银行的高管年薪164万元，相当于当地最低工资的245倍。某省一家拖欠2.55亿元债务的企业改制，管理层竟然获得金额1180万元的奖励股，占总股本66.29%。

行业间收入差距，由于行政性垄断，例如，金融银行业、房地产业，比低收入高2—4倍。2002年，100名富豪竟然有40人涉足房地产。房地产的利润40%—50%被开发商占有，农民仅仅得到5%—10%。2004年，房地产业的暴利在十大暴利行业中居第一位。进入《中国百富榜》的房地产大亨有45人。房产业的暴利为15%—30%，地产业的暴利则为150%—300%。

（六）地区间的收入差距扩大，挑战非均衡地区发展战略

我国幅员辽阔，历史上地区发展极不平衡。近二十多年，政府实行了向东部倾斜的所谓梯度发展战略。这种发展战略，在加快东部地区发展的同时，也加大了地区间收入的差距。西部是少数民族的聚居区，又是自然资源蕴藏丰富的地区。现在，落实中央政府加快中西地区发展的各项政策已刻不容缓。

与20世纪90年代比，居民人均可支配收入，东西部差距扩大了6倍，东中部5.39倍。2004年，上海人均收入与西部五省的比率为2.3:1。东部五省市人均可支配收入与西部的比率为2:1。农民人均纯收入东中西部的比率1993年为1:0.66:0.54，2001年为1:0.61:0.46。上海市人均可支配收入是贵州农民人均纯收入的9.5倍。

（七）外资企业雇佣的员工收入虽然高于内资企业职工的收入，但与发达国家职工的收入悬殊极大

我国外资企业员工的人均年收入，2003 年为 21016 元，与内资企业职工人均年工资的比率为 1.54：1，高于后者 50%，但仅仅相当于发达国家人均年工资的 7.9% 左右。目前，外资企业出口额已占我国 50% 以上。这个差额成为外商超额利润的巨大来源。

以上粗略地分析了当前我国居民收入分配状况。从中可以得出以下认识：一是居民收入差距全面地、大幅度地、急剧地扩大已经是不争的事实，客观环境使我们还看不到缩小的前景；二是已经形成了一个人数众多的相对稳定的庞大的贫困阶层，其成员主要是工农群众，按照联合国的标准，人均每天消费一美元为贫困线，我国的贫困人口超过一亿人；三是出现了一个迅速崛起的新生资产阶级，其中包括靠发不义之财起家的暴富阶层。他们是体制转型的既得利益者。

分配不公，贫富分化加剧，引发社会经济矛盾，造成社会动荡不稳，已经成为经济持续协调发展和深化改革的严重障碍，是建设社会主义和谐社会的大隐患。

不能不严肃思考的问题

收入分配和亿万人民的切身利益息息相关。为人民服务是我们党的行为的唯一准则。除了人民的福祉，党没有任何自身的特殊利益。改革的目的是为了实现共同富裕。对于分配中出现的问题，我们是不能不严肃认真地对待的。

如何合理分配改革的收益和代价以及成本，该不该把改革的代价和成本都强加在下层劳动群众的肩上，而让少数人享受和侵吞改革的成果；

要不要用实践来检验"效益优先，兼顾公平"的方针，不考虑我国改革的性质和国情，不吸取西方国家的历史教训，照搬照抄这个西洋教条，用它指导改革产生了什么危害，在理论上为什么是错误的；

　　既然我国的改革是社会主义制度的自我完善，是以实现"共同富裕"为目标，我国工业化、市场化、城市化是否应该重走西方"原始资本积累"的老路；

　　改革既然是社会生产关系的变革，能否用行政命令搞运动的方式进行企业改革，改革能否只讲必要性，不讲可能性、可行性，劳动制度和分配制度的改革需要哪些条件；

　　实行全面私有化，能否避免两极分化，能否达到共同富裕；我们应当从俄罗斯改革中吸取什么教训；

　　根据邓小平理论，按照实践的标准，从近几年劳动制度和分配制度改革中应当吸取哪些有益的经验和教训；如何全面落实邓小平的遗言，解决当前收入分配中存在的严重问题。

　　经济学界对当前分配问题的看法存在着分歧，甚至对立。重要的是站在什么人的立场，为哪个阶级说话，充当哪个阶级的代言人。

　　　　　（2005 年 5 月 6 日在江西省南昌社科院、南昌部分高校学术报告会上的报告）

是"世界工厂",还是"世界打工仔"?

　　2001年中国进出口贸易总额突破5000亿美元大关,跃居世界第十贸易大国。有些外国新闻媒体惊叹:中国成了"世界工厂"!我国新闻界甚至经济学界也有人随声附和。

　　历史上,有哪些国家被称为"世界工厂"?

　　"世界工厂"这一称谓,人们并不陌生。19世纪后半期,以机器大工业为标志的近代产业革命兴起,英国作为机器工业的发源地,以坚船利炮开路,用廉价商品摧毁了一个又一个不发达国家的关卡,把许多国家网罗进英国的销售市场、原料产地、廉价劳动力供应地。英国垄断了世界工业生产和销售市场,主导近代工业发展的潮流。英国由此获得了举世公认的"世界工厂"的称号。到了20世纪初,风回轮转,大英帝国日渐衰落,德国、美国等国家后来居上,取代了英国成为"世界工厂"。

　　中国现在有资格接受"世界工厂"称号吗?

　　一百多年来,中国一直被那些号称"世界工厂"国家欺凌盘剥的对象。如今,新中国已令世人刮目相看。曾几何时,有人将"世界工厂"的桂冠戴到了中国头上。我们有些同胞竟欣然接受。然而,看看中国的现状,我们有资格接受"世界工厂"的称号吗?

　　中国的国民生产总值突破了万亿美元的大关,经济总量跃居世界第六位。但是,中国在世界经济总量中所占的比重仅有3%略多一点。

　　中国的进出口总额突破了5000亿美元的大关,跃居世界第十贸易大国。但是,中国在世界贸易总额中所占的比重仅有3.2%。

　　劳动密集型产品是中国出口的大宗产品。我国已成为世界服装出口大国。但是,我国服装业至今还没有国际市场上公认的名牌产品。如今,世界上许多名牌服装都由我国企业生产,外销用的却是外国商标、外国品牌。目前,加工贸易在我国出口贸易中的比重超过了40%。这些出口产品虽然都打上了"Made in China"的标记，但是品牌是人家的，设计是人家的，原材料也有不少是人家的，销售市场是人家的，利润的大头都被外商拿走，我们所得的仅仅是有限的加工费。

我国出口贸易中工业制成品已取代初级产品，占据80%以上的比重。但是，在工业制成品出口中，要依靠进口零部件和关键设备、核心技术，从事组装的或进料加工的，占很大比重。我国现在已经是世界公认的"家电生产大国"，几种主要的家用电器产量已雄踞世界之冠。但是，家电产品的核心技术和部件却仍然依靠进口，家电生产大国"没心没肺"！

轿车工业是我国正在兴起的一个支柱产业。世界各大汽车厂商都看好中国轿车市场的巨大潜力。现在中国汽车行业年产量虽抵不上外国一家汽车公司的年产量，但我国的整车生产厂多达120多家。轿车品牌几十种，却没有一种轿车车型是我们自主开发的，没有一家企业从事于自主开发和研究的。我国的汽车行业基本上依然在"引进—合资—组装"的圈子中打转，充当外国厂家的"打工仔"。

我国是工业化尚未完成的发展中国家，传统产业有广阔的发展前景。在传统产业中我们是本该大有作为的。但近几年在"发展高新技术"的浪潮冲击下，一些有市场优势的传统产业的发展和改造却遭到冷落。如果我们正视中国的现状，如果我们从中国的国情出发，如果我们能抓住西方国家产业结构升级的机遇，在传统产业这个领域，我们本可以大显身手，大有作为，成为名副其实的"世界工厂"。然而，严酷的现实是，传统产业受到不同程度的冷落，而高新技术的发展又走入误区：重商贸、轻科工，重引进、轻自主开发，重组装、轻制造。

面对"中国是世界工厂"的喧嚷，需要的是冷静、理智的思考。"世界打工仔"的称号似乎不太好听，却是不容回避的现实。中华民族历来不甘落后，从不愿忍受别人的欺凌。自强不息是我们民族的美德。经过50年到100年的努力，那时，我国定能自立于世界经济强国之列，成为名副其实的"世界工厂"！我们的目标一定要达到，我们的目标一定能达到！

（原载《北京日报》2002年3月25日）

经济学遭遇"瘟神"

　　新世纪之初，我国遭遇了一次非典型肺炎的袭击。疫情蔓延的势头得到了有效遏制。民众谈"非"色变。"非典"对社会安定和经济生活产生了有害的影响。

　　根据《现代汉语词典》给"瘟疫"下的定义，非典型肺炎疫情具有瘟疫的特征。它是急性发作的，突发性的，极具传染性的病症。至今人们还没有剖析出它的病源，没有开发出医治和预防的良方。虽然在现代医学条件下，我们最终是会战胜这个病魔的，然而，它却留下了太多的问题供人思考。

　　这次"非典"病疫来势猛，扩散快。其势与20世纪30年代和90年代爆发的经济危机十分相似。正当人们为第一季度经济增幅达到前所未有的9.9%的速度欢欣鼓舞的时候，一场突如其来的瘟疫降临人间，给了那些陶醉在"一枝独秀"感觉中的人当头一棒。这是一次世界性的灾难。先后有27个国家和地区受害。我国的疫情居世界之首。"非典"的爆发和扩散，是对我国经济的一场严峻考验和挑战。经济增长的质量，经济机体防范和抗击各种灾害的能力，经济结构的优劣，经济运行的效率，改革和发展战略的选择，都在这场人与病魔的争战中受到检验。经济学遭遇了瘟疫；主流经济学和经济学家的"霸权"地位面临严峻的挑战。

鼓噪"过剩经济时代"酿成苦果

　　20世纪90年代，市场供给与需求关系发生了重大变化，居民生活必需品的供给由全面的卖方市场转变为供给略大于需求的、有限的买方市场。这是经济生活发生的历史性变化。对于这个变化，主流派作出的判断是，"我国已经告别了短缺经济，进入到过剩经济时代"，"经济生活中的矛盾不再是供不应求，而是供大于求的矛盾"。连篇累牍的文章、一本本专著，把"过剩经济"炒得火热。然而，有些学者对这一观点提出质疑，认为只能说局部过剩，例如家电行业，从总体上说还不能作出进入过剩经济时代的判断。"过剩经济"的炒作，左右了舆论，影响了实际工作，对资源流向产生了误导作用，使"非典"得以乘隙而入。

我国进入快速工业化时期后，经济生活中出现了全面紧缺，生产资料和消费品的供应都不得不借助于行政手段实行计划分配。90年代，这种状况开始转变。但是，说我国从此进入"过剩经济时代"，言过其实。首先，作为公共产品的医疗卫生保健事业，不仅严重紧缺的状态没有改变，相反进一步恶化，与经济持续高速增长形成巨大的反差。人的需要分为三类：生存、发展、享受。生存需要是最基本的，是发展和享受的前提。人要维持自己的生命，仅仅靠温饱是不行的。医疗卫生是人的生命得以维持的必要条件。因此，医疗卫生保健属于人的生存需要之列，应当与温饱同为经济发展的首要目标。然而，令人深思的是，现在我国经济总量和经济增长速度已跃居世界前列，而卫生医疗保健事业却居同等发展中国家之后。据世界卫生组织2000年对191个成员国的卫生体系的总体绩效进行评估，中国居第144位，落后于埃及、印度尼西亚、印度、巴基斯坦、苏丹等国，这些国家无论经济总量、人均GDP或经济增长速度都远远低于我国。改革开放以来，医疗卫生体系改革也选择了市场化的目标。政府作为发展医疗卫生事业的主体地位逐步让位给市场。卫生总经费占GDP的比重，尤其是政府的投入，呈下降的趋势。在总经费中，政府投入80年代初占36%，1991年降为22.80%，2001年降为15.5%；居民负担的份额，由23%上升到60.6%。医疗卫生体制的市场化和私有化，导致农村合作医疗制度解体，城镇劳保制度支离破碎，治病成为居民难以承受的沉重负担。1989—2001年，诊疗费和住院费分别增长965%、998%。农村10%的村庄没有医疗点，农民工享受不到医疗保险，因病致贫、因病返贫，成为农村贫困人口重新上升的重要原因。尽管农村人口占2/3，但他们所分享到的医疗卫生资源仅为1/10。90年代，政府投入农村合作医疗的经费每年人均仅有一分钱。城市虽然分享到80%的医疗卫生资源，但大都集中在大城市的大医院，广大民众并未得到多少实惠。一些早已灭迹的传染病又死灰复燃，一些得到遏制的流行病又重新蔓延，境外侵入的传染病大面积扩散；食品污染严重；生态环境恶化。

总之，一些人大谈优化资源配置、优化产业结构，鼓噪所谓"进入过剩经济时代"时，对关系亿万人民生命安全的医疗卫生保健事业的极端落后状态，却视而不见、避而不谈。"非典"瘟疫袭击给人以启示。

"效率优先，兼顾公平"终显谬误

经济学界有人主张，资源配置和收入分配，必须实行"效率优先，兼顾公平"的原则；或者平均主义，或者效率优先，兼顾公平，二者必居其一。这一观点得到官方认可，成为主流观点，并作为指导方针付诸实践。当时，有些学者（包括本人）对这一观点提出质疑和批评。尽管改革的实践已经一再证明这个观点在理论上是错误的，对实践是有害的，现在有必要结合防治"非典"的实践再次加以审视。

如果用"效率优先"的准则来评判民众的卫生医疗保健状况，本文的上一节用事实揭示了我国卫生医疗事业的极端落后状况，表明二十多年经济高速发展不仅没有使民众的卫生、医疗状况得到同步改善，相反，每况愈下。卫生医疗资源的配置，既无效率，更无公平可谈，恰恰是"优先""兼顾"酿成了这枚苦果。

医疗卫生保健业的发展是人的生命得以保持和延续的基本保证，是民族兴旺发达的希望。人人有权享受基本的卫生医疗保健待遇，政府有义务予以满足。在这个领域，资源配置和分配应当遵循平等、公平、公正的原则，实行按需分配，贫者优先。如果反其道而行之，必然损害广大民众的切身利益，引发严重的社会和经济恶果。轻者，人的体力和智力下降，人力资源萎缩；重者，社会矛盾加剧，整个民族衰落。古今中外，这样的事例不胜枚举。正因为如此，俄罗斯推行休克疗法，却不敢贸然砸烂全民公费医疗这只铁饭碗。还必须指出，在市场经济条件下，卫生医疗保健是实现劳动力再生产的必要条件，属于生产和再生产劳动力的社会必要劳动组成要素。按照价值规律的要求，劳动与资本的交换应当实行等量劳动相交换的规则。等价交换体现了公平、平等的原则，并且以公平、平等为前提。

强制推行所谓"效率优先，兼顾公平"，恰恰是违背市场经济的基本规律即价值规律的要求的。

　　然而，我国卫生医疗保健制度的改革却走上了特权化、私有化、市场化的歧路，资源分配背弃了公平、平等的原则。有限的资源向城镇倾斜，城市向大城市倾斜，大城市向大医院倾斜，大医院向富人、高官倾斜。广大民众成为卫生医疗制度改革的牺牲者。卫生部门成为名副其实的"城市老爷卫生部"（毛泽东语）。据世界卫生组织 2000 年对 191 个成员国的卫生负担公平性方面进行评估，中国排在第 188 位，位居倒数第四，属最不平等的国家之一。发达国家的卫生总经费占 GDP 的比重约为 1.5%—2%，我国长期在 0.4%—0.5% 徘徊。政府投入有限的资源，城市占有 90%，农村仅占 10%（2000 年）。1989—2001 年，医药费、诊疗费、住院费上涨近 10 倍。在卫生总经费中，政府负担的部分大幅下降，大部分都转嫁到居民身上，居民负担的比重由不到 1/4 增加到 60% 以上，个人费用增长了 8 倍。医疗制度的改革，又是在继续实行低工资的条件下进行的，许多职工因此以牺牲健康为代价，忍受疾病的煎熬。曾经在国际上受到广泛赞誉的农村合作医疗制度惨遭瓦解。县以下的卫生防疫机构惨淡运行。医疗保险和医疗保障的覆盖面只占人口的 6%。由于地方财政困境和企业经营亏损，许多地方的医疗保障制度形同虚设。因病致贫、因病返贫是近几年贫困人口骤然增长的重要原因。"非典"的袭击，给世人敲响了警钟。背弃公平、平等的原则，不仅无效率可言，相反，招致灾难性后果，使人们受到客观规律的惩罚。

　　资源配置应当注重效率，以较少的投入取得较大的收益，这是一个永恒的法则。问题在于，怎样才能实现效益最大化。首要的一条，是按价值规律的要求办事。价值规律是商品—市场经济中调节社会劳动即资源配置的基本规律。它首先要求资源配置必须符合社会需要，即供给与需求合乎比例。道理很简单，人们任何时候都不是为生产而生产，生产是为了满足自己的需要，是为了人类的生存和发展。适合人的需要的资源投入才是有效投入。人的需要的满足就是效益。与社会需要相背离或相脱节的投入，不仅是无效的，而且注定是要衰败的。如前所说，卫生医疗保健是人的生命得以维持和延续的必要条件，属于"生存需要"的社会必要劳动范围。

无视此项需要，劳动力的再生产势必陷入萎缩状态。一旦劳动力总体素质下降，势必对经济发展产生负面影响；经济持续发展受挫，经济效益下降，卫生医疗投入随之减少，劳动力再生产状况再次恶化，最终陷入恶性循环。暂时的、局部的"效益"带来的是整体的、长期的灾难。

历史虚无主义思潮的祸害

　　如何实事求是地对待历史，始终是改革过程中无法回避的问题，也是学界争议最大的问题。按照历史唯物主义的观点，人类社会的发展是有自身固有的规律可循的。无论是不同社会生产方式的更迭，或者同一生产方式内部的变革，都是一个否定之否定的过程。新的生产和交换方式，是对旧的生产和交换方式的否定，同时又是对原有生产和交换方式的继承和发展。否定中包含肯定，扬弃中有继承，当然是在更高层次上的继承和肯定，而不是历史的重复。因为生产力是一种既得力量，是人类赖以生存和发展的基础。任何领导革命或改革的政党都只能在原有社会所创造的生产力的基础上求得生存和发展，不可能在空地上另起炉灶。保守的复古主义，或激进的历史虚无主义，都是违背社会发展规律的、有害的。

　　值得注意的是，在我国改革过程中，一个时期以来，历史虚无主义沉渣泛起，误导改革。这股历史虚无主义思潮有以下特点：首先，打着改革的旗号，拉大旗为虎皮，包着自己吓唬公众，具有很大的欺骗性和虚伪性。他们以改革为名，俨然以"坚定改革派"自居，对历史不作科学的实事求是的分析，采取全盘否定的态度。第二，对计划经济体制的形成及其历史作用，是非功过，不作客观、公正、全面的分析，采取一笔抹杀的态度。即使举世公认的成就，例如，新中国成立后在边建边战的条件下，用三年时间把陷入崩溃的国民经济恢复到战前水平；苏联实现工业化、战胜法西斯德国、战后迅速恢复经济，以及科学技术、教育等，他们都视而不见，一概抹杀。第三，张冠李戴，嫁祸于人，丑化计划经济。在他们的笔下，"计划经济"成了垃圾筐，什么"垃圾"都往里面装，甚至把改革中的失误都归罪于"计划经济"。第四，在理论上，否认半个世纪以来广大理论工作者和党的领导层对经济体制改革所作的有益探索和贡献，甚至否认邓小平的社会主义经济理论对改革的指导作用和地位，把改革的成就归功于他们引进现代西方经济学，把改革中的失误怪罪于违背了现代经济学。他们一方面对我们自己长期在理论和实践方面的富有成效的探索，采取全盘否定的态度；另一方面对西方现代经济学和西方国家的经济模式，推崇备至，全盘照抄，全盘照搬，甚至在西方有争议或遭到批评、被实践证明有弊端的观点或措施，也照搬不误。第五，拉帮结伙，以他们的观点划线，排除异见，动辄扣帽子，唯我独革，文过饰非，自诩一贯正确。

"非典"袭击是历史虚无主义思潮左右改革酿成的灾难。农村改革一大败笔，就是在农民的医疗保险和医疗保障制度没有建立，新的社会保障和社会保险又将农民排斥在外的条件下，轻率地一举取消了农村合作医疗制度，全面推行农村卫生医疗保健事业市场化、私有化。农村合作医疗是我国农民的创举。它对改善农村卫生医疗状况，满足农民最基本的医疗服务需求，增强农民体质，减轻农民负担，起了重要的作用。正因为如此，这项制度在国际上受到广泛的好评。但是，在市场化、私有化浪潮冲击下，这项先进的制度被贬为"大锅饭，养懒汉"，最终难逃废除的厄运，随着人民公社解体而寿终正寝。尽管1997年政府提出2000年"基本实现人人享有初级卫生保健"的目标，但农村合作医疗制度并未得到全面恢复。1991—2000年，政府投入农村合作医疗的经费年均每个农民仅有一分钱。近二十多年，农村卫生防疫系统长期处于瘫痪状态。在"非典"袭来时，所幸的是行政动员系统还在有效运转。许多地区不得不采用当年"防止鬼子进村"的办法，站岗放哨防止病人进村，广大农村才得以幸免。

农村合作医疗制度的遭遇，在改革中并不是个别的特殊的实例。其他领域也存在类似的情况。如果我们不能从中吸取有益的教训，今后还可能付出更大的代价。

贩卖"比较优势论"的用意何在？

关于我国经济发展模式的选择，经济学界有一派强烈主张：必须以"比较优势"的理论为指导，大力发展劳动密集型产业，即土的、落后的产业；高新技术发展要依靠跨国公司，走引进为主的路，绝不可实行"赶超战略"。在这种观点的引导下，我国产业结构呈现畸形化的趋势，工业中加工工业成为主导产业和支柱产业，外贸中加工贸易占据绝对优势。这种发展模式的短期效应是很诱人的，增加了就业，得到了外汇收入，引进了外资。但是，这种发展模式如不适时转型，我国经济将被引上仰人鼻息，受制于人，充当"世界打工仔"的可悲角色，跟在发达国家屁股后面爬行，甚至沦为经济殖民地。中国的现代化绝不能寄希望于跨国公司。

"比较优势"的鼓吹者，除了贩卖西方跨国公司的喉舌为发展中国家开出的上述药方之外，并没有任何独创。问题并不在于在国际贸易中要不要利用"比较优势"，而在于什么是我们的真正"比较优势"，应当怎样发挥我们的"比较优势"，如何把发挥"比较优势"与实施"赶超战略"结合起来。这恰恰是他们故意回避的问题。抗击"非典"在这方面又给人以启迪。面对"非典"的突然袭击，全世界医学界几乎束手无策。然而，我国的中医中药却发挥了奇特的功效，充分显示了中医药的强大生命力及其产业化现代化的广阔前景和巨大的发展潜力。中医药业在当今世界经济和科学发展中不仅具有"比较优势"，而且具有西医药无法取代的"绝对优势"。因为，首先，中医药作为一门科学和产业已经经历了几千年发展的历史，是我们的先辈经过长期实践积累起来的珍贵文化遗产和财富。它对我们民族的生存和繁衍作出了巨大的贡献。当今世界上还没有发现哪一种医药学像中医药学积累了如此丰富的临床经验和理论。其次，中医治疗具有独特的优点，就是辨证论治，标本兼治。它是依靠调理人体的自身康复能力，调理人体的脏腑功能，由人的机体自行抵抗疾病。任何疾病，都可以根据临床表现，提出一整套治疗方案，实施辨证论治。再其次，中药业发展拥有丰富的自然资源优势，具有巨大发展潜力，最具有竞争力，安全、低毒、药效高，市场前景广阔。现已查明的中草药品种多达12800多种，研制上市的国家标准中成药有8000千多种。最后，中医中药在许多领域依然是尚未认知的必然王国，研究开发的潜力巨大，前景极其广阔。与西药研制新品种比较，具有投资少、收效高的优点。所以，如果强调发挥"比较优势"，偏偏对发展中医药业视而不见，实在令人费解。

目前，在国际中草药市场上，我国所占的份额极低，与我国作为中医药发源地的地位很不相称。据统计，现在国际中草药市场的年交易额约为

300 亿美元，我国仅占 5%，其中大部分是原料药和保健药。而且 1996 年以来出口连年下降，洋中药的进口大于出口。我国中草药的生存和发展面临严峻的挑战。

"比较利益说"对我国经济发展已经投下了严重的阴影。如今，我国经济已经被捆在加工贸易的"牛车"上，不知跟在别人屁股后面还要爬行多久?!

我们不妨回顾一段周恩来 1964 年 12 月在第三届人大会上所作的《政府工作报告》中的话："我们不能走世界各国技术发展的老路，跟在别人后面一步一步地爬行。我们必须打破常规，尽量采用先进技术，在一个不太长的历史时期内，把我国建设成为一个社会主义的现代化强国。"

被扭曲的"硬道理"

"发展才是硬道理。"这句名言道出了一个颠扑不破的永恒的平凡真理：即物质资料的生产和再生产是人类赖以生存和发展的物质基础。这些年人们几乎经常把这句话摆在嘴边，成为学界经常谈论的话题。然而，这个"硬道理"在理论和实践中却被严重歪曲。"非典"袭击犹如一副清醒剂，让我们重新审视对"硬道理"的认识。

十六届三中全会的《决议》全面阐明了"发展"的内涵，提出了五个"协调"。这一发展观总结了历史的经验和教训，为今后规划发展提供了理论依据。"协调发展观"是对"硬道理"的准确注释。这个话题我们并不陌生。早在 20 世纪 80 年代，五届人大提出了经济建设的十大方针；六届人大提出，经济发展要走一条速度比较扎实、效益比较好、人民能得到较多实惠的新路。20 年的时间过去了，我们至今走不出那条片面追求产值产量高速增长的老路所设下的迷宫。区别仅在于，现在换了个新词 GDP！"发展"被归结为 GDP 增长；"硬道理"被曲解为 GDP 唯此唯大。二十多年的高速增长，成就斐然，GDP 总量跃居世界第五位。然而，我国并没有如日本、韩国用 20 年时间基本上实现工业化，相反，为此付出了沉重的代价，产生了严重的社会经济后果。

——混淆了目的与手段，把经济增长当作目的，置 GDP 增长于消费之上，甚至用压消费的办法促增长保速度。高增长，低消费，已经成为我国经济久治不愈的顽症。在任何社会制度下，人们都不是为生产而生产。生产是为了消费，依存于消费。消费是生产的目的，是生产持续发展的取之不尽的动力和源泉。与消费脱节的生产，是注定要衰亡的。二十多年前，我们原本寄希望于市场能改变资源配置的扭曲状态，实现消费与生产同步增长。然而，这一回我们又被"市场乌托邦"拖进泥潭，重新陷入高增长高投资低收入低消费的困境。20 世纪 80 年代中期，投资率一度上升到38%—38.5%，不得不紧缩银根。但是，1992 年后，投资率又攀升到39.3%—43.5%，又被迫再次紧缩银根。1998 年以来，为遏制 GDP 增幅下滑势头，搬用了凯恩斯药方，实行扩张性财政货币政策，投资率由 1997 年的 38% 上升到 2003 年 43%，达到 20 年来又一最高点。我国投资率之高，消费率之低，堪称当今世界之最。近二十多年来，消费率持续下降。1978年消费率为 62.1%；"六五"平均为 66.1%；"七五"年均为 63.4%；"八五"年均为 58.7%；"九五"年均为 59.4%；2002 年年均为 58%；2003 年降为 55.4%。如果不计算收入，而按人均每天消费额计算，根据联合国人均每天消费两美元的标准，我国 13 亿人口都应划入贫困人口。我国经济患上了"未富先衰"的怪症：一方面生产高速增长，另一方面有效消费需求相对不足。这一矛盾使我国经济始终走不出时而高速增长、时而紧缩的怪圈。

　　——用变相剥夺农民的办法，为部分人和部分地区"先富"进行"原始资本积累"。近 20 多年来，中国发生了惊天动地的巨变。除了 GDP 翻番，中国进入了经济大国之列外，就是创造了"一夜暴富"的奇迹，用七亿农民的血汗滋养出一批亿万富翁千万富翁。这其中，农民特别是农民工所作出的巨大贡献和牺牲，是任何人都抹杀不了的。过去，实行统购统销，用剪刀差这套办法，"把农民整得很苦"（毛泽东语），变相地剥夺农民。现在，实行市场化改革，农民却又沦为被一个不公平、不公正、无序竞争的市场边缘化了的弱势群体。首先，大规模的"圈地运动"，使大批农民失去了赖以生存的"命根子"。土地被称为"财富之母"，在中国是极其稀缺的珍贵的不可再生的资源。改革后，土地买卖的禁令打开了一个缺口，有偿征用代替了无偿划拨。于是，土地成了疯狂的投机对象，"先富"的捷径。

据调查资料显示,仅征用土地一项,农民就被剥夺了至少五万亿元。在被征土地收益分配中,农民仅占 5%—10%,企业占 40%—50%。而且,一旦土地被征,农民便沦为"种田无地,就业无岗,低保无份"的三无阶层。依法取得的微薄补偿金(每亩约一万多元),只够维持几年的基本生活需要,根本不能用于生产投资。即使如此,还往往被扣压或拖欠。据不完全统计,全国拖欠农民的征地安置费 98.8 亿元。而房地产商转手以几十倍甚至百倍的价格出让。房地产业是长盛不衰的暴利行业。据 16 个省统计,约 4000 万农民失去了土地。有农民愤慨地说:"别人发财,用我们的命根子铺路。"有人无视客观条件和现状,竟然鼓吹准许土地自由流动,开放土地市场。按照这种主张"深化"改革,只能加剧两极分化,导致农村普遍贫苦化。其次,9400 万农民工为"原始积累"提供了廉价的劳动力。市场化改革的浪潮,冲垮了阻拦农村过剩劳动力向城市流动的樊篱。然而,城市给农民开放的却是一个容量有限的、无序竞争的、歧视性的、不公平不公正的市场,一个生活没有保障的市场,一个任"先富起来的人"宰割的市场。这 9000 万农民走进了"天堂",然而,这个"天堂"并不属于他们。在这里,他们不过是卖苦力的二等公民、三等公民。向他们敞开的,是城里人不乐于干的沉重的体力活,高污染工种,高风险工种,低收入职业。那些暴发户无视国家法规,以牺牲工人的健康和生命为代价,牟求利润最大化:超越生命极限延长工作日;提高劳动强度;削减安全保护设备,工伤事故频发;任意克扣和拖欠工资;使用童工;拒付社会保障金;拒签劳动合同,随意解雇工人;实行现代奴隶制"包身工";任意体罚打骂工人。浙江省阳康每年有上千工人被机器切断手指或手,被称为"切指城"。至于城市现代物质文明,几乎与他们无缘,子女进不了城市学校或幼儿园,生病进不起医院,住宿只能栖息在城市边缘的贫民窟。他们创造了财富,美化了城市,而任何一个城市在计算人均 GDP 时,从不把农民工计算在内,这难道就是所谓"兼顾公平"吗?

——以大量消耗稀缺资源为代价,招商引资唯此唯大,导致加工工业畸形扩张。我国所拥有的资源,无论资源总量,或人均资源占有量,都十分紧缺。随着经济的发展,资源供需的矛盾越来越尖锐,已经严重制约经济持续稳定发展和人民生活的提高。我国 GDP 总量现在虽然只占世界 GDP

总量4%，但在世界资源消耗总量中所占的比重却很大：石油占7.4%，原煤占31%，水泥占40%，铁矿石占30%，钢材占27%。其中虽有其他因素的影响，但单位产品的物耗过高，而加工工业比重又过高，是重要的原因。如今，"世界工厂"的桂冠很令人陶醉；第四贸易大国的名次也叫人沾沾自喜。然而，为此付出的和将要付出的代价却难以补偿。我国引进外资总量仅次于美国。然而，我国外资结构和形式却不同于美国。目前，我国经济增长对外贸的依存度已超过60%，居世界之最。外需取代内需，喧宾夺主，这对13亿人口的大国来说，绝不能认为是正常的。从长远看，弊多利少。造成这种状态的原因，是由于外资和加工贸易在我国外贸中占据了主体地位，二者均已超过50%。近二十多年，加工工业产业链的末端，一直是外资首选目标。这些行业的特点是高物耗、高能耗、高污染、低附加值、劳动密集型。这种外向型的以加工贸易为主体的产业结构，和粗放的经营方式相结合，导致高投入、高消耗、高污染、低效益。

——步西方国家的后尘，走边增长边污染、先增长后治理的老路，以牺牲环境为代价，追求高增长。我国原本是个人口众多、资源匮乏、环境脆弱的穷国。随着经济发展，人口增长与资源、环境的矛盾越来越尖锐。在利润的驱使下，小煤窑、小钢铁、小水泥、小造纸、小纺织遍地开花，村村冒烟，不仅使稀缺的资源遭到惊人浪费和严重破坏，而且使环境严重恶化。近海水质恶化，赤潮频繁。近些年，政府为治理环境做了不少工作，但环境整体恶化的趋势仍未得到遏制，环境治理力度赶不上经济高速增长造成的污染速度。

"非典"的袭击终于被挡住了。一些经济学名家纷纷著文，教导人们应当反思。然而，经济学家自己没有值得反思之处吗？教人者必须先受教育。

2004年2月起草于美国新泽西州

（原载《中国社会科学院学术委员会集刊》2004年第1辑）

一个有害的口号："市场无国界"

据《经济参考报》1月13日报道，"上海市决策层"提出了几个"富有指导意义的新观点"，其中之一："不存在截然划分的国内市场和国际市场，只有境外和境内的国际市场之分。这一提法科学地分析了当今市场的现状：市场不存在国界。"

"市场无国界"这一提法既不符合现实，也是对我国对外开放政策的曲解。

一是开拓市场不等于市场无国界"市场无国界"混淆了市场与国家的原则区别。人们习惯于把市场理解为商品交换的场所。任何一种商品，只要拥有竞争的优势，它可以击败对手进入那些用重炮把守的疆土城堡。市场的边界经过人们的努力，可以拓展。但是把市场和国家联系在一起，却不能由此引申出"市场无国界"的结论。国家是拥有独立自主权的利益主体。在世界市场上，各个国家在经济上互相依存、互相联系、互通有无，但每个国家都是利益对立、产权独立、决策自主的市场主体。一国产品要进入别国市场，走私是非法的；要对方海关放行，就必须尊重它的主权，必须遵守互利互惠的原则。否则，便会被拒之于国境之外。

二是当今市场的现状。不仅存在国界，而且还有富国与穷国、强国与弱国、大国与小国的区别；国家间的经济交往虽日益密切，但是真正平等互利的世界经济秩序远未形成。当今主宰世界市场的是少数几个经济强国。"市场无国界"的提法，不仅不是对世界市场现状的"科学分析"，相反，歪曲了世界市场的现状。

三是不能把世界经济一体化的发展趋势曲解为"市场无国界"。所谓世界经济一体化，应具备以下特征：各国的生产和贸易按照比较利益的原则在平等互利的基础上实行分工和协作；各国拆除贸易壁垒，废除保护主义，实行自由贸易，产品和生产要素自由流动；统一价格、汇率、利率等，经济运行规则一元化；建立超国家的管理和协调机构，各国结成利益共同体。可见，所谓世界经济一体化，不能与国家间、地区间贸易协定混为一谈。同时，经济一体化也不能等同于政治一体化。取消国界只有在政治一体化的条件下才有可能。只要承认国家主权，市场就有国界。当今世界上双边的、多边的经济协议和贸易协议都是主权国家（或地区）间各自利益上的需要，是世界市场上互相竞争的主体之间妥协的产物。一旦签约一方利益受到损失，或者签约各方力量对比发生了变化，贸易摩擦便会随之发生，协议便可能受阻甚至破裂。真正主宰国家（或地区）行为的是各国（或地区）自身的特殊利益。美日的贸易纠纷、北美自由贸易区、欧洲经济一体化，等等，都无一例外地证明了这一点。

四是对外开放是我们必须长期坚持的基本国策，但是，对外开放并不是对外宣布中国市场"无国界"，并非无条件地开放中国市场。第一，必须坚持独立自主的原则，政治上和经济上的主权不容侵犯，领土不容分割；第二，必须立足于自力更生，增强我国在世界上的地位和作用；第三，必须平等、互利、互惠。对外国，我们既不能闭关自守，又不能对一切外资、洋货来者不拒；对本国厂商，既要鼓励和扶持他们积极参与国际竞争，又要对民族工商业等实施必要的保护。

五是外国市场并不是无条件向我们开放，每个国家的市场都有国界。能不能进入别国市场，进入之后能在该国市场占多大份额，能否长期立足，固然要受我国产品的竞争力（品种、花色、质量、价格及服务等）的制约，但更重要的决定因素是进口国的政策、法律。当前，国际上贸易保护主义抬头之势是不容忽视的。不仅某些发达国家，而且一些发展中国家也无端指责我国实行倾销政策，对我国若干出口产品提出反倾销诉讼。

六是在当前国际经济格局下，提出"市场无国界"，有利于大国、强国，不利于弱国、小国。战后，随着殖民体系解体和社会主义在一些国家胜利，不发达国家在世界经济体系中的地位大为改善。但是，这种力量对比的变化，还没有根本动摇少数几个经济强国的主宰地位，还没有根本改变不平等的世界经济旧秩序，且无法消除各国经济政治发展不平衡的规律。改革开放促进了我国经济快速发展，增强了我国综合国力。1994 年，我国在世界进出口贸易中的地位已经上升到第 11 位，但在世界贸易总额中所占的比重仅为2.9%。在经济上我们还无力左右世界市场。有的发达国家依然奉行霸权主义，以强凌弱，一方面要我们无条件全面开放市场，另一方面又竭力限制和阻挠中国产品和资本进入本国市场，利用贸易干涉我国内政。在这种情况下，单方面地宣布"市场无国界"，只能解除自己的武装，霸权主义者却我行我素，并不会因此大发慈悲。

七是"市场无国界"在理论上并不是什么新观念。历史上有过"世界主义"、"门罗主义"、"勃列日涅夫主义"等等，均否定国家主权和独立，主张小国、弱国、穷国无条件地开放市场和口岸。

（内部研究报告，1995 年 5 月）

中国入"市":该谁"买单"

诚信是我们中国人的传统美德。中国加入 WTO 后的表现，得到了 WTO 领导人的肯定和赞誉。然而，中国人的善意，并没有得到某些国家的好报。

美国和欧盟官方最近先后明确表态，拒绝承认中国在 WTO 中享有市场经济国家的地位和权益。对此，有人规劝说，要以平常的心态理智地对待，不要把问题政治化，充其量涉案金额仅占出口的 0.5%，何况我们市场化改革还有很长的路要走。

本人不这样认为，因为这是关系国家主权和国家利益的大事。三年前，为中国"入世"奋战的高官们弹冠相庆的时候，说：我们在谈判中始终坚持原则，维护国家主权和国家利益；协议是双赢；机遇大于挑战。有人甚至算了账，说入世后每年 GDP 可增长三个百分点，增加就业 1000 万人，等等。现在，已经过去了三年，按照"权为民所用，利为民所谋"的要求，是否应当反思反思呢？

一 15 年,我国将为"非市场经济
国家"付出什么样的代价?

先是在中美双边协议中，我方接受了美方提出的苛刻的条件，承诺自中国加入 WTO 之日起 15 年内，按照非市场经济国家处理中国倾销案件。随后，在与欧盟、WTO 签署中国加入 WTO 协议，又重申了这个条款。这样，便将这个权利扩大到 WTO 所有成员。

——我国企业出口将年复一年地因蒙受"倾销"罪名支付高额关税或被拒之门外。

当今世界，经济强国奉行的是本国利益至上的原则，贸易自由化和贸易保护主义是应对所谓全球化的两手。它们动辄挥舞反倾销大棒，并不是

为了维护公平贸易秩序，而是为了保护本国市场和企业，或其他政治目的。"非市场经济国家"的相关条款，恰巧给了它们一个得心应手的法鞭。它们可以按照自己的需要任意选择第三国作为参照，对中国进行起诉。1979年以来，有33个国家和地区对我国出口产品发起反倾销调查518起，多数案件是我国败诉，影响我国出口200多亿美元。自1980—2004年3月底，美国对我国发起反倾销调查立案调查108起，居起诉我国倾销各国各地区之首。欧盟至今对我国发起近百件反倾销立案调查。在这些案件中，我方积极应诉的企业不多，应诉获胜的占少数。

——为应对反倾销诉讼，我方企业、行业协会、政府付出巨大的代价。在遭遇外方反倾销诉讼时，我方企业应当积极应诉，据理力争。但是，我方应诉是有风险的，是要付出很大的代价的。每次应诉都要动用大量的人力、物力、财力。据有关人士称，每年企业花在应诉上的费用高达数亿元，甚至几十亿元。"非市场经济国家"这一条注定了我方应诉胜少败多。

——欧盟允许中国企业作为个案，按照欧盟规定的标准申请市场经济地位，我国有人也出此奇思妙想，让企业分兵出击，各个击破，争取我国取得"市场经济国家地位"。目前，在全世界每七起反倾销案中就有一起涉及中国产品。WTO成立以来，在反倾销调查案件中，我国居被调查国之首。涉及的产品几乎遍及各行各业。如果按上述主意办，为争取"市场经济国家地位"，各个企业将为此付出多么大的代价！且不说"标准"是极其苛刻的。

——接受"非市场经济国家"条款，等于我国自己否认二十多年来在推进市场化改革所取得的巨大进展和举世瞩目的伟大成就，自己给自己脸上抹黑，损害了我国形象和声誉，并使我国在对外经贸关系中长期处于授人以柄的被动地位。

二　强加于我的是什么样的霸王"标准"？

何谓"市场经济国家"？如何处理与"非市场经济国家"的贸易纠纷？WTO规则中并没有专门规定的条款，也没有统一明确的定义。美国和欧盟各自规定了自己的标准和原则。

——这是一个打着冷战的深刻烙印，超越 WTO 规则，歧视中国的协议。

战后，两个世界经济体系形成之后，西方国家把实行计划经济的社会主义国家称之为"非市场经济国家"，其他国家称之为"市场经济国家"，对这两类国家实行不同的经济贸易政策。在处理与社会主义国家的贸易待遇和贸易纠纷时，一律按"非市场经济国家"地位实行歧视性条款。对所谓"非市场经济国家"，在反倾销案调查时，出口国如是非市场经济国家，则以经济发展水平相当的市场经济国家的成本和价格数据为参照，判定其是否倾销或倾销的幅度，而不是以出口国自报的数据为根据。这显然是歧视性的贸易政策。现在，尽管中国已经基本建立了市场经济体制，尽管中国已经加入了 WTO，而 WTO 协议的基本精神是确立公平、平等、公正的贸易秩序。然而，美欧对中国依然继续沿用冷战时期的歧视性做法，显然是违背 WTO 规则的精神的。

——"只许州官放火，不许百姓点灯"的霸王"标准"。

美、欧分别规定了所谓"市场经济国家"标准，并据此作出若干具体规定，在与中国签订双边协议中加以落实。其中，产品价格的形成是一项重要的内容。在这两个标准中都规定，价格由市场决定，政府不干预价格。具体地说，就是政府不得规定产品价格，不干预价格的形成，不给予直接或间接的价格补贴。在中美协议中，中方接受了美国提出的中国政府取消农产品从生产到销售各个环节上的补贴的承诺。然而，无论美国还是欧盟各国政府都给予农业大量的补贴。去年美国国会通过新农业法案，规定在未来十年内从预算中增拨 1900 亿美元用于农业补贴。美国是世界最大的农产品出口国，美国对外输出农产品实行倾销政策，使广大发展中国家深受其害。而它奉行的却是"只许州官放火，不许百姓点灯"的经济霸权主义。

——随心所欲的双重标准。

美、欧制定了"市场经济标准"，它们自己并不打算身体力行，对别国更是随心所欲。欧盟过去长期把中国划入"非市场经济国家"。但 1998 年欧盟宣布将中国从"非市场经济国家"名单中取消。今年 6 月 28 日欧盟委员会出尔反尔公布初步评估报告，声称"现阶段欧盟无法承认中国的市场经济国家地位"。中国市场化改革所取得的成就举世瞩目，相反，俄罗斯改革却遭到惨败，欧盟却在 2002 年 11 月 7 日宣布俄罗斯享有完全的市场经济国家地位。同年 6 月 6 日，美国商务部宣布，正式承认俄罗斯为市场经济国家。俄罗斯至今还不是 WTO 成员国，但美欧破例优先给予"完全市场经济国家地位"，这显然是出于自身经济政治利益的需要。

——强加于人的自由化、私有化的"标准"。

分析美欧规定的市场经济国家"标准"的内容，不难看出，它的用意并不仅仅限于反倾销，更重要的是借反倾销进而干预出口国的经济制度和经济体制。

欧盟的标准中规定：企业有权根据市场供求决定价格、成本、投入等不受国家干预，原料的成本价格反映其市场价值；企业的生产成本与金融状况、资产折旧、易货贸易、以资抵债等，不受原非市场经济体制歪曲；汇率市场化；企业向国外转移利润和资本的自由等。

美国的标准中规定：货币可自由兑换程度；允许外资准入程度；政府对产量、价格、资源配置的管制程度等。美国对"市场导向型产业"也制定了标准，明确规定：政府基本不干预涉案产品产量和定价；产业以私有和集体所有为主；投入品以市场定价。

从上述规定不难看出，美欧的"标准"远远超出了反倾销的技术层面的范围。"标准"的内容涉及被起诉国的经济制度和经济体制。它明确地用法律条文规定：经济必须实行全面自由化和全面私有化，政府不得干预企业和市场。不用说，标准是地道的新自由主义私货。美国的企图昭然若揭，它想借 WTO 规则，推销所谓"华盛顿共识"，把别国纳入由美国主宰的新自由主义经济体系。所幸的是，中国没有接受"休克疗法"，承诺了 15 年的宽限期。选择什么样的社会制度和经济体制，这原本是各国的内政，任何外国都无权干涉。实际上，当今发达国家没有一个国家实行完全自由化私有化的体制，没有一个国家的经济运行不受政府的干预。中国有句古训：己所不欲，勿施于人。

三 从中国"入世"未"入市"中得到些什么启示？

WTO 是个全球性经济贸易组织，可称之为经济联合国。我国加入 WTO

是大势所趋，无可厚非。问题在于，如何评价 WTO 现行规则，可以作出什么让步和承诺，如何在谈判中既坚持原则性又有灵活性，如何充分运用 WTO 规则赋予我们的权益，趋利避害，在处理贸易纠纷时如何有理有利有节。入"世"并不是一切，目的是利用它为我国现代化建设服务。

我国入"世"，但被拒之"市"门之外，期限长达 15 年之久，其经济和政治上的代价将是无法计算的。这笔"学费"，该由谁来支付呢？我们从中应吸取些什么教训呢？

——所谓经济全球化，并没有也无法改变当今国际市场的性质，生存竞争、优胜劣汰、弱肉强食的市场规律并没有因此退出历史舞台，不平等不公正的国际经济秩序并没有因此改变，各国的利益并未融为一体。

——在当今国际市场上，居主宰地位的是三大经济强体，尤其是美国。美国在对外经济关系中奉行的是美国利益至上，推行的是经济霸权主义和经济殖民主义。美国在全球化的旗号下把自己的社会制度和价值观念强加于别国。贸易自由化和贸易保护主义，是美国对外的两手政策。美国政府置本国法律于国际法之上，在国际上我行我素，唯我独尊。

——WTO 为解决国家间贸易纠纷提供了一个平台，和解决贸易争端的磋商机制。WTO 现行规则，是在发达国家主导下，按照有利于发达国家的原则制定的。美国对外不仅把国内法凌驾于国际法之上，而且把国内法强加于别国。WTO 规则及所作出的裁决，对美国来说，既没有法律的强制作用，又没有商业道德的约束力。

——中国被美国视为"潜在竞争对手"。它对我国在经济上实行既遏制又利用的两手政策。所谓利用，就是打着全球化的旗号，在非高科技和非军事工业领域发展对华经济贸易，利用中国的廉价劳动力和廉价消费品，占领中国的广大市场，谋取本国利益最大化；所谓遏制，就是遏制中国的发展和经济实力综合国力的增强，通过投资和发展加工贸易，开放资本项目下人民币自由兑换，控制中国经济的主导权，实现中国经济殖民化。美国对华经济战略的庐山真面目现在越来越清晰可见。

——中国在 WTO 中必须明确自己的位置。我国是发展中国家，又是社会主义大国。经过五十多年的发展，我国已跃居经济大国行列，在世界经济发展中谁都不能无视中国的存在。在 WTO 中，我们必须坚持独立自主的原则，既维护国家主权和国家的根本利益长远利益，又应捍卫广大发展中国家的利益。要坚持对外开放，但决不放弃自力更生的方针，要大力扶持和保护民族经济的发展。要继续利用我国的劳动力优势，调整加工工业结构，发展高附加值的加工业，但立足于建立开放的完整的现代化的经济体系，防止我国经济被拖入殖民化的陷阱。要切实地执行以扩大内需为主的方针，改变经济对外贸依存度过高的状态，把出口导向型经济转向内需主导型经济。市场是任何一个国家经济赖以生存和发展的生命线。市场的持续扩展，是一国经济实现无周期的稳定持续发展的首要条件。中国有 13 亿人口，是一个尚未充分开发、潜力巨大的市场，中国无须对外经济扩张。相反，西方国家经济发展恰恰受制于市场，有求于市场的扩展。在国际经济关系中，任何国家都无法向中国的这个绝对优势提出挑战。讲到所谓全球化，有的人只讲我国必须开放，不讲发达国家求我们开放。这是片面的，也是有害的，主动权在我们手中。英国《金融时报》（6 月 29 日）发表文章尖锐地批评欧盟的做法"可能是搬起石头砸自己的脚"。

中国既不应甘于做"世界打工仔"，也不必企求当"世界工厂"。

（2004 年 7 月 28 日在海派经济学论坛研讨会上的发言，
原载《中国经济时报》2004 年 8 月 2 日）

留给历史评说的旧作：
《试论社会主义市场经济》

28 年前，也就是 1979 年，这年 3 月发表了我历时半年草成的论文《试论社会主义市场经济》。

同年 4 月，中国社会科学院经济研究所在无锡召开了全国性的"关于价值规律在社会主义制度下的作用"的学术研讨会。该文提交给会议，并收集在会后出版的论文集中。

根据文献记载，这篇旧作是我国经济学界最早提出"社会主义市场经济"范畴，并以此为题尝试从理论上加以论证的论文。这篇文章在当时被当作"异端"列入另册。1993 年获我院首届优秀科研成果奖。《中国社会科学院编年史简史（1997—2007）》将这篇文稿作为专项条目列入其中。今天，尽管"社会主义市场经济"已经没有多少人表示疑义，但那篇文章只不过表达了当初我对我国经济建设中提出的问题的粗浅的回应。

苏联版的《政治经济学教科书》是我学习政治经济学社会主义部分的启蒙读本。我对它的基本观点可说是坚信不移，甚至在检讨我国经济建设中的失误时都要求教于它。为什么这时候竟然离经叛道，把长期被认为是资本主义同义语的市场经济引入社会主义呢？

事情要追述到"文化大革命"。十年内乱把人们卷入了派仗，尽管当权者要求"理解的要执行，不理解的也要执行"，但是，我还是当了十年"逍遥派"。按照"要关心国家大事"的"最高指示"，我对新中国成立后的历史陷入了沉思。带着百思不得其解的问题，向古人求教。我做了四件事：一是重读《资本论》和《反杜林论》；二是对照我国实践，系统阅读列宁十月革命后的著作，并结合学习苏联国民经济史；三是学习近现代西方经济史，探讨工业化和现代化道路的问题；四是用比较方法重读西方经济学家的代表作。这一时期读书使我受益匪浅，可以说，为我后来的研究和写作，从理论和历史两方面作了较厚实的铺垫。

粉碎"四人帮"后，经济学界在批判林彪、"四人帮"极左思潮的同时，对我国经济体制问题展开了热烈的讨论。禁区一经打破，各种思潮、各种观念纷纷登台。各种形式的研讨会，从全国理论务虚会到北京地区的双周座谈会，络绎不绝，学术界特别是经济学界呈现空前活跃的局面。就改革对策而言，众说纷纭。但在社会主义经济基本理论上依然固守传统观念，改革依然属于旧体制框架内调整性质。没有理论创新，就不可能实现体制上的突破。创新，一要有无私无畏的胆识和勇气，二要有实事求是的科学精神。一个真理性的认识，要得到社会认可，不仅需要实践，而且需要社会环境和条件。我的文章发表后，遭到同行的冷待，固然与我人微言轻有关，但更重要的是传统观念一直将市场经济视为资本主义的专属物。在无锡会议期间，有位远在京城的学者致函会议，批评主张实行"社会主义"市场经济的观点，说市场经济就是资本主义经济；实行市场经济就是实行资本主义。当时，主流观念认为，社会主义制度下虽然存在商品生产，改革计划体制应引入市场机制，但社会主义经济本质特征是计划经济。一个学者当他经过苦心研究取得的成果，不被同行认同，遭到冷遇，其心境的苦涩滋味是常人难以体会的。经过一段沉思，在前行和放弃之间，我最终还是选择了硬着头皮继续沿着原来的思路深入下去。二十多年来，大体上可以说，我的研究始终跟随改革的实践，沿着完善、丰富、充实"社会主义市场商品经济"理论轨迹进行。

"市场经济"这一范畴在西方经济学辞典里是作为资本主义经济同义语、资本主义特有的经济范畴诠释的。社会主义制度要实行市场经济，是否必须以西方经济学为指导，全面否定马克思的劳动价值论？我的研究作出相反的结论。马克思认为，一旦社会占有生产资料，商品生产将消亡。但在现实社会主义社会中商品生产不仅没有行将消亡的客观条件，相反还会进一步趋向发展和繁荣。因此，我们应该结合实际深化马克思商品论的研究。我在这方面作了以下探索：一是区分资本主义灭亡和商品消亡是两个不同的过程；后者所需要的条件远比前者要高得多；二是从人类历史发展过程区分商品货币的一般规定性即共性和各个特殊社会中的特殊性即个性，揭示出马克思商品理论中所暗含的商品生产普通规律；三是我从恩格斯关于价值规律是商品生产的基本规律的论点中得到启示，既然社会主义实行商品经济，那么，价值规律也必然是作为制约其他经济规律的、起主导作用的首要规律起作用；四是我从价值、商品、货币产生和发展的几千年长寿史中，揭示出它具有适应不同生产力水平、独立于社会经济制度的特性，从而赋予马克思商品论新含义；五是我从马克思的按劳分配理论演绎出社会主义下劳动不具有直接社会性，因而必然存在商品和货币，以及商品经济与社会主义是兼容的结论。

我坚持历史唯物主义关于生产力决定作用的原理，不认同生产和交换方式可以任人自由选择的唯心史观，也不认同单纯把经济运行效率作为选择经济制度和体制的唯一标准，更反对把产权明晰唯此唯大的主张。在社会主义市场经济中，所有制改革，无论是结构、形式都必须以我国生产力现状、生产力性质和水平为根据，绝不能照搬西方教条。

我的"社会主义市场经济观"是基于对中国国情和国际背景的认识。一方面，中国原是自然经济占优势的农业社会，不可能直接过渡到现代的社会主义。中国必须经历商品经济大发展的历史过程；另一方面，中国原是半封建半殖民地社会，经过新民主主义革命，有可能越过资本主义阶段，逐步过渡到社会主义。中国不可能走上独立的资本主义发展道路。资本主义化即殖民地化。这是一条死路。市场经济和社会主义基本制度相结合，这是我们面临的唯一正确选择。

实行社会主义市场经济，必然经历长时期的破旧立新过程。破旧立新必须坚持实事求是，从中国的国情出发，切忌拔苗助长搞速成法。破旧，绝不该对历史采取虚无主义，否定一切；立新，要借鉴西方国家管理经济的成功经验，但绝不能迷信、盲目照搬西方的教条。事实上，市场经济对我们并不是舶来品。我们有成功驾驭市场经济的实践经验。在新中国成立前根据地建设和新中国成立后经济恢复时期，我们实行的就是一种特殊形式的市场经济。

我的"社会主义市场经济观"，对市场的本质的理解与主流观点并不等同。我认为，市场是交换关系的表现形式，是社会生产关系的一个重要方面，即社会再生产必经的人们之间互相交换劳动的过程。理论经济学不是从应用层次上、从经济运行角度研究市场，而是要揭示出物的交换所掩盖的人们之间的关系。把经济学的研究对象界定为"研究资源配置的科学"，实际上是从研究被物的外壳掩盖的人们之间的互相关系，倒退到研究人与物的关系。

旧作的标题用了"试论"二字，其用意是表明对这个新的重大课题进行初步的试验性探索。理论研究应当具有前瞻性。但任何理论都无法超越实践的限制。社会主义市场经济理论只有在经历了实践——认识——再实践——再认识，循环往复，才能逐步走向完善和成熟。

我国正在经历着"社会主义市场经济从理想到科学"的历史性变革。我的旧作不过是提出了一个供探索的问题，如此而已。

（原载《中国社会科学院院报》2007 年 5 月 24 日）

社会主义市场经济从理论到实践的历史性探索

——访著名经济学家、中国社会科学院荣誉学部委员于祖尧研究员

《红旗文稿》记者吴强

　　把社会主义市场经济确定为我国经济体制改革的目标，这是我国改革开放以来的一个重要理论创新成果。中国社会科学院的于祖尧研究员于1979 年 3 月在《经济研究参考资料》发表了《试论社会主义市场经济》一文，在我国最早提出了"社会主义市场经济"的范畴。在此后的学术研究中，于祖尧就建立和完善社会主义市场经济发表了众多的理论文章。在我国改革开放 30 周年之际，本刊记者就社会主义市场经济相关的话题对于祖尧研究员进行了采访。

　　记者：于老师，您是在什么样的理论环境下提出"社会主义市场经济"这一概念的？

　　于祖尧：提出"社会主义市场经济"这一概念是在"文革"结束不久，改革开放之初。但我对这一问题的相关研究应该追溯到改革开放之前。在十年动乱中，我按照"要关心国家大事"的要求，思考新中国成立后的历史，带着百思不得其解的问题向前人求教。我做了四件事：一是重读《资本论》和《反杜林论》；二是对照我国实践，结合学习苏联国民经济史，系统阅读列宁十月革命后的著作；三是学习近现代西方经济史，探讨工业化和现代化发展道路问题；四是用比较方法重读西方经济学家的代表作。这一时期的阅读使我获益匪浅。可以说，为我后来的研究和写作，从

理论和历史两个方面作了较厚实的铺垫。

粉碎"四人帮"后，经济学界在批判"文革"极左思潮的同时，对我国经济体制问题开展了热烈的讨论。禁区一经打破，各种思潮、各种观念纷纷登台。各种形式的研讨会，从全国理论务虚会到北京地区的双周座谈会纷纷举办，学术界特别是经济学界呈现空前活跃的局面。就改革对策，众说纷纭。但在社会主义经济基本理论上依然固守传统观念，改革依然限于旧体制框架内的调整性质。

经过半年的学习、思考和不断修改，我初步完成了《试论社会主义市场经济》一文，并发表在1979年3月的《经济研究参考资料》上。标题用了"试论"二字，其用意是表明对这个新的重大课题进行初步的试验性探索。4月，中国社科院经济所在无锡召开了全国性"关于价值规律在社会主义制度下的作用"学术研讨会。该文提交给会议，并收在会后出版的论文集中。

记者：您提出了"社会主义市场经济"这一概念后，理论界对它认可吗？

于祖尧：我的文章发表后，理论界有赞同的，但也有反对的。在无锡会议期间，有位学者致函会议，批评主张实行"社会主义市场经济"的观点，说市场经济就是资本主义经济；实行市场经济就是实行资本主义。遭到同行冷待，固然与我人微言轻有关，但更重要的是传统观念一直将市场经济视为资本主义专属物。关于商品、市场在社会主义制度的命运和前途问题，是涉及社会主义经济性质和生产关系性质，因而关系到社会主义经济学核心、体系的基本理论问题，是多年来我国理论经济学界争论最为激烈的焦点。在新民主主义时期，学术界基于多种经济成分并存的现实，肯定了商品生产和商品交换存在的必要性、普遍性和多样性。但在苏联《政治经济学教科书》出版后，苏联经济学主流观点在我国经济学界取得了支配地位，否认社会主义经济中的商品生产、商品交换关系，主张"逐步缩小"商品生产范围，几乎成为改革开放前学术界的共识。"文革"结束后，主流观念认为，社会主义制度下虽然存在商品生产，改革计划体制应引入市场机制，但社会主义经济的本质特征是计划经济。一些学者挑战这种观点的思考不仅没有成为主流观点，还被当作异端邪说加以批判。作为一个学者，我经过苦心研究取得的成果不被同行认同，遭到冷遇，心中的苦涩滋味是常人难以体会的。经过一段思考，在前行和放弃之间，我最终还是选择了硬着头皮继续沿着原来的思路深入下去。二十多年来，可以说，我的研究始终跟随改革的实践，沿着完善、丰富、充实"社会主义市场经济"理论轨迹进行。

记者：市场经济过去被认为只有在资本主义条件下才能实行的，您为什么会想到把"市场经济"与"社会主义"结合在一起？

于祖尧："市场经济"这一范畴在西方经济学辞典里是作为资本主义经济同义语、资本主义特有的经济范畴诠释的。在思考"市场经济"与"社会主义"关系的过程中，我受到了苏联"新经济政策"的启迪。从苏俄历史经验看，列宁曾经认为市场经济与社会主义是不相容的，并设想用最激进的措施消灭货币、取消贸易，直接过渡到社会主义。国内战争爆发后，迫于形势，苏维埃国家不得不按照战时共产主义原则组织生产和分配，实行了以余粮征集制为主要内容的军事共产主义政策。战争结束后，农民不能再容忍这种应急政策，靠行政办法来管理经济也难以挽救陷入崩溃的国民经济。实行粮食税，推行新经济政策，成为俄共（布）的重大选择。列宁面对新的形势，重新思考了社会主义制度下的商品生产和交换问题，修正了关于社会主义经济制度的一系列不符合实际的设想，提出把商品交换提到首要地位，把它作为新经济政策的主要杠杆，认为必须把国民经济的一切大部门建立在个人利益的关心上面。俄国国内战争后的实践证明，列宁的这些论断正确反映了客观经济规律的要求。

探讨社会主义与市场经济的关系，也源于我对马克思主义的学习和思考。社会主义制度要实行市场经济，是否必须以西方经济学为指导，全面否定马克思的劳动价值论？我的研究得出了相反的结论。马克思认为，一旦社会占有生产资料，商品生产将消亡。但在社会主义初级阶段，商品生产不仅没有行将消亡的客观条件，相反还会进一步趋向发展和繁荣。因此，我们应该结合实际，深化马克思商品理论的研究。我在这方面作了以下探索：一是区分资本主义灭亡和商品消亡是两个不同的过程；后者所需要的条件远比前者要高得多；二是从人类历史发展过程区分商品货币的一般规定性，即共性和各个特殊社会中的特殊性，即个性，揭示出马克思商品理论中所蕴涵的商品生产的普遍规律；三是从恩格斯关于价值规律是商品生产的基本规律的论点中得到启示，既然社会主义实行商品经济，那么，价值规律也必然是作为制约其他经济规律，起主导作用的首要规律；四是从价值、商品、货币产生和发展的几千年历史中，揭示出它具有适应不同生产力水平、独立于社会经济制度的特性，从而赋予马克思商品论新的涵义；五是从马克思的按劳分配理论演绎出社会主义制度下的劳动不具有直接的社会性，因而必然存在商品和货币，以及商品经济与社会主义是兼容的结论。

我国社会主义初级阶段的经济之所以必然是市场经济，还根源于对我国经济建设实践的思考。1956 年我国社会主义改造完成后，经济生活中已出现了管得过严、统得太死、集中太多的倾向。为解决这些问题，周恩来提出："在国家统一市场的领导下，将有计划地组织一部分自由市场；在一定范围内，将实行产品自产自销；对某些日用工业品，将推行选购办法；对所有商品，将实行按质分等论价方法；等等。"（《关于发展国民经济的第二个五年计划的建议的报告》）根据这一意见推行的一系列扩大市场、发挥价格杠杆的措施，扩大了城乡物资交流，活跃了市场，对第一个五年计划的超额完成和第二个五年计划的实现发挥了十分重要的作用。1958 年国营商业和供销社的工业品采购总额达到 326 亿元，农副产品采购总额达到 188 亿元，分别比 1952 年增长 2.8 倍和 1.9 倍。1958 年后"左"倾思想泛滥，计划经济体制日益僵化，盲目追求"一大二公"给国家经济建设带来了灾难性的后果。事实表明，按照什么原则来调整中央、地方、企业和劳动者之间的相互关系，是关系社会主义经济发展的重大问题，统包统管、涵盖一切的计划事实上等于官僚主义的空想。中国原是自然经济占优势的农业社会，不可能直接过渡到现代的社会主义。中国必须经历商品经济大发展的历史过程；另一方面，中国原是半封建半殖民地社会，经过新民主主义革命，有可能越过资本主义阶段，逐步过渡到社会主义。中国不可能走上独立的资本主义发展道路，资本主义化，即殖民地化，这是一条死路。市场经济和社会主义基本制度相结合，这是我们的唯一正确选择。

记者：从十一届三中全会后作出改革开放的重大决策，到党的十四大明确我国经济体制改革的目标是建立社会主义市场经济体制，经历了 14 年的时间，这是一个怎样的过程？

　　于祖尧：我国由行政型计划经济体制向社会主义市场经济体制过渡，必须经历一段艰难的探索行程。我国的改革既没有现成的经验可以搬用，又没有成熟完备的理论可以照抄，一切都只能靠我们自己在改革的实践中去探索。在这个探索过程中，我们党对市场经济的认识不断深化，我国的改革始终朝着社会主义市场经济的方向进行。邓小平早在1979年11月就指出："说市场经济只存在于资本主义社会，只有资本主义的市场经济，这肯定是不正确的。""社会主义也可以搞市场经济。"[①] 1984年党的十二届三中全会提出了"在公有制基础上的有计划的商品经济"，第一次把"商品经济"写进党的决议。1985年10月23日，邓小平在会见外宾时说："社会主义和市场经济之间不存在根本矛盾。问题是用什么方法才能更有力地发展社会生产力。"[②] 1992年年初，邓小平视察南方时又进一步指出："计划多一点还是市场多一点，不是社会主义与资本主义的本质区别。计划经济不等于社会主义，资本主义也有计划；市场经济不等于资本主义，社会主义也有市场。计划和市场都是经济手段。"[③] 江泽民同志于1992年6月在中共中央党校的讲话中明确提出，把"社会主义市场经济体制"作为要建立的社会主义新经济体制。正是由于我们党对市场经济的认识不断深化，并精辟地回答了社会主义可不可以实行市场经济问题，为把社会主义市场经济确立为经济体制改革的目标奠定了理论基础。尽管在市场化改革的过程中，也不断地出现各种矛盾和问题，比如，国有资产流失、收入差距拉大、偷税漏税、走私贩私现象，等等。但市场化改革是为了造福于广大人民群众，使他们在改革中获得看得见的物质利益。因此，绝大多数人对改革是积极拥护和支持的。也正因为我们党对市场化改革认识的不断深化和改革得到了广大人民的支持，十四大正式提出了建立和完善社会主义市场经济的目标。

　　记者：在我国建立和完善社会主义市场经济体制的过程中，对于中国的社会主义市场经济应往什么方向发展，经济学界的探讨和争论一直没有停息，尤其是近几年，马克思主义经济学与西方新自由主义经济学的交锋

---

①　《邓小平文选》第二卷，人民出版社1983年版，第236页。
②　《邓小平文选》第三卷，人民出版社1993年版，第148页。
③　同上书，第373页。

也非常激烈。您如何看待这一现象？

于祖尧： 西方新自由主义经济学不是超阶级的学说，它已蜕变成西方国家统治集团维护垄断资产阶级利益，对外推行新殖民主义、实行经济扩张、策动和平演变的政策工具，需要引起高度的关注。20 世纪 90 年代以来，在经济学界激烈的论争和讨论中，货币学派、供给学派等西方新自由主义经济学的主要流派被广泛引入，其基本观点被许多人美化甚至神化。对新自由主义经济学的认识和分析必须有历史的观点。首先，从历史上看，新自由主义经济学作为一个学派，产生于 20 世纪二三十年代，但在资本主义世界爆发空前的大危机、苏联实施"一五"计划取得震惊世界的辉煌成就的背景下，取得主流地位的是凯恩斯主义。直到 20 世纪 70 年代，西方国家陷入"滞胀"的泥潭，凯恩斯主义束手无策，新自由主义才时来运转，取而代之并上升为主流经济学，受到美、英政府的青睐。

其次，从全球经济思潮的实质作用看，"华盛顿共识"的形成标志着新自由主义经济学已发生了本质性的变化。1990 年，按照美国政府旨意，由世界银行、国际货币基金组织和美国财政部等邀集拉美国家代表参加，美国国际经济研究所出面在华盛顿召开了一个研讨会，达成了实施贸易全面自由化、推行国有企业和公用事业全面私有化、放松政府对经济的管制等十点"共识"，即著名的《华盛顿共识》。新自由主义是《华盛顿共识》的理论根据，《华盛顿共识》的形成和实施标志着新自由主义经济学蜕化为国际垄断资本推行经济霸权主义和殖民主义的工具。美国在拉丁美洲推行"华盛顿共识"，在苏联推行"休克疗法"，都是以新自由主义作为理论根据的。再次，从目前国内经济学思想变化看，忽视对西方新自由主义经济学的本质分析，盲目宣扬西方新自由主义经济学，动摇马克思主义经济学的指导地位，已成为关系中国改革前途的重大问题。

西方经济学的不同学派背后，都有着不同利益群体的利益诉求。新自由主义经济学承袭了古典自由主义经济的基本理念，基本都是追随米塞斯、哈耶克的市场原教旨主义信徒，但在不同的时期主流的学派不同，英美政府的态度也不同。20 世纪 90 年代后，新自由主义经济学事实上已成为英美政府的"官学"，成为干预发展中国家内政的理论武器，也是反对马克思主义经济学的主流思潮。在我国市场化改革起步后，西方新自由主义经济学通过各种渠道、用各种方式在我国广泛传播。一些人盲目推崇西方新自由主义经济学、反对马克思主义经济学，动辄用"否定改革、反对改革"等大帽子压人，恶化了经济学讨论、研究的氛围。准确、全面地剖析西方新自由主义经济学的政治倾向和理论本质，提高理论鉴别力，已成为完善社会主义市场经济和推进马克思主义经济学发展的现实要求。当前，正值我们纪念改革开放30周年之际，欧美一些发达国家却因次贷危机影响而引发了全球金融风暴，这个历史性的巧合给我们提出了太多太多需要思考的问题。

记者： 胡锦涛同志在党的十七大报告中指出："社会主义市场经济体制初步建立，同时影响发展的体制机制障碍依然存在，改革攻坚面临深层次矛盾和问题。"您认为应该如何进一步完善社会主义市场经济体制？

于祖尧： 总地来看，就是要坚持中国特色社会主义道路和中国特色社会主义理论体系，按照科学发展观的要求进行社会主义市场经济体制的完善。首先，我们的改革必须坚持社会主义的方向。我们实行的是社会主义市场经济，我们在改革中不能放弃社会主义；我们实行多种所有制经济共同发展，但必须坚持公有制的主体地位；我们重视市场机制的调节作用，但不放弃政府的宏观调控职能。只有这样，才能把社会主义制度的优越性和市场经济的活力有机结合起来。其次，我们要通过深化改革促进社会主义市场经济体制的完善，通过完善社会主义市场经济体制解决改革中出现的各种问题。建立社会主义市场经济体制，是一项极其复杂的系统工程，既要有重点，分步推进，又要综合配套；既要建立完备的宏观调控体系，又要重新构造微观基础；既要培育市场体系，又要建立完善的社会保障体系。在社会主义市场经济体制还不太完善时，会出现各种各样的矛盾和问题，要从根本上解决这些问题，需要我们进一步深化改革，在不断地探索中完善社会主义市场经济体制。最后，改革要坚持以人为本，要从最广大人民的利益出发。只有让改革的成果惠及全体人民，社会才能保持稳定，改革才能获得人民的支持，社会主义市场经济体制才能不断得到完善。

记者： 谢谢您接受我的采访，祝您身体健康！

（原载《红旗文稿》2008年第18期）